# Informatik – Fachberichte

Band 1: Programmiersprachen. GI-Fachtagung 1976. Herausgegeben von H.-J. Schneider und M. Nagl. (vergriffen)

Band 2: Betrieb von Rechenzentren. Workshop der Gesellschaft für Informatik 1975. Herausgegeben von A. Schreiner. (vergriffen)

Band 3: Rechnernetze und Datenfernverarbeitung. Fachtagung der GI und NTG 1976. Herausgegeben von D. Haupt und H. Petersen. VI, 309 Seiten. 1976.

Band 4: Computer Architecture. Workshop of the Gesellschaft für Informatik 1975. Edited by W. Händler. VIII, 382 pages. 1976.

Band 5: GI – 6. Jahrestagung. Proceedings 1976. Herausgegeben von E. J. Neuhold. (vergriffen)

Band 6: B. Schmidt, GPSS-FORTRAN, Version II. Einführung in die Simulation diskreter Systeme mit Hilfe eines FORTRAN-Programmpaketes, 2. Auflage. XIII, 535 Seiten. 1978.

Band 7: GMR – GI – GfK. Fachtagung Prozessrechner 1977. Herausgegeben von G. Schmidt. (vergriffen)

Band 8: Digitale Bildverarbeitung/Digital Image Processing. GI/NTG Fachtagung, München, März 1977. Herausgegeben von H.-H. Nagel. (vergriffen)

Band 9: Modelle für Rechensysteme. Workshop 1977. Herausgegeben von P. P. Spies. VI, 297 Seiten. 1977.

Band 10: GI – 7. Jahrestagung. Proceedings 1977. Herausgegeben von H. J. Schneider. IX, 214 Seiten. 1977.

Band 11: Methoden der Informatik für Rechnerunterstütztes Entwerfen und Konstruieren, GI-Fachtagung, München, 1977. Herausgegeben von R. Gnatz und K. Samelson. VIII, 327 Seiten. 1977.

Band 12: Programmiersprachen. 5. Fachtagung der GI, Braunschweig, 1978. Herausgegeben von K. Alber. VI, 179 Seiten. 1978.

Band 13: W. Steinmüller, L. Ermer, W. Schimmel: Datenschutz bei riskanten Systemen. Eine Konzeption entwickelt am Beispiel eines medizinischen Informationssystems. X, 244 Seiten. 1978.

Band 14: Datenbanken in Rechnernetzen mit Kleinrechnern. Fachtagung der GI, Karlsruhe, 1978. Herausgegeben von W. Stucky und E. Holler. (vergriffen)

Band 15: Organisation von Rechenzentren. Workshop der Gesellschaft für Informatik, Göttingen, 1977. Herausgegeben von D. Wall. X, 310 Seiten. 1978.

Band 16: GI – 8. Jahrestagung, Proceedings 1978. Herausgegeben von S. Schindler und W. K. Giloi. VI, 394 Seiten. 1978.

Band 17: Bildverarbeitung und Mustererkennung. DAGM Symposium, Oberpfaffenhofen, 1978. Herausgegeben von E. Triendl. XIII, 385 Seiten. 1978.

Band 18: Virtuelle Maschinen. Nachbildung und Vervielfachung maschinenorientierter Schnittstellen. GI-Arbeitsseminar. München 1979. Herausgegeben von H. J. Siegert. X, 230 Seiten. 1979.

Band 19: GI – 9. Jahrestagung. Herausgegeben von K. H. Böhling und P. P. Spies. (vergriffen)

Band 20: Angewandte Szenenanalyse. DAGM Symposium, Karlsruhe 1979. Herausgegeben von J. P. Foith. XIII, 362 Seiten. 1979.

Band 21: Formale Modelle für Informationssysteme. Fachtagung der GI, Tutzing 1979. Herausgegeben von H. C. Mayr und B. E. Meyer. VI, 265 Seiten. 1979.

Band 22: Kommunikation in verteilten Systemen. Workshop der Gesellschaft für Informatik e.V.. Herausgegeben von S. Schindler und J. C. W. Schröder. VIII, 338 Seiten. 1979.

Band 23: K.-H. Hauer, Portable Methodenmonitoren. Dialogsysteme zur Steuerung von Methodenbanken: Softwaretechnischer Aufbau und Effizienzanalyse. XI, 209 Seiten. 1980.

Band 24: N. Ryska, S. Herda, Kryptographische Verfahren in der Datenverarbeitung. V, 401 Seiten. 1980.

Band 25: Programmiersprachen und Programmentwicklung. 6. Fachtagung, Darmstadt, 1980. Herausgegeben von H.-J. Hoffmann. VI. 236 Seiten. 1980

Band 26: F. Gaffal, Datenverarbeitung im Hochschulbereich der USA. Stand und Entwicklungstendenzen. IX, 199 Seiten. 1980.

Band 27: GI-NTG Fachtagung, Struktur und Betrieb von Rechensystemen. Kiel, März 1980. Herausgegeben von G. Zimmermann. IX, 286 Seiten. 1980.

Band 28: Online-Systeme im Finanz- und Rechnungswesen. Anwendergespräch, Berlin, April 1980. Herausgegeben von P. Stahlknecht. X, 547 Seiten, 1980.

Band 29: Erzeugung und Analyse von Bildern und Strukturen. DGaO – DAGM Tagung, Essen, Mai 1980. Herausgegeben von S. J. Pöppl und H. Platzer. VII, 215 Seiten. 1980.

Band 30: Textverarbeitung und Informatik. Fachtagung der GI, Bayreuth, Mai 1980. Herausgegeben von P. R. Wossidlo. VIII, 362 Seiten. 1980.

Band 31: Firmware Engineering. Seminar veranstaltet von der gemeinsamen Fachgruppe „Mikroprogrammierung" des GI Fachausschusses 3/4 und des NTG-Fachausschusses 6 vom 12. – 14. März 1980 in Berlin. Herausgegeben von W. K. Giloi. VII, 289 Seiten. 1980.

Band 32: M. Kühn, CAD Arbeitssituation. Untersuchungen zu den Auswirkungen von CAD sowie zur menschengerechten Gestaltung von CAD-Systemen. VII, 215 Seiten. 1980.

Band 33: GI – 10. Jahrestagung. Herausgegeben von R. Wilhelm. XV, 563 Seiten. 1980.

Band 34: CAD-Fachgespräch. GI - 10. Jahrestagung. Herausgegeben von R. Wilhelm. VI, 184 Seiten. 1980.

Band 35: B. Buchberger, F. Lichtenberger: Mathematik für Informatiker I. Die Methode der Mathematik. XI, 315 Seiten. 1980.

Band 36: The Use of Formal Specification of Software. Berlin, Juni 1979. Edited by H. K. Berg and W. K. Giloi. V, 388 pages. 1980.

Band 37: Entwicklungstendenzen wissenschaftlicher Rechenzentren. Kolloquium, Göttingen, Juni 1980. Herausgegeben von D. Wall. VII, 163 Seiten. 1980.

Band 38: Datenverarbeitung im Marketing. Herausgegeben von R. Thome. VIII, 377 pages. 1981.

Band 39: Fachtagung Prozeßrechner 1981. München, März 1981. Herausgegeben von R. Baumann. XVI, 476 Seiten. 1981.

Band 40: Kommunikation in verteilten Systemen. Herausgegeben von S. Schindler und J.C.W. Schröder. IX, 459 Seiten. 1981.

Band 41: Messung, Modellierung und Bewertung von Rechensystemen. GI-NTG Fachtagung. Jülich, Februar 1981. Herausgegeben von B. Mertens. VIII, 368 Seiten. 1981.

Band 42: W. Kilian, Personalinformationssysteme in deutschen Großunternehmen. XV, 352 Seiten. 1981.

Band 43: G. Goos, Werkzeuge der Programmiertechnik. GI-Arbeitstagung. Proceedings, Karlsruhe, März 1981. VI, 262 Seiten. 1981.

# Informatik-Fachberichte

Herausgegeben von W. Brauer
im Auftrag der Gesellschaft für Informatik (GI)

## 80

# Neue Informationstechnologien und Verwaltung

Fachtagung 14.-16. September 1983

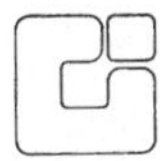

Herausgegeben von R. Traunmüller,
H. Fiedler, K. Grimmer und H. Reinermann

Springer-Verlag Berlin Heidelberg GmbH

Herausgeber

Roland Traunmüller
Johannes Kepler Universität Linz
Altenbergerstraße 69, A-4040 Linz

Herbert Fiedler
Universität Bonn und Gesellschaft für Mathematik und Datenverarbeitung mbH
Schloß Birlinghoven, D-5205 St. Augustin 1

Klaus Grimmer
Gesamthochschule Kassel-Universität
Mönchbergstraße 17, D-3500 Kassel

Heinrich Reinermann
Hochschule für Verwaltungswissenschaften Speyer
Freiherr-vom-Stein-Straße 2, D-6720 Speyer

CR Subject Classifications (1982): H.4, I.7, J.1, J.4, K.4, K.5, K.6

ISBN 978-3-540-12928-8      ISBN 978-3-642-95445-0 (eBook)
DOI 10.1007/978-3-642-95445-0

CIP-Kurztitelaufnahme der Deutschen Bibliothek. Neue Informationstechnologien und
Verwaltung: Fachtagung 14. - 16. September 1983 / hrsg. von R. Traunmüller . . .
Berlin; Heidelberg; New York; Tokyo: Springer, 1984.
(Informatik-Fachberichte; 80)

NE: Traunmüller, Roland [Hrsg.]; GT



Druck- und Bindearbeiten: Weihert-Druck GmbH, Darmstadt
2145/3140 – 5 4 3 2 1 0

V o r w o r t

Der vorliegende Band dokumentiert eine Fachtagung *), die vom
14. bis 16. September 1983 an der Johannes Kepler Universität Linz
stattfand. Diese Tagung wurde gemeinsam vom Fachbereich 6 (Informatik
in Recht und Verwaltung) der Gesellschaft für Informatik (GI), Bonn,
und von den österreichischen Informatikgesellschaften OCG, ADV und
ÖGI durchgeführt. Die Initiative dazu kam gleichermaßen aus dem Fachbereich 6 der GI und dem Arbeitskreis "Verwaltungsinformatik" der OCG
und ADV. Als gemeinsame Veranstaltung österreichischer und deutscher
Informatikgesellschaften sollte sie Fachleuten des deutschsprachigen
Raumes Möglichkeit zum übernationalen Gedankenaustausch bieten. Das
Vorbereitungskomitee setzte sich aus den Herausgebern des Tagungs-
bandes zusammen; zudem konnten für die Tätigkeit im Programmausschuß
die Herren Prof. Dr. Schauer, Universität Linz, und Dr. Winter, ADV-
Koordination im Bundeskanzleramt, Wien, gewonnen werden.

Als Schwerpunktthemen der Tagung wurden jene Gestaltungsmöglichkeiten
und Chancen, aber auch Auswirkungen und Probleme gesehen, welche neue
Informationstechnologien in den öffentlichen Verwaltungen bringen.
Dabei war insbesondere an neue Medien, dezentrale Datenverarbeitung,
Büroinformationssysteme sowie Datennetze und Datenbanken gedacht.

Als Teilnehmer sollten jene Personen angesprochen werden, die mit
Planung, Ausführung oder Auswirkung neuer Informationstechnologien
in den öffentlichen Verwaltungen befaßt sind:
Angehörige von Fachabteilungen (Verwaltungsfachleute, Juristen usw.),
Informatiker der EDV-Abteilungen, Entscheidungsträger und Wissen-
schafter. Die Tagung vermochte dieses Ziel des interdisziplinären
Gesprächs zu erreichen.

Es wurde eine Tagungsform gewählt, die einerseits - soweit es die Vor-
träge betrifft - thematisch eine starke Strukturierung aufwies, andererseits aber durch das Angebot paralleler Workshops Diskussion und

---

*) Die Tagung wurde von folgenden Institutionen und Firmen unterstützt:
Johannes Kepler Universität Linz, Control Data, Honeywell Bull, IBM,
National Advanced Systems, Nixdorf, Philips Data Systems, Siemens
Data.

Bildung von Interessensgruppen ermöglichte. Da in den öffentlichen Verwaltungen sehr spezielle Materien den Erfahrungsaustausch erschweren, wurde diese Gestaltung besonders begrüßt.

Die Tagung begann mit der Thematik von Problemen und Defiziten, die sich verwaltungsintern wie im Kontakt Bürger/Verwaltung zeigen. Dem folgten Szenarien technischer wie organisatorischer Möglichkeiten, wobei insbesondere die Rolle der Post in Österreich wie in der Bundesrepublik Deutschland angesprochen wurden.
Der zweite Tag war den Workshops mit folgenden Themenbereichen gewidmet:

- rechtliche Aspekte des Einsatzes neuer Informationstechnologien mit den Themenkreisen Fragen der Gesetzgebung und Informationsrecht;

- verwaltungspolitische Aspekte einschließlich Arbeitsorganisation, Partizipation in der Systemgestaltung, Probleme der Qualifikation;

- Wirtschaftlichkeit und Systementwurf mit den Schwerpunkten: Bildschirmtext, Büroinformationssysteme, Kontrolle.

Am dritten Tag wurde versucht, Resümee zu ziehen. Zum einen wurden die Anforderungen an die Informatik, an das Rechtssystem und an die Verwaltungspraxis artikuliert, zum anderen die Stellungnahme der Praxis gesucht.

Der Tagungsband behält im wesentlichen die Reihenfolge des Tagungsablaufes bei, bringt jedoch alle Plenarvorträge vor den Beiträgen der Workshops und stellt diesen einen Übersichtsartikel voran.


Eine solche Tagung verlangt die Mitarbeit vieler. Es sei herzlich den Referenten gedankt, die sich der Mühe des Vortrages unterzogen haben, wie auch den Mitarbeitern im Programmausschuß. Dem Organisationskomitee, insbesondere Herrn Dipl.-Ing. Schmid und Frau Eckerstorfer vom Institut für Informatik in Linz sowie Frau Mag. Hainschink und Frau Berlakovich vom Sekretariat der OCG in Wien gilt besonderer Dank.

Das schwierige Unterfangen der Gestaltung einer Fachtagung auf dem Grenzgebiet der Verwaltungsinformatik wurde für die Bundesrepublik Deutschland zum erstenmal mit der Fachtagung Speyer 1980[**] unternommen. Für die Tagung in Linz war es wichtig, daß die Unterstützung aller österreichischen Informatikgesellschaften gewonnen werden konnte. Dieses Verdienst muß deren Präsidenten Dr. Roszenich, Dipl.-Ing.

Weber und Prof. Dr. Schulz zugeschrieben werden.

Die Universität diente nicht nur als Stätte des Wissensaustausches; durch die Worte von Magnifizenz Prof. Dr. Reichl wurde der Tagung auch eine pointierte Begrüßung und Einleitung aus Sicht des Fachinformatikers gegeben. Gleicher Dank gilt auch Herrn Staatssekretär Dr. Löschnak, der zur Begrüßung der Teilnehmer nach Linz kam und in einem Fachreferat die Problematik aus Sicht seines Kompetenzbereiches, der Verwaltungsreform, ausleuchtete.

Linz, Bonn, Kassel und Speyer, im Dezember 1983

Roland Traunmüller
Herbert Fiedler
Klaus Grimmer
Heinrich Reinermann

--------

**)Siehe Informatik-Fachberichte Band 44, Springer-Verlag 1981

Anschriftenverzeichnis der Autoren und
Mitglieder des Programmausschusses

Dr.Stefan BISCHOFF
Universität München
Institut f.Rechtsphilosophie
und Rechtsinformatik
Prof.Huber Platz 2
D-8ooo München 22

Mag.Peter BODENWINKLER
Joh.Kepler Universität Linz
Institut f.Betriebswirtschafts-
lehre
A-4o4o Linz

Herbert BURKERT
GMD-FSIR
Postfach 124o
D-52o5 St.Augustin 1

Peter DIPPOLDSMANN
GMD-FSIR
Postfach 124o
D-52o3 St.Augustin 1

Dietrich ELIAS
Staatssekretär a.D.
BM f.Post-u.Fernmeldewesen
D-53oo Bonn

Dr.Jürgen FAEHLING
Erster Direktor d.Daten-
zentrale Schleswig-Holstein
Postfach 178o
D-23oo Kiel

Prof. Dr.Dr.Herbert FIEDLER
GMD-FSIR
Postfach 124o
D-52o5 St.Augustin 1

Oberregierungsrat
Robert FISCHER
Finanzministerium d.Landes
Baden-Württemberg
Postfach 899
D-7ooo Stuttgart 1

Prof.Dr.Klaus GRIMMER
Gesamthochschule Kassel-
Universität FB5
Forschungsgruppe
Verwaltungsautomation
Mönchebergstraße 17
Postfach 1o 13 8o
D-35oo Kassel

Dr.Otto HELLWIG
Bundeskanzleramt
Ballhausplatz 2
A-1o1o Wien

Prof.Dr.Ludwig HIEBER
Datenzentrale Baden-
Württemberg
Postfach 3o o3 22
Krallenshaldenstraße 44
D-7ooo Stuttgart 3o

Dr.Gerhart HOLZINGER
Bundeskanzleramt-VD
Ballhausplatz 2
A-1o1o Wien

Dr.Walter JABUREK
Institut f.Informationsver-
arb.d.Techn.Univ.Graz u.d.OCG
Schießstattgasse 4a
A-8o1o Graz

Dr.Karl Heinz KELLERMAYR
Joh.Kepler Universität Linz
Institut f.Systemwissenschaften
A-4o4o Linz

Prof.Dr.Alfred KIESER
Universität Mannheim
Lehrstuhl f.Organisation
D-68oo Mannheim


Prof.Dr.Herbert KRAUS
Universität Graz
Institut für Betriebs
wirtschaftslehre der
Öffentlichen Verwaltung
und Verwaltungswirtschaft


Babenbergerstraße 1o
A-8o2o Graz


Dipl.-Phys.Rolf KREIBICH
Institut f.Zukunftsstudien u.
Technologiebewertung
Stauffenbergstraße 11-13
D-1ooo Berlin 3o


Prof.Dr.Klaus LENK
Universität Oldenburg
Fachbereich 3
Postfach 25o3
D-29oo Oldenburg


Dr.Franz LÖSCHNAK
Staatssekretär im
Bundeskanzleramt
Ballhausplatz 1
A-1o14 Wien


Alice LOYSON-SIEMERING
Stuttgarter Zeitung
Neue Medien
Postfach 141
D-7ooo Stuttgart 1


Dr.Angelika LUKAT
Institut f.Technol.-Transfer
GMD, Postfach 124o
D-52o5 St.Augustin 1


Doz.Dr.Manfred PILS
Joh.Kepler Universität Linz
Institut f.Wirtschaftsinfor-
matik u.Organisationsforsch.
A-4o4o Linz


Prof.Dr.E.R.REICHL
Rektor der
Joh.Kepler Universität Linz
A-4o4o Linz


Prof.Dr.Heinrich REINERMANN
Hochschule f.Verwaltungs-
wissenschaften
Freiherr-vom-Stein-Straße 2
Postfach 14o9
D-672o Speyer


Dr.Friedrich ROITHMAYR
Joh.Kepler Universität Linz
EDV-Zentrum
A-4o4o Linz


Prof.Dr.Reinbert SCHAUER
Joh.Kepler Universität Linz
Institut f.Betriebswirt-
schaftslehre d.öff.Verwaltung
A-4o4o Linz


Prof.Dr.Dietrich SEIBT
Betriebswirtschaftslehre
Fachbereich 5
Universität Essen
Universitätsstraße 12
D-43oo Essen 1


Prof.Dr.Roland TRAUNMÜLLER
Joh.Kepler Universität Linz
Institut für Informatik
A-4o4o Linz


Dr.Werner van TREECK
Gesamthochschule Kassel
-Universität
Forschungsgruppe Verwaltungs
automation
Mönchebergstraße 17
Postfach 1o 13 8o
D-35oo Kassel

Dr.Heinrich ÜBLEIS  
Sektionschef  
Generaldirektor der Post- u.  
Telegraphenverwaltung  
Postgasse 8  
A-1o1o Wien  

Dipl.Ing.Wolfgang WEBER  
Präsident der ADV  
Amt d.NÖ.Landesregierung  
Operngasse 21  
A-1o4o Wien  

Dr.Friedrich WELTZ  
Sozialwissenschaftliche  
Projektgruppe  
Gundelindenstraße 6  
D-8ooo München 4o  

Dr.Arthur WINTER  
Bundeskanzleramt  
ADV-Koordination  
Ballhausplatz 1  
A-1o1o Wien  

Wolfgang SCHIMMEL  
IG Druck u.Papier  
Friedrichstraße 15  
D-7ooo Stuttgart 1  

INHALT

<u>HAUPTVORTRÄGE</u>

<u>Neue Informationstechnologien und Verwaltung</u>
(Begrüßung)


Dr.Franz LÖSCHNAK
Staatssekretär im Bundeskanzleramt

A-1014 Wien, Ballhausplatz 1




I.


Zunächst möchte ich mich bei den Veranstaltern dieser Fachtagung für
die Einladung bedanken, in diesem Rahmen ein Referat zu halten. Ich habe diese Einladung gerne angenommen, weil es sich dabei um die erste
Veranstaltung in Österreich handelt, die sich speziell für die öffentliche Verwaltung mit diesem überaus wichtigen Thema befaßt. Der Umfang
der Tätigkeiten und die spezifische Aufgabenstellung der öffentlichen
Verwaltung lassen eine Diskussion über den Einsatz neuer Informationstechnologien in der Verwaltung besonders dringlich erscheinen. Die In-
formationsprobleme der Verwaltung im allgemeinen und der des Bundes im
besonderen werden mit der Zunahme des Umfanges und der Komplexität der
Verwaltungsaufgaben immer drängender. Dabei muß sowohl die Verbesserung
der internen Kommunikation, etwa zwischen den vierzehn (und in Kürze
fünfzehn) Ressorts der Bundesverwaltung als auch die Verbesserung der
Kommunikation zwischen der Verwaltung und dem Bürger ein besonderes Anliegen sein. Da die öffentlichen Verwaltungen der Bundesrepublik Deutschland und Österreichs auch in dieser Hinsicht mit ähnlichen Problemen
konfrontiert sein dürften, begrüße ich es außerordentlich, daß diese
Veranstaltung auch eine "grenzüberschreitende" Diskussion mit Vertretern aus diesem westlichen Nachbarstaat ermöglicht.



II.


Da in den geplanten Referaten und Arbeitskreisen ein großes Spektrum
an Detailfragen behandelt werden wird, möchte ich in meinem Referat ver-

suchen, zum Thema der Fachtagung aus grundsätzlicher verwaltungspolitischer Sicht Stellung zu nehmen.

Der Einsatz elektronischer Datenverarbeitung hat in der öffentlichen
Verwaltung, zwar mit einiger Verzögerung stattgefunden, schließlich
aber zu einer bedeutenden Rationalisierung _interner_ Verwaltungsabläufe
geführt. Es ist zu erwarten, daß manche der neuen Informationstechnologien aber in ihrer Wirkung noch weit _darüber_ _hinausgehen_ werden. Die
neuen Bürokommunikationssysteme, neue Datenbankkonzepte und die dezentralisierte Datenverarbeitung dienen zwar in erster Linie der Rationalisierung im _quantitativen_ Sinn. Darüber hinaus werden gerade die als
"neue Medien" bezeichneten Technologien - und hier vor allem der Bildschirmtext und andere Zweiwegkommunikationstechniken - auch eine einschneidende _qualitative_ Veränderung im Verwaltungsgeschehen - und nicht
nur dort - mit sich bringen.

Es ist keine Frage, daß von diesen neuen Technologien wichtige Impulse
zur Lösung einer Reihe drängender Probleme im Rahmen der  Verwaltungsreform ausgehen könnten. Wie sehr man sich im politischen Bereich befindet, zeigen die Ereignisse der letzten Tage. Ich meine die Sparmaß-
nahmen der Bundesregierung im öffentlichen Dienst. Nach deren Bekannt-
gabe zeigte sich die Gewerkschaft bestürzt, weil offenbar zuviel vorgeschlagen wurde; die Opposition war ebenfalls unüberhörbar laut, weil
offenbar zu wenig an Reformmaßnahmen vorgeschlagen wurde. Insofern sind
diese Technologien daher auch aus politischer Sicht äußerst positiv zu
beurteilen. Auf der anderen Seite darf man jedoch nicht übersehen, daß
mit dem Schlagwort "Informatisierung der Gesellschaft" schon heute auf
Gefahren hingewiesen wird, die mit der massenweisen Verbreitung dieser
Techniken verbunden sein könnten. Dementsprechend stellt sich die Frage nach dem Verhältnis zwischen der Verwaltung und den neuen Informationstechnologien meiner Ansicht nach insbesondere in vier Problemkreisen,
und zwar
1. auf der verwaltungs_internen_ Ebene,
2. auf der Ebene der Kommunikation zwischen der Verwaltung und dem _Bür-_
   _ger_,
3. im wirtschaftlich-gesellschaftlichen Zusammenhang auf _nationaler_ Ebene und schließlich
4. _international_, im Verhältnis der Staaten untereinander sowie zu den
   transnationalen Unternehmen (salopp formuliert: zu den "Elektronik-
   Multis").

Diese vier Ebenen lassen sich selbstverständlich nicht eindeutig voneinander trennen, sondern stehen in einem mehr oder weniger engen Zu-

sammenhang zueinander. Ich glaube aber dennoch, daß diese Gliederung
die Komplexität der Problematik veranschaulichen kann. Ich möchte daher
im folgenden die meiner Ansicht nach wesentlichsten Gesichtspunkte, die
sich im Rahmen dieser vier Problemkreise ergeben, skizzieren.

1. Zu den verwaltungsinternen Aspekten des Einsatzes neuer Informationstechnologien:

Die Aussage, daß die Bewältigung der massenhaft anfallenden Verwaltungsaufgaben heutzutage ohne EDV nicht mehr möglich wäre, wirkt nahezu schon
wie ein Gemeinplatz. So werden etwa in der Finanzverwaltung, in der So-
zialversicherung und im Verkehrswesen, ebenso wie in vielen anderen Bereichen der öffentlichen Verwaltung seit vielen Jahren erfolgreich Computer eingesetzt. Einerseits konnten damit evidente Rationalisierungen
und bemerkenswerte Effizienzsteigerungen erzielt werden, andererseits
wurde die öffentliche Verwaltung dadurch in die Lage versetzt, Aufgaben
zu übernehmen, die sie ohne den Einsatz von EDV kaum hätte besorgen
können.

Es stellt sich die Frage, ob vergleichbare Effekte auch durch den Einsatz der neuen Informationstechnologien in der öffentlichen Verwaltung
erzielbar sein werden. Sie kann nicht für sämtliche Technologien einheitlich beantwortet werden, sondern muß je nach den spezifischen Einsatzmöglichkeiten dieser Technologien unterschiedlich beurteilt werden.
Die neuen Bürotechnologien, die in der Privatwirtschaft bereits seit
längerem eingesetzt werden und deren Einführung auch in der öffentlichen Verwaltung vereinzelt bereits angelaufen ist, werden sicherlich zu
einer neuerlichen Effizienzsteigerung führen können. Die Tatsache, daß
auch heute noch immer ein und derselbe Text häufig mehrmals geschrieben
und ebensooft kontrolliert werden muß, bis aus einem Entwurf die end-
gültige Erledigung entsteht, zeigt, welche Rationalisierungschancen gerade im Bereich der Textbearbeitung und der Textverarbeitung noch bestehen. Die öffentliche Verwaltung muß sich allerdings auch mit den Auswirkungen dieser Rationalisierung in besonderer Weise auseinandersetzen.
In der heutigen Zeit, in der Arbeitsplätze auf Jahre hinaus knapp sein
werden, darf die Effizienzsteigerung in der Verwaltung nicht zu einem
"unkontrollierten Wegrationalisieren" von Arbeitsplätzen führen. Auf
der anderen Seite ist freilich auch festzustellen, daß es in der öffentlichen Verwaltung nach wie vor eine Reihe von Funktionen gibt, die unzureichend betreut werden. Es wäre daher naheliegend, freiwerdende Perso-
nalkapazitäten verstärkt in diesen Bereichen einzusetzen. Dabei denke
ich vor allem an den Ausbau der Servicefunktionen der Verwaltung, aber
etwa auch an die Verbesserung der verwaltungsinternen Dokumentation,

die letztlich auch dem Bürger in Form leichter zugänglicher und präziser Information zugute kommen würde.

Einen zusätzlichen Rationalisierungseffekt im Bereich der verwaltungsinternen Kommunikation erwarte ich mir ferner von den neuen Datendiensten der Österreichischen Post- und Telegraphenverwaltung. So könnte etwa "Teletex" einen wichtigen Beitrag bei der Rationalisierung des Rechtserzeugungsprozesses führen. Die elektronisch vermittelte Datenkommunikation im Wege der Datenfernübertragung zwischen den Bundesministerien, dem Parlament und der Österreichischen Staatsdruckerei, an Stelle des derzeit noch üblichen postalischen Transports von Papier, könnte hier einschneidende Verbesserungen bringen. In Kombination mit einer entsprechend dimensionierten EDV-Anlage ließe sich ferner auch die Rechtsdokumentation und die Rechtsinformation zum Wohle aller Rechtssuchenden verbessern.

In diesem Zusammenhang ist aber auch zu beachten, daß, so wie der Einsatz der EDV- auch die Einführung der neuen Informationstechnologien zu einer radikalen Änderung der Arbeitsplatzbeschaffenheit führen wird. Hier erhebt sich die Frage, ob die Auswirkungen, die der "Computer am Arbeitsplatz" für den einzelnen Bediensteten mit sich bringt, wirklich in ihrer ganzen Tragweite erfaßt werden. Zwar ist einzuräumen, daß etwa ergonomische Gesichtspunkte bei der Einführung von Bildschirmarbeitsplätzen bereits Berücksichtigung finden. Gerade das Bundeskanzleramt, das zur Zeit ein breit angelegtes Modellprojekt zu diesem Gegenstand durchführt, hat sich in dieser Hinsicht besondere Mühe gegeben. Darüber hinaus zeigt sich freilich, daß der Einsatz neuer Technologien auch mit einer Veränderung der Arbeitsinhalte verbunden ist. Ein besonderes Anliegen muß es daher sein, der in verschiedenen Bereichen zu befürchtenden Dequalifikation vorhandener Arbeitsplätze vorzubeugen und schon in der Einführungsphase eine positive Veränderung der Arbeitsinhalte anzustreben. Ein wichtiger Gesichtspunkt dabei scheint mir darin zu liegen, daß die mit dem Einsatz moderner Informationstechnologien verbundene Entlastung von Routinearbeiten - jedenfalls bei einem Teil der Mitarbeiter - zu motivationsfördernden Effekten genützt werden könnte.

Bisher stand bei der Einführung neuer Technologien in der Verwaltung meist die Lösung technischer Probleme im Vordergrund. Dies hat in der Vergangenheit verschiedentlich zu Akzeptanzproblemen bei den Mitarbeitern aber auch bei den Bürgern geführt. Ich meine daher, daß in Zukunft die Lösung von Kommunikations- und Organisationsproblemen im Vordergrund stehen müßte. Dabei dürften die Bedürfnisse und Wünsche der Betroffenen keinesfalls dem Interesse an einer möglichst einfachen und raschen technischen Realisierung geopfert werden.

Die mit der Einführung moderner Informationstechnologien in der öffentlichen Verwaltung verbundenen technischen, organisatorischen und personellen Probleme könnten effektiver bewältigt werden, wenn die betroffenen Stellen soweit wie möglich nach gemeinsamen Lösungen suchten. Man
muß sich jedoch bewußt sein, daß maßgebliche Organisationsprinzipien
der öffentlichen Verwaltung eine solche Reformstrategie zum Teil nicht
unbeträchtlich behindern. Die zuständigkeitsmäßige sowie die örtliche
Gliederung der öffentlichen Verwaltung insgesamt leistet erfahrungsge-
mäß eher "Insellösungen" Vorschub. So führt z.B. das in der verfassungsrechtlich geregelten Ministerverantwortlichkeit begründende Ressortprinzip zu gewissen Reibungsverlusten bei der notwendigen Koordination
der Einführung moderner Technologien in der Bundesverwaltung. In ähnlicher Weise wirken aber auch das föderalistische Prinzip und der Grundsatz der Gemeindeautonomie. Das verwaltungsreformatorische Ziel müßte
daher darin liegen, über die organisatorischen Schranken hinweg - soweit wie möglich - koordiniert vorzugehen. Auch dieser Bereich hat
tiefgehende politische Akzente. Ich sehe erste Ansatzpunkte für ein
Vorgehen in dieser Richtung erst nach einer zumindest teilweisen Bewältigung des Förderungsprogrammes 1976 der Bundesländer.

Darüber hinaus kann der koordinierte Einsatz neuer Informationstechnologien im Interesse der Verwaltungsreform nur dann erfolgreich sein, wenn
projektorientierte EDV-Gesamtplanungen für einzelne Verwaltungsbereiche
installiert werden. Im Rahmen eines Gesamtkonzeptes wären umfassende
Reorganisationsmaßnahmen möglichst in Modellversuchen zu erproben und
erst aufgrund der dabei gewonnenen Erfahrungen allgemein zu implementieren. Dabei ist es meines Erachtens unerläßlich, die betroffenen Mitarbeiter rechtzeitig und ausreichend an derartigen Reorganisationsmaßnahmen zu beteiligen, wenn die Reformerfolge nicht gefährdet werden sollen.

2. Zum Verhältnis zwischen Verwaltung und Bürger:

Es darf nicht übersehen werden, daß der Staatsbürger dem Einsatz moderner Technologien in der öffentlichen Verwaltung in der Vergangenheit
häufig nur wenig Positives abgewinnen konnte. Die internen Rationalisierungseffekte waren für ihn kaum merkbar. Hingegen wurde für ihn die
Durchschaubarkeit des Verwaltungsgeschehens noch schwieriger. Unver-
ständliche EDV-Formulare und die mitunter sogar längere Erledigungs-
dauer lassen einen gewissen Unmut auf Seiten des Staatsbürgers über die
Technisierung der Verwaltung sogar verständlich erscheinen. Es wird daher, gerade im Zusammenhang mit der Einführung moderner Informationstechnologien, notwendig sein, den Schwerpunkt der Verwaltungsautomation

von der Rationalisierung interner Verwaltungsabläufe auf sichtbare Verbesserungen der Serviceleistungen für den Bürger zu verschieben. Bieten doch gerade die modernen Informationstechnologien in hervorragender Weise die Möglichkeit, die Dienstleistungsfunktionen der Verwaltung zu unterstützen. Dies gilt etwa für die diversen Auskunfts- und Beratungseinrichtungen der Verwaltung, aber auch für dringend notwendige Verbesserungen der Rechtsinformation. Daneben wird zeitgerecht zu überlegen sein, inwiefern moderne Informationstechnologien ganz allgemein die Kommunikation des Bürgers mit der Verwaltung erleichtern könnten. Als ein Beispiel wäre etwa das Einbringen von Anträgen mittels Bildschirmtext zu erwähnen.

Neben all diesen durchaus positiven Möglichkeiten der neuen Informationstechnologien im Bereich der Verwaltung gibt es aber auch Grund zur Skepsis. So kann z.B. nicht übersehen werden, daß in unserer Gesellschaft neue Ungleichheiten durch ungleiche Informationsverteilung entstehen könnten. Die Datenschutzgesetzgebung, die dem Betroffenen ein Auskunfts-, Richtigstellungs- und Löschungsrecht einräumt, ist ein Ansatz für die Lösung dieser Problematik im Bereich personenbezogener Daten. Es wird von der Verwaltung aber auch darauf Rücksicht zu nehmen sein, daß ein gleicher Zugang zu Informationen gewahrt bleibt.

3. Zur gesellschaftlichen Bedeutung der Einführung moderner Informationstechnologien in der öffentlichen Verwaltung:

Die Verwaltung steht nicht nur in unmittelbarem Kontakt mit den von ihren Entscheidungen und Dienstleistungen betroffenen Bürgern, sondern beeinflußt direkt oder indirekt nahezu jeden gesellschaftlichen Bereich. Ob sie will oder nicht, hat daher auch ihre Entscheidung über die Einführung neuer Informationstechnologien Rückwirkungen auf andere gesellschaftliche Bereiche. Anders als die traditionelle Computertechnologie und die Textverarbeitung sind öffentliche Netzwerke bei ihrer Neueinführung mit einer negativen Rückkoppelung konfrontiert, die darin besteht, daß bei geringer Teilnehmerzahl kein Anreiz für neue Teilnehmer besteht, sich anzuschließen. Der öffentlichen Verwaltung kommt in dieser Hinsicht daher insofern eine besondere Rolle zu, als eine konzertierte Aktion zur Ausstattung etwa mit teletex-tauglichen Geräten, diesen Regelkreis durchbrechen könnte. Dies darf nicht außer Betracht bleiben, wenn es um die Entscheidung geht, ob die öffentliche Verwaltung bei der Einführung moderner Informationstechnologien die Rolle eines "Zugpferdes", eines "Mitläufers" oder eines "Bremsers" übernehmen soll. Die Möglichkeit eines echten Aussteigens kann wohl als lediglich theoretisch ausgeschlossen werden. Zum einen ist eine "Stornierung" technologischer Entwicklungen nicht denkbar, zum anderen sind die Investitionen, etwa im Bereich des Bildschirmtextes sowohl in der BRD als auch in Österreich bereits derart hoch, daß ein Verzicht auf die Einführung undenkbar geworden ist. Dabei können gesetzliche Reglementierungen neuer Technologien allein ihr Ziel, den technischen Fortschritt sozial zu kontrollieren und zu steuern, meist nur schwer erreichen. Das bedeutet freilich nicht, daß man auf eine gesetzliche Regelung, vor allem des Mediums Bildschirmtext, völlig verzichten könnte. Das Bundeskanzleramt hat zu dieser Frage auch bereits Stellungnahmen aus dem Bereich der Verwaltung und der wichtigsten Interessenvertretungen eingeholt. Man muß sich jedoch bewußt sein, daß der Staat - neben einer gesetzlichen Regelung - seinen Einfluß auf die Entwicklung und den Einsatz der neuen Informationstechnologien auch im Wege einer koordinierten Beschaffungspolitik, ferner der Forschungsförderung sowie durch Information der Bevölkerung auszuüben vermag. Insgesamt muß es dabei darum gehen, erkennbare negative Auswirkungen der neuen Medien zu mildern, einer möglichen Verstärkung von Ungleichgewichten im wirtschaftlichen und im  sozialen Bereich entgegenzuwirken und bei den Anwendungen neuer Technologien im eigenen, "staatlichen" Bereich eine Vorbildrolle anzustreben.

4. Ein Ausblick auf die internationale Dimension:

Man muß sich darüber im klaren sein, daß sich mit verstärktem Einsatz von komplexen Technologien in der Verwaltung, insbesondere für einen Kleinstaat wie Österreich, die internationale Abhängigkeit erhöht. Gerade bei hochtechnisierten Verwaltungen zeigt sich immer mehr, daß auf den Einsatz moderner Technologien nur bei wesentlichen Einschränkungen der Handlungsfähigkeit verzichtet werden kann. Die Aufrechterhaltung wichtiger Staatsfunktionen muß daher auch in Fällen von Katastrophen oder Krisen sichergestellt werden können. Dazu zählt etwa die Besoldung, die Administration des Bundeshaushaltes, die Verkehrs- und Flugüberwachung und ähnliches. Überlegungen zur Herabsetzung der Abhängigkeit im Bereich der Informationstechnologie haben gerade für einen neutralen Kleinstaat große Bedeutung. Einen konkreten Schritt in diese Richtung hat die österreichische Bundesverwaltung durch die Verwirklichung eines Ausweichrechenzentrums getan.

Ein weiteres Problem in diesem Zusammenhang stellt die Ersatzteilvorsorge dar. Österreich muß einen Großteil seiner Informationstechnologie importieren. Das bedeutet, daß Handelsrestriktionen einen Stopp von Ersatzteillieferungen bewirken können. Daraus ergibt sich eine gewisse Einschränkung der staatlichen Autonomie gegenüber den Herstellerfirmen.

Die staatliche Verwaltung ist zwar der potenziell größte Kunde auf dem Gebiet der Informationstechnologie, doch entspricht die Marktsituation dem in keiner Weise. Der EDV-Markt ist nach wie vor als Verkäufermarkt anzusehen, bei dem <u>international organisierte Konzerne</u> die Bedingungen festlegen, zu denen sie ihre Leistungen erbringen. Eine Änderung dieser Situation kann einerseits durch eine konzertierte Beschaffungspolitik, anderseits durch verbesserte Verträge im Einzelfall erfolgen. Das Bundeskanzleramt führt seit einigen Jahren Vertragsverhandlungen mit verschiedenen Herstellerfirmen, die mittlerweile zu eigenen Behördenverträgen mit einer gewissen Besserstellung der öffentlichen Verwaltung geführt haben. Eine weitere Stärkung der Position der staatlichen Verwaltung in dieser Hinsicht wäre jedoch erstrebenswert.

Besondere Bedeutung kommt in diesem Zusammenhang ferner der staatlichen <u>Telekommunikationspolitik</u> zu. Soweit in den einzelnen Staaten ein Postmonopol besteht, sollte die Konzeption von Datennetzwerken und neuen Medien durch eine entsprechende staatliche Politik über die Post gesteuert werden. Nur so wird es möglich sein, herstellerunabhängige Schnittstellen zu definieren. Wie wichtig das ist, zeigt sich zum Beispiel bei den Bemühungen des Bundeskanzleramtes, gemeinsam mit der Österreichischen Staatsdruckerei den Prozeß der Rechtserzeugung zu rationalisieren. Dabei wird seit längerem versucht, die Mehrfacherfassung und -kontrolle von Texten zu vermeiden. Die Österreichische Staatsdruckerei bemüht sich daher, die Voraussetzungen dafür zu schaffen, daß elektronische Datenträger, die in den Bundesministerien hergestellt werden, direkt für den Lichtsatz verwendet werden können. Die einzelnen Bundesministerien verfügen aber über völlig unterschiedliche technische Einrichtungen verschiedener Herstellerfirmen, sodaß erhebliche Kompatibilitätsprobleme entstehen. Diese könnten nur dadurch vermieden werden, daß die Staatsdruckerei ebensoviele Geräte anschafft, wie verschiedene Systeme in den Bundesministerien verwendet werden. Es ist evident, welche Chancen hier eine einheitliche Schnittstelle, etwa Teletex, bieten könnte. Durch die internationale Zusammenarbeit der Postorganisationen könnte darüber hinaus eine weltweite Verbindung und Festlegung solcher Schnittstellen erreicht werden. Alle Staaten müßten daher schon im eigenen Interesse die internationalen Normungsbemühungen auf diesem Gebiet vorantreiben und unterstützen.


III.


Meine sehr geehrten Damen und Herren! Wie eingangs angekündigt, habe

ich in meinem Beitrag eine eher grundsätzliche verwaltungs<u>politische</u>
Sicht des Themas Ihrer Veranstaltung zu entwickeln versucht. Dabei ist
es mir besonders darum gegangen, neben den verwaltungsreformatorischen
Chancen auch die gesamtgesellschaftlichen Probleme anzudeuten, die sich
aus dem verstärkten Einsatz moderner Informationstechnologien in der
Verwaltung ergeben könnten. Es würde mich freuen, wenn dieses Spannungsfeld im Zuge Ihrer Diskussionen anläßlich dieser Tagung unter den verschiedenen fachlichen Gesichtspunkten vertieft behandelt werden könnte.
In diesem Sinne darf ich Ihnen für Ihre weitere Arbeit viel Erfolg wünschen!

<u>Richtige Information als Voraussetzung richtigen Verwaltens</u>


o.Univ.-Prof.Dr.E.R.REICHL
Rektor der Johannes-Kepler-Universität Linz
A-4040  L i n z


Ein herzliches Willkommen Ihnen, verehrte Tagungsteilnehmer, in Linz -
im Namen der Österreichischen Gesellschaft für Informatik und im Namen
der Johannes-Kepler-Universität, jener Johannes-Kepler-Universität,
die sich mit Fug und Recht eine Informatiker-Universität nennen darf.

Sicher nicht deswegen, weil in der erst 17-jährigen Geschichte dieser
Universität bereits dreimal einem Informatiker die Ehre und die Bürde
des Rektoramts übertragen wurde. Eher schon deshalb, weil sie die erste österreichische und eine der ersten Universitäten des deutschen
Sprachraums war, die vor 13 Jahren das Studium der Informatik - und
zwar einer betont anwendungsorientierten Informatik - in ihren Fächer-
kanon aufgenommen hat. Und ganz gewiß deshalb, weil das Studium der
Informatik an dieser Universität in diesen 13 Jahren einen Stellenwert
angenommen hat, der seinesgleichen sucht und der uns allmählich schon
fast mehr Sorgen als Freude bereitet:

40 Prozent aller Hörer der technisch-naturwissenschaftlichen Fakultät
studieren Informatik oder Datentechnik, und wenn man die Studienanfän-
ger betrachtet, sind es schon mehr als die Hälfte! Dazu kommen noch
die Hörer des Studienversuchs Betriebs- und Verwaltungsinformatik, den
die beiden Schwesterfakultäten gemeinsam betreuen und der, nachdem nun
die legistischen Voraussetzungen gegeben sind, in Kürze zu einem Voll-
studium ausgebaut werden wird. Etwa jeder achte Hörer der Gesamtuniver-
sität hat im letzten Studienjahr eines der Informatikstudien belegt.

Wie viele der mehr als 2000 Hörer der Betriebswirtschaft an unserer
Universität als Schwerpunkt die Verwaltungswissenschaft gewählt haben,
ist schwer nachzurechnen. Gewiß darf ich als Rektor aber nicht nur bescheiden danken dafür, daß Sie unsere Universität zum Tagungsort aus-
erkoren haben, sondern auch mit gedämpftem Stolz darauf hinweisen: Der
Ort dürfte richtig gewählt sein für eine Fachtagung "Neue Informationstechnologien und Verwaltung".

Die Tätigkeit des Verwaltens - eine von so vielen Menschen so zu Unrecht gering geschätzte Tätigkeit - läßt sich ohne Gewaltanwendung in vier verschiedenartige Aktionen zerlegen:
- Dokumentation dessen, was <u>geschehen ist;</u>
- sinnvolle Vorbereitung dessen, was <u>geschehen soll;</u>
- sinnvolle Voraussicht dessen, was <u>geschehen wird,</u> ob es nun geschehen soll oder nicht;
- sinnvolle Lenkung dessen, was <u>gerade geschieht.</u>

Auf allen diesen vier Ebenen brauchen wir Informationen, und es bedarf keiner Begründung, wenn sogleich ergänzt wird: sinnvoller Informationen.

Am leichtesten sind - sollte man meinen - korrekte Informationen darüber zu erreichen, was geschehen  s o l l . Normen sind rasch aufgestellt, lassen sich - wie uns die wenigen guten Legisten beweisen - erstaunlich präzis formulieren, aber oft erstaunlich schwer realisieren. Normen - ich denke hier als Vorsitzender einer Studienkommission fast unter Zwang an Studienvorschriften - lassen sich aber auch erstaunlich schnodderig und oftmals sogar grauenhaft widersprüchlich formulieren und bringen dann einen ehrlichen Verwaltungsbeamten zur Verzweiflung - sofern er sich nicht als schnöder Praktiker darüber freut, daß solche Vorschriften dem Beamten einen grandiosen Ermessensspielraum freihalten.

Man mag mir als Informatiker verzeihen, daß ich als Entscheidungskriterium zwischen einer guten und einer schlechten Vorschrift ihre Programmierbarkeit postuliere:

Wer ein Problem so formulieren kann, daß seine Partner es verstehen, der ist vielleicht ein guter Fachmann und ein guter Didaktiker; vielleicht hat er aber auch nur exzellente Partner, die das exakt durchdenken, was er unsauber formuliert hat; vielleicht ist er aber auch nur ein guter Demagoge, der seine Hörer oder Leser glauben machen kann, sie verstünden ihn.

Wer aber ein Problem so formulieren kann, daß ihn eine Maschine versteht - der Programmierer fungiert dabei nur als ein qualifizierter Übersetzer - der muß wohl sein Problem selber exakt durchdacht haben. Weder ein Hinüberschwindeln über gedankliche Schwachstellen noch suggestive Formulierungen helfen ihm - nur kompromißlos exaktes Denken honoriert der Computer mit richtigem Output.

Nur allzuoft deckt der Informatiker bei seiner Aufgabe, Vorschriften
zu programmieren, logische Widersprüche oder logische Indeterminiert-
heiten auf. Schadenfreude empfindet er dabei nicht, schließlich hat
auch er den Schaden bei seiner Arbeit. Es wurde ihm nur wieder einmal
bewiesen, daß das Kriterium der Programmierbarkeit ein alles andere an
Rigorosität weit übersteigendes Exaktheitsmaß ist.

Soviel zu den Informationen über das, was geschehen  s o l l . Voraussicht dessen, was geschehen  w i r d ,  ist noch bedeutend schwieriger
zu erreichen.

Normen regeln z.B. die Aufnahmeformalitäten an unseren Universitäten.
Wenn sie restriktiv genug sind, wie in der Bundesrepublik, dann regeln
sie nicht nur, wer studieren darf, sondern sogar schon, wer studieren
wird. Wenn sie sehr liberal sind, wie in Österreich, stecken sie nur
einen groben Rahmen ab, wer aber was wirklich studieren wird, das ist
im günstigsten Fall durch eine Prognose erfaßbar. Prognosen benötigen
aber nicht nur außerordentlich viele Informationen über Vergangenes,
sondern vor allem auch genau passende, sinnvolle Informationen.

Das beste Planungsmodell muß versagen, wenn ihm jene Informationen -
und das sind stets Daten aus der Vergangenheit - nicht zu Gebote stehen, die es als Parameter unbedingt braucht. Andererseits aber legt
ein solches Planungsmodell wenigstens von sich aus zunächst jene Informationen fest, die es für eine gute Prognose brauchen würde.

Ich fürchte, hier Eulen nach Athen zu tragen: Wohl jeder von Ihnen
weiß, daß die Datensammlungen, die wir in der Hochschuladministration
wie auch sonst in der Verwaltung anlegen, viel zu sehr, zu ausschließlich auf juridisch saubere Dokumentation ausgelegt sind, auf den Nachweis, daß überall den Normen Genüge geschehen ist; nur recht wenig darüber, was wirklich geschehen ist. Was dokumentiert wird und was wir benötigen würden, verhält sich wie eine Buchhaltung zu einer Kostenrech-
nung!

Unsere Universität hat im vergangenen Studienjahr den mühevollen Versuch unternommen, den tatsächlichen Besuch von Lehrveranstaltungen zu
erheben und den papierenen Inskriptionszahlen gegenüberzustellen. Die
Ergebnisse waren, wie erwartet, erschütternd. Und doch bleiben nach
wie vor die Inskriptionszahlen - das Eintragen von jeweils sechs Ziffern
in ein Formular - die schwankende Grundlage für alle Planungsversuche.
Richtige Information für richtiges Verwalten? Manchmal denke ich an

den stillen Zecher, der auf dem Heimweg im Finstern seine Hausschlüssel
verloren hat und sie jetzt unter der Laterne sucht, weil es dort weniger anstrengend ist.

Sinnvolle Voraussicht dessen, was geschehen wird, bedarf also sinnvoller
Information über das, was geschehen ist, und nicht der Dokumentation
von Alibihandlungen zum Zweck der Normerfüllung.

Sinnvolle Lenkung dessen, was gerade geschieht, ist der vierte Aspekt
des Verwaltens, gewiß der bürgernächste, gewiß der menschlichste, wenn
er menschlich gestaltet wird. Aber auch er, und gerade er, verlangt
besonders viel an richtiger Information, an besonders detaillierter
Information und an - wie der Buchhalter sagt - "tagfertiger" Information. Man sollte diesen Bereich freihalten von dem unpersönlichen
Blechtrottel Computer, sagen manche. Der Informatiker meint das nicht,
aber er begegnet diesem Bereich der Verwaltungsautomation - sofern er
Berufsethos hat - mit einer gewissen Scheu.

Er mag selber mit seinem computerunterstützten Informationssystem spielen wie auf einer Orgel oder auch nur  wie auf einem verstimmten Klavier.
Er mag die Beamten, für die er das Informationssystem gebaut hat, ebenso nach Herzenslust spielen, dilettieren, vielleicht gar murksen lassen.
Aber wo der direkte, persönliche Kontakt mit dem Bürger beginnt, hört
das Spiel (und sei es ein sehr ernstes Planspiel) auf. Wer die Verzweiflung eines Studenten gesehen hat, der sich zur letzten Diplomprü-
fung anmelden will und der abgewiesen wird, weil aus irgendeinem läppi-
schen Grund eine kleine, aber nötige Vorprüfung in die Datenbank des
Computers nicht aufgenommen wurde - wer das einmal erlebt hat, der
weiß, daß hier höchste Präzision auch im kleinsten Detail erforderlich
ist.

Vier Aspekte der Verwaltungstätigkeit, und viermal benötigen sie Informationen, Informationen und wieder Informationen. Es erhebt sich geradezu die Frage, ob denn Verwaltung vor Einführung der Informationsverarbeitung überhaupt möglich war? Ich wage fast zu behaupten: nein! Soweit wir das heute überblicken können, dürfte die Schrift im alten Sumer
aus der Notwendigkeit der Verwaltungsbeamten entstanden sein, Informationen festzuhalten. Und auch alle weiteren informationstechnischen
Errungenschaften des Vorcomputer-Zeitalters, die Liste, die Tabelle,
die Karteikarte etwa, sind zunächst aus dem Inforamtionsbedürfnis der
Verwaltung heraus entstanden.

Und die heutigen Informatiker halten es brav weiter so. Sie liefern
den Verwaltungsbeamten, was sie brauchen und noch einiges darüber hinaus,
sie verleiten durch die noch gar nicht ausgeschöpften Möglichkeiten
des Computers auch durchaus dazu, Informations-Mottenkisten aufzubauen,
und sie bauen - von kleinen ökonomischen Aspekten abgesehen - keine
Barrieren gegen den Mißbrauch auf.

Selbst viele Informatiker sind der Auffassung, daß im Bereich der modernen Informationstechnologien durchaus nicht alles Machbare auch
wirklich gemacht werden sollte, auch wenn es alle zehn Jahre um eine
Zehnerpotenz weniger kostet.

Nicht, daß ich eine Überfülle von Informationen für schädlich hielte.
Mehr zu wissen, als man braucht, hat noch niemandem geschadet, wenn man
vielleicht von Adam im Paradies absieht. Aber es bringt auch nicht
viel, und überdies ist es anstrengend. Darum bin ich überzeugt, daß die
Verwaltung von der Informatik nicht mehr, aber auch nicht weniger an
technischen Informationshilfen übernehmen wird, als sie zur Erfüllung
ihrer Aufgaben gerade braucht.

<u>NEUE INFORMATIONSTECHNOLOGIEN **ALS CHANCE UND HERAUSFORDERUNG**</u>

**FÜR DIE ÖFFENTLICHE VERWALTUNG**

o.Univ.-Prof.Dr.Herbert KRAUS
Universität Graz

## A) Spezifika der Öffentlichen Verwaltung im Hinblick auf die Informationstechnologien

Sucht man nach eindeutigen Abgrenzungskriterien zwischen der Öffentlichen Verwaltung und der Privatwirtschaft, muß man sich an den Extremformen der "reinen" Privatwirtschaft (Beispiel: Österreichischer Klein- und Mittelbetrieb) und der Hoheitsverwaltung orientieren. Im Feld zwischen diesen beiden Typen gibt es eine Reihe von Mischformen. Die in der Hoheitsverwaltung anzutreffenden spezifischen Eigenschaften des Öffentlichen Dienstes bilden häufig Hinderungsgründe für den breiten und vor allem rationalen Einsatz moderner Informationstechnologien. "Rationales Handeln" ist jedoch nicht unbedingt mit "ökonomischem Verhalten" gleichzusetzen, sondern läßt sich definieren als eine vernünftige Art, Ziele zu erreichen. Gerade die "nicht-ökonomischen" Ziele, wie z.B. Rechtssicherheit, Bürgerfreundlichkeit und Gerechtigkeit, sind für viele Gestaltende sogar der Anlaß, ökonomische Überlegungen (zu Unrecht) über Bord zu werfen.

So beeinflußt zum Beispiel der Wunsch nach Rechtssicherheit die Qualität einer Rechtsdokumentation, die Bürgerfreundlichkeit die Gestaltung von Computerausdrucken und die Gerechtigkeit die subjektive Problematik nicht in "Entscheidungstabellen" gießbarer Gesetzesinhalte. Wobei sehr häufig das Argument zu hören ist, daß, solange diese Ziele nicht zu 100 % erfüllt werden können, eine automationsgestützte Verarbeitung abzulehnen sei - ohne die Frage zu prüfen, wieweit diese Ziele ohne Einsatz von Informationstechnologie erreicht werden können.

Probleme entstehen in erster Linie durch das Legalitätsprinzip, welches Handlungen nur auf Grund von Gesetzen gestattet. Diese beginnen bereits bei der Gestaltung eines Antragsformulares. Ist dieses in einem Gesetz abgebildet, so kann es ohne Gesetzesänderung nicht umgestaltet werden.

Einen weiteren Problembereich stellt auch die Budgetierung von Investitionen dar. So kann ab einer bestimmten Dimension die Installation.

von informationstechnologischen Einrichtungen nur nach einem verhält-
nismäßig komplexen Ausschreibungsmodus erfolgen, dessen Formalan-
forderungen sich an denen der Bauvorhaben orientieren. Auf der anderen Seite können Rationalisierungserfolge kaum in Personaleinsparung
umgesetzt werden, da sozial- und personalrechtliche Bestimmungen
sowohl einer Freistellung als auch einer Umschichtung im Wege stehen.

Mit anderen Worten, jede größere Maßnahme muß zunächst einmal anhand
dieser Grundsätze überdacht werden und kann dann erst (manchmal
mühsam) in die Realität umgesetzt werden.


**B) Mögliche Schwerpunkte des Einsatzes in Vergangenheit und Zukunft**

Trotz der dargestellten Probleme sind in der Öffentlichen Verwaltung
bereits seit Jahrzehnten moderne Technologien im Einsatz, die ständig
erweitert und verbessert werden. Wie in allen anderen Bereichen des
Einsatzes von Informationstechnologien waren es zunächst die numerischen Applikationen, die im Vordergrund standen. In der Öffentlichen
Verwaltung wurden zuerst die Abgabenabrechnung und -einhebung automa-
tisiert. Die bereits sehr umfangreichen Erfahrungen auf diesem Gebiet
wiesen sehr bald den Weg von der reinen Abgabenverwaltung zur gestal-
tenden Budgetierung, sodaß sich die Informationsverarbeitung zum Füh-
rungshilfsmittel weiterentwickelte. Weitere numerische Applikationen
liegen im technischen Sektor, wie etwa in der Bauplanung und -durch-
führung, wo bereits seit langer Zeit der Rechner eine wertvolle Ar-
beitshilfe darstellt.

In den 70er Jahren setzte sich nach der numerischen Verarbeitung
auch die Textverarbeitung in der Öffentlichen Verwaltung durch; wenn
auch zunächst in Form von Inselsystemen. Die Erstellung von Bescheiden und Mitteilungen war und ist eines der wesentlichsten Einsatzge-
biete.

Der Einsatz von Datenbanken in der Einwohnerstandesführung und -ver-
waltung bietet nicht nur für das Meldewesen, sondern auch für die Abwicklung von Wahlen eine große Hilfe.

Die Hoffnungsgebiete der Zukunft sind überall dort zu suchen, wo neben großen zentralen Verarbeitungskapazitäten auch dezentrale Intelligenz und dezentraler Zugriff auf große Datenbanken benötigt werden. Es ist dies vor allem die aktive und passive Rechtsdokumentation, die dem Sachbearbeiter in der Öffentlichen Verwaltung eine Hilfestellung bei seinen täglichen Problemen bietet. Umfassende Datendokumentation und anspruchsvolle Wirtschaftsmodelle werden in Zukunft in immer stärkerem Maße wirtschaftspolitische Führungshilfen anbieten, welche vor allem für den Politiker, sowohl im Parlament als auch in der Regierung, eine Arbeitserleichterung darstellen können. Eine vielversprechende Möglichkeit stellt das Computer-Conferencing dar, welches im Bereich der Öffentlichen Verwaltung bei großangelegten Projekten wie auch im Gesetzwerdungsprozeß zum Einsatz kommen könnte.

Die neuen Medien, insbesondere Bildschirmtext (BTX), bieten die Basis für eine wesentliche Verbesserung des Bürgerservice. Es sind drei Phasen des BTX-Einsatzes denkbar. In der ersten Phase unterstützt ein entsprechendes Bildschirmtext-Terminal eine Auskunftsperson, in der zweiten Phase erfolgt die Information durch Selbstbedienung in einem In-house-System in der Behörde selbst, und in der dritten Phase wird man sich Informationen durch Benutzung von Heim-Terminals bzw. öffentlichen Terminals verschaffen können.

Im Hinblick auf den Service-Umfang sind ebenfalls zwei Phasen denkbar. In der grundlegenden Phase (der Lernphase) wird versucht werden, Informationen über Behördenkontakte an den Staatsbürger heranzutragen. Insbesondere wären das in diesem Zusammenhang die Klärung der Zuständigkeit, die Angabe der benötigten Formulare für bestimmte Anträge, die beizubringenden Dokumente sowie die Öffnungszeiten des zuständigen Amtes. Darüber hinaus besteht noch die Möglichkeit, soferne das Anliegen strukturierbar und formalisierbar ist, auch Rechtsauskünfte über Berechtigung bzw. Verpflichtung zu Handlungen abzudecken.

Während die Information heute schon technisch möglich ist und keinerlei verfahrensmäßiger Änderung bedarf, sind für die zweite Phase, nämlich der Antragstellung per Bildschirmtext, noch nicht alle Voraussetzungen geschaffen.

Bevor ein solches Gebiet realisiert werden kann, werden umfangreiche
Änderungen der Rechtsmaterie notwendig sein, da eine "papierlose Antragstellung" nach der gegenwärtigen Gesetzeslage in den seltensten
Fällen normenkonform ist. Gleichzeitig müßten damit auch Sicherungs-
überlegungen, wie z.B. die "elektronische Unterschrift", der Ersatz
des Personalausweises durch z.B. Mikro-Chip-Karten sowie zentrale
Verwaltung von Dokumenten und Unterlagen, überlegt werden. Das Ergebnis könnte das sogenannte "24-Stunden-Amt" sein, bei dem, durch einen
entsprechenden Benutzerdialog verbunden mit programmierten Kontrollen, der Staatsbürger die Möglichkeit erhält, alle seine Anträge
nicht mehr durch persönliches Erscheinen beim Schalter, sondern von
jedem angeschlossenen Terminal aus abzugeben. Neben der jederzeitigen
Verfügbarkeit kommt noch als besonderer Vorteil hinzu, daß, bei ge-
schicktem Aufbau des Dialogs, die Ausfüllung um wesentliches einfacher ist, als dies bei den derzeit eingesetzten Formularen der Fall
ist.

Für die amtswegige Bearbeitung sind dann bereits alle Daten in maschi-
nell-lesbarer Form erfaßt und können somit zumindestens einer teil-
maschinellen Weiterbearbeitung zugeführt werden. Die in das Verfahren
einzubauenden Plausibilitätskontrollen könnten darüberhinaus eine
Reihe von notwendigen Kontrollen auf ein absolutes Minimum reduzieren. Bei Vorhandensein eines In-house-Systems besteht außerdem die
Möglichkeit, daß es in Zukunft nur noch sogenannte "papierlose" Akte
gibt, die bei jeder Bearbeitungsphase vom zuständigen Bearbeiter abgefragt, verändert bzw. bearbeitet werden können. In Verbindung mit
entsprechenden internen Erledigungssystemen würde das einen wesentlichen Rationalisierungsfortschritt ergeben.


## C) Ausgewählte neue Technologien

Eine Reihe von neuen Technologien werden notwendig sein, um die im
vorigen Abschnitt aufgezeigten Möglichkeiten nutzen zu können. Im
folgenden sollen vier Entwicklungen herausgegriffen werden:

Die Hochgeschwindigkeits-Datenübertragung wird sowohl in lokalen Netzen als auch in regionalen und nationalen Netzen zur Anwendung kommen. Der verstärkte Einsatz des Glasfaserkabels und der entsprechen-

den Netzarchitekturen werden hierbei einen entscheidenden Beitrag leisten.

Eine Vielzahl neuer Informations- und Kommunikationstechnologien befindet sich in den Industriestaaten in der Konzeptions- bzw. Einführungsphase, wobei diesem Prozeß in der wissenschaftlichen und politischen Diskussion große Aufmerksamkeit beigemessen wird. Unter dem Begriff "Neue Medien" werden dabei vor allem elektronische Kommunikationsformen verstanden, wie beispielsweise Satelliten- und Kabelfernsehen, Videorecorder, Bildplatte und insbesondere Bildschirmtext.

Nach Meinung vieler Experten und auf Grund der Erfahrungen im Ausland ist zu erwarten, daß in erster Linie BTX die zukünftige Kommunikationspolitik der Öffentlichen Verwaltung grundlegend verändern wird.

Es muß von einer dramatischen Herausforderung der Spezialisten im Kommunikationsbereich gesprochen werden, die sich den zukünftigen Möglichkeiten des Einsatzes dieses neuen Mediums vorausschauend anzupassen haben.

Besonders große Bedeutung erlangt in diesem Zusammenhang die Information des Staatsbürgers. BTX ist wie kein anderes Medium in der Lage, den Informationsnotstand so manchen Antragstellers zu beseitigen. Die bürgerorientierte Gestaltung des BTX-Dialoges wird für das Image der Behörden, in der sich laufend vergrößernden BTX-Öffentlichkeit, ein neuer Prüfstein sein. Es ist daher größtes Augenmerk auf die technischen Möglichkeiten zu legen, um die Chance der "echten Bürgernähe", die diese Technologie ermöglichen würde, zu nutzen.

Die Entwicklung des Personal-Computers (PC) bedeutet einen wichtigen Schritt in Richtung intelligenter und benutzerorientierter Arbeitsplatz. Bei planlosem Einsatz dagegen kann der PC lang- und mittelfristig eine mindestens ebenso große Gefahr darstellen wie er bei sinnvollem Einsatz Nutzen bringen kann.

Die Sprachverarbeitung (Spracheingabe, -speicherung und -ausgabe) wird im Kontakt mit dem Bürger große Vorteile bringen, da eine zeitverschobene Interaktion einerseits und eine jederzeitige Auskunftserteilung andererseits möglich sein wird.

Eine zeitunabhängige Interaktion erlaubt auch die Bildschirmtexttechnologie, welche mit einfachen Endgeräten (Fernsehgerät, Telefon) in der Lage ist, sowohl dem Informationsbedürfnis des Bürgers als auch der Beschleunigung der Antragserledigung zu dienen.

Die Vorteile dieser neuen Technologien werden aber erst dann zum Tragen kommen, wenn alle technischen Probleme bewältigt sind. Der Praktiker weiß, daß die technologischen Probleme beim Bau eines Netzes oft schon auf Grund der mangelnden Kompatibilität fast unlösbar sind. Selbst scheinbar genormte Begriffe gibt es in zahllosen verschiedenen Variationen. Es gehört z.B. zu den schwierigsten Aufgaben, Geräte verschiedener Herkunft zu einem gemeinsamen Netz zusammenzuschließen. Daraus entwickelt sich ein neuer Berufsstand – der technische Kommunikationsspezialist (dieser ist also nicht nur im menschlichen Bereich notwendig). Seine Aufgabe ist es, zwei Geräte so zusammenzuschalten, daß sie sowohl hardware- als auch softwaremäßig miteinander kommunizieren können. Vernünftigerweise kann dies nur im Rahmen eines Gesamtkonzeptes geplant und realisiert werden. Die Realisierung dieses Konzeptes sollte jedoch <u>nicht erst dann</u> begonnen werden, wenn alles bis ins allerletzte Detail definiert wurde, sondern Teilbereiche dieses Konzeptes sollten relativ bald verwirklicht werden, da dabei auftretende Probleme oft nur mit Hilfe des "Trial und Error"-Verfahrens gelöst werden können.


## D) Der multifunktionale Arbeitsplatz (Integration)

Das Generalziel der modernen Informationstechnologien stellt der multifunktionale bzw. integrierte Arbeitsplatz dar. Dieser integrierte Arbeitsplatz sollte natürlich auch in der Öffentlichen Verwaltung das Ergebnis eines ganzheitlichen Konzeptes sein. Die Insellösung, die isolierte Aufstellung von Geräten der Informationstechnologie, bringt keine Vorteile, sondern fördert nur die zentrifugalen Kräfte in der Organisation. Gerade deshalb bildet der unkoordinierte Einsatz

von Personal-Computern z.B. eine bedeutende Gefährdung für eine reibungslose Organisation einer Institution. Jede Führungskraft sollte
daran interessiert sein, den zentrifugalen und vor allem den desintegrierenden Kräften entgegenzuwirken. So mancher Personal-Computereinsatz verleitet bereits heute zum "dezentralen Chaos". Vielfach nimmt
z.B. ein Mitarbeiter ein privates Gerät an den Arbeitsplatz mit und
führt es den staunenden Kollegen vor. Daraufhin versuchen viele,
so ein "Wunderding" aus dem ihnen zur Verfügung stehenden Budget
anzuschaffen. Die Ablehnung eines solchen Antrages ist für die EDV-
Abteilung schwierig. Angespornt durch den Wunsch, etwas Unabhängigkeit von der EDV-Abteilung zu erlangen, nimmt die Zahl dieser Anträge
laufend zu. Ähnliche Probleme würden beim Bau eines Hauses entstehen,
bei dem jeder ohne Rücksicht auf den anderen seine eigene Wohnung
plant, in der Hoffnung, daß aus diesem Stückwerk ein funktionsfähiges Ganzes entstehen würde.

Was die Zukunft verlangt, ist eigentlich das, was als "dezentralisierte Zentralisierung" bezeichnet werden könnte. Diese dezentralisierte Zentralisierung ist ohne eine zentrale Koordination, dezentrale Rechenkapazität und ein entsprechendes Kommunikationsnetz nicht
denkbar.

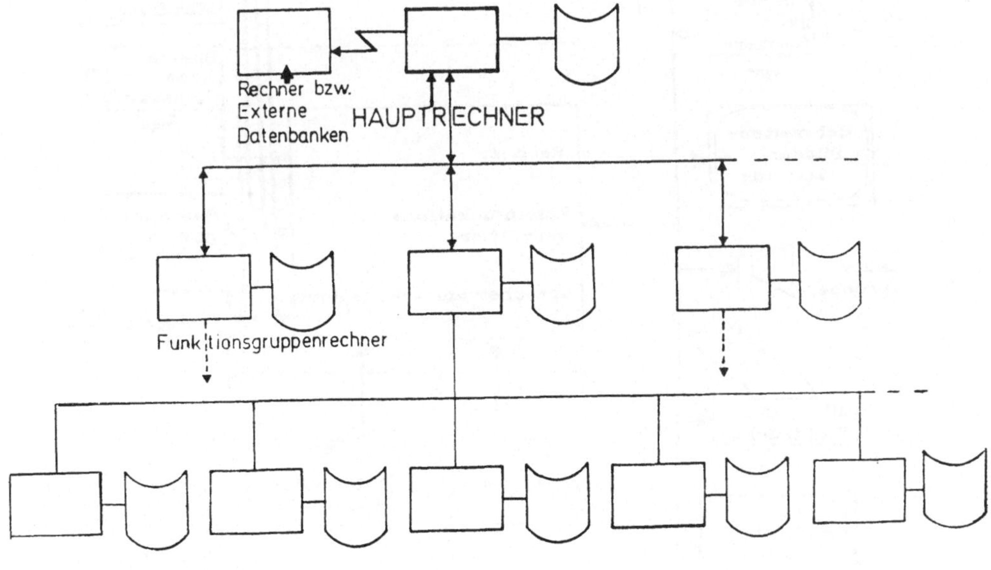

Im Hinblick auf die Kommunikationsökonomie wird die Konstruktion
eines hierarchischen Netzwerkes mit mehreren Ebenen notwendig sein.
An der Spitze steht ein Zentralsystem, welches sämtliche Daten verwaltet, die an allen Arbeitsplätzen benötigt werden. In den verschiedenen Ebenen arbeiten Datenverwaltungsanlagen, die bereichs- oder
arbeitsplatzspezifische Aufgaben erfüllen.

Im Rahmen dieses Netzwerkes gibt es nun "transparente " Arbeitsplatz-
stationen, d.h. der Benutzer braucht nur eine einzige Arbeitssteue-
rungssprache zu beherrschen. Neben der Möglichkeit, an den Arbeitsplätzen Programme zu erstellen, sollten auch jene Programme, die
in den dezentralisierten Einheiten gebraucht werden, in Form von
Telesoftware zentral erstellt und vor allem gewartet werden. Das
vorhandene Netz ist darüber hinaus auch die Basis der Kommunikations-
integration, sodaß sämtliche Kommunikationen (Text, Zahlen, Daten,
Bilder und Sprache) über das gleiche Netz transportiert werden.

# MODULARER ARBEITSPLATZ

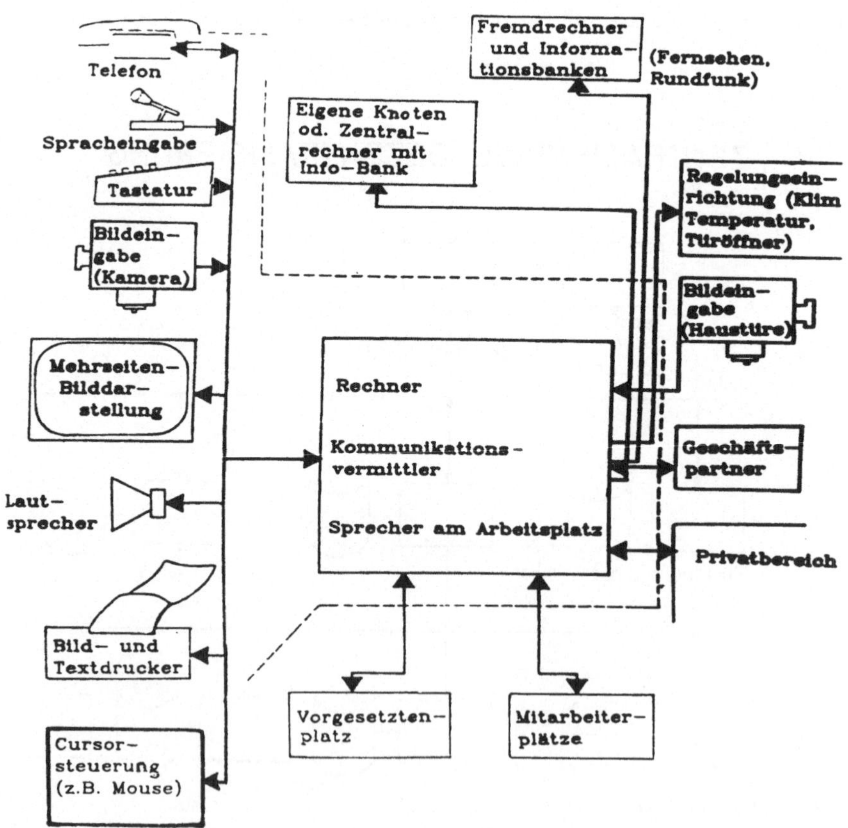

Nur eine Verbindung von maximaler Individualität auf der Benutzer-
ebene mit größtmöglicher Standardisierung der Kommunikation und Organisation kann die optimale Nutzung eines Systems sichern. Die Vorteile eines Arbeitsplatzcomputers sind dann am größten, wenn bei
den meisten Aufgaben, die am Arbeitsplatz zu lösen sind, bereits
auf erfaßte Daten, z.B. von Datenbanken, zurückgegriffen werden kann.

Ohne ganzheitliche Organisation sind Erfolge nicht möglich. Die ganzheitliche Ausrichtung sollte aber nicht zur Folge haben, daß alle
Aktivitäten zu unterbinden sind, sondern sie sollte den geplanten
Einsatz koordinieren, z.B. durch Definition
- der Mindestanforderungen
- der Kommunikationsfähigkeit und
- des Betriebssystems.

Nach diesen vorgegebenen Kriterien sollte die Auswahl erfolgen, da
erst mit Hilfe eines standardisierten Vorgehens letztlich ein Kommunikationsnetz errichtet werden könnte. Innerhalb dieses Netzes wiederholt sich das, womit sich die betriebswirtschaftliche Organisations-
lehre schon seit Jahrzehnten beschäftigt. Es handelt sich auch hier
um den Arbeitsteilungs- und Arbeitszusammensetzungsprozeß, der in
seiner Grundkonzeption primär ein organisatorisches und erst sekundär
ein technologisches Problem ist.

**E)** **Strategien zur optimalen Akzeptanz bei Staatsbürger und Sachbearbeiter (als Mensch und Jurist)**

Es gibt praktisch keine technologische Lösung, die nicht schon heute realisierbar wäre. Wesentliches Hindernis auf diesem Weg ist jedoch der Mensch in seinen unterschiedlichen Rollen, einerseits als Benutzer und andererseits als Verantwortlicher. Die großen Fehler, die in der Vergangenheit oft gemacht wurden, sind nur dadurch entstanden, daß dem Endbenutzer Lösungen aufgezwungen wurden, die er nicht verstand und die keinen Problemlösungsbeitrag für ihn beinhalteten.

Die menschliche Akzeptanz dieser Systeme ist eine wesentliche Voraussetzung für den erfolgreichen Einsatz. Die optimale Nutzung wird nur dann möglich sein, wenn integrierte technische Arbeitsplatzsysteme an jeder Stelle in einer Institution existieren. Nicht nur in den Sekretariaten und beim Lower-Management - das Top-Management bildet hier sicher noch einige Zeit eine Ausnahme. Schon direkt unter dem Top-Management wäre der Einsatz bereits heute möglich. Es ist allgemein bekannt, daß Personen, die älter als 30 Jahre sind, eher Aversionen gegen regelmäßige Terminalbenutzung haben als die jüngere Generation, die durch Computerspiele und Home-Computer an den Bildschirm gewöhnt ist und mit der modernen Informationstechnologie kaum Schwierigkeiten hat.

Viele Probleme sind jedoch auf spezifische Ausgangspositionen zurückzuführen wie z.B.:

- Die historisch gewachsenen lokalen Systeme (das Beharrungsvermögen) werden auch manchmal als Betriebsblindheit bezeichnet. Die Mitarbeiter handeln nach dem Motto: Das haben wir schon immer so gemacht (gehabt).
- Häufig sind die betriebswirtschaftlichen Kenntnisse mangelhaft und daher kommt es zu einer Manipulation mit ökonomischen Aussagen. Ist man für den Ankauf eines Gerätes, dann ist es billig. Fürchtet man um den eigenen Arbeitsplatz, so ist es viel zu teuer. Durch die Manipulationsmöglichkeit der Kosten-Nutzen-Rechnungen werden nicht zuletzt viele Gutachterteams beschäftigt.
- Die Benutzerfreundlichkeit der Hard- und Softwareentwicklung kann

an Hand eines kleinen Beispieles aufgezeigt werden: Es dauerte sehr lange, bis im deutschsprachigen Raum deutsche Tastaturen erhältlich waren und viele Geräte werden heute noch mit englischer Tastatur ausgeliefert. Eine Vielzahl von Funktionstasten erschreckten jeden Benutzer, der sich nicht vorstellen konnte, die Aufgaben dieser vielen Tasten erlernen und behalten zu können.

- Die Fachsprache ist ein weiteres, wesentliches Problem des Widerstandes. Unbefangene, die plötzlich laufend OS, EPROM, CMOS usw. hören, erschrecken natürlich, und es erstarkt die ablehnende Haltung.

- Die Entwicklungsgeschichte des Menschen ist dadurch gekennzeichnet, daß sich nur ein kleiner Teil der Erdbewohner mit der Technik anfreundet und der verbleibende große Teil sich schon deshalb nicht anfreunden kann, weil bereits die Erzieher sagten: "Du, paß auf, greif ja nichts an, Du machst alles kaputt!" Dieses Kindheitserlebnis ist eines der Gründe für die großen Ängste bei der Benutzung von technischen Systemen. Wenn nun ein verschreckter Mensch an einen hochtechnisierten Arbeitsplatz kommt, wird er, anstatt sich zu freuen, eher Angstgefühle erleben.

Ein ausgewogenes Ausbildungs-, Schulungs- und Motivationsprogramm kann hier zeigen, daß der einzelne aus dem Einsatz der technischen Hilfsmittel Vorteile ziehen kann. Zudem sind lockernde Einstiege in ein neues System sehr nützlich. So manche Software-Firma integriert ein anregendes Spiel, das an den Spieltrieb des Menschen appelliert und gibt ihm damit die Chance, einmal mit den Tastaturen leben zu lernen.

- Das Streben nach Perfektionismus ist im Bereich der Öffentlichen Verwaltung letal, weil gerade hier der ökonomische Druck jahrelang nicht so groß war. Mancher Jurist behauptete, daß ihm ein juristisches Informationssystem nichts nütze, wenn es nicht hundertprozentig vollständig ist, da der Zustand sich dadurch nicht verbessern würde. Darauf kann man nur entgegnen, daß mancher Referent der ersten Instanz über den letzten Stand der Gesetze seines Bereiches, insbesondere über die letzten Verordnungen und Erlässe mangelhaft informiert ist und daher jede Maßnahme, die das verbessert, schon ein großer Sprung nach vorne wäre. Es könnte bereits als Fortschritt gewertet werden, wenn das Wissensniveau des Referenten gleich dem der oft bestinformierten antrag-

stellenden Partei ist. Es wäre dann nicht so wesentlich, daß er
den für diesen Fall auch heranzuziehenden Erlaß aus dem Jahre
1805 noch nicht dem Dokumentationssystem entnehmen kann. Trotzdem
ist gerade dieses Argument sehr häufig ausschlaggebend für die
Ablehnung.

- EDV hat vor allem deshalb einen sehr schlechten Ruf, da sehr häufig unkommentierte Endlosformulare produziert wurden. Die nicht
aufbereiteten Zahlenkolonnen waren selbst für Fachleute nicht les-
bar!

- Abschreckende Fremderfahrungen werden oft herangezogen, wenn man
nach Gegenargumenten sucht. Viele hoffnungsvolle Projekte schei-
terten an Beispielen aus der Umwelt.

- Das Ausnahmedenken, Exklusivitätsstreben bringt den Stolz, anders
als die anderen zu sein, an die Oberfläche. Daher werden selbst
erfolgreiche Lösungen befreundeter Institutionen nicht akzeptiert, da sie, in die eigene Unternehmung transferiert, nicht
"gehen" würden. Vor zehn Jahren überlegte man erstmalig im öffentlichen Dienst Textverarbeitungssysteme einzuführen. Es gibt große Pakete von Gegenstellungnahmen, die besagen, daß es möglicherweise in der Privatwirtschaft überlegenswert sei, mit diesem
Hilfsmittel zu arbeiten, aber sicherlich nicht im Öffentlichen
Dienst.

- Die Folgen der Einführungsfehler und des Lieferfirmenkampfes
sind beim Humankapital besonders nachhaltig und nur sehr schwer
regenerierbar.

Auf diese Weise stellt sich die heikle Aufgabe, einerseits Benutzer,
die Aversionen gegen neue Technologien haben einzubinden und andererseits Lösungen anzubieten, die auch sachlich gesehen Rationalisierungschancen beinhalten. Die Erfahrungen der Vergangenheit zeigen,
daß sich diese Entwicklung im wesentlichen auf drei Ebenen bewegen
wird:

Dies ist erstens die intensive Information des Endbenutzers übervor-
handene Möglichkeiten, zweitens die umfassende Soft- und Hardware-
Entwicklung unter Berücksichtigung der Probleme des Öffentlichen
Dienstes und drittens die Wahl der Einführungsmethode, welche eine
weitgehende Mitbestimmung des Betroffenen ermöglichen sollte. Um
diese Mitbestimmung sinnvoll zu gestalten, wird es notwendig sein,

Prototypen zu entwickeln, die dem Endbenutzer die Chance geben, sich risikolos von den Fähigkeiten der Informationstechnologie zu überzeugen.

Diese sehr aufwendige Vorgangsweise hat den Vorteil, daß sie aus den Endbenutzern Mitstreiter macht und daß gemeinsam erarbeitete Konzepte nicht Gegenstand der Kritik, sondern Gegenstand der Verteidigung sein werden.

<u>PROBLEME DER INFORMATIONSTECHNIK-ANWENDUNG IN</u>

<u>ÖFFENTLICHEN VERWALTUNGEN - EIN AUSWEG DURCH</u>

<u>NEUE TECHNOLOGIEN?</u> *)
Prof. Dr. Klaus Grimmer
Forschungsgruppe Verwaltungsautomation
Gesamthochschule Kassel


0.      Vorbemerkung

Aufgabe dieses Beitrags ist es, Defizite bisheriger Anwendung von Informationstechnik in öffentlichen Verwaltungen und Entwicklungstendenzen zu benennen. Im Dialog von Praxis und Wissenschaft sind Empfehlungen und Warnungen hinsichtlich der künftigen Gestaltung informationstechnikgestützter Verwaltungen zu formulieren.

Bei der Analyse bisheriger Anwendungen und bei der Diskussion künftiger Entwicklungen gehe ich von vier Zielen aus:

- Anwendungen der Informationstechnik müssen politikgerecht sein, d.h. sie müssen eine optimale praktische Umsetzung politisch gesetzter Aufgaben fördern,

- Anwendungen der Informationstechnik müssen klientengerecht sein, d.h. sie haben das Verwaltungshandeln so zu unterstützen, daß verfassungsrechtlich oder gesetzlich gewährleistete Interessen und Bedürfnisse des Bürgers unabhängig von individuellen Fähigkeiten optimal befriedigt werden (d.h. auch, Verwaltungsaufwand ist nicht auf den Bürger zu verlagern),

- Anwendungen der Informationstechnik müssen mitarbeitergerecht sein, d.h. der Einsatz der Informationstechnik soll die Art und Weise der Aufgabenerledigung so beeinflussen, daß die Beschäftigten sich im Rahmen der gesetzlichen Vorgaben in ihrer Arbeit entfalten können und soziale Sicherheit haben,

- Sparsamkeit, d.h. öffentliche Verwaltungen haben den Einsatz der Informationstechnik so zu wählen, daß bei Beachtung der Kriterien Politikgerechtigkeit, Klientengerechtigkeit und Mitarbeitergerechtigkeit öffentliche Finanzmittel sparsam verwendet werden, die bei Beachtung der übrigen Kriterien jeweils kostengünstigste Lösung gewählt wird (was auch den Verzicht auf den Einsatz von Informationstechnik beinhaltet).

Es wäre vermessen, anzunehmen, daß auf die hier zur Diskussion stehenden Fragen aus wissenschaftlicher Sicht abschließende Antworten zu geben sind. Vielfach handelt es sich um Bewertungsfragen, welche strittig sein dürfen. Ich will mich deshalb darauf beschränken, positive und negative Befunde im Sinne der genannten Kriterien darzustellen, Entwicklungstendenzen und ihnen zugrunde liegenden sogenannten "Gesetzmäßig-

keiten" nachzugehen und auf meiner Ansicht nach erforderliche Selbststeuerungsmaß-
nahmen der Verwaltungen oder Gestaltungserfordernisse seitens des Politikbereiches
hinweisen.


1.      Erfolge und Defizite informationstechnisch-gestützter öffentlicher
        Verwaltungen


1.1     In den letzten Jahren hat die Computertechnik große Fortschritte gemacht,
von Geräten mit Vakuumröhren zu Transistoren und integrierten Schaltungen, von Groß-
geräten zu Minicomputern und Mikrocomputern. Die Fortschritte in der Mikroelektronik
haben dramatische Auswirkungen auf die Verarbeitungs- und Speicherkapazität des Computers der 80er Jahre. Neben die elektronische Datenverarbeitung (und Datenfernverarbeitung) sind weitere Entwicklungen der Informationstechnik wie Textverarbeitung
(Textautomation, Telefax, Teletext) und Kommunikationstechnik (Neue Medien, BTX-
Bildschirmtextsystem, Bildtelefon) getreten.

Die Frage, wo Informationstechnik heute eingesetzt wird, ist bereits leichter in
ihrer Umkehrung zu beantworten [1]: Wo wird Informationstechnik nicht eingesetzt? Und
nach den Vorstellungen der Politiker und der Elektroindustrie sollen in den nächsten
Jahren beispielsweise Großcomputer mit Datenbanken, Kleincomputern bzw. intelligenten Bildschirmterminals, Textautomaten, kommunikationsfähigen Schreibmaschinen,
Fernschreibern, Fernkopierern in den Büros der Verwaltungen zu einem Netz verbunden
werden.

In den Verwaltungen wurden zunächst einfache Routineaufgaben, also immer wiederkehrende Arbeitsfunktionen, der Maschine zur Erledigung übertragen: Rechen- und Schreib-
aufgaben wie Steuern, Gebühren und Abgaben berechnen, Renten berechnen, Wohngeld berechnen und entsprechende Bescheide ausdrucken; Buchhaltung und Personalwesen, La-
gerhaltung und Inventarisierung, Dokumentation von Daten und Informationen (Einwohnerwesen). Die gespeicherten Daten können gleichzeitig mittels Datenträger anderen
Verwaltungen oder Banken und Sparkassen zur Verfügung gestellt werden. Zunehmend
werden Computer auch für schwierigere qualitative Aufgaben bei öffentlichen und privaten Verwaltungen eingesetzt und wird Datenfernverarbeitung verwendet (computerunterstützte Arbeitsvermittlung, Bauverwaltung).

Viele Verwaltungsaufgaben wären heute mit dem vorhandenen Personal ohne Einsatz der
Datenverarbeitungstechnik nicht zu erledigen. Auch neue Verwaltungsaufgaben oder die
Erweiterung von Aufgaben konnte nur auf der Grundlage ihrer DV-unterstützten Bear-
beitung oder der Bereitstellung maschinell gespeicherter und jederzeit abrufbarer
Informationen vorgenommen werden wie in der Rentenversicherung, wie die Verteilung
von Studienplätzen, wie Sozialleistungen, aber auch wie Maßnahmen des polizeilichen
Erkennungsdienstes oder neue Entwicklungen in der Rüstungsindustrie.

Die Verwaltungsproduktion wurde beherrschbarer hinsichtlich Termineinhaltung, Schnelligkeit, Zuverlässigkeit, Fehlerfreiheit; eine gleichmäßige Rechtsanwendung wird sichergestellt. Aufgabe manueller Arbeit bleibt es, das Verwaltungshandeln zu normieren, Daten zu ermitteln und einzugeben - und natürlich die Verarbeitungsprogramme herzustellen, die Maschinen zu bedienen und Arbeitsprozesse zu steuern.

Es ist zu vermuten, daß die DV-Technik künftig verstärkt im Informations- und Dokumentationswesen eingesetzt wird. Immer mehr Informationen werden gespeichert und abrufbar sein. Netze großer Informationsmengen werden zur Praxis des Geschehens in Technik, Wirtschaft und Gesellschaft. Hoffnungen auf verbesserte und bürger- bzw. kundennähere Leistungen bei gleichbleibendem Beschäftigungsniveau verbinden sich mit dem weiteren Einsatz der DV-Technik im Dienstleistungsbereich: Verbesserung des Auskunfts- und Informationswesens (Kommunalverwaltung, Umweltpolitik, Gesundheits-, Sozial- und Arbeitspolitik, Bildungsbereich), Unterstützung in der Sozialarbeit und in der Bürgerbeteiligung bei Planungen, also eine Erweiterung der Verwaltungsleistungen sowohl in ihrer Qualität als auch in ihrem Umfang.


1.2    Die strukturellen Wirkungen bisheriger "Modernisierung" öffentlicher Verwaltungen mit Hilfe der Informationstechnik sind tiefgreifend. Sie betreffen die Verwaltungsorganisation, die Art und Weise der Aufgabenerledigung, die Arbeitssituation und das Verhältnis zwischen Verwaltung und Bürger. Diese Wirkungen und ihre Ursachen muß man sich bewußt machen, um Änderungsmöglichkeiten für die Zukunft abschätzen zu können.

Neben die Fachverwaltungen traten die DV-Verwaltungen, welche aus ihrem maschinenbezogenen Aufgabenverständnis die Automatisierung der Verwaltungsarbeit vorantreiben. Automatisierbare Aufgabenteile und Arbeitsschritte fanden stärkere Beachtung, ihnen galt der Einsatz von Verfahrenskritik und -analyse. Folge dieser Trennung von Fachverwaltung und DV-Verwaltung sind zunächst eine erhöhte Arbeitsteiligkeit des Verwaltungshandelns, und zwar nicht nur Trennung von manuellen und maschinellen Arbeitsschritten, sondern auch im Bereich der manuellen Arbeitsschritte ergab sich im Zusammenhang mit organisatorischen Änderungen eine erhöhte Arbeitsteilung einerseits in Sachverhaltsermittlung, Aufbereitung manueller Arbeitsergebnisse für die maschinelle Verarbeitung sowie Prüfung der maschinellen Arbeitsergebnisse andererseits in der Separierung und organisatorischen Zusammenfassung von komplexen Beratungs- und Entscheidungsaufgaben. Mit dieser Arbeitsteilung verbunden war vielfach eine Aufsplitterung der Verwaltungsaufgaben in sogenannte "harte Kernbereiche" und "weiche Bestandteile". "Harte" Bereiche sind etwa Abgaben festsetzen, Steuern beitreiben, Renten berechnen und Bescheide versenden, "weiche" Bereiche sind Beratung und Unterstützung des Bürgers in der Wahrnehmung seiner Rechte und in der Erledigung seiner Pflichten gegenüber der Verwaltung. Die Wahrnehmung der sogenannten weichen Aufgabenteile trat eher in den Hintergrund, da diese stärker eine integrierte und personenbezogene Aufgabenerledigung erfordern. Verfahrensrechtliche Prinzipien, welche die

Position des Bürgers gegenüber der Verwaltung stärken, könr . damit an Effizienz verlieren.

Tendenziell ist vor allem in den Massenverwaltungen eine Trennung zwischen Produktionsbereich und Klientenbereich festzustellen. Deutlich ist diese Entwicklung bei den Rentenversicherungen zu beobachten. Die maschinelle Verdichtung des verwaltungsinternen Produktionsprozesses führt zunehmend dazu, nicht maschinisierbare Arbeitsschritte als "Störfaktor" auszulagern, sei es in eigene Auskunfts- und Beratungsstellen, sei es, daß sie vom Verwaltungsklienten zu erledigen sind. Die DV-Technik kann allerdings auch zur Unterstützung solcher ausgelagerter Aufgabenbereiche eingesetzt werden, wie dies ebenfalls bei den Rentenversicherungen in der Bereitstellung gespeicherter Daten für Auskunft und Beratung geschieht.[2]

Die Trennung von Fachverwaltung und DV-Verwaltung hat bei einer Konzentration der maschinellen Programmentwicklung und -verarbeitungsschritte in eigenständigen Rechenzentren zunehmend einen Kompetenzverlust der Fachverwaltungen zur Folge. Dies ergibt sich allgemein aus der Bindung an Arbeitsprogramme und Zeitplanung der Rechenzentren, welche sich eher an Möglichkeiten und Erfordernissen der eingesetzten Technik als an den situativen Bedingungen der Sachbearbeitung orientieren. Aber auch die Fähigkeit, bestimmte Aufgaben selbständig erledigen zu können, kann aufgrund fehlender Praxis und Routine verkümmern. Insbesondere bei kleinen Kommunen kann dies zu einer Entleerung von Selbstverwaltungskompetenz führen.[3] Erschwerend wirkt, daß sich Entwicklung und Anwendung maschineller Arbeitsprogramme vorzüglich an den Interessen großer Verwaltungen (großer Kommunen) orientieren, da diese ihre Bedürfnisse und Erwartungen in die Entscheidungsprozesse unmittelbar einbringen können.[4]

Arbeitsteilige Aufgabenerledigung, Trennung zwischen DV-Verwaltung und Fachverwaltung haben zur Folge, daß ein Verwaltungsfall in einem mehrstufigen, weitgehend anonymisierten Verfahren abgewickelt wird. Einzelfallbezogene Informationen, welche für den Bürger verständlich und nachprüfbar sind, ergehen häufig nicht.[5] Die Verwaltungssprache verliert an Lebensweltbezug. Die strikte Programmbindung in Teilbereichen hat eine Minderung situativer Flexibilität und Reaktionsfähigkeit der Verwaltungen zur Folge - was nicht ausschließt, daß sich die politische Steuerungsfähigkeit über kurzfristig realisierbare Programmänderungen erhöht (Rentenanpassung, steuerrechtliche Änderungen).

Schließlich wird der Bürger auch zur Einhaltung bestimmter Verhaltensweisen veranlaßt, sei es, daß er bei Antragstellung bestimmten Normierungserfordernissen von Formularen genügen muß, - die Auswahl relevanter Informationen und ihre Subsumtion unter die normativen Begriffe des Formulars wird zum Risiko des Bürgers[6] -, sei es, daß er seine Verpflichtungen gegenüber der Verwaltung nur in bestimmter Weise erbringen kann, beispielsweise Zahlungen nur noch im Bankwege und nicht mehr unmittelbar bei Gemeindekassen. Dies sind Tendenzen, welche nicht nur die Skepsis des Bürgers gegenüber den Verwaltungen fördern, sondern auch der Sinnbezug des Verwaltens verschiebt sich von einer prozeßhaften Dienstleistung zur Erstellung spezifischer standardisierter und formalisierter Leistungs- oder Ordnungsprodukte.

1.3     Bei einem Vergleich zwischen einem Arbeitsplatz um die Jahrhundertwende, auch noch in den 50er und 60er Jahren in einer Verwaltung und einem Arbeitsplatz heute würde oft nicht die Vermutung aufkommen, daß im Prinzip gleiche Aufgaben erledigt werden. Die Arbeitsmittel haben sich geändert: Telefon, Schreibmaschine, Rechenmaschine (nun ganz klein), mehr Formulare, weniger Rechtstexte, Dateneingabegeräte, Bildschirmgeräte, Datendrucker - oder wenn noch nicht so modern, zumindest Formulare, auf welche Erfassungszeichen eingetragen und an anderer Stelle in eine Maschine eingegeben werden - sind Kennzeichen moderner Arbeitsplätze. Zunehmend werden die Arbeitsmittel - wenn es sich nicht um Bildschirmarbeitsplätze handelt - unsichtbar, sind in eigenen Technikzentren installiert.

Im Verwaltungsbereich wird die Informationstechnik die Arbeitsplätze künftig gestalten, die Funktion ausgelagerter Datenzentralen wird vermutlich zurückgehen, gleichzeitig wird das papierlose Büro an Bedeutung gewinnen. Nach Annahmen der Enquete-Kommission werden bis Ende der 80er Jahre im wesentlichen Text- und Bürocomputer, Mehrfunktionsterminals sowie Kommunikationsschreibmaschinen die Arbeitsplatzfunktionen unterstützen. Ab 1990 werden nach diesen Annahmen modulare Kommunikationsstationen mit den Komponenten Datentelefon, Bildschirm, Tastatur, Drucker, Sprach-Ein-Ausgabe, Faksimile und Codeerkennung zur Verfügung stehen und einfach anzuwenden sein.[7]

Bei der Anwendung der Informationstechnik ergeben sich bestimmte Funktionsvoraussetzungen, welche die Arbeitssituation und Produktqualität mitbestimmen, wie Abstraktifizierung von Arbeitsstoff und Arbeitsverfahren, Standardisierung, Formalisierung und Programmierung. Entscheidungen treten in der Einzelarbeit zurück, sie ist durch Anweisungen und Anleitungen gesteuert. Es nehmen zu Arbeitsteiligkeit, Spezialisierung, Kompliziertheit. Die Einordnung in eine betriebliche Hierarchie kann stringenter sein, individuelle Gestaltungsspielräume nehmen häufig ab, was Monotonieeffekte der Arbeit verstärken kann. Der Kontakt mit dem ursprünglichen Arbeitsgegenstand geht verloren. Qualitative Aspekte werden quantifiziert oder fallen weg. Formale Korrektheit ist wichtiger als inhaltliche Relevanz. Fachliches Wissen ist in Datenbanken gespeichert und wird dem menschlichen Gedächtnis nicht mehr abverlangt. Denkprozesse werden in die sequenzielle binäre Logik der Mikroelektronik gepreßt. Konsequenzen können sein die Verringerung zwischenmenschlicher Kontakte mit der Folge der Zerstörung sozialer Beziehungen und die Verengung von Kommunikation auf Datenübermittlung und Wegfall der vielen zusätzlichen "Informationen" und Eindrücke, die zwischenmenschliche Kommunikation auszeichnen.[8]

Der Bericht der Enquete-Kommission erwähnt als weitere negative Auswirkungen Reduzierung manueller Verwaltungsarbeiten auf einfache Aufgaben, deren Automatisierung unwirtschaftlich ist, Übergabe personenbezogener Berufsqualifikationen und deren

Ausbau an lernfähige technische Systeme - was die Problembewältigungsfähigkeit des administrativen Systems insgesamt einschränken kann. Als positive Auswirkungen benennt die Enquete-Kommission einen höheren Anteil komplexer Arbeiten, die Zusammenlegung bisher getrennter Tätigkeitsinhalte und die Schaffung neuer Tätigkeitsfelder, den Zugang zu mehr Informationen in der Erledigung der Einzelarbeit und die Eingliederung informationsbezogener Tätigkeiten in komplexe Verwaltungsaufgaben sowie die Entlastung von schweren körperlichen und gesundheitsschädlichen Tätigkeiten [9], ohne allerdings das Verhältnis zwischen positiven und negativen Auswirkungen im einzelnen zu analysieren.

Als Folgen im ergonomischen Bereich ergeben sich veränderte physische und psychische Belastungen in Abhängigkeit von der Gestaltung des einzelnen Arbeitsplatzes. Körperliche Belastungen treten hinter psychischen Belastungen zurück.

1.4     Übergreifende Konzepte im Sinne der eingangs genannten Ziele sind in der realisierten DV-Nutzung in öffentlichen Verwaltungen nicht erkennbar. "Bislang erfolgte der Einsatz der IuK-Technik in den öffentlichen Verwaltungen in der Hauptsache zum Zwecke der Effizienzsteigerung (Rationalisierung des Verwaltungshandelns)".[10] In kritischen Bereichen wird auch planlos "gepusht" oder werden marktgängige Anwendungen übernommen. Einige Ursachen dieser Entwicklungen sind

- unzureichende Politikformulierung und -kontrolle, fehlende Kriterien für einen wirtschaftlich und sozial sinnvollen Einsatz von Datenverarbeitungs- und Informationstechnik

- unzureichende Führungsverantwortung des Verwaltungsmanagements aufgrund mangelnder Kenntnisse der Informations- und Kommunikationstechnologie [11]

- unzureichende Artikulationsfähigkeit der Interessen der Verwaltungsklienten

- Trennung von Fachverwaltung und DV-Verwaltung, hierarchisierte Einführung von Informationstechnologien, ungenügende Aufgabenanalyse und Folgenabschätzung, unzureichende Beteiligung der Sachbearbeiterebene [12]

- Verständnis von Informationstechnik vorrangig als technisches Arbeitsmittel und nicht gleichzeitig als Form der Strukturierung, Ordnung und Verfestigung von Informationen und Kommunikationsprozessen.

Diesen Ursachen soll hier nicht im einzelnen nachgegangen werden - über sie ist an anderer Stelle genügend berichtet. [13] Ich möchte mich in unserem Zusammenhang im folgenden mit der Wirkung von Informations- und Kommunikationstechnologie in bürokratischen Organisationsmustern und mit ihrer weiteren Entwicklung befassen.

## 2. Die informationstechnisch gebundene Kommunikation

2.1 Bisherige Formen der technikunterstützten Aufgabenerledigung haben das bürokratische Agieren öffentlicher Verwaltungen verstärkt. Bürokratisches Handeln hat
prinzipiell positive und negative Aspekte: Positive Aspekte sind die rechtliche Bindung, die Unabhängigkeit von persönlichen Interessen, eine mehrstufige Kontrolle der
Richtigkeit. Negative Aspekte sind die Hierarchisierung der Arbeitsorganisation, die
Langwierigkeit des Verfahrens, die ungenügende Berücksichtigung einzelfall-situati-
ver Bedingungen, Distanz zur sozialen Umwelt, umständliche Schriftlichkeit. Die Verwaltungsautomation hat die überlieferten hierarchisch organisierten Kontrollstruktu-
ren nicht nur erhalten, sondern durch weitere Kontrollinstanzen in der DV-Verwaltung
und zwischen Fachverwaltung und DV-Verwaltung sowie durch maschinelle Kontrollverfahren verstärkt. Verstärkt wurde auch die Formalisierung und Standardisierung der
Handlungsformen aufgrund der Verdichtung der Programmstrukturen. Hinzugekommen ist
eine mehr arbeitsteilige Aufgabenerledigung mit zusätzlichen Stufen der Kommunikation
- codieren, Daten erfassen, Daten verteilen - und ihre Spezialisierung - eingeben,
abfragen, korrigieren. Das Verwaltungshandeln und die ihm zugrunde liegenden Kommunikationsstrukturen wurden mit ihrer Formalisierung differenziert und spezialisiert.
Es ergibt sich eine Verengung der Handlungsmöglichkeiten auf der Sachbearbeiterebene,
ihre Bindung durch unmittelbar oder mittelbar wirksame Normen und Organisationsstrukturen - mit der Folge, daß zwar die Fehleranfälligkeit im formalisierten Bereich beherrschbar ist, in Bereichen eigenverantwortlichen, schöpferischen Handelns eher zu-
nimmt - wie die Leistungs- und Produktqualität in einzelnen Verwaltungen zeigt. Die
Sachbearbeitung in ihrer Verbindung unterschiedlicher subjektiver Fähigkeiten und
Fertigkeiten, diffiziler Kommunikationsprozesse und objektiver Daten, also der Mikro-
bereich der Ablaufprozesse wird durch Überbetonung handlungsbestimmter Strukturele-
mente in der von den Aufgaben her geforderten situativen Reflexivität und Sensibilität verzerrt (mit der Folge von Beschäftigten selbst initiierter weiterer Arbeitsteilung und Rationalisierung).

Bisherige Anwendungen der Datenverarbeitung fügen so der Bürokratisierung noch einen
weiteren Aspekt hinzu: die Tendenz zur Verselbständigung des Arbeits- und Organisa-
tionsmittels Datenverarbeitung gegenüber der Aufgabe, die die Verwaltung aufgrund
ihres politischen Auftrages zu erfüllen hat. An die Stelle aufgabenbezogener bzw.
politikbezogener DV-Organisation ist in manchen Bereichen eine Aufgabenerledigung
getreten, die internen Kriterien eher genügt und zu Defiziten beim Aufgabenvollzug
und in der Beziehung zwischen Bürger und Verwaltung geführt hat. [14]

Die Selektion von Entwicklungslinien der Informationstechnik für den Einsatz in den
Verwaltungen erfolgt nicht primär unter dem Gesichtspunkt der Aufgaben- und Vollzugs-
kritik; sehr viel wirkungsvoller auch als Argumente der Wirtschaftlichkeit sind Interessen der höheren Ebenen (Ressorts gegenüber staatlich-kommunalem Verbund, Land ge-

genüber kommunalem Bereich, Kreis und größere Städte gegenüber kleineren Gemeinden, Querschnittsämter gegenüber Fachämtern u.ä.) an Stabilisierung und Ausbau ihrer Position.

Die Institutionen und Strategien des Technikeinsatzes in der öffentlichen Verwaltung sind einerseits an traditionellen Technikabgrenzungen orientiert - Telefon und andere kommunikative Postdienste unverbunden neben Datenfernverarbeitungssystemen und beide wiederum unabhängig von Textverarbeitungsgeräten - und stehen von daher einer innovativen und dem Verwaltungsbedarf angepaßten Nutzung technischer Potentiale eher im Wege. Zugleich haben aber auch die Nutzungsformen der Informationstechnik diese traditionellen Grenzen längst überschritten. So leistet Datenverarbeitung vielfältig Textverarbeitungs- und Kommunikationsdienste, ist das Telefon in die Datenverarbeitung und Textverarbeitung einbezogen, übernimmt die Textverarbeitung bisherige Aufgaben der Datenverarbeitungs- und der Kommunikationstechnik.- ohne daß aber die Zuständigkeit für diese Aspekte der Verwaltungsarbeit - sieht man von Einzelversuchen ab - entsprechend neu strukturiert worden wäre. Die technisch-organisatorische Weiterentwicklung vollzieht sich daher vornehmlich in der Form des Weiterbaus an vorhandenen (Datenverarbeitungs-, Kommunikations- und Textverarbeitungs-)Systemen; es wird weniger von neuen technischen Potentialen und schon gar nicht vom Bedarf einzelner Verwaltungsaufgaben an informationstechnischer Unterstützung her konzipiert.[15] Die Defizite des heute erreichten Standes der Techniknutzung hoffen Verwaltungen also mit mehr Technik zu überwinden, ohne bislang über die Stabilisierung einzelner Produktionsbereiche und netzgebundene Insellösungen hinauszukommen. Die Abhängigkeit von komplexen Systemen erhöht sich dadurch weiter, ebenso auch die Kosten, der verwaltungspolitische Gewinn aber ist gering.

2.2     Zuwenig beachtet wird bislang, daß - wie Hans Brinckmann dargestellt hat - die bürokratischen Konzepte für vertikale Weisungs- und Aufsichtsorganisation ebenso wie solche für die Vorgangsbearbeitung und zur horizontalen Koordination der Aufgabenerledigung zugleich Konzepte für kommunikative Strukturen sind. Gleiches gilt für die Beziehungen von Verwaltung zu Klienten wie Auskunft, Beratung, Antragstellung, Verkündigung von Bescheiden, diese sind (auch) Kommunikationsstrukturen.[16]

Bisherige Verwendungen der Datenverarbeitung haben nun aber nicht zu einer aufgabenorientierten Verstärkung der Kommunikationsbeziehungen und zur Ausbildung von Netzstrukturen, sondern nur von gefestigten Informationskanälen geführt (Beispiele: Bauverwaltung, Einwohnerwesen, Finanz- und Haushaltswesen, Steuerwesen, Rentenversicherung; Beispiel für eine strikt geregelte, formalisierte Kommunikation ist das Verfahren der computerunterstützten Arbeitsvermittlung im Fachvermittlungsdienst).

2.2.1     Die in der bürokratischen Organisation angelegten Kommunikationsmodelle können durch neue Informationstechnik verändert und verstärkt werden. Beispielsweise liegt dem Bildschirmtextsystem ein Verteilnetz zugrunde mit einzelnen Elementen eines Vermittlungsnetzes. Die bislang übliche Trennung zwischen Individual- und Massenkommunikation verschwindet. Es liegt nahe, mit Hilfe dieser neuen Kommunikationstechnik die Probleme der Verteilung von Steuerungsinformationen in Verwaltungen künftig zu lösen, also die Verteilung von Vorschriften aller Art an die Arbeitsplätze der Sachbearbeiter. Damit wird BTX in erster Linie für kompetenzbezogene Kommunikation nutzbar gemacht und ersetzt die dysfunktionale Verteilung derartiger Informationen über Papier. Aufgaben und Kompetenzen der mittleren Führungsebene können in die obere Führungsebene einbezogen werden. Die Informationsautonomie unterer Ebenen wird eingeengt.

Mittels technischer Medien erhält der Sachbearbeiter die entscheidungsrelevanten Informationen aus Datenbanken anderer Verwaltungseinheiten. Dem Vorteil des schnellen, zeitlich und räumlich unabhängigen Zugriffs - wenn die Abfrage nicht gerade gestört ist - steht der Nachteil sinkender Informationsqualität gegenüber. Die Verflechtung von Verwaltungseinheiten kann zunehmen, der Informationsgehalt von Entscheidungsgrundlagen kann abnehmen. [17] Solche Informationen können auch dem Bürger über Bildschirmtext vermittelt werden. Aufgrund der bislang ungenügend gelösten Suchstrategien und Sprachdarstellung sowie der Kosten beinhalten sie für den Bürger hohe Zugangsschwellen, Zugangschancen bleiben aber auch künftig ungleich verteilt.

2.2.2    Die Veränderung der Informationsqualität und die Verdichtung der Kommunikationsnetze betrifft aber nicht nur die handlungs- und entscheidungsleitenden Informationen, sondern - wie bisherige Nutzungen der DV-Technik zeigen - auch Informationen aus der Lebenswelt, also Sachverhaltsinformationen.

Steht in der herkömmlichen manuellen Fallbearbeitung die Abarbeitung eines zusammenhängenden Aktenstückes im Mittelpunkt der Tätigkeit, betreibt der Sachbearbeiter die Sachverhaltsermittlung im unmittelbaren Austausch mit dem Verwaltungsklienten oder mit Sachbearbeitern anderer Verwaltungen, so "kommuniziert" er künftig mehr in einem anonymen System mit einer Maschine. Informationen, welche in Zusammenarbeit mit Verwaltungsklienten oder anderen Verwaltungen gesammelt werden, sind als Daten maschinell gespeichert, d.h. sie sind von ihrem Lebensumfeld isoliert und als solche isolierte Informationen sind sie Inhalt der Kommunikation zwischen Sachbearbeiter und Maschine.

Auch in der Bescheidung richtet der Sachbearbeiter nicht unmittelbar eine Nachricht an den Verwaltungsklienten, sondern er gibt wiederum ermittelte Daten in die Maschine ein, wählt ein der Maschine vorgegebenes Verarbeitungsprogramm und erhält einen Bescheid auf Bildschirm oder ausgedruckt. Kennzeichen dieser veränderten Kommunikationssituation sind nicht nur erhöhte Abstraktion und - zunächst quantitative - Präzision, sondern ist auch die Verselbständigung der einzelnen Kommunikationssituationen. Verwaltungsarbeit wird mediatisiert, die Eigenschaften des Mediums überformen Kommunikationsprozesse.

Für den Sachbearbeiter erhalten sowohl handlungsleitende als auch sachverhaltsbezogene maschinell aufbereitete Inforamtionen die Qualität von Wissen und werden als solches verwendet, seine Wahlfreiheit wird eingeschränkt, sein Handeln gesteuert. Die situative Reflexivität und Sensibilität wird formal eingebunden, Persönlichkeit und Verantwortungsfähigkeit treten in der Verwaltung weiter zurück. Bürokratie als rationale Ordnungsform moderner Industriegesellschaften im Sinne Max Webers bringt sich selbst zu technischer Vollendung.

3.      Funktionalitätsanforderungen des politisch-administrativen Systems
        für die Verwendung neuer Technologien

3.1    Die hier vermuteten Tendenzen in der Verwendung neuer Informationstechnologien können die Handlungsfähigkeit des administrativen Systems zunehmend belasten, wenn künftige Entwicklungen in der Aufgabenstellung und in den Anforderungen an die Handlungsfähigkeit öffentlicher Verwaltungen nicht frühzeitig berücksichtigt werden.

Ich gehe von zumindest drei Anforderungen an zukünftiges Verwaltungshandeln aus, nämlich

- einem Differenzierungspostulat
- einem Koproduktionspostulat
- und einem Transparenzpostulat.

Das Differenzierungspostulat [18] gilt sowohl für die herkömmliche Ordnungsverwaltung als auch für die Leistungsverwaltung. Bei zunehmender Aufweichung allgemein akzeptierter gesellschaftlicher Vorstellungen über die staatliche Ordnung und gesicherten Formen administrativer Problembewältigung einerseits und bei wachsendem Engagement unterschiedlicher gesellschaftlicher Gruppen, ihren Interessen und Bedürfnissen entsprechende Handlungsformen zu praktizieren andererseits, ergibt sich für Verwaltungen die Notwendigkeit, zur Sicherung der Funktionsfähigkeit und Stabilität des politisch-gesellschaftlichen Systems differenziert zu agieren, um eine große Bandbreite unterschiedlicher Handlungsformen als systemverträglich zu integrieren und um emanzipativ-demokratische Entwicklungen und damit auch die Entfaltungsfähigkeit einer staatlich verfaßten Gesellschaft nicht zu unterdrücken.

In noch stärkerem Maße gilt das Differenzierungspostulat für die Leistungs- und Planungsverwaltung. Aufgrund begrenzter Ressourcen bei unbegrenzten Bedürfnissen hat der Staat mit einem breiten, differenzierten Instrumentarium zu agieren und zu reagieren, um den Anforderungen nach gleichen individuellen und gesellschaftlichen Entfaltungschancen, Rechtsgleichheit und sozialer Sicherung zu begegnen.

Das Differenzierungspostulat verbindet sich im Leistungs- und Planungsbereich mit einem Kooperations- und Koproduktionspostulat.[19] Staatliche Planungen und Leistungserstellungen bedürfen bei knappen Ressourcen zunehmend der Abstimmung zwischen verschiedenen Verwaltungen und bedürfen der Zusammenarbeit mit dem Bürger, um individuell angepaßte Maßnahmen durchzuführen, um dem Verwaltungsklienten eine Mitentscheidung im Rahmen allgemeiner gesetzlicher Bestimmungen zu ermöglichen und ihm Mitwirkungsmöglichkeiten in der Leistungserstellung zu sichern. Verwaltungen sind damit auf einen engen Informationsaustausch untereinander und mit dem Bürger angewiesen, der Bürger hat selbst die Leistungserstellung mitzuproduzieren, beides erfordert offene Kommunikationsnetze.

Mit dem Differenzierungspostulat und dem Koproduktionspostulat verbindet sich schließlich die Forderung nach Sicherstellung eines gleichen Zugangs zum Recht, nach frühzeitiger Information für den Bürger, nach Transparenz des Verwaltungshandelns, um Zugangsbarrieren abzubauen und eine Überprüfbarkeit des Verwaltungshandelns für den Bürger zu gewährleisten, damit er auch Maßnahmen rechtlicher Kontrolle initiieren kann. [20]

Funktionalitätskriterien sind Offenheit der Verwaltungsorganisation für dezentrale Institutionen, Fähigkeit zu autonomer Tätigkeit einzelner Verwaltungen, Fähigkeit zur Kooperation und Koproduktion. Dies erfordert wiederum den Ausbau entsprechender Informationskanäle und Kommunikationsnetze, um ein problemadäquates Entscheidungsverhalten zu sichern, um Verantwortungsbereiche zu schaffen, Urteilsfähigkeit zu sichern und Interaktionsfähigkeit zu gewährleisten. Für die Organisation des Verwaltungsbetriebes erfordert dies eine Stärkung publikumsbezogener Stellen und eine Qualifikation des Personals sowohl hinsichtlich der differenzierten Anforderungen aus den Verwaltungsaufgaben als auch hinsichtlich der Anwendungsmöglichkeiten und -formen von Informations- und Kommunikationstechnologie.

3.2    Die Weiterentwicklung der Informationstechnik bietet die Möglichkeit, eine Vielzahl von technischen Mitteln aufgaben- und kommunikationsgerecht einzusetzen. Der Einsatz der neuen IuK-Techniken eröffnet auch nach Ansicht der Enquete-Kommission der Verwaltungsorganisation neue Spielräume zur Verbesserung der Leistungsqualität, für mehr Mitarbeiterzufriedenheit und Bürgernähe (Entspezialisierung, Dezentralisierung, Wiederverknüpfung von einzelnen Teilaufgaben).[21] Diese Ziele sind aber nicht zu erreichen, wenn an bestehende Systeme einfach angebaut wird und neue Informationstechnik aufgrund einer Entscheidung der Verwaltungsspitze oder von Organisationsämtern, verbunden mit einer Schnellschulung der betroffenen Beschäftigten, "eingeführt" wird. Um den Postulaten differenzierten Verwaltungshandelns und der Koproduktion zu genügen, ist es erforderlich, informationstechnische Arbeitsmittel bereitzustellen, Kenntnisse über ihre Funktion und Leistungsmöglichkeiten dem Verwaltungspersonal zu vermitteln, diesem eine fachliche und technisch-anwendungsbezogene Kompetenz zu geben, um Informationstechnik aufgaben- und kommunikationsgerecht zu nutzen, sie als Arbeitsmittel beherrschbar zu machen. Der Einführungsprozeß neuer Informationstechnologie ist "vom Kopf auf die Füße" zu stellen.

Aus diesen Anforderungen ergibt sich weiter, daß informationstechnischer Sachverstand nicht in eigenen Abteilungen zu konzentrieren, sondern den Fachabteilungen oder -verwaltungen zuzuordnen ist, um in Arbeitsgruppen mit unterschiedlicher Verteilung von Wissen und Anwendungspraxis hinsichtlich der Fachaufgaben und ihrer informationstechnisch-unterstützten Ausführung aufgabenspezifisch-optimale Lösungen zu entwickeln [22] - dies gilt sowohl für dezentrale Datenverarbeitung als auch den Einsatz von Personalcomputern oder von neuen Kommunikationstechniken. Aufgabe zentraler Verwaltungsstellen bleibt es, verschiedene Informations- und Kommunikationsmittel bereitzustellen und miteinander zu verbinden, sie zu warten und die Datensicherheit zu gewährleisten.

Schließlich, nur bei suboptimaler Nutzung, bei Verzicht auf Rationalisierungspotentiale wird der Einsatz neuer Informations- und Kommunikationstechniken keine Verstärkung von Spezialisierung und Zergliederung in den Aufgabenvollzug der Verwaltung, keine Erhöhung der Zugangsbarrieren für die Verwaltungsklienten, mehr Mitarbeiterzufriedenheit und Verbesserung der Leistungsqualität bringen, werden situative Reflexivität, Urteilsfähigkeit und Verantwortungsmöglichkeit in der Sachbearbeitung erhalten. Auch bei knappen finanziellen Ressourcen bedarf es entsprechender politischer Entscheidungen, soll die Problembewältigungsfähigkeit öffentlicher Verwaltungen verbessert werden.

3.3    Ich habe allerdings Zweifel, ob ein solches "Umdenken" gelingt. Solchen Anforderungen stehen die Aktionsmuster einer zentralistisch-hierarchisch organisierten Verwaltung entgegen und damit verbundene dienstrechtliche Mobilitäts- und Motivationsschranken für Mitarbeiter, der praktizierte Ressortegoismus und die besondere Gewichtung formal-quantitativer Kontrollverfahren innerhalb der Verwaltungen. In den hierarchisch-formalen Strukturen manifestieren sich spezifische Herrschaftsinteressen. Bindungen an die eigene Organisationsgeschichte und das überkommene Selbstverständnis lassen die Möglichkeiten und Erfordernisse der Nutzung neuer Informationstechnologien jeweils nur in Ausschnitten erkennen.

Das Dilemma ist offensichtlich: Änderungen der Einführungs- und Anwendungspraxis sind durch jene Organisationen vorzunehmen, welche sich selbst zu ändern haben - es sei denn, eine qualitativ neue Führungsverantwortung wird in öffentlichen Verwaltungen instituiert.

Gelingt es nicht, Einführung und Anwendung von Informations- und Kommunikationstechnologien "vom Kopf auf die Füße " zu stellen, so werden zunehmende Formalisierung des Verwaltungshandelns, Entpersönlichung der Beziehungen zwischen Verwaltungen und zwischen Verwaltung und Bürger, Spezialisierung, mangelnde Integrationsfähigkeit harter und weicher Aufgabenbereiche die Folge sein. Verwaltungen werden weniger zu Dienstleistungsbetrieben in und für die Gesellschaft, sondern zu rational und formal durchorganisierten Koordinations-, Organisations- und Herrschaftsformationen. In der Perfektionierung ihrer Organisations- und Handlungsprinzipien, im Verlust kommunikativer Kompetenz führt sich die Bürokratie als Bürokratie selbst ad absurdum. Langfristig werden sich tiefgreifende politisch-gesellschaftliche Entfremdungsprozesse und Störfaktoren entwickeln, wenn es nicht gelingt, die sinnvolle und notwendige Nutzung neuer Informationstechniken aufgaben- und kommunikationsgerecht einzuführen.

Zu bedenken ist jedoch auch: Öffentliche Verwaltungen sind das Wagnis der Technikanwendung eingegangen, haben Technik effizient eingesetzt - ob sie nun die Folgen der Technisierung einholen, sie beherrschbar machen?

Anmerkungen:

*)    Ein Vorabdruck dieses Beitrags erfolgte in gekürzter Fassung in ÖVD 1983, H. 9

1)    Hierzu der Überblick bei A. King, Eine neue industrielle Revolution oder bloß eine neue Technologie und R. Curnow u. S. Curran, Anwendung der Technologie, in: G. Friedrichs, A. Schaff (Hrsg), Auf Gedeih und Verderb, Wien u.a. 1982, S. 11 ff., S. 101 ff.

2)    Am Beispiel der gesetzlichen Rentenversicherung Stephan Kuhlmann, Automationsfolgen für den Zugang zur gesetzlichen Rentenversicherung, Arbeitspapiere der Forschungsgruppe Verwaltungsautomation an der Gesamthochschule Kassel, H. 31, Kassel 1983

3)    Vgl. hierzu W. Gabler, UDEV/BENDA-Begleitforschung, Kommunale Selbstverwaltung und dezentrale Datenverarbeitung, Arbeitspapiere der Forschungsgruppe Verwaltungsautomation an der Gesamthochschule Kassel, H. 21, Kassel 1983

4)    Hierzu H. Brinckmann, B. Jungesblut, Dezentralisierung im kommunalen DV-Verbund, Abschlußbericht der UDEV/BENDA-Begleitforschung, Arbeitspapiere der Forschungsgruppe Verwaltungsautomation an der Gesamthochschule Kassel, H. 28, Kassel 1983, S. 47 ff.

5)    Am Beispiel der gesetzlichen Rentenversicherung K. Grimmer, H. Heussner, U. Horn, Th. Karlsen, K. Lenk, Rechtsverwirklichung bei strikt geregeltem Verwaltungshandeln, Arbeitspapiere der Forschungsgruppe Verwaltungsautomation an der Gesamthochschule Kassel, H. 16, Kassel 1978

6)    H. Brinckmann, K. Grimmer, A. Höhmann, St. Kuhlmann, W. Schäfer, Verwaltungsrechtliche Probleme des Formulars, Manuskr. Kassel 1983, insbes. S. 259 ff., S. 330 ff. (Veröffentlichung in Vorbereitung)

7)    Zwischenbericht der Enquete-Kommission "Neue Informations- und Kommunikationstechniken", Bundestag-Drucksache 9/2442 (1983)

8)    Näher hierzu H. Kubicek, Glasfasernetze als Autobahn zum elektronischen Büro und zum elektronischen Heim, in: M. Helmes (Hrsg), Medientag 1982, Mainz 1982, S. 15 ff.

9)    Enquete-Kommission, a.a.O., S. 61 ff., S. 63 ff.

10)   Enquete-Kommission, a.a.O., S. 63

11)  Hierzu K. Lenk, Verwaltungsorganisation der Länder und Gemeinden und Technolo-
     gieentwicklung bis 1990, in: F. Krückeberg, H.-P. Oltmann, F. Ronneberger
     (Hrsg), Bürotätigkeit in der öffentlichen Verwaltung und technischer Wandel,
     Regensburg 1983 (= Schriften des WIÖD, Bd. 5), S. 224 ff. (S. 229 ff.)

12)  Vgl. H. Brinckmann, K. Grimmer, B. Jungesblut, Th. Karlsen, K. Lenk, D. Rave,
     Automatisierte Verwaltung, Frankfurt u.a. 1982, S. 97 ff.

13)  K. Grimmer, Ziele und Gestaltungseinflüsse in der Verwaltungsautomation, in:
     ÖVD 1980, H. 12, S. 9 ff; ders., Die Automation und das Verhältnis der Verwal-
     tung zum Bürger, in: DÖV, S. 257 ff.; ders., Industrialisierung in öffentlichen
     Verwaltungen oder Verbesserung ihrer Leistungsqualität, in: VOP 1983, S. 51 ff.

14)  H. Brinckmann, R. Diehl, B. Jungesblut, V. Röske, W. van Treeck, UDEV-Begleit-
     forschung, Arbeitspapiere der Forschungsgruppe Verwaltungsautomation an der
     Gesamthochschule Kassel, H. 29, Kassel 1983, S. 26

15)  H. Brinckmann u.a. (Anm. 14), S. 26 ff.

16)  H. Brinckmann, Neue Medien in alten Verwaltungsstrukturen, in: GRVJ (Hrsg),
     Neue Medien für die Individualkommunikation - Rechts- und Verwaltungsaspekte -,
     Berlin 1983

17)  H. Brinckmann, a.a.O. (S. 11 ff.)

18)  Hier im Anschluß an E. Matzner, Der Wohlfahrtsstaat von morgen, Frankfurt u.a.
     1982, S. 336 ff. (S. Baumgartner, Zur Reorganisation der staatlichen Verwaltung)

19)  Zum Koproduktionspostulat E. Matzner, a.a.O., St. Kuhlmann, a.a.O.

20)  Näher hierzu E. Matzner, a.a.O.; Enquete-Kommission, a.a.O., S. 65 f.

21)  Enquete-Kommission, a.a.O., S. 63

22)  Beispiel ist die Reorganisation in der Stadtverwaltung Duisburg, hierzu H.
     Prinz, Verwaltungspolitik für die Organisation informationstechnikgestützter
     Kommunalverwaltungen, Vtg. auf dem 4. Workshop der Forschungsgruppe Verwaltungs-
     organisation und Informatik, Köln, April 1983, vgl. Bericht in ÖVD 1983, H. 10

<u>NEUE INFORMATIONSTECHNOLOGIEN</u>

<u>UND ORGANISATION</u>

Alfred Kieser
Universität Mannheim
6800 Mannheim

1. Entwicklungstrends in der Informations- und Kommunikationstechnik

Aus der Sicht des Anwenders zeichnen sich folgende Trends in der Entwicklung der Informations- und Kommunikationstechnik ab:

<u>Datenverarbeitung</u>: Die Unterstützung von Sachbearbeitungsaufgaben durch Dialog-Systeme wird umfassender - immer mehr Teilaufgaben werden programmierbar - und komfortabler. Der Anwender wird zunehmend in die Lage versetzt, Programme, die er zur Unterstützung seiner Aufgabenerledigung benötigt, selbst zu erstellen(BLASER und KEPPEL 1978, WEBER 1978).

<u>Textverarbeitung</u>: Moderne Textverarbeitungssysteme bieten komfortable Hilfen zur Kompilierung von Texten, zu ihrer Korrektur und zum Editieren.

<u>Informationsspeicherung und -wiedergewinnung</u>: Informationen der unterschiedlichsten Art - Daten, Texte, Zeichnungen - werden in integrierten Datenbanken oder in verteilten Datenbanken gespeichert. Komfortable Wiedergewinnungs- und Datenmanagementsysteme machen es möglich, gespeicherte Informationen der verschiedensten Art in komfortabler Weise aufzufinden und beliebig miteinander zu verknüpfen.

<u>Kommunikation</u>: Informationen können zwischen verschiedenen Benutzern ausgetauscht werden - nicht nur innerhalb einer Organisation, sondern auch zwischen verschiedenen Organisationen oder zwischen Organisationen und Haushalten.

<u>Electronic Mail</u>: Auf der Basis der Funktionen Textverarbeitung und Kommunikation läßt sich eine elektronische Post realisieren: Nachrichten werden an einem Bildschirm erstellt und elektronisch an beliebige Adressaten verschickt. Die Adressaten bestimmen selber, wann und in welcher Reihenfolge sie die elektronische Post lesen. Sie können sich jederzeit eine Übersicht über die eingegangene elektronische Post und ihre Prioritäten verschaffen(MERTES 1981). Es ist möglich, elektronische Post auch vertraulich zu handhaben.


In technisch isolierter Form sind alle diese Funktionen bereits auf einem hohen Standard realisiert. Für ihre Integration in einem Büroarbeitsplatz werden große Anstrengungen unternommen (siehe beispielsweise eine Reihe von Hersteller-Konzepten in HANSEN 1982, S. 395 ff.) Integration hat dabei eine zweifache Bedeutung: Zum einen sollen alle Funktionen mittels eines Bildschirms und mittels einer Tastatur angesprochen werden können, zum anderen sollen diese Funktionen untereinander in einem hohen Maße miteinander verknüpfbar sein. Das für 1986/87 geplante, z.Zt. aber schon in Feldversuchen erprobte Glasfaser-Vermittlungsnetz ("Bigfon") kann die Basis für eine umfassende Telekommunikation bilden.

Noch lassen jedoch die relativ hohen Kosten dieser Techniken die Ausstattung einer großen Zahl von Büroarbeitsplätzen mit all diesen Funktionen nicht effizient erscheinen. In unserer folgenden Analyse wollen wir aber davon ausgehen, daß die technischen Voraussetzungen für eine umfassende Telekommunikation geschaffen werden und daß die Kosten der verschiedenen Techniken abnehmen. Zunächst sollen Auswirkungen innerhalb von Organisationen betrachtet werden, dann werden Auswirkungen zwischen Klienten und Organisationen sowie Möglichkeiten einer Auslagerung von Arbeit untersucht.

2. Auswirkungen der neuen Technik innerhalb von Organisationen

2.1. Auswirkungen auf die Arbeitsprozesse

Betrachten wir zunächst, in welcher Weise die neuen Techniken Arbeitsprozesse beeinflussen. Hier sind folgende Kategorien von Auswirkungen festzustellen (siehe hierzu auch UHLIG et al. 1979, S. 285 ff.):
   (1) Ersatz manueller Tätigkeiten
   (2) Beschleunigung von Prozessen
   (3) größere Verfügbarkeit von Daten
   (4) Unterstützung von Kontroll-, Steuerungs- und Abstimmungsprozessen

Betrachten wir diese Auswirkungen etwas eingehender:
(1) _Ersatz manueller Tätigkeiten_: Die Datenverarbeitung hat bereits eine Menge von manuellen Tätigkeiten ersetzt. Dieser Trend wird sich fortsetzen: Immer mehr Sachbearbeitungsaufgaben, die Manipulation von Daten beinhalten, lassen sich automatisieren. Mit Hilfe der Textverarbeitung können Standardbriefe automatisch erstellt werden, umfassende Editierarbeiten entfallen, Texte werden automatisch auf Rechtschreibfehler hin überprüft, Stichwortverzeichnisse automatisch erstellt usw. Die Datenerfassung erfolgt mehr und mehr am Ort der Entstehung der Daten oder wird - mittels Datenträgeraustausch, Bildschirmtext oder anderer Formen der Telekommunikation - auf den Klienten verlagert. Elek-

tronische Dateien machen physische Manipulation an oder in Akten überflüssig.

(2) <u>Beschleunigung von Prozessen</u>

Informationen können schnell wiedergewonnen und - leistungsfähige Wie-
dergewinnungs-Systeme vorausgesetzt - selektiert werden. Textverarbeitungssysteme, die mit der Datenverarbeitung integriert sind, ermöglichen die schnelle Kompilierung von Berichten in beliebiger Art. Electronic Mail gestattet die schnelle Unterrichtung einer großen Zahl von Adressaten. Auch längere Texte können mittels der Telekommunikationstechnik
schnell übertragen werden.

(3) <u>Verfügbarkeit</u>:

Information ist im elektronischen Büro 24 Stunden am Tag verfügbar. Dokumente beliebiger Länge können jederzeit erstellt werden. Entsprechende Routinen zur Manipulation von Daten vorausgesetzt, können Entscheidungsträger jederzeit selbst auf die Information zurückgreifen, die sie
für die Entscheidung als relevant erachten. Sie benötigen im Prinzip keine
Stabsstellen mehr, die ihnen die Information "mundgerecht" zubereiten.

(4) <u>Unterstützung von Kontroll-Steuerungs- und Abstimmungsprozessen</u>.

Es ist im Prinzip möglich, Arbeit, die sich der neuen Technik bedient,
auch automatisch zu protokollieren. Es stehen dann jederzeit Leistungsdaten für Individuen oder für organisatorische Einheiten zur Verfügung.
Beaufsichtigung und Kontrolle setzen in weit geringerem Maße als heute
persönliche Kontakte voraus. Ein Großteil dieser Funktionen kann der
Vorgesetzte mittels eines Bildschirms erledigen. Kontrollinformationen
erleichtern kurzfristig die Verteilung von Aufgaben auf Personen und organisatorische Einheiten; langfristig die Abstimmung von Kapazitäten.
Auch Anweisungen können u.U. effizienter als in Face-to-face-Kommunikation mittels der neuen Medien - beispielsweise via Electronic Mail -
erfolgen. Hinzu kommt, daß eine umfangreiche DV-Unterstützung von Sach-
bearbeitungsprozessen den Entscheidungsspielraum tendenziell einengt
und Problemfälle, die ein "Management by exception" erforderlich machen,
reduziert.


Mit Hilfe der neuen Technik können darüberhinaus viele komplizierte
Abstimmungsprozesse zwischen verschiedenen Beteiligten wesentlich effizienter gestaltet werden. Hierzu nur einige Beispiele: Sind Texte -
bspw. Vertragstexte - zwischen verschiedenen Personen abzustimmen, dann
wird zunächst ein Entwurf allen Beteiligten zugespielt. Jeder dieser Beteiligten hat dann die Möglichkeit, Korrekturvorschläge zu erstellen und
sie den anderen Beteiligten zuzuspielen. Dieser Korrekturprozeß kann so
lange fortgesetzt werden, bis alle Beteiligten mit einer bestimmten Version einverstanden sind (UHLIG et al. 1979, S. 89 ff.). Auf diesem Ver-

fahren - u.U. erweitert um die Möglichkeit von Ton- und Bildübertragung -
basieren auch Vorschläge für Computer-Konferenzen HILTZ und TUROFF 1978).

Sind Meetings doch erforderlich, so kann u.U. die Terminplanung wesentlich
erleichtert werden. Eine Person, die ein Treffen arrangieren möchte, teilt
dies via Electronic Mail allen Beteiligten mit. Die Betroffenen senden auf
dem gleichen Weg die Zeiten, in denen sie verfügbar sind, so daß ein ge-
meinsamer Termin schnell gefunden werden kann. Mit "automatischen Kalen-
dern" läßt sich dieser Prozeß noch weiter beschleunigen: Ein Programm,
mit dessen Hilfe die gespeicherten Terminkalender aller Betroffenen gelesen werden, ermittelt alle Zeiten, in denen alle Beteiligten verfügbar
sind und generiert automatisch Terminvorschläge.

## 2.2. Auswirkungen auf Stellen

### 2.2.1 Freisetzungen

Schätzungen über Freisetzungseffekte schwanken beachtlich (siehe etwa
DOSTAL 1982a und b und die dort angegebene Literatur). Eine Studie von
Siemens nimmt beispielsweise an, daß im öffentlichen Bereich ca. 40%
aller Arbeitsprozesse automatisierbar sind - d.h. 40% aller Arbeitsplätze
eingespart werden können, wobei allerdings zu berücksichtigen ist, daß
die Realisierung dieser Rationalisierungsgewinne einen längeren Zeitraum
benötigen wird (MORGENBROD und SCHWÄRTZEL 1982). Die Länge des Zeitraums
hängt u.a. von der Geschwindigkeit, mit der die technischen Voraussetzungen, insbesondere auch bei der Telekommunikation geschaffen werden, von
der Akzeptierung der neuen Technik auf den verschiedenen Organisations-
ebenen und auch von beschäftigungspolitischen Entscheidungen ab.

Ich möchte mich nun auf die Frage konzentrieren, inwieweit die neue
Technik die noch verbleibenden Arbeitsplätze verändert.

## 2.2. Auswirkungen auf die Qualifikation

Untersuchungen zu den Auswirkungen der neuen Informations- und Kommunikationstechnik auf die Organisationsstrukturen, insbesondere auf die
erforderliche Qualifikationen, kommen zu recht widersprüchlichen Ergebnissen: Zum einen wird eine Polarisierung in den Tätigkeiten prognos-
tiziert: Konzentration anspruchsvoller Aufgaben auf wenige Stellen, während in der Mehrzahl der Stellen hocharbeitsteilige, hochstandardisier-
te Aufgaben zu verrichten sein werden. Diese Stellen sind dann vor allem Kandidaten für eine "Wegrationalisierung" bei einem weiteren Fortschreiten der Automation (REESE et. al. 1979).

Andere Untersuchungen kommen dagegen zu dem Schluß, daß die neuen Techniken eher zu einem Ansteigen der Qualifikation auf breiter Front führen (beispielsweise MORGENBROD und SCHWÄRTZEL 1982). Diese Widersprüche sind m.E. darauf zurückzuführen, daß ein "technischer Sachzwang" in der einen oder anderen Richtung nicht auszumachen ist. Die neuen Techniken erhöhen eher den organisatorischen Gestaltungsspielraum, als daß sie ihn einengen. Die Frage ist, in welcher Weise die Organisationsgestalter diesen Gestaltungsspielraum nutzen.

Dieser Zusammenhang kann anhand eines Beispiels von bereits realisierten Anwendungen der Dialogdatenverarbeitung aus der Versicherungsbranche deutlich gemacht werden.

Die meisten Versicherungsunternehmen hatten vor Einführung von DV-Systemen für die Sachbearbeiter eine hohe Arbeitsteilung realisiert. Beispielsweise gab es u.a. folgende Stellen (Abb. 1)

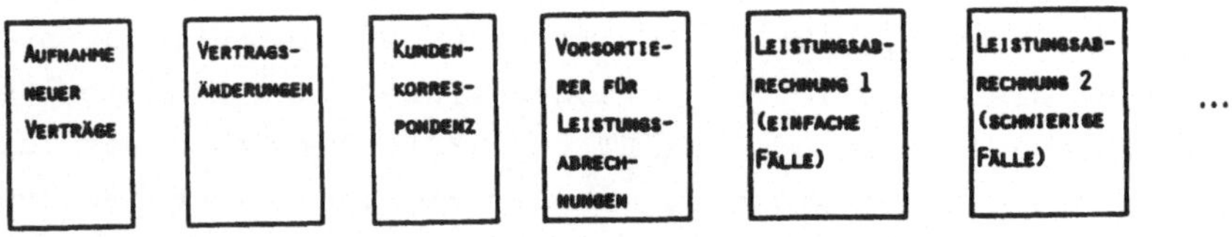

Abb. 1: Arbeitsteilung in Versicherungsunternehmen

Viele Versicherungen behielten diese Arbeitsteilung bei, als sie DV-Systeme einführten. Die Software wurde so gestaltet, daß die Anwender ihre Aufgaben mit DV-Unterstützung über Terminals effizienter durchführen konnten.

Einige Versicherungsunternehmen nahmen die Einführung von DV-Systemen zum Anlaß, die generelle Organisation zu überdenken: Sie realisierten, daß die Datenverarbeitung Handlungsspielräume für die allgemeine Organisation eröffnet: Daten können an beliebigen Stellen in größerem Umfang und schneller zur Verfügung gestellt werden als ohne DV-Unterstützung, die Notwendigkeit, den physischen Ablauf - beispielsweise

Transport von Akten - zu organisieren, entfällt weitgehend, mit spezifischen Routinen kann die Fähigkeit des einzelnen Mitarbeiters zur Handhabung großer Datenmengen und zur Durchführung komplexer Berechnungen erweitert werden usw. Gleichzeitig wird durch eine entsprechende DV-Unterstützung auch die Zuverlässigkeit der Aufgabenerledigung erhöht. Einige Versicherungsunternehmen nahmen die Einführung von DV-Systemen für die Sachbearbeitung dementsprechend zum Anlaß, die Arbeitsteilung zu reduzieren. Das DV-System wurde so konzipiert, daß nun ein Mitarbeiter für eine bestimmte Gruppe von Kunden eine Reihe von Operationen durchführen konnte, die vorher auf mehrere Stellen - Mitarbeiter - verteilt waren (Abb. 2):

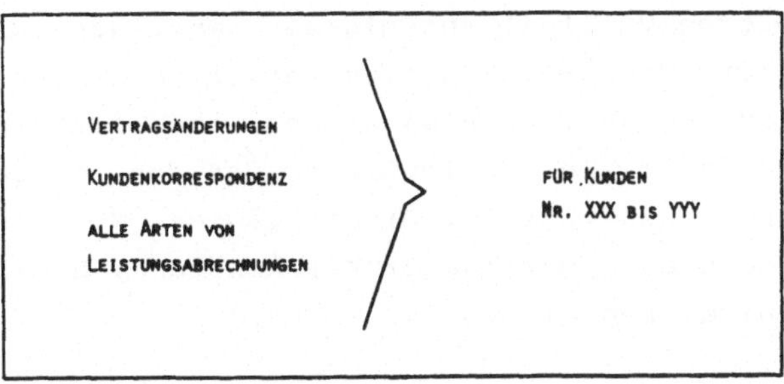


Abb. 2: Reduzierte Arbeitsteilung in Versicherungsunternehmen

Systematische Auswertungen stehen zwar noch aus, es deutet aber vieles darauf hin, daß diejenigen Versicherungen, die die Einführung eines DV-Systems für die Sachbearbeitung mit einer Reduzierung der Arbeitsteilung verbanden, weniger Schwierigkeiten mit dem Betriebsrat wegen der Datensichtgeräte haben und auch einen geringeren Krankenstand. Ihre Mitarbeiter scheinen zufriedener und motivierter. Es spricht einiges dafür, daß es weniger die physischen und psychischen Belastungen der Datensichtgeräte sind, die den Mitarbeitern Probleme bereiten, sondern die Monotonie der Aufgaben, die an diesen Geräten zu erfüllen sind. Gestaltet man die Aufgaben interessant, dann gehen auch die Klagen über Blendung, Flimmern, Kopfschmerzen usw. zurück. Womit die Notwendigkeit einer ergonomischen Gestaltung des Bildschirmarbeitsplatzes nicht in Abrede gestellt werden soll.

Was in diesem Beispiel auf der Basis der konventionellen DV möglich
ist, gilt auch für die neuen Informations- und Kommunikationstechniken: Je mehr Funktionen - DV-Funktionen, Textverarbeitungsfunktionen
usw. - mit Hilfe der neuen Techniken in einen Arbeitsplatz integriert
werden, desto stärker kann auch die Arbeit integriert werden, desto
eher können ganzheitliche, in sich geschlossene Aufgaben auf Stellen
übertragen werden. Entscheidungen können stärker delegiert werden.

Es besteht also kein technischer Sachzwang zu stärkerer Arbeitsteilung.
Wird die Software flexibel genug gestaltet - und dies ist eine Entscheidung im Rahmen der Systemanalyse - dann kann die Technik genutzt werden,
um die einzelnen Stellen mit der DV-Unterstützung - und auch mit der Unterstützung durch Kommunikationstechnik - auszustatten, die sie zur Bewältigung einer größeren Vielfalt an Aufgaben benötigen. Noch ergeben die
Kosten der neuen Informations- und Kommunikationstechniken einen gewissen
ökonomischen Zwang zur selektiven Ausstattung, aber mit Kostensenkungen
ist zu rechnen. Auch ist zu berücksichtigen, daß den Kosten einer technischen Unterstützung ganzheitlicher Arbeit gewisse Nutzen gegenüberstehen:
höhere Arbeitszufriedenheit, geringerer Krankenstand, höhere Motivation,
höhere Leistung, weniger Fehler usw.

Soviel zu den Möglichkeiten der innerorganisatorischen Anpassung an
neue Informations- und Kommunikationstechniken. Nun zu den zu erwartenden tatsächlichen organisatorischen Konsequenzen. Ich möchte hier
die These formulieren, daß die Chancen der neuen Techniken zur Höher-
qualifizierung von Arbeit oder zumindest zur Kompensation von Dequali-
fizierungen infolge zunehmender Standardisierung und Algorithmierung
von Verrichtungen nur schwach genutzt werden. Die Begründung dieser
These stützt sich auf folgende Argumente:

(1) Die Integrationsstrategie ist mit einem höheren Reorganisations-
aufwand verbunden. Geht man von vorhandenen Spezialisierungen aus und
sucht nach Techniken, mit denen die Effizienz dieser Tätigkeiten erhöht werden kann, so gestaltet sich die Reorganisationsaufgabe  wesentlich einfacher, als wenn ein Großteil der Abläufe und auch die Aufbauorganisation im Wege einer Reorganisation einer Revision unterzogen
werden müssen.

(2) Diese Strategie ist mit einem höheren Qualifizierungsaufwand verbunden. Werden Tätigkeiten integriert, so müssen die Stelleninhaber

mit den Anforderungen der neu hinzukommenden Tätigkeiten vertraut
gemacht werden und auch mit den Anforderungen der neuen Techniken.
Hält man an der Spezialisierung fest, so sind die Stelleninhaber lediglich im Hinblick auf die Anforderungen der neuen Techniken zu qualifizieren.

(3) Eine Reintegrationsstrategie führt zu einem <u>Ansteigen des Durch-
schnittsgehalts</u>. Die Gehaltshöhe korreliert mit der Qualifikation.
Wird die Polarisierung tendenziell aufgehoben, so ist ein Ansteigen
des Durchschnittsgehalts zu erwarten.

(4) Den tendenziell höheren Kosten der alternativen Reorganisations-
strategie - zu den erwähnten kommen noch die Kosten einer reichhal-
tigeren technischen Ausstattung der Arbeitsplätze - stehen <u>Nutzen</u> gegenüber, <u>deren Realisierung mit einem gewissen Risiko verbunden</u> ist:
mehr Flexibilität in der Aufgabenerledigung, Vereinfachung der Abläufe
(da die Stellen autonomer werden), höhere Motivation der Mitarbeiter,
weniger Unterbrechungen bei der Arbeit und ein niedrigerer Krankenstand. Gerade unter Rationalisierungsdruck werden Unternehmen und vor
allem auch die öffentliche Verwaltung dieses Risiko scheuen.

(5) Die Integrationsstrategie egalisiert nicht nur die erforderlichen
Qualifikationen und die Gehälter, sie <u>egalisiert</u> auch das <u>Prestige-
und Machtgefälle</u> zwischen verschiedenen Gruppen von Mitarbeitern. Aus
diesem Grunde wird diese Strategie auch bei den Mitarbeitergruppen,
die im Ausgangszustand über eine relativ hohe Qualifikation verfügen,
auf Widerstand stoßen.

(6) Das Prinzip hochgradiger Arbeitsteilung hat sich in der Vergangenheit als Rationalisierungsstrategie durchaus bewährt. Organisatoren
tun sich sehr schwer, bewährte Prinzipien aufzugeben.

## 2.2.3. Auswirkungen auf Arbeitszeit

Die Verfügbarkeit von Information macht Stellen unabhängiger voneinander. Diese Entwicklung könnte dazu benutzt werden, die Arbeitszeiten
flexibler zu gestalten - eine Auswirkung, die auch unter beschäftigungspolitischen Aspekten von großem Interesse ist.

## 2.2.4. Auswirkungen auf die Kommunikation

Telefonkommunikation und Face-to-face-Kommunikation in Form von vororganisierten und spontanen Meetings nehmen einen Großteil der Arbeitszeit von mittleren und Top-Managern in Anspruch. Nach einer von der Siemens AG durchgeführten Studie führen Top-Manager während 14% ihrer Arbeitszeit Telefonate, mittlere Manager 12%. In Besprechungen verbringt der Top-Manager mehr als 20% seiner Arbeitszeit, der mittlere immer noch 12% (MORGENBROD und SCHWÄRTZEL 1982, S. 245). Amerikanische Top-Manager verbringen noch mehr Zeit in Meetings (Abbildung 3, aus UHLIG u.a., S. 254).

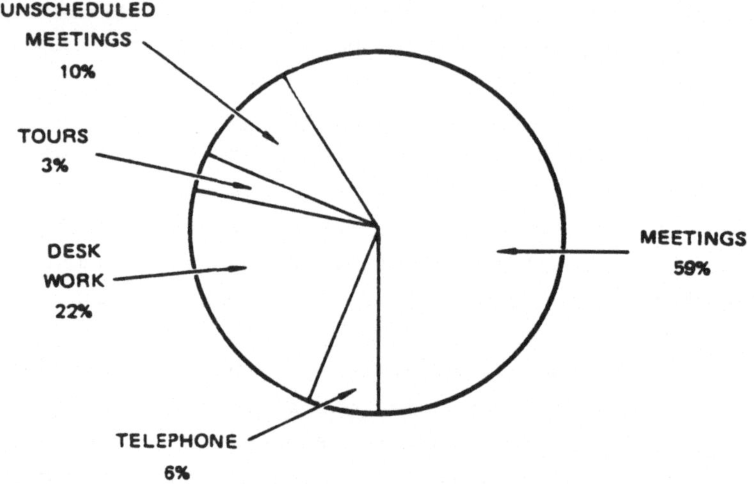


Abb. 3: Arbeitszeitverteilung von Topmanagern in den USA.

In der neuen Technik liegt ein großes Potential zur Änderung dieser Kommunikationsmuster. Das Telefon kann als eine relativ ineffiziente Form der Kommunikation betrachtet werden. Wiederholtes Anwählen, Hinterlassen einer Nachricht, Zurückrufen sind häufige Aktivitäten. Telefonate unterbrechen zudem den Arbeitsfluß. Electronic Mail kann Zeit sparen. Die Zeitersparnis wird noch potenziert, wenn mehrere Personen unterrichtet werden müssen. Der Empfänger kann selbst bestimmen, wann er die Electronic Mail entgegennimmt.

U.U. reduziert Electronic Mail auch die Notwendigkeit für Face-to-face-
Kommunikation in Form von Meetings. Computer-conferencing und Tele-Kon-
ferenzen könnten auch die Reisetätigkeit senken. Um hier aber Veränderungen herbeizuführen, bedarf es nicht nur weiterer Verbesserungen
der Dialog-Systeme, sondern auch neuer Verhaltensweisen bei den Managern, u.U. sogar einer neuen Generation von Managern.

## 2.3 Auswirkungen auf die Organisationsstruktur

Wir haben oben darauf hingewiesen, daß mit Hilfe der neuen Techniken
die Arbeit von Managern effizienter gestaltet werden kann: Sie verfügen
über mehr und aktuellere Kontrollinformation, sie können mit ihren
Mitarbeitern mittels der neuen Technik effizienter kommunizieren als
in Face-to-face-Kontakten. Die Erhöhung der Management-Effizienz
kann dazu genutzt werden, größere Lei tungsspannen zu realisieren.
Die Hierarchie wird flacher. In Pilot-Projekten elektronischer Büros
werden solche Auswirkungen bereits registriert. So wird berichtet,
daß bei einer Anwendung der neuen Technik in der Citibank die Leitungs-
spannen um 20-30% erweitert werden konnten (UHLIG et al., S. 316). In
dem Maße, in dem Manager - unterstützt durch die neuen Medien - sich
ihre Daten selbst beschaffen und auswerten, werden Planungsstäbe,
deren Hauptaufgaben in der Beschaffung, Selektion und Aggregation
von Daten liegt, entbehrlich. Verschiedene Autoren sehen bereits
einen starken Abbau von Stabsabteilungen und eine wesentliche Verdün-
nung des mittleren Managements voraus (siehe special report "A new
era for management", Businessweek April 1983). Ob diese Voraussagen
eintreffen, hängt jedoch ganz wesentlich davon ab, ob Manager bereit
sind, sich selbst der neuen Technik zu bedienen. Man kann da eher
skeptisch sein.

## 2.4. Die Rolle der öffentlichen Verwaltung

Wenn zu erwarten ist, daß die Chancen der neuen Informations- und
Kommunikationstechniken zur Reintegration von Arbeit in der Privatwirtschaft vor allem deshalb nicht genutzt werden, weil dort die Risiken
von derartigen Projekten gescheut werden, so kann aus dieser Analyse für
den öffentlichen Sektor die Forderung abgeleitet werden, daß er solche
Projekte in der Privatwirtschaft fördern und auch selbst durchführen
sollte, um zu demonstrieren, daß die Integrationsstrategie zu ökonomisch
äquivalenten bzw. überlegenen organisatorischen Lösungen führt. Einer Vor-
reiter-Rolle des öffentlichen Sektors mit eigenen Projekten steht der
erhöhte Rationalisierungsdruck entgegen, der die öffentliche Verwaltung

noch risikoscheuer als die Privatwirtschaft werden läßt, und auch das starre Gefüge der Tarifordnungen.

## 3. Das elektronische Heim, Tele-Heimarbeit und Telekommunikations-Zentren

Die Telekommunikationstechnik bietet die Möglichkeit, die Interaktionen des Klienten mit der Organisation - des Bankkunden mit seiner Bank, des Bestellers mit dem Versandhaus oder auch des Bürgers mit der Verwaltung - so zu gestalten, daß manuelle Bearbeitungen des Kundeninputs weitgehend entfallen. So kann der Bankkunde via Bildschirmtext beispielsweise seinen Kontostand abrufen, Überweisungen tätigen, Daueraufträge aufgeben, Wertpapiere ordern oder sich auch Kreditangebote überspielen lassen. Eine Interaktion mit dem Bankkunden am Tresen entfällt; die Abwicklung der via Bildschirmtext eingegebenen Aufträge kann weitgehend automatisch erfolgen. Konten werden belastet und erkannt, ohne daß ein Bankangestellter tätig werden muß. Systeme dieser Art werden zur Zeit in Feldversuchen erprobt.

Was Banken, Versicherungen und Versandhäuser recht ist, kann der öffentlichen Verwaltung nur billig sein. Viele Leistungen der öffentlichen Verwaltung sind im Prinzip ebenso Btx- oder telekommunikationsdialogfähig wie die Leistungen von Banken, Versicherungen oder Versandhäusern.

Zieht man diese bisher schon gegebenen oder sich abzeichnenden technischen Möglichkeiten in Betracht, dann erscheinen für die öffentliche Verwaltung Szenarien wie das folgende nicht mehr weit hergeholt (KUBICEK o.J.):

> "Das elektronische Büro in der elektronischen Verwaltung 1995: Welches Amt wollen wir betrachten? Ein Sozialamt, ein Finanzamt oder ein anderes Amt der Leistungsverwaltung? - Es ist egal! - Es ist egal, weil zwischen den Ämtern von den Tätigkeiten, von ihrer Organisation und selbst vom Berufsverständnis der meisten Beschäftigten her kein Unterschied mehr besteht. Schon seit einigen Jahren sind sie nicht mehr nach inhaltlichen Tätigkeitsbereichen ausgebildet worden, sondern nach Funktionen bei der Informationsverarbeitung. Das fachlich-inhaltliche Wissen ist in Datenbanken abgespeichert und in Programmpaketen aufgenommen. Dies hat den großen Vorteil, daß neue Gesetze und neue Verordnungen schnell und einfach als Veränderungen der Programme umgesetzt werden können. Die Sachbearbeiter sind von dieser Form des Lernens und der Anpassung befreit. Sie sind Kommunikationsexperten, Abfragespezialisten, Codierungsexperten, Controller, Netzingenieure, Wartungs- und Instandhaltungsexperten, Sicherheitskräfte oder ähnliches. Das Amt spielt keine Rolle mehr. Dadurch sind sie auch leichter umzusetzen, wenn bestimmte Bürgerdienste eingeschränkt und neue eingerichtet werden.

Die Tätigkeiten in den elektronischen Ämtern laufen im Prinzip
wie folgt ab: Der größte Teil von Auskünften, Beratungen und
Routineleistungen wird automatisch abgewickelt. Der Bürger kann
sich von seinem Heimcomputer aus direkt in das Computersystem
einschalten, Anfragen stellen, Bescheinigungen abfordern. Die
Antworten werden zu Hause auf dem Bildschirm sichtbar. Über den
Drucker können Belege ausgedruckt werden. Die meisten einfachen
Beratungen werden auf die gleiche Weise im Computer-"Dialog" abgewickelt.

Für diejenigen, die sich die entsprechenden Geräte privat nicht
leisten können, sind elektronische Schalter an Bahnhöfen und
Postämtern aufgestellt. Für diejenigen, die auch damit nicht
zurechtkommen, gibt es das zentrale Bürgeramt. Dort sitzen Kom-
munikationsexperten, denen man sein Anliegen vortragen kann und
die dann entweder die elektronische Bearbeitung für den Bürger
auslösen oder ihn an einen der Abfragespezialisten weiterleiten.
Wenn Probleme auftreten, so kann ein Zwischenbescheid des Amts-
leiters eingeholt werden. Gleichzeitig müssen jedoch die zuständigen Codierungsexperten eingeschaltet werden, die den neuen
Fall der Systemlogik entsprechend codieren und das System so
auch von der Anwenderseite her lernfähig halten...

Insgesamt ist die Zahl der Beschäftigten in der Verwaltung um
40% gesenkt worden. So konnte die Verschuldung der öffentlichen
Haushalte reduziert werden. Die Bürger haben diese Einsparungs-
möglichkeiten und Rationalisierungsnotwendigkeiten schnell eingesehen. Viele Dienstleistungen sind für sie nun auch zu Hause
und rund um die Uhr verfügbar. Auf einige mußte im Interesse
des Gemeinwohls allerdings auch verzichtet werden."

Entscheidungs- und Informationssysteme sind bereits in der Lage, für
einfachere Rechtsfälle Urteile zu erstellen (Der Spiegel 1983). Mit ähnlicher Programmlogik können auch die Voraussetzungen für Anträge an die
Leistungsverwaltung geprüft und beschieden werden. Anstelle von Sachbearbeitern in der Verwaltung können auch die Bürger selbst den Dialog mit
dem Entscheidungs- und Informationssystem führen.

Die direkte Telekommunikation zwischen dem Klienten und dem DV-System
der leistungsanbietenden Organisation birgt ein enormes Potential zur Freisetzung von Arbeitsplätzen in sich. Die Schätzungen liegen zwischen
500.000 und 2.000.000 bis zum Ende dieses Jahrzehnts (ZILLER 1983).

Die neuen Kommunikationstechniken können auch dazu führen, daß die verbleibenden Arbeitsplätze in verstärktem Maße ins eigene Heim zurückver-
lagert werden, nachdem sie die Industrialisierung von dort in die Fabrik
geholt hatte.

Der Science-Fiction-Anteil in dieser Prognose ist wesentlich geringer
als der im vorangegangenen Szenario. Banken in den USA - so die Conti-

nental Illinois National Bank in Chicago - haben bereits Erfahrungen
mit in Heimarbeit erledigter Textverarbeitung gesammelt (MERTES 1981,
HEDBERG und MEHLMANN 1981). Die Sekretärinnen bekommen Diktate tele-
fonisch auf ein Aufzeichnungsgerät überspielt, die von ihnen geschriebenen Texte können in der Bank auf Bildschirm und Drucker abgerufen
werden. In Baden-Württemberg startete ein Telearbeits-Modellversuch
der Landesregierung. Bis zu 50 Arbeitsplätze, vorwiegend für Schreib-
tätigkeiten, eventuell auch einfache Sachbearbeitung, sollen mit Hilfe des neuen Fernmeldedienstes 'Teletex' aus Ministerien, Ämtern und
Bausparkassen in Wohnstuben oder Nachbarschaftsbüros ausgelagert werden. Andere Beispiele ließen sich anführen.

Experten sind sich einig, daß die Tele-Heimarbeit in absehbarer Zukunft
erheblich zunehmen wird. Heinz Müller-Lutz, Fachbeirat der Münchner
Computer-Messe Systems 81 rechnet beispielsweise damit, daß in den
USA bis 1990 jeder fünfte Arbeitsplatz nach Hause verlagert sein wird
(s. auch die zahlreichen Zitate von Experten bei TOFFLER 1981, S. 205f.).
Spätestens mit dem für 1986/87 geplanten, zur Zeit aber schon in Feldversuchen erprobten Glasfaser-Vermittlungsnetz ("bigfon") werden die
technischen Voraussetzungen für eine umfassende Kopplung dezentraler
Arbeitsplätze an die auftraggebende Organisation geschaffen, werden die
technischen Begrenzungen der Teletex und Bildschirmtext-Dienste in
bezug auf Übertragungsgeschwindigkeit und Dialogfähigkeit überwunden
sein.

Als <u>Vorteile</u> der Tele-Heimarbeit werden genannt:
<u>Einsparung von Reisekosten</u>: In einer Untersuchung in den USA wurde er-
mittelt, daß 2048 Versicherungsangestellte im Schnitt 21,4 Meilen pro
Tag auf dem Weg zum und vom Arbeitsplatz zurücklegten. Insgesamt legten
die untersuchten Arbeitnehmer im Jahr 12.400.000 Meilen zurück. Die Anzahl der Stunden, die sie dabei verbrachten, ergibt fast ein halbes
Jahrhundert. Setzt man als Kosten für eine Meile - in den Preisen von
1974 - 22 Cent an, so ergibt sich eine Gesamtsumme für die Reisekosten
von 2.730.000 $. Diese Kosten werden zwar vom Arbeitnehmer getragen,
aber indirekt wird der Arbeitgeber durch höhere Gehälter für Angestellte
in Stadtzentren, durch die Bereitstellung von Parkmöglichkeiten usw. doch
zur Kasse gebeten (TOFFLER 1981, S. 210).
<u>Energieeinsparung</u>: Wenn 1975 auch nur 12 bis 14% des städtischen Pend-
lerverkehrs durch Telekommunikationssysteme ersetzt worden wären, hätten die Vereinigten Staaten 75 Mio. Barrel Benzin eingespart und wären
damit völlig vom Rohöl-Import unabhängig geworden (TOFFLER, ebenda).

<u>Einsparungen bei den Gebäudekosten</u>: Teurer Büroraum in Citylage kann reduziert werden. Gleichzeitig sinken die Kosten für Klimatisierung, Beleuchtung, Reinigung, Instandhaltung usw.

<u>Umweltschutz</u>: Die Reduzierung des Verkehrsaufkommens kommt dem Umweltschutz zugute.

<u>Soziale Argumente</u>: Durch den Wegfall der Wege zum Arbeitsplatz und zurück gewinnt der Arbeitnehmer Freizeit. Bei Tele-Heimarbeit ist eine flexible Gestaltung der Arbeitszeit möglich. Der Arbeitnehmer kann weitgehend selbst bestimmen, wieviel und wann er arbeiten will. Die Erwartungen gehen dahin, daß Tele-Heimarbeiter überwiegend als Selbständige und nicht als abhängige Arbeitnehmer auftreten werden. Mit der rechtlichen Regelung ist freilich noch nichts darüber ausgesagt, wie sich die wirtschaftliche Abhängigkeit gestaltet.

Vorwiegend von Gewerkschaftsseite wird auf eine Reihe von <u>negativen Auswirkungen</u> der Tele-Heimarbeit hingewiesen:

<u>Die Interessenvertretung der Heimarbeiter ist nicht gewährleistet</u>. Bei Tele-Heimarbeit, so Kubicek, gäbe es nur eine geringe soziale Absicherung; der Schutz durch eine betriebliche Interessenvertretung fehle. Gleichzeitig könne die Vergabe von Heimarbeit als Disziplinierungsinstrument für die voll im Betrieb Beschäftigten eingesetzt werden (1983). Es wird gefragt, wie die Einhaltung von Arbeitsschutzbestimmungen, Pausenregelungen und Mutterschutz gewährleistet werden sollen (DOBBERTIN 1983). Für selbständige Heimarbeiter sind diese Regelungen ohnehin gegenstandslos.

<u>Isolation am Arbeitsplatz</u>: Kontakte mit Arbeitskollegen entfallen.

<u>Dequalifizierung von Arbeit</u>: Es wird angenommen, daß vorwiegend einfache, standardisierte Arbeit auf Heimarbeitsplätze ausgelagert wird.

<u>Senkung des Lohnniveaus und weiterer Abbau von Arbeitsplätzen durch Verlagerung in Billiglohnländer</u>: Mit der Telekommunikationstechnik läßt sich Arbeit in Haushalte in Billiglohngebiete auslagern. Wird Arbeit in Gebiete verlagert, die von Massenarbeitslosigkeit geprägt sind, läßt sich das Entgelt senken. Wird Arbeit mittels Telekommunikation ins Billiglohnausland verlagert, werden Arbeitsplätze vernichtet. In den USA wird bereits mit Hilfe der Telekommunikation Arbeit nach Puerto Rico verlagert.

<u>Schließlich wird die Gefahr einer <u>Verödung der Stadt</u> an die Wand gemalt.</u>

Die neuen Informations- und Kommunikationstechniken, die dem Bürger als Konsumenten und Produzenten vielfältige Möglichkeiten an die Hand gibt, regt kritische Autoren zu Szenarien wie die folgende an (KUBICEK o.J.):

"Frau Y sitzt am heimischen Bildschirm und schickt ihrer Freundin zum Geburtstag einen elektronischen Brief, bummelt durch den Quelle-Katalog und sucht eine Reise aus, erledigt ihre Schreibarbeiten für die Firma X, sieht über Video ins Kinderzimmer, ob die Kinder schlafen, schaltet ihren Fernsehkurs 'Kunstgeschichte mit Max Müller' ein. Liest die elektronische Zeitung mit den neuesten Nachrichten, richtet ihrem Nachbarn aus, er solle die Musik leiser stellen, stimmt elektronisch zwischen den Sendungen 'Dallas' und 'Bonanza' ab, schaltet Tips 'Was machen gegen die Einsamkeit?' ein, nimmt mit Knopfdruck an der elektronischen Partnersuche teil, verfolgt zum fünften Mal die Hochzeit vom Prinzen Charles, öffnet die Gartenpforte für den heimkommenden Dackel, ruft sich vom Tele-Koch das für Montag empfohlene Kochrezept ab, überprüft, ob sie beim Supermarkt eine Lieferung ins Haus bestellen kann, kabelt die Auskunft an, überweist von ihrem Konto Funk-Fernseh-BTX- und Video-Gebühren, sieht sich zur Abwechslung einen älteren Unterhaltungsfilm an, sieht Nachrichten und zwischendurch Werbefilme, läßt Jalousien in den Zimmern herunter und schaltet den Herd an, fragt bei ihrer Bank nach dem aktuellen Kontostand, holt sich vor dem Zubettgehen noch schnell kirchlichen Rat.
Die aufzumachende Ersparnisrechnung in diesem Elektronik-Haushalt ist frappierend. Frau X mußte kein Wort reden, keinem die Hand schütteln, nicht einen einzigen Schritt gehen. Sie hat absolut nichts erlebt und sich damit einen kompletten Tag menschlichen Lebens erspart".

Es gibt alternative Szenarios. Sie gehen von ähnlichen Voraussetzungen in der Informations- und Kommunikationstechnologie aus, sie machen aber deutlich, daß es - wie bei der internen Organisationsgestaltung - auch beim Einsatz der neuen Techniken für private Nutzer und für die Dezentralisierung von Arbeit Gestaltungsalternativen gibt - Gestaltungsalternativen, bei denen sozialer Nutzen und soziale Kosten unter Umständen in einem günstigeren Verhältnis zueinander stehen.

Die Kernannahme dieser alternativen Szenarien ist die, daß nicht der individuelle Haushalt mit der neuen Technik ausgestattet wird, sondern daß stattdessen <u>Nachbarschafts-Telekommunikationszentren (TKZ)</u> errichtet werden. HEDBERG und MEHLMANN (1981) entwickelten ein Szenario für eine solche Lösung, die ich hier etwas gekürzt und verändert wiedergeben möchte.

Ein TKZ kann beispielsweise in Verbindung mit einem herkömmlichen lokalen Postamt entstehen. Zusätzlich zu den konventionellen Diensten werden solche Dienste wie Bildschirmtext, Telefax und Teletex privaten und kommerziellen Nutzern zur Verfügung gestellt.

Zu diesem Nukleus können weitere Dienste treten: Stadtverwaltungen, Arbeitsämter, Ortskrankenkassen, Finanzämter richten in den TKZ Bildschirmterminals ein, an denen Bürger sich ummelden, ihr Auto ab- und anmelden,

Anträge auf Sozialhilfe oder Wohngeld stellen, sich als arbeitslos melden, Stellenangebote sichten, Probleme mit der AOK regeln und ihre Steuererklärung abgeben können. Bei diesen Aktivitäten stehen ihnen Kommunikationsberater zur Seite, die sowohl Systemkenntnisse haben als auch über soviel Kenntnisse der jeweiligen Regelungen verfügen, daß sie mit den Informationssystemen in einen effizienten Dialog treten können. Das TKZ wird auch als elektronisches Wahlbüro genutzt.

Das TKZ verfügt auch über eine Bibliotheksabteilung. Ein Teil der nachgefragten Information - etwa die Inhalte von Nachschlagewerken - kann sich der Benutzer direkt über Bildschirme oder Drucker ausgeben lassen. Andere Informationen können über effiziente Wiedergewinnungssysteme lokalisiert und als Buch oder Fotokopie ausgeliehen werden. Bei diesen Aktivitäten wird der Benutzer von Bibliothekaren unterstützt.

Im TKZ können schließlich auch Banken, Versicherungen und Bausparkassen Filialen unterhalten, in denen ebenfalls mit Unterstützung der Telekommunikationstechnik, aber auch - falls erforderlich - mit Assistenz von Kundenberatern den Kunden eine schnelle und kostengünstige Abwicklung seiner Bank-, Versicherungs- und Hausfinanzierungsgeschäfte geboten wird.

Schließlich können sich in Verbindung mit dem TKZ selbständige, kooperative Unternehmen für Textverarbeitung, Programmierung oder zur Übernahme von Sachbearbeitungsaufgaben der unterschiedlichsten Art, die dezentral mittels der Telekommunikationstechnik zu erledigen sind, etablieren.

Betrachten wir eine dieser Kooperationen etwas näher: Es sind sechs Hausfrauen, die Textverarbeitungsaufträge übernehmen. Sie haben vier Arbeitsplätze mit der erforderlichen technischen Ausstattung im TKZ gemietet. Ihre Arbeitszeit wird in einem wöchentlichen Arbeitsplan, den sie gemeinsam erstellen, eingeteilt, wobei auf ihre Wünsche weitgehend Rücksicht genommen werden kann. Die neben der Textverarbeitung anfallenden Aufgaben wie Buchhaltung, Rechnungsschreibung, Akquisition von Aufträgen usw. übernehmen sie wechselseitig. Während sie arbeiten, werden ihre Kinder im Kindergarten des TKZ versorgt. Wenn sie wollen, können sie auch Dienste eines Restaurants und einer Reinigung in Anspruch nehmen, die sich bei dem TKZ angesiedelt haben.

Mit den anderen Kooperativen haben sie gute Beziehungen. Mitarbeiter der Programmierungs-Kooperative haben wiederholt ihre Software verbessert. Oft sitzen sie zusammen und reden von den Zeiten, in denen man noch stundenlang zur Arbeit in die City fahren mußte.

Soweit das Szenario zum TKZ. In Tabelle 1 sind die wichtigsten Eigenschaften der beiden Telekommunikations-Lösungen einander gegenübergestellt. Bei niedrigeren Investitionskosten bietet das TKZ eine Reihe von Vorteilen im sozialen Bereich.

Welche Lösung sich letztlich durchsetzen wird, hängt von der Gestaltungsphilosophie der beteiligten sozialen Gruppen - vor allem Post, Gewerkschaften, Arbeitgeber - ab. Wahrscheinlicher ist wohl die Entwicklung hin zu den Heimarbeitsplätzen - es ist die Lösung, bei der die neue Technik in vertrauten organisatorischen Formen angesiedelt werden kann. Die TKZn erfordern eine radikale Umorientierung. Der öffentliche Sektor könnte hier durch Pilotprojekte - beispielsweise durch TKZ im Rahmen der Leistungsverwaltung - wichtige Anstöße vermitteln. Die Gründe, die oben gegen eine Vorreiterrolle des öffentlichen Bereichs bei Integrationsprojekten innerhalb der Organisation sprachen, treffen hier jedoch auch zu.

| Merkmale | T K Z | Heimterminals |
|---|---|---|
| Soziale Kontakte | viele direkte face-to-face-Kontakte | wenige, vor allem Mensch-Maschine-Interaktion |
| Lernumgebung | reichhaltig, anregend | begrenzt |
| Investitionskosten pro Kopf | begrenzt | hoch |
| Nutzung der Technik | hoch | niedrig |
| Selbstbestimmung der Arbeitszeit | eingeschränkt | hoch |
| Kristallisationspunkt | Nachbarschaftsgemeinde | Kernfamilie |
| kombinierbar mit | institutionellen Lösungen (Kindergarten,Informationszentrum/Bibliothek, Bankniederlassungen usw.) | private Lösungen (Aufteilung der Hausarbeit in der Familie,Homebanking, Homeshopping usw.) |
| Integration zwischen Arbeits- und privater Sphäre | getrennt, aber enger als bisher | völlig integriert oder völlig desintegriert (bei Arbeit,die nicht auf Hausarbeitsplätze ausgelagert werden kann) |
| Arbeitsteilung | geringer als gegenwärtig | Fortsetzung der bisherigen Entwicklung |

Tabelle 1: Eigenschaften von TKZn und Tele-Heimarbeitsplätzen

# LITERATUR


BLASER, A. und
E. KEPPEL (1978)
Developing Business Application Systems -
Can the User do it?, in: Hansen (1978),
S. 435-464

DOBERTHIEM, M. (1983)
Zurück zur Heimarbeit. WSI Mitteilungen, 36.
Jg., S. 387-388

DOSTAL, W. (1982 a)
Fünf Jahre Mikroelektronik - Diskussion.
Mitteilungen aus der Arbeitsmarkt - und
Berufsforschung, 15. Jg., S. 151-166

DOSTAL, W. (1982 b)
Bildung und Beschäftigung im technischen
Wandel. Beiträge zur Arbeitsmarkt- und
Berufsforschung, Bd. 65. Nürnberg

FRESE, E.; P. SCHMITZ
u. N. SZYPERSKI (1981)
Organisation, Planung, Informationssysteme.
Stuttgart

HANSEN, R. (Hrsg.) (1978)
Entwicklungstendenzen in der Systemanalyse.
München

HANSEN, H.R. (Hrsg.)(1982)
Büroinformations- und -kommunikationssysteme.
Berlin

HEDBERG, B. und M. MEHL-
MANN (1981)
Computer Power to the People. Computer Resource
Centers or Home Terminals? Two Scenarios. Ar-
beitspapier Swedish Center for Working Live

HEILMANN, W. (1982)
Organisatorische Gestaltung von informationstechnisch gestützten Heimarbeitsplätzen für
Programmierer (Teleprogrammierung). In: Hansen
(1982), S. 243-263

KUBICEK, H. (o.J.)
Mögliche Auswirkungen der 'Verkabelung'. Einige
Szenarien für die 90er Jahre. Angestellten-
Magazin (im Druck)

KUBICEK, H. und E. BAL-
LERSTEDT (1983)
Wenn der Schreibtisch im Wohnzimmer steht.
Frankfurter Rundschau v. 4.5.1983, S. 11

MERTES, L.H. (1981)
Doing your office over electronically. Harvard
Business Review, March-April 1981, S. 127-135

MORGENBROD, H.G. und
H.G. SCHWÄRTZEL (1982):
Bedarfsgerechte Entwicklung neuer Kommunikationstechnologie aus der Sicht der industriellen Büroorganisation. In: Hansen (Hrsg.) (1982)

REESE, J.; H. KUBICEK,
B.-P. LANGE, B. LUTTER-
BECK und U. REESE (1979)
Gefahren der informationstechnologischen Ent-
wicklung. Frankfurt

TOFFLER, A. (1981)
Die Zukunftschance. Von der Industriegesellschaft zu einer humaneren Zivilisation. München

HILTZ, S.R. und
M. TUROFF (1978):          The Network Nation. Human Communication via
                           Computer. Reading, Mass.

UHLIG, R.P.,               The Office of the Future. Amsterdam
D.J. FARBER und
J.H. BAIR (1979):

ZILLER, P. (1983)          Die Verkabelung legt den Gewerkschaften die
                           Schlinge um den Hals. Frankfurter Rundschau
                           v. 22.1.1983

# TECHNOLOGISCHE KOMPONENTEN OFFENER INFORMATIONSSYSTEME


K.H. Kellermayr

Johannes Kepler Universität Linz

Labor für Informations- und Prozeßtechnik


## 1. Einführung

Gut ausgebaute und funktionstüchtige Informationssysteme sind für die
Weiterentwicklung und das Weiterbestehen unserer Industriegesellschaft
von großer Bedeutung. Informationsbedürfnisse in unserer Gesellschaft
sowie technische Möglichkeiten für die Informationsverarbeitung und die
Kommunikation sind gegenwärtig einem besonders stürmischen Entwicklungs-
prozeß unterworfen. Die Dynamik dieses Prozesses wird weitgehend durch
ein Spannungsfeld zwischen den zum Teil gegensätzlichen Polen bestimmt:
Kundenwünsche, Benutzeranforderungen, rechtliche Aspekte, gesellschaftliche Aspekte, Wirtschaftlichkeit, technische Möglichkeiten, Normen
und Standards.
Für die Einführung und Verbreitung moderner Informationstechnologien im
Bereiche der öffentlichen Verwaltung kann weitgehend auf die Erfahrung,
die bei vergleichbaren Konzeptionen im privatwirtschaftlichen Bereich
gewonnen wurde, zurückgegriffen werden. Große Teile der öffentlichen
Verwaltung haben ihre interne Organisation, ihren Kenntnisstand und ihr
operatives Vermögen dementsprechend auch schon weitgehend auf Computer-
systeme ausgerichtet. Hierbei wurde deutlich, daß die Systeme meistens
einen "größeren Umfang" (bezüglich der Daten wie auch der Komplexität
und Anforderungen) als im privatwirtschaftlichen Bereich haben. Die
Ausgangssituation ist meist auch ungünstiger: In den meisten Verwaltungs-
systemen sind schon verschiedene moderne Informationssysteme vorhanden
(Telefon, Telex, Bildschirmtext, Textverarbeitungssysteme, EDV-Anlagen,
und andere), die hardware-, software- und systemkompatible in neue Konzeptionen einbezogen werden müssen. Für diese Anforderungen bieten sich
offene Informationssysteme als geradezu optimaler Lösungsansatz an.
In dieser Arbeit wird anhand eines Referenzmodelles offener Informationssysteme der Stand der Technik auf dem Gebiete der Informationstechnologie aufgezeigt und auf Entwicklungstendenzen hingewiesen. Auf die Fülle
neuer Dienste, die mit diesen Technologien ermöglicht werden, kann nur
kurz eingegangen werden. Andere als technische Gesichtspunkte, die die
Entwicklung der Technologie stark prägen, werden nicht behandelt.

## 2. Trends in der Informationstechnologie

Im Bereiche der Informationstechnologie sind zwei Trends deutlich feststellbar: zum einen die Konvergenz von Computer- und Kommunikationstechnologie, zum anderen eine beständige Zunahme der Vielfalt leistungsfähiger Informationstechnologien, bei gleichzeitiger Integration all
dieser in elektronischen Medien.
Die Konvergenz von Computer und Kommunikationstechnologie kommt zum
Ausdruck durch das Faktum, daß für die leistungsfähige Telekommunikation
immer mehr Computer eingesetzt werden und für eine effiziente und prob-
lemangepaßte Datenverarbeitung Dezentralisierung und damit verbundene
Kommunikation in vielen Bereichen unerläßlich ist. Am besten dokumentiert wird dieser Trend durch das gemeinsame Interesse von AT&T und IBM
an beiden Marktbereichen. Begriffe wurden auch schon geprägt: Telekommunikation und Informatik werden zu "Telematik", Computer und Kommunikation
werden zu "Compunication".
Die Vielfalt neuer Formen technischer Informationssysteme werden mittels
einer Fülle von Schlagwörtern eingeführt: Teletex, Bildschirmtext, Videotext, Telefax, VAN, Lokale Netze, ISDN, Computerbildverarbeitung, Sprechende Computer ... Allen gemeinsam ist, daß die Basistechnologie für
ihre Realisierung die Mikroelektronik darstellt. In der verfügbaren
Erläuterung dieser Schlagworte wird kaum eingegangen auf die Darstellung
der Zusammenhänge zwischen ihnen bzw. eines Konzepts, dem sie unterzu-
ordnen sind. Das Gebiet wirkt eher als Dschungel unvergleichbarer technischer Einzelkonzepte als eine homogene Technologie. Das Debakel der
Software-Inkompatibilität der letzten 20 Jahre scheint sich hier auf
drastische Weise auszuweiten. Dies könnte die weitere erfolgreiche Entwicklung dieser so vielversprechenden Zweige der Informationstechnologie
ernsthaft in Frage stellen.
Als dieses Problem vor einigen Jahren sichtbar wurde  hat man begonnen,
fundamentale Konzepte für Kommunikationsvorgänge und strukturierte, verteilte Informationsverarbeitungsprozesse zu erarbeiten.


## 3. Ein Referenzmodell für offene Informationssysteme

1977 wurde von der Internationalen Organisation für Standardisierung
(ISO) der Bedarf an Standards für heterogene Informationsnetze als besonders wichtig erkannt. Es wurde ein Unterausschuß für die "offene
Systemzusammenschaltung" eingesetzt (ISO/TC97/SC16). Das Attribut "offen"
wurde gewählt, um das Faktum zu unterstreichen, daß ein System durch

die Anpassung an so einen internationalen Standard "offen", d.h. der
Kommunikation für alle anderen Systeme zugänglich ist, die ebenfalls
an so einen Standard angepaßt sind.

Es entstand das "Reference Model for Open System Interconnection" als
Architekturmodell offener Netze (1). Dieses Referenzmodell zerlegt die
Welt der Telekommunikation in sieben hierarchisch angeordnete Ebenen.
Es definiert die Funktionen jeder Ebene und beschreibt das Zusammen-
wirken von Einheiten auf gleicher Ebene durch Protokolle. Das Zusammen-
wirken von übereinander angeordneten Ebenen wird durch Dienste beschrie-
ben. Vom Netz werden Kommunikationsdienste auf verschiedenen Schichten
angeboten. Diese können als solche beansprucht werden aber auch als
Basis für andere Dienste dienen, die sich auf höheren Ebenen befinden.
Das ISO Referenzmodell ist das wesentliche Werkzeug von TC97 für die
Organisation von Standardisierungsaktivitäten für die offene Kommunikation zwischen Prozessen. Es ist die akzeptierte Grundlage für alle
Normungsvorhaben im Bereich offener Kommunikationsnetze und darüber
hinaus können mit seiner Begriffswelt auch die Produkte und Konzepte
im Bereich der Herstellernetze gut dargestellt und deren Funktionen
klar lokalisiert werden.

Es existieren Ansätze für weiterreichende Referenzmodelle die größere
Wirkungsbereiche computerunterstützter Informationssysteme umfassen und
auch strukturieren (2). In Bild 1 ist ein solches, sehr umfassendes,
dargestellt. Eine ausführliche Beschreibung kann in (3) nachgelesen
werden. Dieses Modell unterscheidet zwei Bereiche: LSE (Local System
Environment), den lokalen Bereich eines Informationssystems und OSIE
(Open System Interconnection Environment), die Kommunikationsinfra-
struktur.

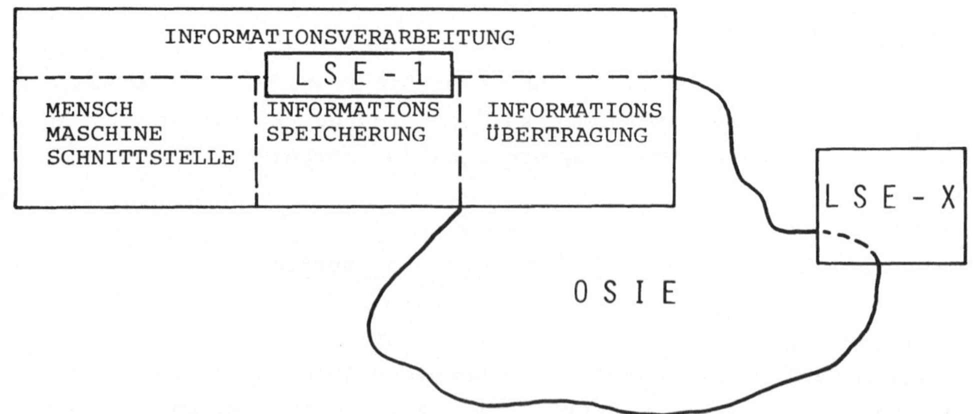


Bild 1: Ein Referenzmodell für offene computerunterstützte Informations-
        systeme

Der lokale Bereich eines Informationssystemes besteht aus 4 Bereichen:
- Mensch-Maschinen Interface
- Informationsverarbeitung
- Informationsspeicherung
- Informationsübertragung

In (3) werden Referenzmodelle für diese Bereiche ausführlich behandelt.
Das Referenzmodell für die Informationsübertragung stimmt identisch mit
dem ISO-OSI-RM überein.
Fragen betreffend das ökonomische Interesse hinter offenen Systemen,
sie kennzeichnende technologische Veränderungen und viele andere mehr
werden in der Arbeit von Schindler (4) umfassend diskutiert.


## 4. Informationsverarbeitung


Den zentralen Anstoß zu den Fortschritten bei Informationssystemen hat
ohne Zweifel mehr als jeder andere Faktor die Datenverarbeitung gegeben.
Wörter wie Computer, Minicomputer oder Mikrocomputer werden heute von
jedermann benutzt. Sie werden mittlerweilen für jeden, allerdings noch
nicht von jedem, angewandt. Die Hardware ist sehr weit entwickelt, die
Software verhindert jedoch noch weitgehend den universellen Gebrauch
durch jedermann.
Den Entwicklern von Mini-, Mikro- und Großrechnern wird durch die gigan-
tische Entwicklung der Mikroelektronik eine schier unbegrenzte Kapazität an Computerleistung in die Hand gegeben. Für die nächste Dekade
werden Maschinen mit 70 bis 100 MIPS vorausgesagt. Submikron VLSI Bausteine, GaAs Bausteine und Bausteine die auf dem Josephsoneffekt basieren, machen dies möglich (5). Zukünftige Informationsverarbeitungstech-
nologien werden ausgezeichnet sein durch: Software die der menschlichen
Sprache ähnlich ist, direkter Sprachzugriff, fehlertolerante Systeme,
Software die in der Hardware eingebettet ist: Firmware, Submikron-VLSI-
Schaltungen, Josephson-Computer.


## 5. Informationsspeicherung


Digitalelektronische Speicher stellen einen Schlüssel zur Informations-
explosion dar. Damit die Verarbeitungseinheiten mit hoher Effektivität
betrieben werden können, benötigt man Speicher mit hoher Zugriffsge-
schwindigkeit. Damit man die Informationsflut erfassen kann, benötigt
man Speicher großer Kapazität. Diese Anforderungen hat man mit einer

Hierarchie von Speichertechnologien sehr schön in den Griff bekommen.
Ohne auf die Leistungsmerkmale und Probleme der Informationsspeicherung
einzugehen, sollen hier nur kurz die wesentlichen Speichereinrichtungen
genannt werden: Magnetplatten, Magnetbänder, Floppy Disks, Magnetblasen-
speicher, Laser-Videoplatten, MOS-RAMs, Bipolare Speicher, CCD-Speicher,
GaAs Speicher.


## 6. Mensch-Maschinen Schnittstelle: Teilnehmergeräte

Über Jahrzehnte wurden die Teilnehmergeräte der Telekommunikation vom
Telefon als Billiggerät einerseits und dem Fernschreiber als annähernd
100 mal teurere Einrichtung andererseits dominiert. Für die Informationsverarbeitung sind Tastaturen, Videodisplays und die verschiedenen Arten
von Druckern bewährte Einrichtungen für die Mensch-Maschine Kommunikation. Diese Situation hat sich in den letzten 10 Jahren grundlegend zu
wandeln begonnen, wobei vor allem die folgenden Einflüsse maßgebend
sind.
- Neue Aufnahme-, Aufzeichnungs- und **Wie**dergabetechnik für Bild und
  Sprache
- Verfahren der digitalen Bild- und Sprachverarbeitung
- Erweiterung des Funktionsumfanges durch billige zuverlässige
  leistungsfähige Mikroprozessortechnik.

Für die Darstellung von sichtbaren Informationen gibt es bereits heute
flache Bildschirme in den Labors. Die Basistechnologien hierfür (Elektro-
lumineszenz, Elektrochromatik, Flüssigkristalle, Leuchtdioden, Plasma
sowie Elektrophoretik) befinden sich auf unterschiedlichem Entwicklungsstand. Die neuen Anzeigeeinheiten werden sehr flach sein und bieten unter anderem Vorteile wie geringe Betriebsspannung und kein Anfall von
Röntgenstrahlung. Sie lassen sich mit Produktionstechniken der Mikroelektronik herstellen, die wesentlich preisgünstiger als konventionelle
Montagetechniken sind.
Wichtigste Folge dieser Entwicklung ist, daß die Teilnehmergeräte von
reinen Kommunikationsgeräten (Mensch-Mensch bzw. Mensch-Maschine) zu
multifunktionalen Bestandteilen von haus-, geschäfts- oder verwaltungsinternen Informationssystemen werden. Dies bedeutet, daß ihre Kosten
nicht mehr allein auf die Kommunikation bzw. Datenverarbeitung über-
wälzt werden müssen. Typische Beispiele sind kommunikationsfähige
Schreibmaschinen und das Heimfernsehgerät mit Bildschirm- und Teletext-
zusatz.

# 7. Informationsübertragung

Durch das ISO-OSI-RM wird die Informationsübertragung hierarchisch in Dienstebenen unterteilt und dadurch klar strukturiert. Die oberen Ebenen (5 bis 7) werden als Zugriffsdienste bezeichnet. Mit ihnen werden wesentliche Probleme wie Anwendungsdrang, Zugriffsschutz und Sitzungssteuerung gelöst. Die unteren Ebenen sind die Transportdienste.

## 7.1. Transportnetze

Die Funktion heute im Einsatz und in Entwicklung befindlicher Übertragungsstrecken werden nicht mehr ausschließlich durch Hardwarekomponenten wie Leitungen, Verstärker und Schaltnetze bewerkstelligt, sondern in immer größerem Maße durch Software bestimmt. Übertragungstechnik und Vermittlungstechnik werden immer enger miteinander verflochten und für dieses Gebiet hat sich bereits der Ausdruck Übermittlungstechnik eingebürgert. Die Übermittlungstechnik bemüht sich kostengünstige, leistungsfähige und zuverlässige Verbindungen anzubieten. Als Stand der Technologie kann man anführen:

- große Bandbreiten (größer 10 Mbit/s)
- dynamisch zuweisbare Bandbreiten
- große Zuverlässigkeit (weniger als einen unerkannten Fehler pro $10^{12}$ Bit)
- große Verfügbarkeit (Störungen verursachen in der Regel die Abschaltung eines Benützers, aber bewirken nicht den Zusammenbruch des gesamten Netzes)
- sinkende Hardwarekosten

Kommunikationsnetze lassen sich nach dem Spektrum der möglichen Übertragungsbandbreite sowie nach der Kommunikationsentfernung ordnen (Bild 2). Demnach unterscheidet man Fernnetze, lokale Netze und prozessorgekoppelte Systeme.
Lokale Netze dienen der Übertragung von Informationen zwischen untereinander verbundenen, unabhängigen Geräten. Sie unterliegen vollständig der Zuständigkeit des Anwenders und sind hinsichtlich der räumlichen Ausdehnung auf dessen Grundstück beschränkt. Sie grenzen sich wegen ihrer Ausdehnung und Datenrate gegenüber prozessorgekoppelten und Fernnetzen, wie aus Bild 2 ersichtlich ist, ab. Die einzelnen Stationen sind üblicherweise zwischen 100 m und einigen km voneinander entfernt, die Datenrate liegt zwischen 100 Kbit/s und 20 Mbit/s (obwohl diese Grenzen eher unscharf sind). Die gebräuchlichsten Übertragungsmedien in lokalen

Netzen sind Kupferkabel, Koaxialkabel und Lichtwellenleiter.

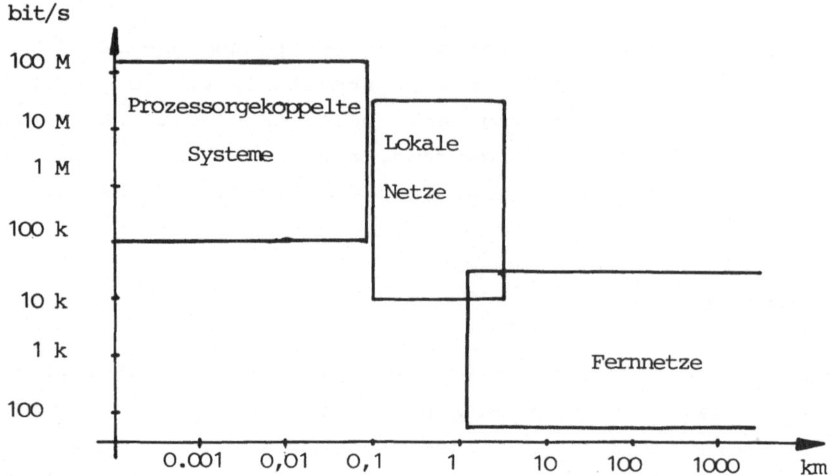


**Bild 2:** Klassifizierung von Kommunikationsnetzen

Neben technischen Aspekten ist gegenwärtig die Standardisierung für
lokale Netze eines der interessanten Themen. Das Projekt 802 der IEEE
spiegelt die gegensätzlichen Interessen von Kunden und Herstellern
wieder, sowie den Stand der Technik. Es bemüht sich um eine Standardisierung bis zu Ebene 2 des ISO Referenzmodelles (6).
Im lokalen Bereich kann man das jeweils bestgeeignete Übertragungsmedium
wählen. Im Fernbereich hingegen ist man weitgehend an das Angebot öffentlicher Netze, betrieben durch die Post, angewiesen.
Die europäischen PTT Verwaltungen bieten als Stand der Technik für Fernnetze gut ausgebaute weitgehend vollautomatisierte Netze für die Sprachkommunikation an, die mit elektromechanischer Leitungsvermittlungstech-
nik und analoger Trägerfrequenz-Übertragungstechnik arbeiten. Digitale
Netze für die Text- und Datenkommunikation befinden sich im Aufbau. Sie
orientieren sich streng am ISO Architekturmodell. Aufgrund der im Bereich der Kommunikationsnetze bereits getätigten und der noch zu täti-
genden Investitionen ist zu erwarten, daß service integrierte Netze
(ISDN, Integrated Services Digital Network) sich langfristig durchsetzen
werden. Mit diesen werden Sprach-, Text-, Daten- und Festbildkommunikation in ein leistungsfähiges, flächendeckendes, gut ausgelastetes Kommunikationsnetz integriert.


**7.2. Übertragungstechnik**

Eine der zentralsten Entwurfsentscheidungen für ein Kommunikationssystem

ist die über das Übertragungsmedium. Eine große Vielzahl an Möglichkeiten steht zur Verfügung: Öffentliche Netze, Zweidrahtleitungen, Koaxialkabel, Kabelfernsehnetze, Glasfaserkabel, Satellitenübertragung und Funk. Eine sich sehr erfolgreich entwickelnde Kommunikationstechnologie stellen lichtleitende Glasfasern dar. Durch umfangreiche Forschungsarbeiten konnte bereits nachgewiesen werden, daß Glasfaser eine leistungsfähige Substitution für Kupferkabel darstellen. Sie haben eine Reihe sehr attraktiver Eigenschaften wie extrem hohe Datenraten, geringe Durchmesser und geringes Gewicht, kein Nebensprechen und Unempfindlichkeit gegen elektromagnetische Einstreuungen (Störungen). Als etwas ausgefallener aber sehr wichtiger Vorteil wird auch die Unempfindlichkeit gegen Blitzschlag angeführt. Ein anderes Übertragungsmedium, welches auch bereits vom Experimentierstadium in die operationale Verwendung gereift ist, ist die Satellitenübertragung. Kommunikationssatelliten umkreisen die Erde in geostabilen Positionen und funktionieren als Relaisstationen für Mikrowellenkommunikationssysteme. Solche Systeme sind ideal für Fernverbindungen geeignet und bieten große Bandbreiten. Kostenmäßig sind gegenwärtig vor allem die Erdstationen noch sehr teuer, die inkrementalen Kommunikationskosten sind jedoch sehr gering. Für die zukünftige Entwicklung (in den 80-er Jahren) wird zu erwarten sein, daß durch Verwendung größerer Frequenzen die Satellitenantennen kleiner und dadurch billiger werden.
Für die Übertragungsleistung ist das Produkt aus Datenrate und überbrückbarer Entfernung ein aufschlußreicher Parameter. Für Zweidrahtleitungen beträgt dieses ca. 10 Mbit m/s, für Koaxialkabel etwa
10 Gbit m/s und für Glasfaserkabel rund 10 000 Gbit m/s.
Beachtlich ist, daß die Glasfasertechnologie in verschiedenen Bereichen bereits heute eine kostenmäßige Alternative zu Kupferkabeln darstellt, obwohl so wichtige Probleme wie Standardisierung und Normung noch nicht abgeschlossen sind.
Durch entsprechende Übertragungsverfahren werden die zu übertragenden Signale den Eigenheiten des Übertragungsmediums optimal angepaßt. Grundlegend gibt es hier Basisband und Breitbandverfahren sowie analoge und digitale Übertragungsverfahren. Der Erfinder der Pulscodemodulation, A.H. Reeves, hatte sich vor ca. 50 Jahren von den digitalen Übertragungsverfahren vor allem eine, dank der Regenerationsmöglichkeit digitaler Signale, praktisch distanzunabhängige Übertragungsqualität erhofft.
Gegen Ende der 60-er Jahre wurde es jedoch bereits klar, daß die digitale Übertragung neben der Qualitätsverbesserung vor allem auch eine wirtschaftliche Alternative darstellt. Entscheidende Impulse werden heute der Übertragungstechnik vor allem durch die Verbindung digitaler Modulationsverfahren mit breitbandiger Übertragungstechnik wie etwa

lichtleitende Glasfasern oder Satellitentechnik mit digitalem Mehrfach-
zugriff, gegeben.


## 7.3. Vermittlungstechnik

Von zentraler Bedeutung für die Individualkommunikation ist die Zu-
griffssteuerung zu gemeinsamen Einrichtungen: Leitungsvermittlung,
Nachrichtenvermittlung, Paketvermittlung.
Durch die Telefonie ist das Prinzip der Leitungsvermittlung gut ausgebaut. Ein leitungsvermitteltes Kommunikationsnetz stellt für die Dauer
einer Verbindung einen dezidierten physikalischen Kanal zwischen den
kommunizierenden Partnern her.
Die Nachrichten- und Paketvermittlung basiert auf dem Prinzip der Speichervermittlung (store and forward). Durch Zwischenspeichern in intelligenten Netzknoten werden Nachrichten bzw. Pakete, das sind Teile einer
in kleinere Einheiten unterteilten Nachricht, von Knoten zu Knoten wei-
tergeleitet. Auf diese Weise ergeben sich optimale Resourcenauslastung
und minimale Verzögerungen.
Roberts (7) hat gezeigt, daß das Entstehen von Computernetzwerken klar
zusammenfällt mit dem "crossover-point" der Kommunikationskosten für
die dynamische Zuordnung von Kommunikationsresourcen. Bis 1969 waren
die Kosten für die Datenverarbeitung dominant gegenüber denen für die
Kommunikation. Durch den Preisverfall im Bereich der Computerhardware
trat die Trendwende ein und das Prinzip der Speichervermittlung wurde
zu einer ökonomisch vertretbaren Alternative.


## Literatur


(1) ISO; Computers and Informations Systems - Open Systems Inter-
    connection - Basic Reference Model, DIS 7488, 1981

(2) C.W. Bachman, R.G. Ross; Towards a More Complete Reference Model of
    Computer-Based Information Systems, Computers & Standards, Vol. 1,
    January 1982, pp. 33-48

(3) Karl H. Kellermayr; Ein offenes Referenzmodell für offene computer-
    unterstützte Informationssysteme,LIP-TB 3/83,Universität Linz,Sept.1983

(4) S. Schindler; Offene Kommunikationssysteme - Heute und Morgen,
    Informatik Spektrum 4, pp. 213-228

(5) A. Reisman; Device, Circuit and Technology Scaling to Micron and
    Submicron Dimension, Proc. IEEE, Vol. 71, No.5, May 1983, pp.550-565

(6) W. Myers; Toward a Local Network Standard, IEEE Micro, Vol. 2, No.3,
    August 1982, pp. 28-45

(7) L.G. Roberts; Data by the packet, IEEE Spectrum, Vol. 11, Feb. 1974,
    pp. 46-51

MODERNE KOMMUNIKATIONSDIENSTE IN ÖSTERREICH -
DIE ROLLE DER POST
GENERALDIREKTOR SEKTIONSCHEF DR. HEINRICH ÜBLEIS

Rationalisierung im Büro- und Verwaltungsbereich ist ohne moderne
Informations- und Kommunikationssysteme nicht denkbar. Informationsverarbeitende Maschinen werden mehr und mehr zum Führungsinstrument
der Verwaltungs- und Unternehmensspitzen. Beispielsweise wendet das
Dienstleistungsunternehmen Post zur Sicherung seiner technisch-
administrativen Leistungsfähigkeit elektronische Rechen- und Datenverarbeitungstechnik in umfassenden betriebseigenen EDV-Infor-
mationssystemen an.

Die hohe Speicherkapazität von Mikroprozessoren und die Verwendung
von Magnetscheiben erlaubt den Übergang zu modernen Textverarbei-
tungs- und Bürokommunikationssystemen auch in vielen Bereichen der
öffentlichen Verwaltung und damit eine bessere Aufgabenverteilung
und größere Flexibilität.

Ebenso wie in der privaten Wirtschaft besteht auch in der öffentlichen Verwaltung ein Trend, Computerleistung an den Arbeitsplatz zu
bringen. Es ist zu erwarten, daß künftig für Zwecke der innerbe-
trieblichen Text- und Datenübertragung Fernsprechnebenstellenanlagen
zu sogenannten Kommunikationsanlagen erweitert werden, wie überhaupt
bei der Entwicklung von Informationssystemen zunehmend die Möglichkeit der Integration verschiedener Dienste in einem Netz vorgesehen
wird. Ermöglicht wird dies durch die Digitalisierung der Netze.

Für die Nachrichtenübertragung außer Haus, insbesondere über größere
Entfernungen, stellen grundsätzlich die öffentlichen Netze die wirtschaftlichste Lösung dar.

In Österreich sind in jüngster Zeit zu den traditionellen Netzen für
den Fernsprech- und den Telexdienst zwei Datennetze (Datex-L,
Datex-P) hinzugekommen, über welche Datenübertragungsdienste, der
Teletex- und der Bildschirmtextdienst, angeboten werden.

Die Datenübertragungen können über Wähl- oder über festgeschaltete
Verbindungen mit unterschiedlichen Geschwindigkeiten durchgeführt
werden.

Alle von der Post angebotenen Telematikdienste werden von ihr selbst
auch in Anspruch genommen, beispielsweise zur
- Datenübertragung zu und zwischen ihren Rechenzentren
- Rationalisierung des Schalterverkehrs bei Postämtern
  in Verbindung mit dem Postsparkassendienst
- Fernkopierübertragung (Telepost) und für den in
  Aussicht genommenen Dienst "Ferndrucken"
- Datennetzberatung mittels Bildschirmtext.

Darüberhinaus finden sie auch in der öffentlichen Verwaltung
Eingang.


<u>Einführung der Text- und Datendienste</u>


1. Unternehmenspolitische Risiken

Bei Planung jedweder Art neuer Dienstleistung erhebt sich zunächst
die Frage nach dem vorhandenen Bedarf und der weiteren möglichen
Bedarfsentwicklung.

In vielen Fällen läßt sich die Frage nicht befriedigend beantworten. Neue technische Systeme werden entwickelt und angeboten, für
die im günstigen Fall der Bedarf nur noch gedeckt werden muß, für
die jedoch im ungünstigsten Fall nur Unkosten entstehen.

    Wie soll sich nun hier ein modernes innovationsfreudiges
    Dienstleistungsunternehmen verhalten?

    Mangels eines Patentrezeptes kann man nur nach gewissen Grund-
    sätzen vorgehen, die das Risiko in jedem Fall gering halten
    und zwar

- Neue Dienstleistungen sollen möglichst mit Einrichtungen
  realisiert werden, die sich auch für die bestehenden Dienste
  vorteilhaft eignen. Dieser Weg wurde beispielsweise mit Einführung
  rechnergesteuerter Vermittlungszentralen für den Datex-L Dienst
  begangen, die gleichzeitig und sogar in erster Linie für den Fern-
  schreibdienst eingesetzt werden.

- Neue Dienstleistungen sollen den Kunden zu deutlichen Rationali-
  sierungserfolgen verhelfen.

- Neue Dienste sollen bestehende Dienste möglichst nicht
  konkurrenzieren, sondern diese ergänzen.

Dies alles schließt jedoch Fehlinvestitionen nicht aus. Erst mit der
Akzeptanz eines Dienstes erfährt man, daß die Planungen realistisch
waren. Sicherer wäre es zweifellos, abzuwarten und auf bestimmte
Entwicklungen zu reagieren.

Wie andere Verwaltungen auch, hat die PTV jedoch - um hier
Prof. WEIZÄCKER von der Universität Bonn zu zitieren - eine
Hebammenfunktion beim Entstehen und Gelingen von Innovationen zu
spielen, die mit der Kommunikation in unserer Gesellschaft zu tun
haben.

Die Wirtschaft - und das sind wir alle - braucht Telekommunikation.

Als Wachstumsbranche par excellence stellt sich heute die Nachrichtentechnik dar, besonders seit mit der Verbindung zur Datenverarbeitung endlich der Übergang zur umfassenden Kommunikationstechnik
eingeleitet worden ist.

Die Telekommunikation oder Telematik zählt damit bereits heute zu
einem der umsatzstärksten Faktoren der Weltwirtschaft.

Die PTV sieht es als ihre Aufgabe an, nicht nur dem eigenen Land die
nötige nachrichtentechnische Infrastruktur bereitzustellen,

sondern die Wettbewerbsfähigkeit der einschlägigen österreichischen Industrie zu erhalten und möglichst noch zu verbessern.

Die neuen Technologien ermöglichen neue Produkte und neue Dienste, sie schaffen Auffangarbeitsplätze und sichern bestehende und gefährdete Unternehmen. Auch wenn es sich hier um Investitionen handelt, deren finanzieller Rückfluß nicht kurzfristig erfolgen wird, darf und kann die PTV nicht zurückstehen, da ansonsten der Anschluß an den Standard der westeuropäischen Verwaltungen verloren geht oder ausländische Unternehmen versuchen würden, diese Dienste in Österreich anzubieten.

Am Weltmarkt für Informationstechnik hat Österreich nur einen bescheidenen Anteil: man spricht von 0,5% bei einem Volumen von 7 000 Milliarden Schilling in diesem Jahr (aus "Computerzeitung" von ...).

2. Die einzelnen Dienstleistungen der Datennetze

Eine wesentliche Stütze für die Planung der Text- und Datendienste bildet die Eurodata Studie, die im Auftrag von 18 europäischen Verwaltungen erstellt und schon zweimal fortgeschrieben wurde.

Danach wird sich in Österreich bis Ende 1986 die Anzahl der Datenanschlüsse von dzt. 18 000 (Stand 1983 06 30: 18 333) auf 37 000 (BRD: 312 000; Westeuropa: 1,7 Mill) erhöhen.

Die Anzahl der an Datenverarbeitung beteiligten Terminals soll auf ca. 67 000 (BRD: 600 000; Westeuropa: 4 Mill) steigen.

Daneben gibt es natürlich eigene Überlegungen und Untersuchungen, insbesondere auch hinsichtlich der regionalen Aufteilung der künftigen Anschlüsse und des Umfangs an grenzüberschreitenden Verkehr. (Eine kürzlich veranstaltete Umfrage bei potentiellen Kunden über einen allfälligen Bedarf an Satellitendiensten für Text- und Datenübertragung brachte allerdings fürs erste nur ein mageres Ergebnis.)

Datenübertragung wird heute noch im überwiegenden Ausmaß (zu ca. 90%) über Fernsprechwähl- und Standverbindungen durchgeführt, u. zw. unter Zuhilfenahme von Modems für 300 bis 9 600 bit/s. Zur Vermeidung von Anpassungskosten erfolgt die Ausrichtung auf die neuen Datendienste zumeist erst bei Änderung der Datenverarbeitungsorganisation eines Unternehmens und/oder im Zuge einer Neuausrüstung. Ohne Zweifel genügen die neuen Netze wesentlich höheren technischen und qualitativen Ansprüchen, und da sie überwiegend auch kostengünstiger sind, ist in den kommenden Jahren mit steigenden Anschaltungen zu rechnen, wie dies u.a. auch aus der Entwicklung in der BRD beobachtet werden kann.

Insgesamt wird im kommenden Jahr für Datex-P + Datex-L + DDP + DDL mit etwa 500 Anschlüssen gerechnet.

Hiebei sind die Anschlüsse für die PSK bei rd. 1 000 Postämtern nicht berücksichtigt.

2.1. Text- und Datenübertragung im leitungsvermittelten integrierten Fernschreib- und Datennetz (Datex-L).

Zusätzlich zu den seit 2 Jahren bestehenden asynchronen Dienst Datex-L 300 wurde Anfang 1983 nach Ergänzung der EDS-Zentralen mit Einrichtungen für die Durchschaltung höherer Bitraten (bis 9 600 bit/s) und der Bereitstellung der übertragungstechnischen und der Takteinrichtungen durch Österr. Firmen der Synchrone (getaktete) Dienst mit den Geschwindigkeiten 2 400, 4 800 und 9 600 bit/s eingeführt. Man unterscheidet Wähl- und Direktdatenverbindungen.

Dauer des Verbindungsaufbaues:

im Mittel 0,5 sec nach Eingabe der Rufnummer

Code- und Protokollvorschriften müssen nur in der Verbindungsauf- und -abbauphase eingehalten werden. In der Datenübertragungsphase sind Code und Protokoll frei wählbar.

Sonderdienste

Direktruf (Wahl zu einer festen Gegenstelle auf Tastendruck)
Kurzrufnummer
Sammelanschluß
Anschlußkennung
geschlossene Benutzergruppen

Auslandsverkehr

mit der BRD und im Transit über diese mit allen nordeuro-
päischen Ländern, allerdings vorläufig noch nur mit
2 400 bit/s.

## 2.2. Teletex

Als Übertragungssystem für Ttx wurde das Datex-L Netz ausgewählt. Damit wird die Geschwindigkeitsklasse 2 400 bit/s erheblich beansprucht werden, so daß schon auf Grund der bei Ttx erwarteten Entwicklung - 1984 wird mit einem Zuwachs von 600 Anschlüssen gerechnet - mittelfristig die Zukunft der leitungsvermittelten Datenübertragung gesichert ist.

Der Ttx-Dienst ist z.Z. mit der BRD und im Transit über die BRD
nach Schweden und Kanada eingeführt.

## 2.3. Datex-P

Das synchrone Datex-L Netz ist ein transparentes Netz. Dies
bedeutet, daß über den jeder einzelnen Verbindung fest zuge-
ordnetem Übertragungsweg bestimmter Geschwindigkeit (2 400,
4 800 oder 9 600 bit/s) die Übertragung mit beliebigen Codes
und Protokollen erfolgen kann.

Die an einer Verbindung beteiligten Partner müssen natürlich
gleiche Codes und Protokolle verwenden, d.h. sie müssen die
gleiche "Sprache" sprechen.

Mit Datex-P wurde ein erster Schritt in Richtung zu einem
"Offenen Netz" getan: es ermöglicht den Datenaustausch zwischen
Datenendgeräten unterschiedlicher Geschwindigkeiten.

Der Transport der Daten im Netz erfolgt mittels Datenpaketen.
Mit Paketen wird ein genormter Datenblock (bestehend aus
128 Octets) bezeichnet.

Im Gegensatz zur Leitungsdurchschaltetechnik (Datex-L) werden
bei Datex-P den Verbindungen nur zeitweise Übertragungswege zur
Verfügung gestellt (virtuelle Verbindung). Dies geschieht mit
Hilfe eines Flußsteuerungsmechanismus und ist nur möglich, weil
der Datenaustausch über einen Speicher abgewickelt wird. Mit
Hilfe dieses Speichers im Netz ist eine Geschwindigkeitsumwand-
lung auf den Anschluß- und auf den Verbindungsleitungen
möglich.

Darüberhinaus können mit Anpassungseinrichtungen des Netzes
auch nicht paketorientierte Terminals am Datex-P Dienst teilnehmen.

Mit der Forderung nach Einhaltung einer Schnittstellennorm und
von Transportprotokollen (X.25) ist zunächst die Zusammenarbeit
eines Terminals mit dem Netz und die Übertragung über das Netz
sichergestellt. Für die Verständigung mit dem anderen Partner
ist zusätzlich eine gemeinsame Benützungssprache/Benützungs-
protokoll erforderlich.

Zur besseren Übersicht und Beschreibung der Gesamtheit der
Transport- und Benutzerprotokolle haben die für Endgeräte und
Kommunikation zuständigen internationalen Normungsgremien ISO
und CCITT ein Bezugsmodell geschaffen, in welchem die Protokolle und Funktionen eines Kommunikationssystems in 7 Schichten
hierarchisch übereinander angeordnet werden.

Mit Hilfe dieses Modells soll die Vielzahl verschiedenartiger

Protokolle, die auf Grund der speziellen Kommunikationsformen
und der steigenden Zahl von Verfahren auf Basis der neuen
Technologien entstanden sind und noch entstehen, vereinfacht
werden.

Mit diesem Modell sollte es gelingen, Kommunikation jedweder
Art unter einen Hut zu bekommen, ein "Offenes System" zu
schaffen, in welchem künftig Kommunikationsendgeräte eine
einzige Auflage berücksichtigen müssen, nämlich sich
entsprechend den ISO/CCITT- Protokollen zu verhalten. Damit
werden sie für alle anderen Kommunikationsgeräte erreichbar,
selbst wenn dabei nur herauskommt, daß sich ein Endgerät mit
dem anderen Endgerät nicht unterhalten kann.

Zusammenfassend:

Der wesentliche Aspekt Offener Systeme besteht in der
Möglichkeit, unterschiedliche Systeme (Rechner, Software,
Terminals, Übertragungsmedien) zu koppeln mit dem Ziel,
freizügige Kommunikation zu ermöglichen.

Offene Kommunikationssysteme gestatten das Hinzufügen neuer
Systeme sowie die Entwicklung und Integration neuer Dienste und
Kommunikationstechnologien.

Die Teletexprotokolle sind fast vollständig mit in die
Beschreibung des ISO/CCITT-Bezugsmodells eingegangen. Auch für
alle übrigen im Entstehen, d.h. in der Standardisierungsphase
befindlichen Kommunikationsverfahren, wie zB. Btx,
Speichervermittlungen, Fernkopieren mit Geräten der Gruppe 4,
und erst recht für den gemischten Betrieb Ttx/Fernkopieren und
Btx/Ttx, werden Kommunikationsprotokolle nach dem Bezugsmodell
entwickelt.

Die große Nachfrage nach Datex-P Anschlüssen zwingt zu einem
raschen Ausbau des Datenpaketvermittlungsnetzes. Auf Grund des
gegenwärtigen Interesses bzw. bereits getätigter Anmeldungen

ist ein Bedarf von 10 Knoten bis Ende 1985 vorhersehbar. Zu den beiden bestehenden Knoten in Wien und Salzburg werden 1984 drei weitere Knoten kommen (Wien 2, Klagenfurt, Linz).

Für Testzwecke - u.a. müssen auch die Schnittstellenprotokolle der Teilnehmereinrichtungen abgenommen werden - wird außerdem ein Miniknoten eingerichtet.

Was Datex-L betrifft, so ist die Nachfrage nach Wählanschlüssen - abgesehen von Ttx - gering. Dagegen kann die Nachfrage nach Direktverbindungen (DDL) kaum befriedigt werden.

Alle Nutzungen der Datennetze (Datex-L, Datex-P) wurden mit 1. Oktober 1983 gebührenpflichtig.

## 3. Bildschirmtext

### 3.1. Btx- die Weichen sind gestellt

Bildschirmtext wird seit März 1981 in einem Pilotsystem getestet und wird am 1. März 1984 als öffentlicher Dienst bundesweit zunächst über die Btx-Zentrale in Wien, dann auch über Btx-Zentralen in Salzburg und Klagenfurt eingeführt werden. Im Zuge der Einführung wird der neue CEPT-Standard realisiert. Dieser bedingt geänderte Dekoder und Modems und Btx-Software.

Der Ausbau kann daher nur in Etappen erfolgen, soll jedoch zügig vorangehen, denn es steht zu viel auf dem Spiel:

> Nicht nur die einschlägige Industrie setzt auf den neuen Markt, verschiedene Organisationen, Geldinstitute, der Handel und auch die Verwaltung haben bereits begonnen, sich auf das neue Medium vorzubereiten.

Btx wird sich zunächst überwiegend in diesen Kreisen als internes System und in geschlossenen Gruppen durchsetzen.

Die Einführung von Btx im privaten Bereich wird aller Voraussicht nach ein langsamer Prozeß sein, der beispielsweise nicht mit der großen Nachfrage nach Videorekordern[x] zu vergleichen sein dürfte: Bei diesen liegt der Nutzen auf der Hand, was bei Btx - nimmt man das gegenwärtige Angebot - keinesfalls so sicher ist.

Der Erfolg wird sich in dem Maße einstellen, in dem es gelingt, die vielen Vorstellungen über die Verwendung von Btx in die Tat umzusetzen. Als Abrufsystem für zum großen Teil triviale Informationen und Werbung hat es kaum Aussichten.

Andererseits ist die Zeit einfach reif für Btx: es bot sich an, daß ausgedehnte Telefonnetz einer weiteren Nutzung zuzuführen, es mit Fernseher und mit Rechnerzentren zu verbinden. Der Verkehr mit Rechnern wird damit jedermann möglich und erschwinglich.

Personalcomputer - Heimcomputer - Familiencomputer werden sich umso schneller verbreiten, wenn neben der leichten Programmierbarkeit (Intelligenz) ein Zugang - beispielsweise über Btx - zu anderen Rechnern und Datenbanken besteht.

## 3.2. Btx - ein neuer Wirtschaftsfaktor

Btx dürfte in den kommenden Jahren ein nicht zu übersehender Wirtschaftsfaktor werden, wenn die unserer Ausbauplanung zugrundegelegten Planzahlen Realität werden:

```
Anfang 1984 - Start mit 2 000 Teilnehmern
Ende   1984  ......... 4 000        -"-
       1985  ........ 12 000 bis 15 000 Teilnehmer
       1986  ........ 60 000              -"-
       1987  ....... 100 000              -"-
```

[x] Österreich: erst 6% der Haushalte verfügen über einen Videorecorder

Nicht nur, daß die Post selbst erhebliche Investitionen tätigt
- für den Ausbau ihrer Netze
- für die Ausrüstung der Teilnehmerstationen mit Modems
  und Btx-Decodern (Mupids)

werden auch die Benützer, und hier vor allem die Informationsanbieter, Aufwendungen tätigen müssen.

Im privaten Haushalt würde man am billigsten wegkommen, wenn
man die vorhandenen Fernsehgeräte aufrüstet. In vielen Fällen
wird man aber eine ohnehin notwendige Ersatzbeschaffung
tätigen, sodaß hier für den Markt zusätzliche Absatzchancen
bestehen.

Im geschäftlichen Bereich werden eigene Bildschirmgeräte vor
allem in Verbindung mit Personalcomputern und Textsystemen eingesetzt und wo notwendig auch eigene Btx-Arbeitsplätze eingerichtet werden.

Auch die Entwicklung von Multifunktions-Terminals ist nicht meh
aufzuhalten.

Die Post hat im Rahmen ihres Pilotprojekts bisher schon 32 Mio
Schilling investiert.

Diese Summe wird sich bis 1986 auf ca. 350 Mio Schilling erhöhen, wenn die geplanten Btx-Zentralen, Btx-Vorfeldeinrich-
tungen und Datex-P Knoten einschließlich der erforderlichen
Übertragungseinrichtungen eingerichtet werden.

Die Rechner-HW für Btx-Zentralen und Datex-P Knoten einschließlich der zugehörigen Betriebs-SW müssen vom Ausland beschafft
werden. Wesentliche Teil der Anwender-SW sowie alle übertra-
gungstechnische Einrichtungen werden im Inland produziert.

Btx wird somit auch im Inland für neue Arbeitsplätze sorgen,
die Investitionen für DV-Produkte ankurbeln - und eine neue

Dimension von kundennahen Dienstleistungen initiieren. (Btx
kennt keine Ladenschlußzeiten!)

3.3. <u>Btx für die öffentliche Verwaltung</u>

Durch Btx bietet sich der öffentlichen Verwaltung - seien es
Bundes- oder Landesdienststellen, Städten und Gemeinden - die
Chance, den Bürgern einen besseren Zugang zum Recht und zu
kommunalen Daten zu bieten und damit mehr Bürgernähe zu
praktizieren.

Voraussetzung ist hier, wie überhaupt, daß die relevanten Daten
aktuell sind, jederzeit abgefragt werden können und
übersichtlich dargestellt werden.

Der beim Bundeskanzleramt eingerichtete Arbeitskreis
"Öffentliche Datenbanken und Netzwerke" empfiehlt den
Bundesdienststellen, für ihre Daten- und Textübertragungen die
neuen Netze und Dienste der Post zu verwenden, und zwar mit
Rücksicht

    einerseits auf die guten Leistungsmerkmale,
    die sich mit den neuen Technologien in den
    Vermittlungs- und Übertragungseinrichtungen
    erzielen lassen, sowie

    andererseits auf den Vorteil der Anwendung
    genormter Schnittstellen und Protokolle.

Bildschirmtext wird als besonders geeignet angesehen, um die
Informationsbeziehung zwischen Bürger und Verwaltung
komfortabler als bisher zu gestalten.

Das BM für Finanzen hat auf der Grundlage der öffentlichen
Datennetze die Topologien ihrer beiden Datennetze
    a) für die Haushaltsverrechnung und Besoldung
    b) für die Abgabeverwaltung, Finanz- und Zollämter

erstellt.

Schnelle Einsichtnahme in die Grundstücksdatenbank soll entweder über einen Teletex- oder Btx-Anschluß Vermessungsbefugten, Notaren, Rechtsanwälten, aber auch Gemeinden - insgesamt etwa 3 500 berechtigten Stellen - ermöglicht werden.

## 3.4. Btx-Pilotprojekt - Begleituntersuchung

Die Entscheidung, ob Btx als Dienst eingeführt wird, ist in den meisten Ländern schon gefallen.

Begleitforschung kann daher gegenwärtig bestenfalls das Wie der Einführung beeinflussen, wobei sich die Frage stellt, ob nicht technische, ökonomische und rechtliche Rahmenbedingungen die Züge des Dienstes mehr prägen als die an Hand des Projektes sammelbaren Erfahrungen. Nicht zuletzt in Anlehnung an ähnliche Untersuchungen in Europa und um die beste Nutzung aus den im Programm der Btx-Zentrale des Pilotprojektes enthaltenen statistischen Daten zu erzielen, haben wir die Ludwig Boltzmann Forschungsstelle für informationstechnologische Systemforschung (LIT) um Durchführung einer Begleituntersuchung ersucht.

Einleitend wird in dieser Arbeit ausgeführt, daß mit Aufnahme des öffentlichen Btx-Dienstes eine Situationsänderung; durch folgende Kriterien eintritt:

- Mit dem neuen Standard wird eine bessere grafische und farbliche Darstellung erreicht (zB. 4 000 Farbkombinationen anstelle der bisher 7 Standardfarben, feinere Bildauflösung)

- echter Rechnerverbund und

- Möglichkeiten, die Btx mit erweiterter Intelligenz auf der Abfrageseite bietet (Mupid, PC).

Mit neuem Standard und verbesserten Darstellungsmöglichkeiten des Systems erfordert Btx auch vom Anbieter eine vielfach in

ihrem Aufwand oft unterschätzte apparative und personelle Ausstattung. Die Anforderungen an den Intellekt und die Phantasie
des Editierens steigen. Btx-Agenturen werden zur Unterstützung
der Informationsanbieter entstehen, die sich mit der Gestaltung, Konzeption, Beratung und Pflege der Btx-Seiten befassen.


Schlußfolgerung


Btx konnte in seiner Vielseitigkeit bisher nicht voll ausgeschöpft
werden, nicht zuletzt deshalb, weil Anbieter und Benutzer in einem
gewissen gegenseitigen Blockierungsverhältnis standen: (Erst viele
Anbieter mit vielen unterschiedlichen Diensten machen Btx für viele
Benutzer attraktiv, umgekehrt machen erst viele Benutzer Btx auch
für viele potentielle Anbieter interessant.)

Die Kernfrage für die Einführung des Dienstes ist nicht mehr, ob er
eingeführt werden soll. Die Entwicklungsmöglichkeiten mit

- externen Rechnern

- neuen Interaktionsformen (Mitteilungsdienst,
  Konversationsdienst,..)

- Datenfernübermittlung für jedermann

- Erweiterung des Fernsprechanschlusses zum Heimterminal

- internationale Verknüpfungen

sind zu eindrucksvoll, als daß darauf verzichtet werden könnte.

Auch neue Dienste im Bereich der Sprachkommunikation werden positive
Auswirkungen für die öffentliche Verwaltung haben (zB. Sprach-
speichersystem als "elektronischer Briefkasten", Gesprächs- bzw.
Anrufumleitung, Service 660 - Übernahme von Ferngesprächsgebühren,
neue digitale Telefonsysteme).

MODERNE KOMMUNIKATIONSDIENSTE IN DER BUNDESREPUBLIK DEUTSCHLAND -
DIE ROLLE DER POST

Staatssekretär a.D. Dietrich ELIAS
Bundesministerium für Post-
und Fernmeldewesen  B o n n

Wenn ich Ihnen heute etwas über die Entwicklung der Telekommunikation
in BRD vortrage, so wird das sicherlich wenig verständlich sein, ohne
mit wenigen Worten darauf einzugehen, wie die Telekommunikation in das
Unternehmen DBP eingebunden ist, das ja als ganzes im wesentlichen der
Träger dieser Entwicklung ist. Dabei muß man sicherlich folgende
Aspekte beleuchten.

1.) Die bisherige Entwicklung der verschiedenen Dienstzwei-
ge der Post.

2.) Die gegenwärtige Lage der Post mit ihren Zwängen, die
sich aus gemeinwirtschaftlichen Aufgaben, den gesetzlichen Vorgaben, dem Grundsatz der Eigenwirtschaftlich-
keit u.a. ergeben.

3.) Die tiefgreifenden technologischen Veränderungen.

4.) Den erkennbaren oder noch zu weckenden Bedarf an
Kommunikationsformen nach Art und Umfang.

Die Entwicklung ist vor allem gekennzeichnet durch ein enormes Wachstum auch im Verhältnis zur übrigen Wirtschaft. In den letzten 20
Jahren hat sich der Anteil der DBP am Bruttosozialprodukt in der BRD
verdoppelt.

Heute investiert die Post mit rd 15 Mrd. DM etwa ein Viertel dessen,
was die gesamte übrige Wirtschaft investiert.

Probleme entstehen aber noch mehr aus der inneren Struktur dieses
Wachstums insbesondere aber der unterschiedlichen Entwicklung von
Post- und Fernmeldewesen. Während vor 20 Jahren beide Bereiche fast
umsatzgleich waren, beträgt der Anteil des Postwesens an der Ge-
samtleistung nur noch etwa ein Drittel. Er benötigt aber dafür rd 60%
des Personals. Die Rationalisierungsmöglichkeiten im Postwesen sind

begrenzt. Die Kostenunterdeckung ist seit vielen Jahren außerordentlich hoch. Sie lag 1982 bei 3,075 Mrd. DM. Das ist eine echte Bürde
für das Fernmeldewesen, denn diese Kostenunterdeckung muß durch die
Gewinne aus diesem Bereich abgedeckt werden, was nicht ohne Konsequenzen auf die Gebührenstrukturen wie Fernmeldewesen bleiben kann. Die
Gefahr besteht, daß dies zu Marktverzerrungen führt, in dem den Kunden
und das sind ja praktisch alle Bürger unseres Landes ein falsches Bild
über die Kostensituation in beiden Bereichen vermittelt wird, was sich
bei Planungen für zukünftige Kommunikationsformen z. B. im geschäftlichen Bereich sehr leicht negativ auswirken kann.

Die gemeinwirtschaftlichen Verpflichtungen, insbesondere die Zulas-
sungspflicht und der Gleichbehandlungsgrundsatz engen die Handlungsmöglichkeiten des Postwesens beträchtlich ein.

Gerade in den Wettbewerbsbereichen - und mit Ausnahme der wesentlichen
Teile des Briefdienstes steht die gelbe Post mit ihren Leistungsan-
geboten in einem kräftigen Wettbewerb - muß dies schon als ein be-
achtliches Handicap bezeichnet werden.

Vieles, was die anderen können, darf sie nicht; vieles was die anderen
nicht wollen, muß sie anbieten.

Aufgrund des gesetzlichen Auftrages und unter Berücksichtigung der
aufgezeigten Stärken und Schwächen hat das Postwesen in den letzten
Jahren eine Geschäftspolitik verfolgt, die sich mit knappen Worten so
charakterisieren läßt:

-   Stärkung der Nachfrage- und Ertragskraft durch eine aktive Markt-
    politik,

-   Senkung der Kosten durch Rationalisierungsmaßnahmen und sparsame
    Wirtschaftsführung und

-   Dabei Verbesserung der Arbeitsbedingungen für das Personal in einem
    angemessenen und wirtschaftlich vertretbaren Umfang.

Die alles in allem stabile Nachfragesituation, die wir heute im Post-
wesen haben, und die z.B. 1981 trotz einer gesamtwirtschaftlichen
Rezession zum Teil Zuwachsraten zwischen 2 und 4 % brachte, ist
Ausfluß der aufgezeigten Geschäftspolitik. Auch 1982 stieg - trotz der
Gebührenerhöhung - das Briefaufkommen z.B. noch um 1,5%.

Niemand wird allerdings auch übersehen können, daß die Kosten nicht
voll im Griff gehalten werden konnten.

Sie sind stärker gestiegen als die Erträge.

Das ist besorgniserregend. Die Frage ist, was soll man dagegen tun?

Ich sagte eingangs, daß sich das Postwesen in einem Prozeß der Umgestaltung befindet.

Die Anwendung von mehr Elektronik und Automation muß beschleunigt
fortgesetzt werden.

Was sich derzeit an verschiedenen Stellen im Bereich der gelben Post
entwickelt, muß in absehbarer Zeit zu einem technischen Gesamtsystem
zusammenwachsen. Dabei kann man, wie die Entwicklung z.B. in den USA
zeigt, davon ausgehen, daß bei einigermaßen konstanten Umweltbedingun-
gen, trotz der rasanten Entwicklung im Fernmeldewesen, keine erheblichen Verkehrsrückgänge eintreten werden.

Das Postwesen wird mehr oder weniger auf einem hohen Niveau stag-
nieren.

Das ist zwar relativ erfreulich doch brauche ich Ihnen wohl nicht zu
erzählen, wie problematisch eine langjährige Stagnation für ein Unternehmen ist.

Es ist also keine leichte Aufgabe, zu verhindern, daß der defizitäre
Postdienst auf Dauer dem Fernmeldewesen die Mittel entzieht, die
gerade heute für Zukunftsinvestitionen so dringend erforderlich sind.

Und damit sind wir beim Fernmeldewesen.

Hier liegen die Probleme sehr viel anders als beim Postwesen.

Im Gegensatz zum Postwesen und auch zu anderen Wirtschaftszweigen, in denen heute die Grenzen des Wachstums deutlich sichtbar werden, ist in der Telekommunikation noch auf lange Zeit mit erheblichem Zuwachs zu rechnen. Denn heute wird allgemein anerkannt, daß die Telekommunikation wohl eines der bedeutendsten Infrastrukturelemente und zwar in allen Ländern, den Industrie- und den Entwicklungsländern geworden ist. Dies gilt nicht nur für geschäftliche Anwendungen, die in Ländern mit geringer Telefondichte natürlich im Vordergrund stehen sondern in zunehmendem Maße auch für Privatanschlüsse, als eine wichtige Grundlage für zwischenmenschliche Beziehungen in einer immer anonymer werdenden Umwelt.

Vor rund 15 Jahren waren z.B. in der Bundesrepublik rund 50% der Anschlüsse Geschäftsanschlüsse und 50% private. Heute gibt es rund 90% Privatanschlüsse. Das Telefon ist insbesondere für ältere Menschen eine Brücke zur Welt geworden. Daraus resultiert, daß Telefongebühren, im Gegensatz zu den Postgebühren die vor allen Dingen die Wirtschaft interessieren, für die breite Masse unserer Bürger so etwa die Bedeutung bekommen haben wie sie vielleicht früher der Brotpreis hatte. Bei uns gibt der normale Haushalt rund 1,9% eines Budgets für das Telefonieren aus. Für den Pensionärhaushalt beträgt diese Zahl rund 2,7%. Glücklicherweise konnte der Preisindex des Fernmeldewesens seit 1970 um rund 3% gesenkt werden. Eine Folge der durch die technische Entwicklung möglichen Senkung von Beschaffungspreisen und Unterhaltungsaufwendungen.

Das Wachstum im Fernmeldewesen wird mit grundlegenden qualitativen Veränderungen einhergehen und daher mit großen Risiken verbunden sein.

Wie ich bereits erwähnte betragen die Investitionen der Post 1983 im Fernmeldewesen rund 13,5% Mrd. DM. Damit werden weit über 100 000 Arbeitsplätze in der Fernmeldeindustrie und ihren Zulieferungsbetrieben gesichert. Weltweit fließen rund 180 Mrd. Dollar in Investitionen und Betriebsaufwendungen für die Individualkommunikation schwergewichtig in die größte Maschine der Welt nämlich das Fernsprechnetz mit seinen weltweit rund 550 Mio. Teilnehmern. Von diesen Aufwendungen bleiben in Europa etwas mehr als 1/3, in den USA knapp 1/3, in Japan etwa 8%. Der Rest verteilt sich auf die anderen Länder der Erde.

Die BRD rangiert bei den Investitionen nach USA und Japan an 3. Stelle.

Bei 35% Export ist die BRD jedoch weltgrößter Exporteur von Fernmeldeerzeugnissen. Der Markt für Telekommunikationseinrichtungen wird bis 1990 voraussichtlich jährlich um etwa 4,5% wachsen und 1990 nach Schätzungen der ZVEI etwa 172 Mrd. DM ausmachen.

Fehleinschätzungen können unter diesen Umständen einen erhofften großen Erfolg rasch in eine gewaltige Fehlinvestition verwandeln.

Dieser Markt wandelt sich bei uns von einem Käufer- in einen Verkäufermarkt. Das Angebot, z. B. Telefonanschlüsse, werden der Post nicht mehr wie vor 10 Jahren noch aus den Händen gerissen. Die Telefonversorgung erreicht die Sättigung. Die Nettozugänge, die vor 3 und 4 Jahren noch bei 1.6 Mio neuer Anschlüsse/Jahr lagen, liegen in diesem Jahr eben bei 800 - 900 000. Das bedeutet weniger Arbeit. Die neuen termingesteuerten Zähleinrichtungen haben z.B. gegenüber den elektromechanischen wesentlich geringere Fertigungstiefen, was zu einem zusätzlichen Verlust an Arbeitsplätzen im Fertigungsbereich führt. Auch der Unterhaltungsaufwand wird geringer - ein Verlust an Arbeitsplätzen bei der Post.

Der Einführung neuer Dienste kommt daher besondere Bedeutung zu. Dafür sind Milliardeninvestitionen notwendig, die stets risikobehaftet sind, weil die Nachfrage schwer abschätzbar ist. Deshalb ist der Ausbau der Beratungs- und Marketingaktivitäten im Telekommunikationsbereich und zwar mindestens gleichzeitig und parallel zur Entwicklung und dem Aufbau der technischen Einrichtungen besonders wichtig. Und noch eins.

Die zukünftigen neuen Dienste werden in zunehmenden Maße nicht mehr in ganz großen Lösungen für Millionen oder 100 000e von Teilnehmern angeboten werden können, sondern häufiger für kleine potente Benutzergruppen mit maßgeschneiderten Speziallösungen. Die organisatorischen Strukturen, die erforderlich sind, um derartige Lösungen flexibel gestalten und anbieten zu können, müssen unter, wie ich meine, angemessener Risikoverteilung, von der Post noch geschaffen werden.

Die Veränderungen, die das Fernmeldewesen von heute und morgen prägen, betreffen allerdings nicht nur neue Dienstleistungen.

Auch der klassische Fernsprechdienst hat ja in den letzten Jahren sein Gesicht schon erheblich gewandelt.

Beispielsweise wurden neben dem Standardtelefon in rascher Folge farbige Apparate, Tastentelefon, Dekor- und Kompaktapparate eingeführt.

Um die Wünsche der Kunden nach mehr Komfort beim Telefonieren erfüllen zu können, wurde das Komforttelefon Alpha geschaffen, dessen Leistungsmerkmale Ihnen ja inzwischen geläufig sein werden.

Ein Telefon mit Anzeigefeld wird jetzt eingeführt, ebenso das sogenannte "schnurlose Telefon", bei dem die Verbindung von Hörer und Apparat durch eine Funkverbindung ersetzt wird, so saß man sein Telefon im ganzen Haus- und Gartenbereich bequem mit sich führen kann und zwar ohne die bisher wie in den USA üblichen lästigen Begleiterscheinungen des Abhörens und Möglichkeiten falscher Gebührenzuordnung.

Auch das Familientelefon erhöht den Komfort bei der Telefonbenutzung.

Zu den neuen Endgeräten sind übrigens auch der anrufbare Münzer zu zählen sowie der Wertkartenfernsprecher, bei dem es möglich ist, eine im Telefonladen oder im Postamt gekaufte Wertkarte Telefongespräch um Telefongespräch abzuarbeiten - ähnlich einer Streifenkarte bei Bus oder Bahn.

Aber nicht nur Endgeräte werden laufend weiterentwickelt.

Auch im Netzbereich bemüht sich die Post den Anforderungen ihrer Kunden gerecht zu werden.

Lassen Sie mich hierfür beispielhaft die Anrufweiterschaltung mit ihren unterschiedlichen Versionen erwähnen, sowie den Service 130, mit dessen Hilfe Firmen im ganzen Bundesgebiet über eine einheitliche Rufnummer zum Ortstarif erreichbar werden.

Ebenfalls erwähnenswert ist die Entwicklung einer DV-gestützten Fernsprechauskunft, sowie das Angebot einer Einzelabrechnung von Ferngesprächen.

Für den mobilen Fernsprechteilnehmer wird ein neues Autotelefonnetz mit Kleinfunkzonen, das Netz C, geplant.

Dieses Netz wird erforderlich, weil die Kapazität des vorhandenen im Jahre 1984 erschöpft sein wird.

Es wird einige neue Leistungsmerkmale bieten wie - Erreichbarkeit des Teilnehmers ohne Kenntnis über dessen Aufenthaltsort - Weiterschaltung in benachbarte Funkzonen - Gesprächverschleierung und - Scheckkartenverfahren.

Eine interessante neuartige Kommunikationsform wird sich mit dem Bildschirmtext entwickeln.

Er ist auf der Funkausstellung in Berlin gerade bundesweit eröffnet worden.

Für 1986 werden 800 000 bis 1 Million Teilnehmer erwartet. Die DBP investiert bis dahin rund 500 Mio. DM dafür.

Das Interesse auf der Anbieterseite ist heute schon erstaunlich groß.

Auch der _Teletexdienst_ hat sicher eine große Zukunft.

Er gestattet es, einen Teil der zur Zeit noch in Form von Briefen versandten Korrespondenz mit Hilfe kommunikationsfähiger Speicherschreibmaschinen über ein Fernmeldenetz kostengünstiger und wesentlich schneller elektronisch zu übermitteln. Als Verbindungsglied zwischen Rechnern und dem Fernmeldenetz kommt diesen Maschinen besondere Bedeutung zu.

Nachdem die erforderlichen internationale Norm Ende 1980 verabschiedet wurde, wurde bei uns als erstem Land der Welt dieser Dienst im März 1981 eröffnet. So wie vor fast genau 50 Jahren als erstes Land der Telexdienst eingeführt wurde.

Inzwischen macht seine Verbreitung rasche Fortschritte; es wurden bereits interkontinentale Verkehrsbeziehungen aufgenommen.

Für die Infrastruktur der Wirtschaft wird die Datenübermittlung immer bedeutender.

In den letzten Jahren wurden erweiterte Möglichkeiten der Datenübermittlung durch den Ausbau speziell hierfür eingerichteter Netze angeboten:

Das DATEX-Netz mit Leitungsvermittlung (DATEX-L) und das DATEX-Netz mit Paketvermittlung (DATEX-P).

Hinsichtlich der Breitbandverteilnetze zeichnet sich aufgrund der angekündigten Ländergesetzgebung ein zusätzlicher und rasch steigender Bedarf an Kabelfernsehnetzen ab.

Da die Möglichkeiten der DBP, insbesondere was die Finanzmittel betrifft, nicht unbegrenzt sind, wurden Kooperationsmodelle entwickelt,
mit denen auch anderen die Möglichkeiten eröffnet werden soll, auch in
öffentlichen Wegen private Netzteile zu errichten. Die Netzträgerschaft soll jedoch bei der Bundespost verbleiben.

Bei den bisher genannten Beispielen neuer Fernmeldedienste werden im
wesentlichen vorhandene technische Möglichkeiten gefördert und genutzt, um die Leistungsfähigkeit der Übermittlungssysteme zu verbessern und neue Formen von Dienstleistungen zu entwickeln und anzubieten.

Die absehbare technische Entwicklung im Fernmeldewesen in den nächsten
Jahren wird darüberhinaus vor allem durch zwei grundlegende Veränderungen geprägt sein, den generellen Übergang zu digitalen Systemen in
allen Fernmeldenetzen und die Einführung der optischen Nachrichtenübertragung unter Verwendung von Glasfasern.

Folge dieser technischen Entwicklung wird das schrittweise Zusammenwachsen der bisher getrennten Fernmeldenetze zu einem von allen Fern-
meldediensten gemeinsam genutzten Fernmeldenetz sein, wobei die Einführung der Glasfasertechnik dann auch zur umfassenden Einbeziehung
der Breitbanddienste führt.

Diese Entwicklung ist weltweit festzustellen, was vor allem auf die
vielfältigen technologischen Leistungsmerkmale digitaler Systeme zurückzuführen ist.

Ein weiterer wesentlicher Gesichtspunkt der Digitaltechnik ist ihre
Fähigkeit, Systemintegration und Dienstintegration zu berücksichtigen,
da hier eine einheitliche Technologie für das Übertragen, Vermitteln
und Steuern verschiedener Informationen benutzt wird, was zu erheblichen Kostensenkungen führen kann.

Mit dem Integrated Digital Network (ISDN) wird in einigen Jahren die
Möglichkeit bestehen, die heute bekannten Standarddienste wie Sprache,
Daten, Text, Faksimile, Bild und deren Kombinationen in einem Netz zu
übertragen.

Um die Zeit bis zur Einführung des ISDN zu überbrücken, wird bereits in diesem Jahr damit begonnen ein Modellnetz mit 64 kbit/s-Datenkanälen zu errichten, das auf der vorhandenen Technik des DATEX-L-Netzes aufbaut.

Der Nutzen des Modellnetzes liegt darin, die Nachfrage nach neuen Dienstleistungen zu wecken, den Bedarf derartiger 64 kbit/s-Dienstleistungen während der ersten Jahre zu decken und einen Innovationsschub für Hersteller und Verwaltung auszulösen.

Das 64 kbit/s-Modellnetz ist also eine Übergangslösung zum ISDN, um erste Erfahrungen zu sammeln sowie im den Bedarf zu decken für den Zeitraum bis zur Inbetriebnahme des ISCN - etwa ab 1987.

Technisches Neuland besonderer Qualität wird mit dem Einsatz der Glasfasertechnologie und hier vor allem durch die beabsichtigte Anwendung im Ortsnetz als Anschlußleitung zum Teilnehmer betreten.

Damit wird die Integration der Fernmeldedienste auch auf die Breitbandkommunikation ausgedehnt.

Neben Fernsprechen, Text und "normaler" Datenübertragung können dann auch "schnelle" Datenübertragung, Bildfernsprechen und Telekonferenzen über ein und dieselbe Leitung geführt werden.

Auch die Hörfunk- und Fernsehprogrammverteilung kann von der Übertragungskapazität her von dieser Leitung bewältigt werden.

Zwar sind sich die Experten zur Zeit noch nicht einig, ob diese Rundfunkverteilung nicht auch künftig billiger durch Koax-Verteilnetze zu machen ist; ich könnte mir aber vorstellen, daß bei der auf diesem Gebiet herrschenden Entwicklungsdynamik in einigen Jahren auch für die Integration der Rundfunkverteilung in das Glasfasernetz nicht nur technisch sondern noch wirtschaftlich interessante Lösungen greifbar werden.

Gegenwärtig sammeln wir erste Erfahrungen in Richtungen einer breitbandigen Dienstintegration mit unseren BIGFON-Versuchen, die in 7 Städten angelaufen sind.

Die DBP beteiligt sich an diesen Versuchen, die von verschiedenen Firmen durchgeführt werden, mit einem Einsatz von 150 Mio. DM.

Um baldmöglichst praktische Erfahrungen mit dem Bildfernsprechen sammeln zu können, für das sich in Form der Videokonferenz gerade in Berlin auf der Funkausstellung ein außerordentliches Interesse gezeigt hat, sollen noch in diesem Jahr vier Studios eines Videokonferenz-Demonstrationsnetzes in Berlin, Hamburg und Frankfurt eingerichtet werden. Weitere Städte und private Studios im Bereich der Wirtschaft sollen in Kürze folgen.

Im Fernnetz ist als Einstieg in ein breitbandiges integriertes Netz eine Glasfaserstrecke Hamburg-Hannover praktisch im Bau. Die Abnahme von 1 000 000 Faserkilometern für das Fernnetz ist für die nächsten 10 Jahre von der Post garantiert worden.

Wenn man in die weitere Zukunft schaut, so stellt sich die Frage, wie möglichst schnell möglichst vielen Interessenten der Zugang zu einem solchen integrierten Netz ermöglicht werden kann.

Da der Aufbau eines das Bundesgebiet abdeckenden Glasfasernetzes naturgemäß Jahrzehnte in Anspruch nehmen wird, müssen Obergangsstrategien entwickelt werden.

Eine große Hilfe für diesen Obergangszeitraum ist ein Fernmeldesatellit.

Mit ihm ist es grundsätzlich möglich, im ganzen Bereich der DBP - zumindestens schwerpunktmäßig - den Zugang zum Netz zu ermöglichen.

Außerdem kann ein Satellit schon Vermittlungsfunktionen wahrnehmen, die im terrestrischen Netz noch nicht verfügbar sind.

Es ist daher beabsichtigt, einen deutschen Fernmeldesatelliten in Auftrag zu geben mit einem Startzeitpunkt etwa im Jahre 1987. Mit der Bereitstellung integrierter digitaler Netze wird gleichzeitig ein gewaltiges Innovationspotential im Bereich der Endgeräte eröffnet.

Hier wird es zur Anwendung kommen, von denen wir uns heute noch kaum Vorstellungen machen.

Hier werden der Industrie Kreativität und Risikobereitschaft abverlangt werden, aber auch ganz große Zukunftschancen eröffnet.

Doch auch die Post hat im Endgerätebereich wichtige Funktionen, was in der öffentlichen Debatte über ihre Beteiligung an diesem Markt leider manchmal übersehen wir.

Ich möchte hier deshalb noch mit ein paar Gedanken verweilen:

Neue Fernmeldedienste können nur entstehen, wenn Endgeräte entwickelt werden, die den potentiellen Kunden angeboten werden können.

Das Risiko der Entwicklung von Endgeräten wird aber nur dann von der Industrie auf sich genommen, wenn dazugehörige Fernmeldenetze mit Sicherheit rechtzeitig vorhanden sind.

Dies bedeutet jedoch, daß der Netzbetreiber erheblich in Vorleistung gehen müssen.

Dieses sogenannte "Henne-Ei-Problem" besteht bei allen neuen Diensten, die auf neuen Netzen aufbauen.

Und auch nach der Bereitstellung leistungsfähiger Systeme für neuartige Dienstleistungen durch die Deutsche Bundespost reicht private Initiative bei der Entwicklung von entsprechenden neuen Endgeräten nicht immer zur Durchsetzung einer Innovation aus.

Ebenso wie alle anderen Fernmeldebetriebsverwaltungen so ist auch die Post als Netzbetreiber und Dienstanbieter an der Nachfrage nach innovativen Dienstleistungen und mittelbar an einer günstigen Entwicklung der Märkte für die entsprechenden Endgeräte interessiert.

Wenn nun aber die Kosten für Forschung und Entwicklung hoch sind und wegen des schwer kalkulierbaren Absatzrisikos bei der Geräteproduktion eine Kostendegression und damit verbundene attraktive Preise für den Kunden nicht zu erwarten sind, unterbleibt die Einführung innovativer Produkte oder wird erheblich verzögert.

Wo wegen des von privaten gescheuten Risikos eine derartige Innovationshemmschwelle auftritt, kann die Post bei der Einführung neuer Dienste oder Dienstleistungen die Hindernisse durch entsprechende Lieferaufträge mit der Möglichkeit der Kostendegression (economies of scale) und der Weitergabe der Preise an die Kunden überwinden. Das Beispiel des Familientelefons zeigt, daß der Anreiz für die Anbieter, von sich aus dieses Gerät zu entwickeln, gering war, zumal es in Konkurrenz zu den von ihnen hergestellten Nebenstellenanlagen stand.

Ohne die Abnahmegarantie der Deutschen Bundespost für lohnende Stückzahlen wäre eine Innovation wohl nicht realisiert und dieser neue Wettbewerbsmarkt nicht eröffnet worden.

Man kann davon ausgehen, daß auch in Zukunft die Deutsche Bundespost diese Marktöffnungsfunktion wahrnehmen muß, gerade um innovative Dienste zu ermöglichen.

Daß eine erfolgreiche Markteinführung, neben positiven Anreizen für den Binnenmarkt, sich auch auf Auslandsmärkte günstig auswirken kann, läßt sich am Beispiel des Familientelefons zeigen.

Inzwischen haben auch mehrere europäische Nachbarländer, wie z.B. Niederlande, Österreich und die Schweiz, die bundesdeutsche Familientelefon-Version übernommen.

Damit sind den deutschen Produzenten, besonders im Mittelstand, neue Exportmärkte eröffnet worden.

Ich will diese Gedanken nicht weiterführen, denn dann müßte sich eine Betrachtung über die Unternehmenspolitik nicht nur im Endgerätebereich sondern hinsichtlich der ganzen Wettbewerbssituation im Fernmeldewesen und über das Monopol anschließen.

Das würde an dieser Stelle zu weit führen.

Einen Gedanken möchte ich abschließend noch aufgreifen.

Das öffentliche Unternehmen Deutsche Bundespost hat unter einem Dach vielfältige Aufgaben der Technischen Kommunikation zu bewältigen, und zwar Kommunikation im körperlichen Sinne - Beispiel Brief - und auf der anderen Seite die elektrische Kommunikation, für die beispielhaft des Telefon anzuführen ist.

Wenngleich bei einigen ausländischen Verwaltungen, vor allem wegen der unterschiedlichen Produktionsbedingungen, das Post- und Fernmeldewesen in zwei voneinander unabhängige, selbständige Unternehmen aufgeteilt ist, bin ich hingegen davon überzeugt, daß die Deutsche Bundespost ihren öffentlichen Auftrag in der Bundesrepublik Deutschland am besten erfüllen kann, wenn die Technische Kommunikation auch weiterhin von einem Unternehmen aus einer Hand angeboten wird. Ich bin sicher, daß nicht die Separation sondern die Integration von Post-und Fernmeldewesen der deutschen Volkswirtschaft und dem Bürger unseres Landes die besten Chancen bietet für ein einwandfrei funktionierendes Kommunikationsnetz, wobei die Telekommunikation dabei sicherlich immer schwergewichtiger wird.

ÖFFENTLICHE DATENBANKEN UND NETZWERKE
IN ÖSTERREICH

Dr. Otto HELLWIG
ADV-Koordination
Bundeskanzleramt
Ballhausplatz 2, 1014 WIEN

1.    Einleitung

In dem vorliegenden Artikel soll das Hauptaugenmerk
weniger der Definiton und Abgrenzung des Begriffs
'öffentliche Datenbank' als den technischen Möglichkeiten der Zugänglichkeit von öffentlichen Daten
geschenkt werden.
Unter 'öffentlicher Datenbank' wird im folgenden
eine Datenbank verstanden, die von der öffentlichen
Hand verwaltet und benützt wird, die EDV-unterstützt
geführt ist und Daten von allgemeinem Interesse
enthält.

2.    ADV-Subkomitee

Das ADV-Subkomitee ist ein im Bundeskanzleramt ein-
gerichtetes Gremium, in dem Vertreter des
Bundeskanzleramtes, des österreichischen Statistischen Zentralamtes, des Bundesministeriums für
Finanzen, des Bundesministeriums für Wissenschaft
und Forschung sowie der politischen Parteien über
die Koordination der elektronischen Datenverarbeitung des Bundes beraten.

Hier werden einerseits alle EDV-Projekte des Bundes
und andererseits alle größeren Anschaffungen von
Hardund Software beurteilt und den entsprechenden
Ressorts Empfehlungen gegeben.
Die einzelnen Vertreter in diesem Gremium sind groß-
teils aus dem Bereich der Groß-EDV. Es ist daher
naturgemäß eine Domination von Groß-
rechneranwendungen gegenüber Textverarbeitungsund
Mikrocomputerprojekten gegeben.
Eine Auseinandersetzung mit den neuen Datennetzen
und -diensten der Post ist jedoch bereits erfolgt,
die auch zu einer entsprechenden Empfehlung an alle
Subkomitee-Mitglieder geführt hat (siehe Anlage)

3.      Ausgangspunkt der Überlegungen

In der Vergangenheit waren die meisten EDV-Projekte
im Bundesbereich hauptsächlich zur Erledigung von
großen Mengen repetitiver Arbeit realisiert worden.
Es ging darum, die Erstellung von Bescheiden, von
Zahlscheinen, Auszahlungen etc. zu automatisieren,
um der teilweise heillos überlasteten Verwaltung
wieder zu gestatten, die ihr auferlegten Aufgaben
ordnungsgemäß zu erfüllen. Eine Vielzahl von derartigen Anwendungen hat ihren Anfang in den Zeiten
der Hochkonjunktur, wo ein Arbeitskräftemangel
herrschte. Es handelt sich bei diesen EDV-Anwen-
dungen um eine reine Entlastung der Verwaltung, die
es ihr außerdem ermöglicht, die immer komplexer werdenden Gesetze zu vollziehen. Ich möchte diese Anwendungen als Dateneingabeapplikationen bezeichnen.
Mit fortschreitender Automatisierung einzelner Ver-
waltungsgebiete (Sammlung großer aussagekräftiger
Datenmengen) und aufgrund der technologischen Weiterentwicklung der Computer entstehen jedoch immer

mehr Applikationen, die dem Sachbearbeiter und den
leitenden Funktionären raschere und bessere Informationen zu ihrer Arbeit zur Verfügung stellen
(Sachbearbeiterapplikationen).
Der Staatsbürger ist jedoch nach wie vor auf
schriftliche und mündliche Informationen, die er von
der Verwaltung erhält, angewiesen. Es entsteht daher
ein Informationsgefälle zwischen Verwaltung und
Bürger.
Welche Möglichkeiten bestehen nun, um dem Staatsbürger mehr Informationen zukommen zu lassen?


4.      Zugang zu öffentlichen Datenbanken


Ich sehe derzeit 3 prinzipielle Möglichkeiten, dem
Bürger besseren Zugang zu öffentlichen Datenbanken
zu ermöglichen. Die erste ist die Ausrüstung aller
bereits bestehenden Informationsstellen mit den entsprechenden Terminals zu den bestehenden Datenbanken. In zweiter Linie könnten die Interessenvertretungen (Österreichischer Gewerkschaftsbund,
Arbeiterkammer, Konsumentenschutzvereinigungen,
Wirtschaftskammern, Gemeinden ... ) ebenfalls angeschlossen werden und drittens könnten öffentliche
Terminals oder aber auch privat installierte Geräte
Zugang zu öffentlichen Datenbanken erhalten.
Um etwas derartiges zu realisieren, bedarf es jedoch
der Lösung technischer Probleme. Ganz prinzipiell
sind einige Fragen der Datenfernübertragung derzeit
noch offen.
   Welche Arten von öffentlichen und privaten Terminals sind geeignet, in großer Anzahl angeschlossen
   zu werden, und mit welchen Übertragungsstandards?

Wie kann die Übertragung von Daten von einem
Rechner des Bundes zu Rechnern von Interessens-
gemeinschaften erfolgen, um damit die bereits
existierenden Datenendgeräte einbinden zu können?
Gibt es überhaupt billige Terminals, die für die
oben genannten Aufgaben in Frage kommen?


5.    Klassischer EDV Lösungsansatz


Bei den weiter oben beschriebenen Zugangsproblemen
zu öffentlichen Datenbanken handelt es sich um einen
Rechner mit einer Datenbank einerseits und Terminals, die sporadische Anfragen an diesen Computer
richten wollen. Man würde klassischerweise daher die
Terminals über am Rechner installierte Wählleitungsanschlüsse anbinden. Wenn man dabei bedenkt, daß
einerseits EDV-Terminals immer noch enorm teuer sind
(mit Drucker von 150.000 öS aufwärts), daß diese
Terminals auch jeweils nur mit einem Rechnertyp
Daten austauschen können (Pro anzusprechendem
Rechnertyp ein Terminal !!!) sieht man sofort, daß
man auf diese Art und Weise kaum einen Zugang (außer
für einen kleinen Personenkreis) zu Datenbanken
schaffen kann.
Ein eher nebensächlicher, wenn auch gravierender
Nachteil ist dabei außerdem, daß zur Übertragung der
Daten über öffentliche Telefonleitungen diese Daten
von der im Rechner und Terminal verwendeten digi-
talen Form auf eine analoge Darstellung auf der Leitung umgesetzt werden müssen.
Um also überhaupt auf halbwegs vernünftige Art und
Weise Zugang zu öffentlichen Datenbanken mit einem
klassichen EDV-System zu erhalten, müßte man bei den
Datenfernübertragungsstandards sich nach einem Her-
steller richten und diesem damit im Bereich des

Bundes eine Monopolstellung einräumen. Trotz dieses
Nachteils wäre eine derartige Lösung immer noch mit
erheblichen Kosten verbunden.
Welche Möglichkeiten bestehen nun, um andere Reali-
sierungskonzepte zu finden?


6.     Konsequenzen


Um auf längere Sicht die Umsetzung der Daten beim
Transport von digitaler auf analoge Darstellung und
wieder zurück zu vermeiden, wären die von der Post
angebotenen neuen Datex-Dienste, die eine digitale
Schnittstelle zum jeweiligen Kunden aufweisen, einzusetzen.
Weiters bestehen bereits seit längerer Zeit internationale Bemühungen, Normen für die Datenfernverarbeitung zu erarbeiten, die einen hersteller-
unabhängigen Transport von Daten ermöglichen sollen.
Von der ISO (International Standardisation Organisation) wurde ein Modell ausgearbeitet, das die für
die Übertragung von Daten nötigen Funktionen in 7
Schichten teilt. Diese Vorgangsweise hat den großen
Vorteil, daß die Definition der einzelnen Schichten,
beginnend mit der ersten, nacheinander erfolgen kann.
Die Schichten 1 bis 3 sind bereits normiert, bei den
Schichten 4 und 5 steht eine internationale Einigung
bevor. Österreich beteiligt sich aktiv an den nötigen Normierungsarbeiten, die auch weiterhin gefördert werden sollten.
Diese Normen beinhalten jedoch keine effektive
Realisierungen der definierten Schnittstellen. Diese
werden von der internationalen Vereinigung der Postverwaltungen (CCITT) vorgenommen. Die Definitionen
der X.25 und X.21 Normen stellen derartige Schnittstellen dar.

Bei den Datenendgeräten ist das langfristige Ziel,
Geräte einzusetzen, die so leicht anzuschließen sind
wie ein Telefon, und auch preislich günstig sind.
Aufgrund der internationalen Aktivitäten der Normungsgremien der Postverwaltungen stehen bereits
jetzt zwei vollständig normierte Datendienste der
Post (auch in Österreich) zur Verfügung. Es handelt
sich dabei einerseits um das Teletex-Protokoll und
andererseits um das Bildschirmtext-Protokoll.
Während sich Teletex besonders für die Übertragung
von Texten eignet (Einwegkommunikation), ist Bildschirmtext sowohl als Dateneingabemedium für geringe
Datenmengen als auch zur Abfrage von Datenbanken
verwendbar.
Sowohl bei Bildschirmtext (BTx) als auch bei Teletex
sind weitere Ausweitungen der bestehenden Normen in
Vorbereitung. Für Bildschirmtext wird das insbesondere eine Verbesserung der Grafikmöglichkeiten
bedeuten, mit Teletex werden in Hinkunft auch Abfragen möglich sein sowie die Übertragung von
Grafiken.
Können mit den hier aufgezeigten technischen
Möglichkeiten nun auch bereits konkrete Schritte
getan werden, um den Zugang zu öffentlichen Datenbanken zu verbessern?


7.    Konkrete Beispiele


7.1   Grundstücksdatenbank


Die Grundstücksdatenbank ist ein Gemeinschafts-
projekt der Bundesministerien für Bauten und Technik
und für Justiz. In der Datenbank, die auf den
EDV-Anlagen des Bundesministeriums für Finanzen
realisiert ist, sind die Daten des Grundbuchs und
des Katasters gespeichert.

Terminals für die Abfrage und die Aktualisierung der
Daten befinden sich einerseits in den Vermessungs-
ämtern und andererseits in den Grundbüchern auf den
Bezirksgerichten.
Aufgrund eines gesetzlichen Auftrags ist ein Zugang
zur Grundstücksdatenbank via Terminal für alle
Notare Österreichs verpflichtend einzurichten, für
Rechtsanwälte, Vermessungsingenieure, und andere
Gruppen kann ein Anschluß eingerichtet werden.
Dieser Zugang ist derzeit im Realisierungsstadium
und wird über die BTx-Zentrale der österreichischen
Post möglich werden. Dabei wird der Rechner der
Grundstücksdatenbank als externer Rechner über eine
herstellerneutrale Schnittstelle an den Postrechner
herangeführt. Als Terminal für den Personenkreis,
der Zugang zur Grundstücksdatenbank erhalten wird,
kann daher ein BTx-Gerät verwendet werden. Die
Datenübertragung erfolgt über einen normalen
Telefonanschluss.
Da es sich dabei im wesentlichen um einen Fernseher
handelt, ist dieses Terminal sehr preisgünstig.
Zudem bietet die Post in Österreich einen
intelligenten Decoder an (MUPID), der es gestattet,
auch Fernseher zu verwenden, die nicht BTx-fähig
sind. Außerdem hat das MUPID noch eine alfa-
numerische Tastatur und kann als Mikrocomputer
verwendet werden.
Die anfallenden Telefongebühren sind ebenfalls
gering, weil für BTx-Terminals lediglich der Ortstarif verrechnet wird.
Es wird also für die Grundstücksdatenbank ein Zugang
mit einer normierten Schnittstelle und der Möglichkeit der Verwendung billiger Terminals verfügbar
sein. Da anzunehmen ist, daß BTx als Informations-
medium eine starke Verbreitung finden wird, und in
einiger Zeit auch Mikrocomputer als BTx-Terminals
eingesetzt werden können, steht damit ein mehrfach
verwendbares Terminal zur Verfügung.

## 7.2 Datenbank des Statistischen Zentralamtes

Das österreichische Statistische Zentralamt führt
schon seit Jahren eine umfangreiche Datenbank mit
statistischen Daten (ISIS), die mit Hilfe von
EDV-Terminals über Wählleitungsanschlüsse abfragbar
ist. Seit neuestem wird ein Protokollumsetzer verwendet, der an den Vorrechner angeschaltet wird, und
in der Lage ist, mit einer Vielfalt von Billig-
terminals und Mikrocomputern zu kommunizieren.
Dieses Gerät setzt die Protokolle des Großrechners
auf das Protokoll des jeweils anrufenden Terminals
um.
Es wurde damit ein Zugang geschaffen, der sich zwar
nicht an internationalen Normen, aber sehr wohl an
den gängigsten, bei vielen bereits vorhandenen
Geräten, orientiert. Auch hier sind die von den
Benützern der ISIS-Datenbank eingesetzten Terminals
mehrfach verwendbar und können auch preislich weit
unter EDV-Terminals liegen.

## 7.3 Planung des Rechtsinformationssystems

Das Bundeskanzleramt hat die Absicht, bei dem in
Planung befindlichen Rechtsinformationssystem von
vornherein normierte Zugangsmöglichkeiten zu
schaffen.
In der Datenbank sollen ein Index über Gesetzestexte, das Bundesgesetzblatt, die Gesetzestexte
selber, oberstgerichtliche Entscheidungen etc.

gespeichert werden.
Der Zugang soll einerseits verwaltungsintern, soweit
möglich, über Rechnerverbund und unter Ausnützung
aller bereits vorhandenen Terminals möglich sein,
andererseits soll, ebenfalls über Rechnerverbund,
ein Anschluß an den BTx-Rechner der Post eingerichtet werden. Damit ist es möglich, sowohl
Interessenvertretungen (EDV-Terminal falls vorhanden, sonst BTx-Terminal) als auch Privaten
(BTx-Terminals im Haushalt oder öffentliche
BTx-Terminals) einen Zugang zum Rechtsinformationssystem zu gewähren.
Es soll damit der Zugang zum Recht möglichst
erleichtert wird. Es wird jedoch auch sicher nötig
sein, alle bereits jetzt vorhandenen Beratungsstellen weiter zu führen, wenn nicht auszubauen, und
auch keine sonstigen Zugangsmöglichkeiten zum Recht
zu ersetzen.In diesem Zusammenhang kann ein Rechtsinformationssystem sicher nur Zusatzmedium sein.


8.    Kommunikationskonzepte


In den nächsten Jahren rechne ich mit einer Aufteilung der Datenverarbeitung auf drei Ebenen, und
zwar Großrechner, Textverarbeitung und Mikrocomputer.
Während ich annehme, daß die Bedeutung der zentralen
Großrechner abnehmen wird, und ihr Einsatz sich auf
jene Arbeiten beschränken wird, wo sie durch ihre
enorme Rechenund Speicherkapazität unverzichtbar
sind, glaube ich, daß Textverarbeitungsmehrplatz-
systeme und Mikrocomputer sich zunehmend durchsetzen
werden.
Große Probleme sehe ich dann auf uns zukommen, wenn
es uns nicht gelingt, den Einsatz aller Daten-
verarbeitungsgeräte in den jeweiligen Organisations-

einheiten und in ihrer Kommunikationsfähigkeit zu
allen anderen Organisationseinheiten zu
koordinieren.
Ich meine, daß Mikrocomputer für alle jene Aufgaben
einzusetzen sind, die nur von lokaler Bedeutung
sind. Von diesen Geräten ist aber zu verlangen, daß
sie als Terminal zu den vorhandenen Großrechnern
und/oder Textverarbeitungsgeräten eingesetzt werden
können und daß ein Datenaustausch möglich ist. Auch
von den Textverarbeitungsbildschirmen sollte man
erwarten, daß sie als Terminals für den Großrechner
eingesetzt werden können, und daß Datenaustausch
zwischen Großrechner und Textverarbeitung möglich
ist.
Wie die Kommunikation zwischen Großrechnern aussehen
kann, wage ich nicht vorherzusagen (außer, daß sie
in irgendeiner Form die Datex-Netze der Post nützen
werden), auf der Textverarbeitungsebene meine ich,
daß Teletex zu forcieren ist, während für den Mikrocomputer sowohl Teletex als auch Bildschirmtext als
Kommunikationsmöglichkeiten in Frage kommen.


A.      ANHANG : Empfehlung des ADV-Subkomitees


A.1     Netze und Dienste der PTV


A.1.1 Die Bundesdienststellen sollten für ihre Daten-
      übertragung die neuen Netze und Dienste der PTV
      (Datex-L, DDL, Datex-P, DDP, Teletex und Bildschirm-
      text) verwenden, sofern nicht wirtschaftliche Gründe
      dagegen sprechen. Die Gründ für diese Empfehlung
      sind:
      - Die besseren Leistungsmerkmale der neuen Über-
        tragungsund Vermittlungstechnologie

- Die Normierung der Schnittstellen und Protokolle
Um die Vorteile der neuen Netze und Dienste zu
nützen, sollten diese rasch eingesetzt werden, um
die Installation einer ausreichenden Anzahl von Ver-
mittlungsrechnern zu ermöglichen.


A.1.2 Für neue Datenfernverarbeitungsapplikationen und
soweit möglich auch für die Erweiterung bereits
bestehender Applikationen sollten ausschließlich
solche EDV-Geräte beschafft und installiert werden,
die an die neuen Postnetze angeschlossen werden
können (Postgenehmigung).


A.1.3 Bei der Beschaffung von kommunikationsfähigen Textverarbeitungsgeräten sollte die Verträglichkeit zum
Teletex-Dienst gesichert sein. Damit ist die Übertragung von Texten zwischen beliebigen Textver-
arbeitungssystemen gewährleistet.


A.1.4 Die neuen Postdienste sollen von den Bundesdienststellen möglichst rasch getestet werden (Erfahrungsaustausch im Subkomitee).


A.2    Zugang zu öffentlichen Datenbanken


Für den Zugang zu öffentlichen Datenbanken bestehen
folgende Zielvorstellungen:
- Herstellerunabhängige, einfache Schnittstellen zum
  Endbenützer
- Mehrfachbenutzbare, billige Endgeräte
- Endgeräte, die dem vorgesehenen Benutzerkreis
  angepaßt sind

Insbesondere erfüllen folgende Dienste diese Zielvorstellungen:

- Teletex
- Bildschirmtext (nach Einführung des definitiven
  Dienstes
- (asynchrone Schnittstelle)

METHODEN ZUR ENTWICKLUNG VON ANWENDUNGSSYSTEMEN:

EINE ANTWORT DER INFORMATIK AUF DIE ANFORDERUNGEN NEUER ANWENDUNGEN


Roland Traunmüller
Institut für Informatik
Johannes Kepler Universität Linz


## 1. Der Ausgangspunkt: Anforderungen aus der Praxis als Herausforderung der Informatik

In Anwendergesprächen kommt der Informatik vielfach eine Rolle auf der Anklagebank zu und dies nicht zu Unrecht; zu viele Erwartungen wurden geweckt, zu oft das Versprochene nicht gehalten. Dieser Beitrag im Tagungsband /48/ soll keine Verteidigungsrede, keine Antiparastasis sein. Vielmehr soll gezeigt werden, daß die Informatik bereit ist, sich diesen Anforderungen zu stellen und entsprechende Antworten zu formulieren.

Der Beitrag gliedert sich in sechs Teile, deren Themen zugleich die Einteilung in Kapitel gliedert.

(1) Der Ausgangspunkt: Die Anforderungen aus der Praxis als Herausforderung der Informatik
(2) Die Anforderungen: Beispiele für Anwendungen aus der Verwaltungsinformatik
(3) Die Antwort: Methodenforschung als Technologie der Anwendungsentwicklung
(4) Die Crux: Methodenentwicklung und Methodenanwendung im konkreten Anwendungsbereich
(5) Ein Beispiel: Abbildung von Gesetzen
(6) Die Frage: Der Transfer in die Praxis

## 2. Beispiele für Anwendungen aus der Verwaltungsinformatik

Zur Verdeutlichung der Anforderungen sei eine Palette von Anwendungen gezeigt, die heute noch als anspruchsvoll gelten, aber das künftige Bild der Verwaltungsinformatik prägen werden:
Textverarbeitung in der Gesetzgebung;
Unterstützung der Gesetzesplanung;
Textverarbeitung für die rechtspflegenden Berufe;
Frage/Antwortsysteme im BTX für Beratung und Auskunft.

## 2.1  Textverarbeitung in  der Gesetzgebung

**Textverarbeitung:** Im Gesetzwerdungsprozeß ist die Bearbeitung der Entwürfe und die Erstellung der korrigierten Versionen zeitraubend. Diese
Zeit geht letztlich der inhaltlichen Diskussion verloren. So können
bereits geringe Investitionen in Textsystemen gute Ergebnisse bringen.

**Terminologische Konsistenz:** Ein gleichfalls wichtiger Fortschritt wird
erreicht, wenn die  Beschlagwortung in einer frühen Phase des Entwurfes
erfolgt. Ein Abgleichen der Terminologie verbessert wesentlich die Konsistenz der Gesetze.

**Computergestützte Druckverfahren:** Sind die Gesetzesentwürfe DV-gerecht
erstellt, so ist durch Zufügung weniger Befehle ein direkter Druck im
Computersatz möglich. Dies erspart, verglichen mit der manuellen Manipulation Zeit und Geld, zudem werden Fehler durch  den Satz vermieden.

**Veröffentlichung im Bildschirmtext:** Eine Promulgation nur über BTX ist
rechtlich denkbar. In jedem Fall würde eine gleichzeitige Veröffentlichung im Bildschirmtext die Aktualität erhöhen - was zumindest im
Bereich Steuerwesen nicht uninteressant sein dürfte. Allgemein verbessert eine Rechtsdokumentation im BTX den Rechtszugang breiter Schichten
der Bevölkerung. Zu diesem Fragenkomplex laufen in Österreich verschiedene Pilotprojekte /14,20,50/.

## 2.2  Unterstützung der Gesetzesplanung

**Information Retrieval:** Ein neues Gesetz muß in ein bestehendes Rechts-
gefüge eingebettet werden. Aus Sicht der Informatik  ist dies ein typischer Fall von "embedded systems". Die Suche relevanter Textstellen
ist wesentlich, um eine neue rechtliche Regelung mit bereits bestehenden zu übereinstimmen. Langjährige Erfahrung mit Information Retrieval
im Rechtswesesen hat zu Systemen geführt, die gerne angenommen werden.
Eine offene Frage ist der Datenumfang, da es noch viele rechtliche
Normen gibt, deren Text nicht DV-gemäß gespeichert ist. Dieses große
Problem der Nacherfassung zurückliegender Daten wartet auf neue technische Durchbrüche. Dazu gehören billige Speichermedien für große Datenmengen und die  direkte Erfassung aus gedruckten Dokumenten. Die optische Laserplatte und die optische Zeichenerkennung könnten dafür
Durchbrüche werden.

Modularer Aufbau von Gesetzen: Vereinheitlichung in der Form sowie
Flexibilität bei Veränderungen werden durch entsprechende Modularisie-
rung erleichtert. Eine adäquate Strukturierung würde auch der Güte der
Gesetze sowie deren Verständlichkeit zugute kommen.

Simulation der Auswirkung von Gesetzen: Besonders die Auswirkungen finanzieller Art beherrschen die Diskussion eines Gesetzesentwurfes. Man
versucht, die Abschätzung durch Computersimulationen zu stützen. Erfolge
stellen sich dann ein, wenn die Fragestellungen lokalisiert werden können, wofür Planungssysteme im Studienwesen als Beispiele genannt seien
(PPBS in den USA /15/, HIS in der BRD /13/, CERI in Österreich /39-43/).

2.3  Textverarbeitung für rechtspflegende Berufe

Rechtspflegende Berufe setzen in zunehmendem Umfang Textsysteme ein.
Daß der Sprung vom Textsystem zum anspruchsvollen Unterstützungssystem
hier besonders groß ist, liegt im Grund spezieller Materien und einer
Vielzahl rechtlicher Regelungen, die es erschweren, die jeweilige
Wissensbasis zu erstellen. Weiters sind wichtige Probleme dabei noch
unzureichend gelöst:

Text- und Datenspeicherung: Datenbanken, in denen formatiertes Fakten-
wissen und unformatierte Texte zugleich verarbeitet werden, sind wie
das AIM-Projekt in Heidelberg /1/ erst in Entwicklung.

Abbildung rechtlicher Vorschriften: Ein benutzerfreundliches System
müßte gesetzliche Regelungen zugleich exakt und für einen Nicht-EDV-
Fachmann verständlich abbilden. Auf verschiedene Versuche geht Abschnitt
5 ein.

Juridisches Schließen: Aus Tatbeständen und Vorschriften rechtswirksame
Folgen zu schließen, ist die Aufgabe rechtspflegender Berufe. Sie ist
sehr ähnlich der Leitidee der Künstlichen Intelligenz, aus bekanntem
Wissen neues zu deduzieren (vgl. /24/). Solche Inferenzen sind die
zentrale Maxime des "5th Generation Computing", doch ist Nüchternheit
angebracht. Maxime sind als platonische Ideen aufzufassen; die Erfahrungen mit Termini à la "MIS" und "Verifikation" legen dies nahe. Trotz
vieler ungeklärter Fragen wächst der Markt, wenn auch eher bescheidene
Systeme im Einsatz sind (vgl. Symposium /16/). Der Bedarf ist groß,
denkt man an die freien Berufe wie Rechtsanwalt, Notar und Steuerberater. Bereits stufenweise Verbesserungen an Textsystemen durch intelli-

gente Module (der Ausdruck "sophisticated" wäre besser angebracht) können Durchbrüche bringen.

2.4     Frage/Antwortsysteme im BTX für Beratung und Auskunft

Der Bildschirmtext soll für die öffentlichen Verwaltungen Auskunftsdienst
und Beratungsfunktion den Bürgern gegenüber verbessern. Es gibt hier
viele Pilotanwendungen, die jedoch alle an einem kranken, die Möglichkeiten des neuen Mediums wenig auszunützen. Der Benutzer erhält kaum
bessere Information als durch ein Merkblatt, womit der Fortschritt
eigentlich nur in der Übermittlung des Merkblattes auf schnellem, elek-
tronischem Weg liegt.
Zum Thema Bildschirmtext sei auf /32/ und Beiträge in vorliegendem
Tagungsband verwiesen. Ergebnisse zur Wirtschaftlichkeit bringt /37/,
hier seien drei Szenarien diskutiert:

(1)     Der einfache Weg und jener, der bislang beschritten wurde, sind
        es, den Text eines Gesetzes, Merkblattes usw. direkt auf Bildschirm
        zu übernehmen. Mit dieser Lösung ist man nicht weit vom traditio-
        nellen Weg abgegangen, das Papier ist durch den Bildschirm ersetzt.
        Wenngleich durch Indizes und Querverweise diese einfache Lösung
        verbessert werden kann, so sprechen solche Lösungen doch wenig an.
        Nur dem Personenkreis der "professionals" mag dies genügen.
(2)     Werden die Texte kompliziert, ist es notwendig, zusätzliche Hilfe
        zu bieten. Dies könnte durch "Informationsassistenten" geschehen,
        womit das System durch menschliche Intelligenz erweitert wird.
        Dies wird sicher dem Personenkreis der "unskilled persons" wie
        Kindern helfen. Allerdings macht die Notwendigkeit einer mensch-
        lichen Hilfestellung den Einsatz sehr begrenzt (Postämter, Bürger-
        servicestellen usw.). Diese Eingrenzung liegt diametral dem Zweck
        gegenüber, den die neue Technologie als ubiquitäres Kommunikations-
        mittel erreichen will.
(3)     Die Verbesserung des Systems durch menschliche Intelligenz ist nur
        eine Möglichkeit. Man könnte als Alternative zur Textausgabe ein
        Frage/Antwortsystem konstruieren, das den Benutzer leitet. Zudem
        könnte ein solches System auf die speziellen Daten des Benutzers
        eingehen und somit eine konkrete Antwort geben. Die Antwort würde
        dann nicht mehr der Text des Merkblattes, sondern eine Feststellung
        sein: "In Anbetracht Ihrer Angaben von S 80.000 Gehalt und einem
        Weg von Steyr nach Linz  können Sie mit einer Fernpendlerbeihilfe
        von S 1.000 rechnen...." /49/

# 3. Methodenentwicklung als Antwort der Informatik

## 3.1 Von der Technologie der Geräte zur Technologie der Anwendungsentwicklung

Ursprünglich wurde in der Datenverarbeitung der Begriff Technologie stark eingeschränkt verwendet. Zu Beginn dachte man dabei nur an das Gerät, die Hardware, etwas später umfaßte der Begriff Gerät und die zum Betrieb notwendige Software. Der Begriff Technologie muß jedoch weiter gefaßt werden, denn Gerät und Betriebssoftware - so komplex sie im Fall von Rechnernetzen und Datenbanken auch sein können - bieten letztlich nur eine Basis, auf der die Anwendungsentwicklung aufsetzen kann. Technologie muß daher zugleich Technologie der Anwendungsentwicklung sein und jene Methoden, Verfahren und und Hilfsmittel einschließen, die bei der Entwicklung von Anwendungssystemen eingesetzt werden können. Die Informatik hat sich in den letzten Jahren verstärkt diesen Fragen zugewandt.
In diesem Abschnitt wird auf die Forschung allgemeiner Methoden eingegangen, im folgenden Abschnitt 4 auf die Anwendung dieser Methoden bzw. auf die Entwicklung spezieller Methoden im konkreten Anwendungsgebiet. Ein entsprechendes Fallbeispiel dazu bringt Abschnitt 5, während im Abschnitt 6 die Frage nach der Umsetzung dieser Methoden in die Praxis gestellt wird.

## 3.2 Fragen der Anwendungsentwicklung

Abbildung von Objekten und Vorgängen der Realität: Jede DV-Anwendung versucht die reale Welt im System Computer abzubilden, wobei Objekte in Dateien, Prozesse und Interaktionen in Programmen abgebildet werden. Diese Abbildung geschieht in einem Abstraktionsprozeß, der aus der Vielzahl von Objekten, Vorgängen und deren Attributen jeweils jene selektiert, die für die Informationsverarbeitung relevant sind. Ausgehend von einer Beschreibung der Realität werden Informationsflüsse definiert und dann aus deren Beschreibung Daten wie Programme abgeleitet /23,51/.

Steuerung von Projektabläufen: Der hier geschilderte Abstraktionsprozeß tritt bei jedem Programm auf. In Programmsystemen der Praxis muß er mit einem Projektablauf gekoppelt werden. Die Zusammenarbeit mehrerer Programmierer muß organisiert und Ergebnisse wie Zwischenschritte kontrolliert werden. Dies entspricht in etwa dem Übergang von handwerklicher zu industrieller Fertigung /6,36/.

Gewährleistung ergonomischer Systeme: In der Informatik taucht diese
Frage im Gegensatz zu vorhin behandelten sehr spät auf. Hier war es
nicht ein Bruch in der Form der Fertigung, sondern eine Umwälzung in
der Art der Benutzung, verbunden mit einer Ausweitung des Benutzer-
kreises. Die Umstellung auf Dateneingabe am Bildschirm machte dessen
ergonomische Gestaltung notwendig. Neue Benutzergruppen, die als Sachbearbeiter oder Entscheidungsträger den Bildschirm in ihre Arbeit integrieren sollten, machten eine neue Sicht von Ergonomie notwendig.
Blendungsfreiheit des Bildschirms als technische Ergonomie genügte
nicht mehr, vielmehr mußte das Dialogsystem den kognitiven Strukturen
des Problemlösens angepaßt werden. Die kognitive Ergonomie des einzelnen Arbeitsplatzes muß in eine organisatorische Ergonomie der Gesamt-
lösung einmünden /22/.
Hier beginnt die Wechselwirkung zwischen Informationssystemen und Verwaltung,die in ihren zahlreichen Facetten Thema der Tagung ist /8,12,
19,21,29,30,44,45/.

3.3    Methoden zur Entwicklung von Anwendungssystemen

Die Methodenforschung versucht, sich den jeweils aktuellsten Fragen zu
stellen. Diese Vorgehensweise ist wissenschaftlich sehr befruchtend,
läßt aber den Fundus an Wissen sehr ungleichmäßig wachsen. Somit ist
die Zahl allseits akzeptierter Grundsätze und Methoden eher gering.
Dies gilt in verstärktem Maß für die Entwicklung computergestützter
Werkzeuge.

Methoden der Abbildung: Der Abbildung der realen Welt und ihrer Informationsflüsse entspricht in etwa die Systemanalyse, wobei bzgl. termi-
nologischer Abgrenzungen zwischen Systemanalyse und Systementwurf auf
die Literatur /47/ verwiesen sei. Als wissenschaftliche Disziplinen
sind Entwurf von Informationssystemen und Software-Engineering angesprochen. In der Forschung sind diese Disziplinen wohl etabliert, auch
ist eine einheitliche Terminologie im Kommen /17,18,23,35/. Ein beacht-
liches Problem ist die große Zahl der Methoden sowie deren Inkohärenz.

Methoden zur Durchführung und Steuerung von Projekten: Die dazu entwickelten Methoden wie auch die auf diesen basierenden Werkzeuge wid-
men sich im wesentlichen folgenden Fragen:
        der Kontrolle des Projektstatus;
        der Erstellung einer Dokumentation jeweils neuesten Standes;

der Kontrolle der Ergebnisse jeder Phase;
der Automatisierung von besonders arbeitsaufwendigen oder fehler-
trächtigen Schritten durch Rechnerunterstützung.
Methoden wie Werkzeuge wurden meist aus der Praxis heraus entwickelt.
Viele der Methoden können somit  eher als Techniken bezeichnet werden,
eine Fundierung in Theorien fehlt vielfach.

Methoden der ergonomischen Gestaltung: Diese Fragen haben hohe Aktualität, doch gibt es kaum abgeschlossene Entwicklungen. Das Gebiet ist dabei, aus Techniken und Rezepten als wissenschaftliche Disziplin geboren
zu werden. Literatur dazu bringen /3,33,34/.

4.  Methodenentwicklung im konkreten Anwendungsgebiet

4.1  Methodenentwicklung und Methodenanwendung

Die Entwicklung von Methoden hat sich an deren Anwendung zu orientie-
ren. In konkreter Anwendung findet man zwei Ausgangspunkte:
Fall 1: Aus dem Bedarf des Anwendungsgebietes heraus werden
Methoden entwickelt, die für dieses Gebiet maßgeschneidert
sind.
Fall 2: Allgemeine Methoden der Informatik werden den speziellen Erfordernissen eines Anwendungsgebietes angepaßt.
Der historische Verlauf ist vielfach dialektisch. Der zeitlich frühere
Fall 1  gibt vielfach Anstoß zur allgemeinen Entwicklung. Ist diese
abgeschlossen (Fall 2), sucht man diese allgemeinen Systeme, die be-
sondere Vorteile an Fundierung, Portabilität, Rentabilität, Verläß-
lichkeit usw. haben, dem speziellen Anwendungsgebiet anzupassen. So
haben spezielle Systeme zum Auflösen von Stücklisten der industriellen
Fertigung wesentlich die Entwicklung der Datenbanksysteme beeinflußt.
Heute wiederum werden allgemeine Datenbanksysteme vielfach auch zur
Stücklistenverwaltung in der Fertigung angewendet.

4.2  Ansatzpunkte und Vorgehensweisen

Implizite Modellierung: Besonders in Systemen, die früh entwickelt
wurden, erfolgt die Darstellung der rechtlichen Zusammenhänge meist
nur implizit. Dies entspricht dem damals üblichen Programmierstil, der
Art des Einzelprogrammierers, intuitiv Probleme zu erfassen und zu
programmieren. Die Notwendigkeit, überhaupt eine Lösung zu finden bzw.
Termine einzuhalten, ließ meist nicht den "Luxus" zu, verallgemeinerte

Lösungen zu einem Problem zu finden.

**Dedizierte Systeme:** Die erste Stufe methodischer Verallgemeinerung waren Systeme, die für eine bestimmte Klasse von Anwendungen einsetzbar waren. Solche Systeme leisteten wertvolle Pionierarbeit, erreichten aber nicht die Fundierung der im folgenden beschriebenen Ansätze.

**Logische und mathematische Modelle:** Im Gegensatz zu vorgenannten eher pragmatischen Vorgehensweisen steht hier das theoretische Modell am Anfang der Betrachtung. Man findet, daß ein bestimmter Formalismus mathematischer oder logischer Art (Sets, Relationen, Graphen, Prädikatenlogik usw.) eine Aufgabe adäquat abbildet.

**Entwurfsmethoden:** Entwurfsmethoden, wie sie zum Entwurf von Informationssystemen oder einzelner Programme (Software-Engineering) entwickelt wurden, sind wesentlich mächtigere Beschreibungssprachen als vorhin genannte Modelle.

**Künstliche Intelligenz:** Methoden der Künstlichen Intelligenz-Forschung erweitern den obengenannten Ansatz der Modellierung mit Logik zum Deduktionssystem. In solchen Systemen kann durch Ableitung aus Bekanntem neues Wissen abgeleitet werden. Expertensysteme sind ein Sonderfall, sie sollen das Wissen menschlicher Experten nachvollziehen und auch vage und ungenaue Informationen verarbeiten.

## 5. Die Darstellung von Gesetzen als Fallbeispiel von Methodenentwicklung und Methodenanwendung

Das Thema Darstellung von Gesetzen ist für das Tagungsthema von Relevanz, da es kaum eine Anwendung aus Recht und Verwaltung gibt, welche nicht durch rechtliche Vorschriften kontrolliert ist. Die methodische Durchdringung dieses Gebietes hat eine praktische Bedeutung, die sich vervielfachen wird, wenn man das Spektrum künftiger Anwendungen (insbesondere Abschnitt 2.3) einbezieht. Für den Informatiker wiederum bieten Anwendungen aus diesem Bereich infolge komplexer Sachverhalte einen vorzüglichen Prüfstein, um die Güte seiner Methoden zu testen.

Diese Betrachtung beschränkt sich auf Fragen der Abbildung, wobei insbesondere der Gesichtspunkt der Methodengenese im Vordergrund steht. Für eine erschöpfende Darstellung der Thematik sei auf den Projektbericht UFORED /9/ verwiesen.

## 5.1   Implizite Berücksichtigung im Modell

Jurimetrie: Sie war eine der ersten Anwendungen des Computers in den Rechtswissenschaften und hatte die statistische Analyse rechtlicher Entscheidungen zum Ziel. Die Rechtsnormen sind nicht explizit im Modell dargestellt, vielmehr sind sie implizit im Programm berücksichtigt.

Simulation: Auch in Simulationen zur Unterstützung der Gesetzgebung werden rechtliche Randbedingungen meist nur implizit berücksichtigt. Die fehlende Trennung von Programm und Normen ist mit ein Grund, daß Simulationsmodelle nur sehr schwer geänderten Fragestellungen angepaßt werden können.

Juridisches Information Retrieval: In einem Retrieval System wird nur nach einfachen Begriffsstrukturen abgefragt: Ober- und Unterbegriffe, Boolesche Verknüpfung von Deskriptoren etc. Vom komplexen mentalen Modell, das sich ein Benutzer zur Frage macht, ist kaum etwas in der Retrieval Abfrage zu merken.

Automationsgerechte Normensetzung: Dies ist ein Ansatz von der Kehrseite her. Eine einfache Darstellung sollte aus einer entsprechenden Berücksichtigung von Gesichtspunkten der Programmierung in der Gesetzgebung resultieren. Mit der heute vertretenen Vorstellung, daß sich die Systeme dem Menschen anpassen sollten, steht die ursprüngliche Formulierung dieser Forderung  in eklatantem Widerspruch. Nichtsdestoweniger sind viele der in diesem Zusammenhang gebrachten Vorschläge zur Erstellung klarer Gesetze brauchbar. Eine heute gültige Formulierung kann nur auf der Basis einer funktionalen Relation zwischen Gesetzen und Programmen erfolgen /7/.

## 5.2   Dedizierte Systeme

Daten- und Methodenbanken für Funktionsklassen von Anwendungen: Bei Jurimetrie und Simulation wurde auf die Schwierigkeiten eingegangen, Systeme, die mit großem Aufwand für die Lösung einer bestimmten Frage konstruiert wurden, den geänderten Bedingungen neuer Aufgaben anzupassen. Dies fand eine Lösung in der Entwicklung von Daten- und Methodenbanken für spezielle Funktionsklassen von Anwendungen. So wurde zum Beispiel vom Verfasser ein Planungsinformationssystem für die OECD entwickelt, in dem die Studiengesetze in allgemeiner Form abgebildet sind (CERI /39-43/).

Interaktive Dialogführung durch die Vorschriften: Ein solches System holt sich im Dialog alle Daten zusammen, die es zur Beantwortung einer Fragestellung benötigt. Schon früh wurde ein solches System zur Berechnung von Versorgungsansprüchen nach österreichischem Sozialversicherungsrecht entwickelt (ASVG-DEMO /25/).

Relationales Datenbanksystem mit Zeitattributen: Im System LEGOL /38/ können Probleme mit prononcierter Zeitstrukturierung, so z.B. im Beihilfenwesen oder im Erbrecht, elegant modelliert werden. Sowohl durch explizite Operatoren (während, bevor, nachdem usw.) als auch implizit im Join wird die Zeit semantisch richtig interpretiert.

## 5.3  Logische und Mathematische Modelle

Eine Vielzahl logischer und mathematischer Konzepte wurde zur Beschreibung rechtlicher Normen verwendet /9,31/. Im folgenden seien drei für die Rechtsinformatik wichtige Vorschläge als Beispiele gebracht.

Graphentheorie: Mittels Graphentheorie konnten zusammenhängende Teile des Erbrechtes formalisiert werden /52/. A priori sind Graphen auch zur Abbildung sehr komplexer Zusammenhänge geeignet, man muß aber bedenken, daß diese Semantischen Netze der Linquistischen Datenverarbeitung nicht mehr die mathematische Exaktheit besitzen, da sich in der Bezeichnung von Kanten und Knoten der Graphen sehr komplexe Bedeutungen verbergen können.

Deontische  Logik: In der  Deontischen Logik wird die Prädikatenlogik erweitert, wobei neue Funktoren eingeführt werden: obligatio (geboten), vetitum (verboten), permissio (erlaubt) usw. Die Deontische Logik hat die Anfänge der Rechtsinformatik stark beeinflußt, ist aber nie über das Stadium  der theoretischen Modellbildung hinaus gekommen.

Entscheidungstabellen: Komplexe logische Kombinationen von Bedingungen und ihre Rechtsfolgen können in eleganter Art und Weise als Entscheidungstabellen /11,31/ dargestellt und auch von Programmen abgearbeitet werden. Entscheidungstabellen sind eine Erweiterung, die auch zu Abschnitt 5.4 gehören.

## 5.4  Methoden zum Entwurf von Informationssystemen

Im vorangehenden Abschnitt zeigten die Beispiele, daß man über die elementaren logischen und mathematischen Konzepte wie Prädikatenlogik

erster Stufe oder Graphentheorie hinausgehen muß, wenn man handliche
Instrumente zur Beschreibung erhalten will. Solche finden sich in den
Methoden zum Entwurf von Informationssystemen und in der Künstlichen
Intelligenz-Forschung, die im nächsten Abschnitt behandelt wird.

Entwurfsmethoden haben diese Sprachmächtigkeit, sind aber zugleich aus
so elementaren Konzepten aufgebaut, daß sie formal exakt und verifizier-
bar sind. Bei einem solchen Ansatz wird dem Sprachübersetzer eine große
Bürde aufgelastet, womit nicht verwunderlich ist, daß viele der Entwicklungen /17,18/ noch nicht abgeschlossen sind. Zu einem Vergleich der
Brauchbarkeit für die Modellierung von Gesetzen sind Fallstudien notwendig; ein erster Versuch wurde für das Beihilfewesen durchgeführt
/27,46/. Dabei wurden ACM/PCM /4/, CIM /5/, ISAC /26/ und LEGOL /38/
verglichen.

Unter dem Blickpunkt Rechtsinformatik sind zwei Systeme hervorzuheben:
LEGOL /38/, das aus einem dedizierten System entstanden ist und somit
Erfahrungen in diesem Anwendungsgebiet gesammelt hat; IPL /10/, welches
als regelorientierte Sprache auch schlechtdefinierte und nichtschema-
tische Entscheidungen einbeziehen will.

5.5  Künstliche Intelligenz-Forschung

Logische Programmierung: Mit PROLOG, einer Programmiersprache auf der
Prädikatenlogik erster Stufe aufbauend, ist der anwendungsbezogenen
Programmierung ein neues und mächtiges Werkzeug gegeben. Zu den vielen
Aufgaben, die bereits in Prolog programmiert wurden, gehören auch solche
aus dem Bereich Recht und Verwaltung. Sicher wird PROLOG nicht die derzeit bestehenden operationalen Programme - sie wurden in langwierigem
"Tuning" auf Effizienz gebracht - ersetzen. Vielmehr wird PROLOG für
neue Aufgaben in Frage kommen, wobei intelligente Module in der Textverarbeitung ein Beispiel sind. Auch zum Aufbau von Expertensystemen
mag PROLOG die Sprache der Wahl sein.

Auch andere Sprachen rücken in das Zentrum der Überlegung, wobei vor
allem an LOGO gedacht sei, das als benutzerfreundliche Sprache - man
denke an die vielen Programmierkurse für Kinder - für solche Module
brauchbar wäre, in denen Änderungen vom Benutzer selbst durchgeführt
werden sollen.

Modelle juridischer Beweisführung: Das System TAXMAN /24/ war der erste Versuch, mit Methoden der Künstlichen Intelligenz-Forschung juridische Beweisführung nachzuvollziehen. An einer Anwendung des US Commercial Code wurde die Möglichkeit rechtlichen Schließens demonstriert, wie auch neue Anstöße für die Rechtstheorie gewonnen.

Expertensysteme: Expertensysteme versuchen, das Problemlösen menschlicher Experten nachzuahmen, wobei auch diffuses Wissen, vage Begriffe sowie probabilistisches Abwägen inbegriffen sind. Expertensysteme gibt es für verschiedene Anwendungen, so für antibiotische Therapie, chemische Spektren und seismische Explorationen. Das System TAXMAN kann als Paradigma für den Einsatz im Recht stehen.

6.  Der Transfer in die Praxis: Hic Rhodus, hic saltus /2/

Die Weise der Betrachtung hat sich zunehmend vom Abstrakten zum Konkreten verlagert:

(1)  Die Informatik versucht grundlegende Konzepte und Methoden allgemeiner Gültigkeit zu entwickeln.

(2)  In Pilotanwendungen des Anwendungsgebietes werden eigenständig dem Problem entsprechende Methoden entwickelt und allgemeine Methoden der Informatik den Besonderheiten der Anwendung angepaßt.

(3)  Die Erfahrungen aus den Pilotversuchen induzieren einen stetigen Transfer von methodischem Wissen in das Anwendungsgebiet.

In diesem dritten Punkt müssen Konzepte und Methoden letztlich ihren Wert ausweisen. Sicher ist der Informatik als jungem Wissenschaftszweig eine Schonfrist eingeräumt, dem Informatiker selbst sollte jedoch jede Anforderung Anlaß sein, die Perspektive seiner Arbeit zu überdenken.

1   AIM: Advanced Information Management (Leitung: H.-J.SCHEK),
    Wissenschaftliches Zentrum Heidelberg, laufendes Projekt

2   ANONYMUS: zitiert nach Äsop (Entstehungszeit: mythisch
    6.Jhdt.v.Chr.,wahrscheinlich 1.Jhdt.n.Chr.)

3   A.BLASER, M.ZOEPPRITZ (Hrsg.): Enduser Systems and Their
    Human Factors, Lecture Notes in Computer Science, Springer,
    Heidelberg, New York, 1983

4   M.BRODIE and E.SILVA: Active and Passive Component
    Modelling: ACM/PCM, in /18/

5   J.A.BUBENKO et al.: A Declarative Approach to Conceptual
    Information Modelling (CIM), in /18/

6   A.ENDRES: Methoden der Programm- und Systemkonstruktion,
    Informatik Spektrum, 3, 3, 1980

7   H.FIEDLER: Functional Relations between Legal Regulations
    and Software, CREST-Course, Swansea, September 1979,
    Proceedings B.NIBLETT (Ed.): Computer Science and Law,
    Cambridge, 1980

8   H.FIEDLER: Anforderungen des Rechtssystems für die Nutzung
    neuer Kommunikationsmedien, in /48/

9   H.FIEDLER, TH.BARTHEL, G.VOOGD: Projektbericht UFORED
    (Untersuchungen zur Formalisierung im Recht als Beitrag
    zur Grundlagenforschung juristischer Datenverarbeitung),
    Veröffentlichung in Vorbereitung

1ö  L.FOHMANN: Die informationale Programmiersprache IPL,
    Manuskript, Neckargemünd, 1983

11   R.FRANZEN: Strukturanalyse der gesetzlichen Erbfolge durch
     Entscheidungstabelle und logische Ausdrücke, GMD/IDR- Ent-
     wicklungsunterlagen ERB-3, Birlinghoven, 1974

12   K.GRIMMER: Probleme der Informationstechnologieanwendungen
     in den öffentlichen Verwaltungen - ein Ausweg durch Neue
     Technologien, in /48/

13   HIS: Hochschulinformationssystem, Bericht in:
     E.MUNDHENKE, H.SNEED, U.ZÖLLNER: Informationssysteme für
     die Hochschulverwaltung und -politik, de Gruyter, Berlin,
     New York, 1975

14   G.HOLZINGER: Rationalisierung der Rechtserzeugung und Ver-
     besserung der Rechtsinformation durch den Einsatz moderner
     Informationstechnologien, in /48/

15   K.M.HUSSAIN: Gaming Models in Higher Education, OECD,
     Paris, 1974

16   IBM: Symposium Rechtsinformatik, Bad Neuenahr, November 1983

17   IFIP CRIS 2: Conference on Feature Analysis of Information
     Systems Design Methodologies, York, July 1983,
     Proceedings T.W.OLLE, H.G.SOL, C.J.TULLY (Eds.),
     North-Holland, Amsterdam, New York

18   IFIP CRIS 1: Conference on Comparative Review of Information
     Systems Design Methodologies, Noordwijkerhout, May 1982,
     Proceedings T.W.OLLE, H.SOL, A.A.VERRIJN-STUART (Eds.),
     North-Holland, Amsterdam, New YORK

19   K.LENK: Wege zur Beherrschung der Informationstechnik in
     der Verwaltungspraxis, in /48/

2o  H.KRAUS: Vom Gesetzentwurf über Lichtsatz zur Dokumentation,
    in T.ÖHLINGER (Hrsg.): Gesetzgebung und Computer,
    Springer, Wien, New York, 1982

21  H.KRAUS: Neue Informationstechnologien als Chance und Heraus-
    forderung für die öffentliche Verwaltung, in /48/

22  F.KRÜCKEBERG: Human Factors Aspects in Organizations and
    Information Systems Supporting Them, in / 3/

23  P.LOCKEMANN, A.SCHREINER, H.TRAUBOTH, H.KLOPPROGGE:
    Systemanalyse, Springer, Heidelberg, New York, 1983

24  TH.McCARTY: Reflections on Taxman, 9o Harvard Law
    Review, 837, 1976

25  P.LUCAS, H.IZBICKI, G.KALOD: ASVG-DEMO: An Experiment in
    Application Programming, TR 25.148, IBM Laboratory Vienna,
    Wien, 1979

26  M.LUNDEBERG: The ISAC Approach to Specification of Information
    Systems and its Application to the Organization of an IFIP
    Working Conference, in /18/

27  PROJEKTSEMINAR: Methoden der Systemanalye (Fallbeispiel:
    Studienbeihilfe), Leitung: R.TRAUNMÜLLER, Johannes-Kepler-
    Universität Linz, Sommersemester 1982

28  E.R.REICHL, R.TRAUNMÜLLER: Didaktik der Systemanalyse,
    in /33/

29  H.REINERMANN, H.FIEDLER, K.GRIMMER, K.LENK (Hrsg.):
    Organisation informationstechnik-gestützter öffentlicher
    Verwaltungen, Tagungsbericht Speyer, Oktober 198o, Infor-
    matik-Fachberichte, Springer, Heidelberg, New York, 1981

3o  H.REINERMANN: Örtliche Verwaltung und Neue Medien, in /48/

31  L.REISINGER: Rechtsinformatik, de Gruyter, Berlin,
New York, 1977

32  H.SCHAUER, M.TAUBER (Hrsg.): Kommunikationstechnologien,
Oldenburg, Wien, München, 1982

33  H.SCHAUER, M.TAUBER (Hrsg.): Psychologie des Programmierens,
Oldenbourg, Wien, München, 1983

34  H.SCHAUER, M.TAUBER (Hrsg.): Psychologie der Computerbe-
nutzung, Oldenbourg, Wien, München, 1984

35  H.-J.SCHNEIDER: Lexikon der Informatik und Datenverarbeitung,
Oldenbourg, München, Wien, 1983

36  A.SCHULZ: Methoden des Software-Entwurfs und der Strukturierten Programmierung, de Gruyter, Berlin, New York, 1978

37  D.SEIBT: Wirtschaftlichkeit von Bildschirmtext - voraussichtliche Kosten von BTX-Anwendungen im Kommunalen
Bereich, in /48/

38  R.STAMPER: The LEGOL 1 prototype system and language, The
Computer Journal, 2o, 2, 1o5, 1976

39  K.STRIGL, R.TRAUNMÜLLER: Measuring Student Success:
A Systematical Statistical Analysis, OECD, Paris, 1974

4o  K.STRIGL, R.TRAUNMÜLLER: Measuring Student Success,
Association of Institutional Research Annual 15th Forum,
St.Louis (Missouri), 1975

41  K.STRIGL, R.TRAUNMÜLLER: Institutionalisierte Messung des
Studienerfolges, in: BUNDESMINISTERIUM FÜR WISSENSCHAFT UND

FORSCHUNG: Institutionalisierte Messung des Studienerfolges,
Springer, Wien, New York, 1976

42  K.STRIGL, R.TRAUNMÜLLER: Institutionalized Measurement of the
Academic Success, OECD, Paris, 1976

43  R.TRAUNMÜLLER: Simulation of Alternative Study-Systems in
Higher Education, Proceeding of the Third Symposium on
Operations Research, Mannheim, September 1978

44  R.TRAUNMÜLLER, E.R.REICHL: Der Aufbau von Verwaltungsinfor-
mationssystemen, in: Tagungsberichte der 2. gemeinsamen Fachtagung ÖGI/GI: Informationssysteme für die 8oer Jahre,
Linz, 198o

45  R.TRAUNMÜLLER: Modelling of Regulations in Administrative
Information Systems, in: Proceedings Convention Infor-
matique-SICOB, Paris, 198o

46  R.TRAUNMÜLLER: Formale Methoden zur Modellierung rechtlicher
Vorschriften in Informationssystemen, Öffentliche Verwaltung
und Datenverarbeitung (ÖVD), 2, März 1982

47  R.TRAUNMÜLLER: Beiträge zur Systemanalyse, in /35/

48  R.TRAUNMÜLLER, H.FIEDLER, K.GRIMMER, R.REINERMANN (Hrsg.):
Neue Informationstechnologien und Verwaltung, Tagungsbericht
Linz, September 1983, Informatik-Fachberichte, Springer,
Heidelberg, New York, 1984

49  R.TRAUNMÜLLER: Die Komplexität der Benutzerschnittstelle,
in /34/

5o  W.WEBER: Das Juristische Informationssystem des Bundeslandes
Niederösterreich, in /48/

51  H.WEDEKIND: Systemanalyse, Hanser, München, Wien, 1973

52  B.ZIMMERMANN: Formale Behandlung der gesetzlichen Erbfolge,
GMD-Entwicklungsunterlagen ERB-1, Birlinghoven 1973

Anforderungen an das Rechtssystem für die Nutzung

neuer Kommunikationsmedien -

Probleme rechtlicher Infrastrukturen für den Bereich
öffentlicher Aufgabenträger


Herbert Fiedler

Universität Bonn/Gesellschaft für Mathematik und Datenverarbeitung


## 1. Fragestellung und These

Wird die Einführung und Nutzung neuer Kommunikationsmedien auch an die Rechtsordnung
neue Anforderungen stellen? Die heute vorhandenen Erkenntnisse und Anzeichen deuten
darauf hin, daß dies tatsächlich der Fall sein wird, wenn auch Umfang und Bedeutung
dieser Anforderungen noch keineswegs auf der Hand liegen.

In diesem Sinne möchte ich hier die These aufstellen und begründen:

Die Einführung und sinnvolle Nutzung neuer Medien wird in den nächsten Jahrzehnten
große und neuartige Anforderungen an die Rechtsordnungen stellen. Diese sind motiviert ebenso durch den Bereich "privater" Nutzung wie durch die Nutzung öffentlicher
Aufgabenträger, insbesondere der öffentlichen Verwaltung.
Eine Begründung dieser These muß natürlich im Einzelnen durch Aufweis von Veränderungen im technischen und gesellschaftlichen Bereich, von entstehenden Rechts-
problemen und neuen rechtlichen Regelungsaufgaben gegeben werden (s. unten, 3, 4, 5).
Hier vorweg einige Hinweise auf generelle Entwicklungstendenzen:

- In rechtsstaatlichen Systemen hat im Zusammenhang mit Datenverarbeitung und Informationstechnik eine Welle der "Verrechtlichung von Information" bereits eingesetzt.
  Ihre Motivierung scheint sich nach allen Anzeichen noch zu verstärken. Sie entspricht einer verbreiteten Sensibilisierung für die gesellschaftliche Bedeutung
  von technisierter Information und dem Wunsch nach rechtlichen Absicherungen (vgl.
  Datenschutz, Volkszählung, maschinenlesbarer Personalausweis; ... "nullum datum
  sine lege" als neues, durchaus nicht unproblematisches Postulat, vgl. FIEDLER
  1981). Bemerkenswert ist die Ungebrochenheit dieser Verrechtlichungswelle gerade
  auch angesichts gegenwärtig stark fühlbarer Tendenzen zur "Deregulation".

- Schrift und Papier als Hilfsmittel rechtlicher Gestaltungen und Verfahren werden
  durch die Elektronikmedien teilweise ersetzt. Die "Papiertechnologie des Rechts"
  wird zurückgedrängt. Neben die "Verrechtlichung der Information" tritt die "Informatisierung des Rechts" auch in Gestalt veränderter Bedürfnisse für Formen und
  Verfahren.

Diese Tendenzen sollen hier weder schon positiv bewertet noch auch einfach als Fakten hingenommen werden. Jedenfalls aber können sie die Notwendigkeit dafür begründen, sich mit den Anforderungen neuer Medien an die Rechtsordnung auseinanderzusetzen. Wer den Einsatz neuer Medien nicht überhaupt ablehnt, sondern deren sinnvolle Nutzung erstrebt, wird sich mit den Notwendigkeiten neuer informationsrechtlicher Regelungen und rechtlicher Infrastrukturen auseinandersetzen müssen. Hier soll dazu ein Beitrag insbesondere mit dem Hintergrund der öffentlichen Verwaltung erbracht werden (für einen Beitrag zur zivilrechtlichen Infrastruktur neuer Medien siehe FIEDLER 1983).


## 2. Gegenwärtige Situation in der Bundesrepublik Deutschland

Der Einsatz neuer Medien befindet sich gegenwärtig (Spätsommer 1983) großenteils noch in den Stadien von Vorüberlegung, Planung und Versuch. Während Teletex bereits eingeführt ist, bestehen für Bildschirmtext und Kabelfernsehen Pilotprojekte, für Fernwirksysteme sind solche angekündigt; Bildschirmtext befindet sich im Stadium der Einführung.

Studienkommissionen und Begleitforschung zu Pilotprojekten haben sich auch mit rechtlichen Aspekten des Einsatzes der neuen Medien auseinandergesetzt. Hierbei standen oft Probleme der Massenkommunikation, der presse- oder rundfunkrechtlichen Einordnung neuer Medien und damit im Zusammenhang der Kompetenzen für die Regelung von Netz und Nutzung (Programm) im Vordergrund. In Bezug auf die Rechtsfragen der Individualkommunikation wurden vor allem daten- und verbraucherschutzrechtliche Probleme behandelt. Darüber hinaus wurden jedoch weitere informationsrechtliche Fragen, Fragen der zivilrechtlichen Infrastruktur neuer Medien und spezifische Rechtsfragen der Nutzung neuer Medien durch die öffentliche Verwaltung nur wenig behandelt. Speziell zu letzterem Thema finden sich übrigens auch nur sehr wenige Beiträge in der Literatur und bei wissenschaftlichen Tagungen (Ausnahmen bilden erst neuestens die Tagung 1983 der Gesellschaft für Rechts- und Verwaltungsinformatik und der Fachkongress 1983 des Instituts für Kommunalwissenschaften der Konrad-Adenauer-Stiftung). Unabhängig von der Diskussion einzelner Rechtsfragen wird häufig bemerkt, daß gängige juristische Einteilungen, Begriffsbildungen und Modellvorstellungen durch die Entwicklung neuer Medien überholt werden oder jedenfalls nicht mehr ihre bisherigen Funktionen erfüllen (z. B. Presse/Rundfunk; Individual-/Massenkommunikation).

Hinsichtlich der Anforderungen neuer Medien an die Fortentwicklung der Rechtsordnung läßt sich feststellen, daß im oben genannten Zusammenhang jedenfalls Anforderungen an den Daten- und Verbraucherschutz stark herausgearbeitet worden sind (allerdings in Anknüpfung an diese gängigen Stichworte und z.T. auch an den expliziten Auftrag).

Insofern bestätigt eine Betrachtung der gegenwärtigen Situation in der Bundesrepublik die These von neuen Anforderungen an die Rechtsordnung auch über die bekannte spezifisch "medienrechtliche" Problematik der Massenkommunikation hinaus.


## 3. Gründe für neue Anforderungen an das Rechtssystem

Die Wandlungen der IT berühren mit ihren Folgen die verschiedensten Lebensbereiche und begründen künftig denjenigen Zustand, den man oft "Informationsgesellschaft" genannt hat. Hierzu gehört im einzelnen z. B. die Beteiligung der Elektronik bereits an der Konstituierung vieler Lebens- und Rechtsverhältnisse und die Möglichkeit ihrer automatischen Dokumentation. Die Entwicklung der neuen Kommunikationsmedien wird daran einen wichtigen Anteil haben. Die hiermit eintretenden gesellschaftlichen Veränderungen sind wesentlich (vgl. schon FIEDLER 1974: nicht nur "Rationalisierung", sondern eine neue Stufe von Rationalität). Diese Veränderungen sind rechtspolitisch häufig vor allem unter dem Aspekt ihrer Gefahrenpotentiale angesprochen worden, mit der Folge von Forderungen nach rechtlichen Restriktionen für den Umgang mit technisierter Information. Für den besonderen Bereich der rechtlichen Restriktionen des Umgangs mit personenbezogenen Daten unter dem Aspekt des Persönlichkeitsschutzes entstand so das Datenschutzrecht. Allgemeiner kann man als "Informationsrecht" den Bereich rechtlicher Regelungen verstehen, welcher den Umgang mit Information (insbesondere technisierter Information) als solchen thematisiert. Dies nicht notwendigerweise in nur restriktiver Absicht, wie das Beispiel des "Freedom of Information" - Anliegens zeigt ("FOI" hier verstanden im doppelten Sinne einerseits der Freiheit zwischenstaatlichen Datenverkehrs und andererseits der Zugangsmöglichkeit zu Behördendaten).

Neben dieser thematischen Beziehung des Rechts auf den Umgang mit Information gibt es aber noch eine zweite, speziellere Beziehung zwischen Recht und Informationstechnik, welche für die Entwicklung im Bereich der neuen Medien wichtig ist. Diese beruht auf dem "informationellen" Charakter des Rechts selbst und soll im folgenden dargestellt werden.

Das Recht und dessen Ausgestaltung in einzelnen Rechtsverhältnissen sind im wesentlichen informationelle Phänomene, d.h. Existenz und Wirksamkeit des objektiven Rechts wie subjektiver Rechte beruhen auf (meist verkörperter, "objektivierter") Information einer bestimmten Art, z. B. den sogenannten "Rechtsquellen". Diese Feststellung scheint zwar einerseits fast trivial, hat aber andererseits unvermutet aktuelle Konsequenzen. So z. B. diese, daß das Recht (und zwar nicht nur im Sinne einer als ephemer aufgefaßten "Rechtstechnik") sehr eng mit den jeweiligen Medien und Techniken der Information zusammenhängt.

Konkret besteht dieser Zusammenhang sicherlich einerseits stets mit der gesprochenen Sprache, andererseits in den letzten Jahrtausenden aber insbesondere auch mit der sinnfällig lesbaren Schrift auf Unterlagen wie dem Papier. Mit Schrift und Papier (als gewissermaßen zugeordneter Technologie) hängen wesentliche Elemente unseres - ja grundsätzlich "geschriebenen" - Rechts zusammen.

Man braucht hier nur an Begriffe und Institute wie Urkunden (z. T.), Schriftform mit davon abgeleiteten Formen der Beglaubigung und Beurkundung, die Wertpapiere, verschiedene Arten von "Büchern", "Registern", usw. zu erinnern - noch ganz abgesehen von schriftlich ausgestalteten Verfahrensweisen oder -elementen.

Nun sind Schrift und Papier durchaus spezielle Techniken und Medien, nicht etwa die einzigen oder naturgegebenen Medien für Information und Kommunikation im Recht. Sie haben ihre ganz spezifischen Vor- und Nachteile. Heute werden Sie - und dies ist der Ausgangspunkt der ganzen Betrachtung - ergänzt und partiell ersetzt durch elektronische ("Neue") Medien, insbesondere auch der Individualkommunikation.

Hierbei ist u.a. wichtig, daß gerade die Abstraktheit, Beweglichkeit und Verkehrsfähigkeit, welche Schrift und Papier für manche Aufgaben im Rechtssystem bisher empfehlenswert (und natürlich zugleich evtl. auch problematisch) machten, heute von den "Neuen" Medien und Techniken der Elektronik übertroffen werden.

Diese Veränderungen sind in ihrer Bedeutung für die Rechtsordnung im einzelnen zu untersuchen, rechtstatsächlich, dogmatisch und rechtspolitisch. Für die dogmatische und rechtspolitische Untersuchung ist dann zu unterscheiden zwischen solchen Materien, welche innerhalb der Entwicklungsfähigkeit der geltenden Rechtsordnung geregelt werden können, und solchen, bei denen dies nicht möglich ist. Keineswegs kann dabei von vornherein angenommen werden, daß alle im Zusammenhang mit den "Neuen Medien" erkennbaren Regelungsnotwendigkeiten bereits durch die Flexibilität der bisherigen Regelungen abgedeckt sind und z. B. durch die Rechtsprechung aufgrund der bestehenden Gesetzeslage bewältigt werden können. Eher ist zu vermuten, daß eine angemessene "Rechtliche Infrastruktur Neuer Medien" durch gesetzgeberische Maßnahmen teilweise neu geschaffen werden muß.

Die beiden dargestellten Zusammenhänge (Informationstechnik als Gegenstand rechtlicher Regelung einerseits, Informationstechnik als Hilfsmittel rechtlicher Gestaltung andererseits) ergeben zwei wesentliche Klassen von Gründen für neue Anforderungen an die Rechtsordnung bei Veränderungen im Bereich der IT. Sicherlich stehen beide Klassen von Gründen untereinander in Verbindung, haben jedoch nichtsdestoweniger eine verschiedene Wirkungsweise. Die Regelungsbedürfnisse für IT als Regelungsgegenstand ergeben sich unmittelbar aus Mißständen, Gefahren oder Chancen in

den betroffenen Lebensbereichen (z. B. Datenschutz, Arbeitsschutz, Informationszugang ...). Die Regelungsbedürfnisse für IT als Hilfsmittel rechtlicher Gestaltung
andererseits ergeben sich speziell aus Erfahrungen und Überlegungen im Bereich von
Recht und Rechtsverwirklichung (z. B. Änderungen von Form- und Verfahrensvorschriften zum Zwecke sinnvoller Nutzbarkeit neuer Medien). Im folgenden sollen Anforderungen an die Rechtsordnung durch die Nutzung neuer Medien (vor allem im Bereich
der öffentlichen Verwaltung) in Bezug auf beide Klassen von Gründen betrachtet werden.


## 4. "EDV" und "Datenschutz" als erste Paradigmen neuartiger Beziehungen zwischen Recht und Informationstechnik

Rückblickend erscheint heute die klassische "Elektronische Datenverarbeitung" im
Sinne unverbundener Großanlagen nur als Anfang neuer informationstechnischer Entwicklungen mit ihrer Verschmelzung von DV, Kommunikations- und Bürotechnik. Ganz
entsprechend hat sich die Klasse der gesellschaftlichen Auswirkungen, Probleme und
Chancen erweitert - wie sich an den Themen der Diskussion über "Informatik und Gesellschaft" verfolgen läßt.

Aber auch die Anforderungen an die Rechtsordnung haben sich erweitert, und erweitern sich gerade gegenwärtig wieder anläßlich der Einführung "neuer Kommunikationsmedien". Hier ist "Datenschutz" i. S. des klassischen Individualdatenschutzes
("privacy") nur ein erstes Paradigma, welches heute in einen weiteren Umkreis "informationsrechtlicher" Regelungen einbezogen werden kann.

In Bezug auf die verschiedenen Gründe für neue Anforderungen an das Rechtssystem hat
die klassische EDV als Informationstechnik wohl hauptsächlich eine Rolle als Regelungsgegenstand gespielt - weniger eine Rolle als neuartiges Gestaltungshilfsmit-
tel rechtlicher Kommunikation. Eine Ausnahme ist hier z. B. der Dispens vom Erfordernis eigenhändiger Unterschrift für automatisierte Verwaltungsakte (§ 37 IV Verwaltungsverfahrensgesetz).

Anderes ist hier von den neuen informationstechnischen Entwicklungen, insbesondere
vom Einsatz der "neuen Medien" zu erwarten. Natürlich wird die neuere Informationstechnik mit ihren Anwendungen als Gegenstand rechtlicher Regelungen an Bedeutung nur
noch zunehmen. Dies zeigt sich gegenwärtig am Beispiel von Bildschirmtext. Andererseits aber werden gerade neue Kommunikationsmedien sicherlich große Bedeutung als
Hilfsmittel und Medien rechtlicher Gestaltung gewinnen.

Im Bereich der Nutzung Neuer Medien wird erstmals auf breiter Front die "Papiertechnologie" rechtlich relevanter Information und Kommunikation durch eine andere Technologie (Elektronik) ersetzt werden. Es wird damit für die Rechtsordnungen die Frage entstehen, wie sie sich der Neuen Medien elektronischer Kommunikation bedienen wollen. Ob sie diese Neuen Medien ähnlich wie früher Schrift und Papier zu bevorzugten Hilfsmitteln und Instrumenten rechtlicher Gestaltungen machen wollen? So z. B.: (Teilweiser) Ersatz der Schriftform durch elektronische Darstellungsformen? Beurkundungen, Beglaubigungen auch in rein elektronischen Zusammenhängen? Elektronische statt papierener Bücher und Register? Zustellungen durch Übermittlung in elektronische Speicher statt durch Übergabe von Schriftstücken?

## 5. Problembereiche und Aufgabengebiete rechtlicher Regelungen

Im Gebiet der öffentlichen Aufgabenträger finden sich sehr vielgestaltige Problembereiche für rechtliche Regelungen zur Nutzung Neuer Medien. Diese umfassen insbesondere

- öffentlichrechtliche wie auch privatrechtliche Zusammenhänge (letztere z. B. für die Fiskaltätigkeit des Staates, usw.)

- Individual- wie auch Massenkommunikation (letztere auch dann, wenn wir die Tätigkeit der Rundfunkanstalten hier ausnehmen; es verbleiben z. B. kommunale Mitteilungsdienste durch Bildschirmtext, u.ä.).

Die Aufgabenbereiche betreffen die Datenverarbeitung und Informationstechnik sowohl als Gegenstand rechtlicher Regelung (5.1) wie auch als Instrument rechtlicher Gestaltung (5.2).

## 5.1 Beispiele für Probleme der IT als Gegenstand rechtlicher Regelung, insbesondere im Gebiet der öffentlichen Verwaltung

- Datenschutzprobleme. Vieldiskutiert insbesondere für Bildschirmtext (In der Bundesrepublik Deutschland Staatsvertrag über Btx):

o Datei nicht mehr schlechthin Voraussetzung

o Datenschutzregelungen für Betreiber (Netz; hier zugleich Fernmeldegeheimnis)

o Datenschutzregelungen für Anbieter (Nutzer, auch im Bereich der öffentlichen Verwaltung)

o Jeweils Schwerpunkt der Behandlung von Prozeßdaten, welche in ihrer Summierung für Persönlichkeit und Verwaltung des einzelnen Teilnehmers sehr signifikant sein können; Anliegen der Verhinderung von automatisch entstehenden Profilen.

o Reichweite, Voraussetzungen, Bedingungen für "Einwilligung" des Teilnehmers.

Über den aktuellen Anlaß von Bildschirmtext hinaus sind die aufgezählten Punkte für Datenschutz bei Neuen Medien insgesamt relevant. Das Potential der Verbindung Datenverarbeitung/Nachrichtentechnik/Bürotechnik wird hier erst voll entfaltet und ergibt neue, noch keineswegs gelöste rechtliche Probleme. Notwendig sind hier Klärungen der Datenschutzziele, evtl. Erweiterungen des Datenschutzes; Sicherung der "informationellen Mitbestimmung" (nicht Selbstbestimmung = Alleinbestimmung) der Betroffenen hinsichtlich ihrer Personendaten. Die hierfür relevanten technisch-organisatorischen Zusammenhänge bei Nutzung Neuer Medien sind insgesamt noch schwer durchschaubar; deswegen bildet eine kontrollierbare Gewährleistung des Datenschutzes künftig noch große Probleme. Dies insbesondere dann, wenn die Datenschutzziele in einem abgewogenen Verhältnis mit anderen Zielsetzungen verfolgt werden sollen. [1]

- Probleme des Zugangs zu Behördendaten für den Bürger, "Freedom of Information". Dieses Anliegen steht für die Gesetzgebung in manchen Staaten (u.a. evtl. auch Bundesrepublik Deutschland) neu an, wirkt z. T. in Konflikt mit dem Datenschutz. Für die Kommunikation zwischen Verwaltung und Bürgern mit Hilfe Neuer Medien wird auch dieses Anliegen als Aufgabengebiet informationsrechtlicher Regelungen zu beachten sein.

- Probleme des "Klientenschutzes" für den Bürger als Kunden der öffentlichen Verwaltung. Aufgefaßt wird dieser Begriff hier als Analogon zum "Verbraucherschutz" im privaten Bereich. Im öffentlichen Bereich zugleich als Konkretisierung der Gewährleistung von "Bürgerfreundlichkeit", aber etwas entschiedener gefaßt. Im Bereich der Nutzung Neuer Medien zwischen Bürger und Verwaltung müßte dies u.a. rechtliche Absicherungen dagegen bedeuten, daß der Bürger auf allzustark formalisierte Kontaktmöglichkeiten beschränkt wird (vgl. auch "rechtliches Gehör"). Zugleich wäre an die rechtliche Gewährleistung jeweils hinreichender Aufklärungsmaßnahmen zu denken.

---

1) Der genannte Problembereich ist wichtig für die Weiterentwicklung von Datenschutzgesetzen, in der Bundesrepublik Deutschland gegenwärtig aktualisiert anläßlich der geplanten Novellierung des BDSG. Hier stellen sich generell neue Fragen wie: Behandlung flüchtiger Daten; geteilte Datenherrschaft in verteilten Systemen; Datenschutz in "offenen Systemen". Derartige Fragen bringen implizite Technologieabhängigkeiten der BDSG-Konzeption zutage, welche auf der unreflektierten Hintergrundvorstellung zentraler Groß-DV beruhen.

Im BDSG hatte man zwar Technologieunabhängigkeit angestrebt (vgl. § 6 mit Anlage), aber jedenfalls nicht durchwegs erreicht. Es wird Aufgabe künftiger Untersuchungen sein, den angemessenen Grad von Technologieabhängigkeit informationsrechtlicher Regelungen zu reflektieren und gegebenenfalls Wege zur Verminderung von Technologieabhängigkeit aufzuzeigen.

- Probleme des Schutzes der Selbstverwaltung und ihrer Organisationen. Der Einsatz "Neuer Medien" könnte einen erheblichen Schub zur Stärkung staatlich-zentraler Instanzen bedeuten. Zur Gewährleistung der Belange der Selbstverwaltung verschiedener Ebenen (für die Kommunen vgl. Art. 28 GG) könnten gesetzliche Regelungen notwendig werden. Dies gilt sowohl für die Netzkomponente wie für die Nutzungskomponente.

## 5.2 Beispiele für Probleme der IT als Instrument rechtlicher Gestaltung, insbesondere im Gebiet der öffentlichen Verwaltung

- Formprobleme. Diese stellen sich insbesondere für die Erfüllung der gesetzlichen Schriftform. Hier geht es einerseits de lege lata um die Erfüllung der Form bei elektronisch gestützter Kommunikation, andererseits de lege ferenda eventuell um den Ersatz der Schriftform durch andere Erfordernisse. Die Fragen sind jeweils wieder im zivilrechtlichen und im öffentlichrechtlichen Bereich verschieden zu beurteilen.

Zivilrechtlich setzt die Erfüllung der gesetzlichen Schriftform eigenhändige Namensunterschrift voraus (§ 126 BGB), was anerkanntermaßen z. B. durch Telex nicht erfüllt wird. Gewillkürte Schriftform andererseits kann durch Telex usw. erfüllt werden (§ 127 S. 2 BGB, Analogie zum Telegramm).

Verwaltungsrechtlich gelten z. B. nach dem Verwaltungsverfahrensgesetz (VwVfG), § 37, für schriftliche Verwaltungsakte z. T. etwas andere Regeln als nach BGB. Insbesondere gilt hier eine Ausnahme vom Erfordernis der Unterschrift für automatisch erzeugte Verwaltungsakte (§ 37 IV). Diese müßte sich auch auf den Fall elektronischer Übermittlung auswirken.

Gebiete des Schriftformerfordernisses im öffentlichen Recht sind u.a. bestimmte Verwaltungsakte (z. B. § 69 II VwVfG), Anordnung sofortiger Vollziehung, Rechtsbehelfsbelehrung.

De lege ferenda wird sich auf die Dauer für den zivilrechtlichen wie für den öffentlichrechtlichen Bereich die Frage stellen, ob Schriftformerfordernisse in bestimmten Zusammenhängen durch anderes ersetzt werden können. So insbesondere durch digitale Unterschriften unter Verwendung von Schlüsselsystemen. Verallgemeinert stellt sich hier das Problem der "Authentikation" von Nachrichten usw., welches insbesondere für "offene Systeme" große Bedeutung erlangen wird. Die Einführung und Absicherung von Authentikationsmethoden zur Nutzung neuer Medien wird hier sicherlich stark von ihrer rechtlichen Anerkennung abhängen. [2]

- Verfahrensprobleme. Für den öffentlichen Bereich können hier Probleme im Zusammenhang mit der Nutzung neuer Medien insbesondere im Zustellungswesen auftreten
(vgl. z. B. Verwaltungszustellungsgesetz, Prozeßgesetze). Auf die Dauer dürfte
gerade das Zustellungswesen eines der Gebiete sein, welche de lege ferenda von
der Einführung und Nutzung Neuer Medien am stärksten beeinflußt werden.

Als Verfahrensprobleme im weitesten Sinne sind jedoch insgesamt auch die Fragen
der IT-gestützten Erzeugung von Verwaltungsakten, Erklärungen usw. zu sehen. Auch
dieses große Gebiet wird im Zusammenhang mit dem Einsatz neuer Medien eine neuartige Bedeutung und neuartige Aspekte entwickeln.

Allgemein ist zu den Aufgabenbereichen rechtlicher Regelungen noch zu sagen, daß
sich de lege lata hier z. T. schwierige Kompetenzprobleme ergeben. Diese haben z. B.
einen wesentlichen Anteil an der Entstehung des "Datenschutzdurcheinanders"
(WOCHNER 1982). De lege ferenda müßte deshalb an Kompetenzbereinigungen gedacht
werden.

## 6. Forschungsaufgabe und -methoden

Die hier aufgestellten Thesen implizieren vielfach, daß dogmatisch und rechtspolitisch orientierte Forschungsarbeit nötig wird.

Für die Methoden dieser Forschung wird gerade im Zusammenhang mit Einsatz und
Nutzung neuer Medien auch auf das systemanalytische Instrumentarium zurückgegriffen werden können.

Als Bemerkung in diesem Zusammenhang ergibt sich noch, daß zur Analyse und Beherrschung der Nutzung Neuer Medien weitgehend noch geeignete Modellvorstellungen
zu fehlen scheinen, welche in rechtlich-organisatorischen Zusammenhängen hilfreich
sind (vgl. die Problematik herkömmlicher Unterscheidungen und Modelle wie Indivi-
dual-/Massenkommunikation, Presse/Rundfunk, ...). Als evtl. brauchbaren Typ von
Modellen dürfte hier insbesondere auch auf verschiedene "Schichtenmodelle" hinzuweisen sein (z. B. für die Beziehung Netz/Nutzung).

---

2) Den hier angesprochenen Problemkomplex insgesamt behandelt die im Druck befind-
liche Monographie "Datenverschlüsselung in Kommunikationssystemen" von K. RIHACZEK
(Reihe "Datenschutz und Datensicherung", Vieweg-Verlag).

<u>Literaturangaben</u>


Enquête-Kommission    "Neue Informations- und Kommunikationstechniken" des Deutschen
                      Bundestages,
                      Zwischenbericht vom 28.03.1983, Drucksache 9/2442.

Expertenkommission Neue Medien - EKM Baden-Württemberg,
                      Abschlußbericht, Stuttgart 1981.

H. FIEDLER,           Rechtsinformatik und juristische Tradition, in Festschrift für
                      Hans Welzel, Berlin 1974, S. 167 ff. (S. 168).

H. FIEDLER,           Vom Datenschutz- zum Informationsrecht. In "Datenschutz und
                      Datensicherung", 1981, S. 10 ff. (S. 11).

H. FIEDLER,           Probleme zivilrechtlicher Infrastruktur neuer Medien - Defizite
                      rechtsinformatischer Forschung in Deutschland. Vortrag auf der
                      Jahrestagung 1983 der Gesellschaft für Rechts- und Verwaltungs-
                      informatik (Im Druck in einem Beiheft der DVR, J. Schweitzer-
                      Verlag).

H.-U. GALLWAS,        Datenschutzprobleme des Bildschirmtextsystems (Anlage 1 zum
                      Abschlußbericht über die wissenschaftliche Begleitung und Aus-
                      wertung der Bildschirmtext-Erprobung in Berlin in den Jahren
                      1980 bis 1983; Drucksache 9/1095 des Abgeordnetenhauses von
                      Berlin).

Gesellschaft für Rechts- und Verwaltungsinformatik (GRVI),
                      Tagung "Neue Medien für die Individualkommunikation", Aachen
                      26. - 27. Mai 1983.

Institut für Kommunalwissenschaften der Konrad-Adenauer-Stiftung,
                      Fachkongress "Neue Medien", Berlin 31. August - 02. September
                      1983.

W. KREIBICH u.a.,     Datenschutz, Datensicherung und Verbraucherschutz bei Bild-
                      schirmtext (Teiluntersuchung der wiss. Begleitforschung zum Btx-
                      Feldversuch Düsseldorf/Neuß Selbstverlag des IZT, Berlin 1982.

Neue Kommunikationstechniken - Perspektiven für das Land Baden-Württemberg -,
                      Bericht der Expertengruppe (EKOM), Stuttgart 1982.

W. D. RING und
R. HARTSTEIN,         Bildschirmtext heute. Neues Recht und Praxis. München 1983.

K. RIHACZEK,          Datenschutz in Kommunikationssystemen (im Druck, Reihe Daten-
                      schutz und Datensicherung, Vieweg-Verlag).

M. WOCHNER,           Das Datenschutzdurcheinander, Deutsches Verwaltungsblatt 1982,
                      S. 233.

<u>WEGE ZUR BEHERRSCHUNG DER INFORMATIONSTECHNIK</u>
<u>IN DER VERWALTUNGSPRAXIS</u>

K. Lenk
Universität Oldenburg
D-2900 Oldenburg

## 1. Die neuen Möglichkeiten

Der Ausdruck "Bürokommunikation" hat sich in den letzten Jahren zur
Bezeichnung der informationstechnisch gestützten Büroarbeit durchgesetzt. Es ist gleichwohl falsch, nur den Kommunikationsaspekt zu betonen. Gewiß können Bürokommunikationssysteme in stärkerem Maße die direkte Kommunikation und Kooperation zwischen verschiedenen Benutzern
unterstützen [1] als dies bei herkömmlichen DV-Anwendungssystemen der
Fall ist. Diese Unterstützung kann weitgehend anwendungsorientiert
sein, etwa bei der typischen Vorgangsbearbeitung. Sie kann auch anwen-
dungsunspezifisch sich auf Tätigkeiten beziehen, die nicht so sehr den
Charakter routinehafter Sachbearbeitung als vielmehr komplexer Verhandlungen haben. Hier wären elektronische Post und Computerkonferenzsysteme zu nennen.

Die Betonung der Komponente der Kommunikation hat dazu geführt, daß
das Konzept der lokalen Netze unangemessen in den Vordergrund gerückt
wurde. Demgegenüber muß die gesamte Breite der Bürokommunikation deutlich gemacht werden. Von herkömmlichen DV-Anwendungssystemen läßt sie
sich nur schwer abgrenzen. Entscheidend ist, daß alle im Büro tätigen
Berufsgruppen bei ihren spezifischen Tätigkeiten durch Werkzeuge unterstützt werden, die sie an ihrem Arbeitsplatz für sich entdecken
können [2]. Angesprochen sind damit auch persönliche Informationsverwaltung (Aktenverwaltung, Datenbanken, Adreßbuch usw.) sowie Hilfen
bei der Erstellung und Gestaltung von Texten. Stärker als bisher geht
es zudem um Informationsbereitstellung für die Entscheidungstätigkeit.

Damit ist die technische Unterstützung der Verwaltungsarbeit in einem
viel umfassenderen Sinne möglich als dies in der bisherigen Fixierung
des Blicks auf DV-Anwendungen, Textverarbeitung und Nachrichtentechnik deutlich wurde. Es werden nicht mehr nur einzelne Teile von Unter-

stützungs- und Sachbearbeitungsaufgaben herausgebrochen und der Maschine überantwortet. Vielmehr werden auch Führungs- und Expertentätigkeiten berührt. Die neuen Möglichkeiten lassen sich _nicht_ als lineare Fortentwicklung der DV in der Verwaltung begreifen, als ein Fortschritt von der Massendatenverarbeitung über Auskunftssysteme und integrierte Datenverarbeitung hin zur Informationsverarbeitung [3].

Das, was die DV bislang kennzeichnete, ist nun gleichsam eingebettet in einen großen Werkzeugkasten zur Unterstützung der Büroarbeit. Was sich daraus entwickelt, wird von vielfältigen Selektionsentscheidungen, sowohl bei den Herstellern wie auch bei den anwendenden Verwaltungen beeinflußt werden. Das Spektrum reicht von alleinstehenden Arbeitsplatzsystemen für Experten und Wissenschaftler bis hin zu einer grundlegend neuen räumlichen und auch zeitlichen Verteilung der Verwaltungsarbeit. Fragen des optimalen Standorts von Verwaltungssitzen (im regionalen Maßstab) und Verwaltungsgebäuden (im lokalen Maßstab) können neu überdacht werden, wenn Gestaltungsrestriktionen an Bedeutung verlieren. Räumliche Dekonzentration des Bürgerkontakts, Rückverlagerung von Arbeitsplätzen in die Nähe von Wohnungen und die Möglichkeit flexiblerer Arbeitszeitgestaltung fordern Überlegungen heraus, die nicht erst unter erhöhtem Druck der Öffentlichkeit oder Verkaufsdruck der Hersteller angestellt werden sollten. Ähnliches gilt für Systeme, die stellen- oder behördenübergreifende Kommunikationsnotwendigkeiten besser realisieren lassen. Man könnte sich Computerkonferenzsysteme vorstellen, mit denen die Kooperation zwischen Ordnungsämtern, der Gewerbeaufsicht, der Vollzugspolizei und ihren aufsichtsführenden Behörden erheblich verbessert würde, und man sollte dies angehen, ohne auf weitere kleine und große Skandale des Umweltschutzes zu warten.

Mit dem Spektrum der Möglichkeiten wachsen die Anforderungen an eine sinnvolle Gestaltung des Technikeinsatzes. Die Innovationssituationen in der öffentlichen Verwaltung werden zugleich vielgestaltiger und seltener. Die "alte" DV, obwahl sie zur Gewöhnung der Verwaltung an die Technik wesentlich beizutragen vermochte, kann sich zudem als lähmender Klotz erweisen und die Nutzung der neuen Möglichkeiten erschweren.

Wieder einmal gilt es umzudenken. Die DV führte dazu, daß die Analyse
von der Aufbauorganisation zur Ablauforganisation fortschreiten mußte,
von der Bündelung von Aufgaben zum Zwecke der Stellenbildung hin zu
einer Zerlegung von Aufgaben in Teilschritte der Erledigung, die dann
neu geordnet, zum Teil herausgebrochen und funktional zentralisiert
wurden [4]. Das reicht für die Durchdringung der Bürokommunikation nicht
aus. Den jetzt erforderlichen Schritt kann man als eine Verfeinerung
der Analyse von der Ablauforganisation zur (individuellen) Arbeitsorganisation kennzeichnen. Das Bürogeschehen wird in einer Detailliert-
heit erfaßt, die uns bislang fremd war. Bei aller Eintönigkeit des Bü-
rolebens ließ man dem Büroarbeiter einen gewissen Freiraum bei den
täglichen Arbeitsvollzügen, wo dann sein Eigensinn walten durfte. So
wie schon die Betrachtung der Ablauforganisation und ihrer maschinellen Konsequenzen vielfach in einer Beschränkung von Handlungsspielräu-
men der Sachbearbeiter mündete - vordergründig wurde das der Maschine
und ihren Zwängen zugeschrieben - , so könnte jetzt die genaue Abbildung von Bürovorgängen, von individuellen Gewohnheiten im Umgang mit
Papier und Bleistift zu noch weiter beschnittenen Freiräumen führen,
wenn man nicht von vornherein zwei Gestaltungsgrundsätze beherzigt.

Der erste Grundsatz besteht darin, einen persönlichen von einem gruppenspezifischen Bereich zu unterscheiden, um die Handlungsfreiräume
der Systembenutzer zu wahren [5]. Selbst bei hochgradig routinisierten
Vorgängen müssen Vorkehrungen dafür getroffen werden, daß die Erstellung und Gestaltung von Texten, die Durchführung von Operationen, das
Management der persönlichen Informationsressourcen voll in der Beherrschung des Benutzers bleibt und niemand anders zur Kenntnis ge-
langt. Erst der Benutzer gibt dann die Anweisung an das System, das
Ergebnis seiner Arbeit in die gruppenspezifischen Prozesse, Vorgangs-
ablauf oder Computer-Konferenzsystem, einzuspeisen. Hierauf ist noch
zurückzukommen.

Zweitens sollte die Benutzerschnittstelle eine Anpassung der Werkzeuge
des Systems an die persönliche Art der Aufgabenerledigung ermöglichen.
Der Benutzer muß imstande sein, das System selbst im Hinblick auf seine eigenen Arbeitsgewohnheiten zu programmieren [6].

## 2. Innovationssituationen

Was sich von den neuen Möglichkeiten durchsetzen wird, ist schwer vorherzusagen. Eine Innovationssituation wie vor 10 oder 20 Jahren im Hinblick auf die frühen Formen der Verwaltungsautomation ist gegenwärtig nicht gegeben. Die Antriebe für die Einführung der großen DV-Systeme wirken heute nur noch zum Teil. Personaleinsparungen im büromäßig arbeitenden Teil der öffentlichen Verwaltung sind von den neuen Möglichkeiten, allen Vorhersagen zum Trotz, weniger zu erwarten als von den schon realisierten DV-Anwendungen, zumindest, wenn diese besser beherrscht werden als in der Anfangszeit. Auch Qualifikationen stehen inzwischen eher im Überfluß bereit. Entscheidend für die Auslegung vieler Verfahren der 60er und frühen 70er Jahre war ja gerade das Bestreben, qualifiziertes Personal zu entlasten und sinnvoll einzusetzen. Auch die Beherrschung der Arbeitssituationen im Hinblick auf Termingerechtigkeit, Schnelligkeit, Zuverlässigkeit und Fehlerfreiheit läßt sich durch die neuen Möglichkeiten kaum steigern. Schließlich kam in der Vergangenheit den Erwartungen von Politikern erhebliche Bedeutung zu, die hofften, die mit DV-Einsatz die Verwaltung besser steuern, auf Wählerwünsche oder Zwangslagen rascher reagieren zu können.

Was sind nun die Kennzeichen von Innovationssituationen? Es erscheint mir verfehlt, diese Frage allzuschnell auf die Akzeptanzbereitschaft der Betroffenen zu verlegen. Gewiß scheinen kulturelle Faktoren diese Akzeptanzbereitschaft heute wesentlich zu reduzieren. Die eigentlichen Probleme liegen aber in der Phase des Anstoßes von Innovationen. Die Bereitschaft zur Einführung neuer Verfahren und Techniken resultiert aus dem Zusammentreffen verschiedener Faktoren [7]. Die eigene Organisation muß Schwächen aufweisen. Das objektive Vorliegen von Leistungslücken allein reicht jedoch nicht. Ebenso wichtig ist ihre Erkenntnis durch die Führungsspitze.

Deren Schlüsselstellung kann nicht deutlich genug herausgearbeitet werden. An ihr liegt es, die Zielvorgaben für einen sinnvollen und beherrschten Einsatz der Informationstechnik in der Verwaltungspraxis zu machen. Verfänglich war der Glaube, die Einführung der Informationstechnik berühre "nur" verwaltungsinterne Abläufe. Rückwirkungen auf die Haupt- und Nebenziele des Verwaltungshandelns wurden erst erkannt, als die Alarmmeldungen über mangelnde Bürgergerechtigkeit eintrafen.

Gegenwärtig sieht es so aus, als beschränke man sich darauf, auf die mit dem früheren DV-Einsatz verbundenen Unannehmlichkeiten und Unverträglichkeiten zu reagieren. Vordergründig wird die neue Technik daraufhin befragt, inwieweit sie dazu beitragen kann, die Fehler der Vergangenheit wiedergutzumachen. Insbesondere die verselbständigte DV-Organisation in der öffentlichen Verwaltung scheint ein unmittelbares Interesse an einer solchen Sicht zu haben. Werden hier keine verwaltungspolitischen Ziele vorgegeben, so wird die neue Technik benutzt, um Mängel der herkömmlichen DV-Verfahren zu beseitigen. Innovativ kann man dies kaum nennen.

## 3. Zur Führungsverantwortung im Hinblick auf die Informationstechnik

Zur Vorgabe verwaltungspolitischer Ziele sind - innerhalb des politisch und rechtlich vorgegebenen Rahmens - vor allem die Führungsspitzen in der Verwaltung selbst berufen. Die damit begründete Verantwortung wird jedoch vielfach nicht wahrgenommen. Dafür gibt es kulturelle und schließlich verhaltensmäßige oder ausbildungsbedingte Hindernisse.

Strukturelle Ursachen liegen den gegenwärtigen Kooperationsmängeln im Dreieck Führung-Organisation-DV zugrunde [8]. Die Auslagerung der DV hat dazu geführt, daß die Führung nicht auf Experten für Technik und Organisationsgestaltung in verläßlicher Weise zurückgreifen kann. Das ist aber unumgänglich, selbst und gerade dann, wenn man Führungsfunktionen in der Informationsverarbeitung nicht delegiert. Es gilt sowohl im Hinblick auf eher logistische Aufgaben der Informationsversorgung einzelner Stellen wie auch im Hinblick auf eher technisch orientierte Führungsaufgaben.

Von erheblicher struktureller Bedeutung ist auch die große Zersplitterung des Innovationsmanagements. In der Regel beherrscht die innovationswillige Einheit nur ganz wenige der im Zuge der Innovation zu ändernden Umstände. Die querschnittsartig verselbständigte Verfügung über Ressourcen, ihre Ansiedlung auf unterschiedlich hohen Ebenen, führt zu einer Vielzahl von Vetopositionen. Hinzu kommt noch das Verhalten von Stellen, die zur Wahrung besonderer Ziele ausdifferenziert wurden, wie die Rechnungshöfe oder die Datenschutzbeauftragten. Oft weisen sie eine Tendenz zur extensiven Ausnützung ihrer Kompetenzen auf. Die Beteili-

gung vieler Instanzen führt zu einem Polyzentrismus der Reformsteue-
rung. Es entsteht ein derart hoher Konsensbedarf, daß dies einer
Blockierung von Veränderungsansätzen gleichkommt. Nur der fast völlige
Verzicht auf inhaltliche Alternativen, auf wirklich Neues, kann vielfach den erforderlichen Konsens sichern.

An der Schnittstelle von strukturellen und kulturellen Hindernissen
der Wahrnehmung von Führungsverantwortung ist die fehlende Konkurrenz
zwischen Behörden zu nennen, ebenso wie die mangelnden Anreize für
Führungskräfte auf den unterschiedlichen Ebenen im Hinblick auf Innovationen.

Daß es sich bei alledem nicht nur um strukturelle Besonderheiten des
öffentlichen Bereichs handelt, vielmehr kulturelle Faktoren eine wesentliche Rolle spielen, geht schon daraus hervor, daß es im Unterneh-
mensbereich oftmals nicht viel besser steht. Auch hier gibt es vielfach kein konsistentes Management der Informationstechnik, schon gar
nicht im Hinblick auf eine geplante Versorgung einzelner Betriebsteile
mit Informationen. Auch dort findet man erhebliche Mängel in den organisatorischen Kenntnissen oder in der Fähigkeit, die Technik in ein
Organisationskonzept zu integrieren [9]. Auch dort tritt die Gestaltungsaufgabe - Organisation, Personalführung, Technikeinsatz - hinter
die Fachaufgaben zurück.

Wenn in der öffentlichen Verwaltung das alles noch stärker der Fall zu
sein scheint, so sollte man nicht vergessen, daß dies auch daran liegen kann, daß der fachliche Teil der Führungsaufgaben oft wesentlich
komplexer ist als in Unternehmen. Man denke an die "Produktpalette"
einer durchschnittlichen Kommunalverwaltung [10].

Der gestalterische Teil der Führungsaufgaben hat außerdem viel stärkere politische Komponenten. Zahlreiche Fußangeln lassen es manchem geraten erscheinen, sich nicht allzuweit vorzuwagen. Ziele der Politik
müssen umgesetzt und in Einklang mit der Notwendigkeit gebracht werden,
den Betrieb laufen zu lassen, die Arbeit getan zu bekommen. Interessen-
ausgleich,den der Gesetzgeber nicht herbeiführen wollte, wird der Verwaltungsspitze zugeschoben. Durch neue Managementtechniken und durch
Legitimationsbeschaffung außerhalb der traditionellen politischen Kanäle strebt sie danach, dem Vorwurf subjektiven Versagens angesichts

objektiv unlösbarer Probleme zu entgehen. Wie sehr ihr durch die Aufsplitterung der Verantwortung die Hände gebunden sind, bemerkt sie
selbst.

Das alles kann freilich die im Verhalten der Führung angelegten Probleme nicht überdecken. Die anerzogene Unfähigkeit zum organisatorischen Denken läßt sich vor allem im höheren Dienst nur langsam beseitigen. Auch das hängt damit zusammen, daß bei uns kein kulturelles
Klima herrscht, in dem derartige Fähigkeiten durch hohes Ansehen honoriert werden. Ich verkenne nicht, daß die juristische Kunstlehre des
Entscheidens und Argumentierens, neben der Verinnerlichung rechtsstaatlicher Anforderungen im juristischen Denken, auch im Hinblick auf
die politischen Elemente von Führungsaufgaben ein Stück weit qualifiziert. Auch mag ein organisatorisches Fingerspitzengefühl das Ergebnis längerer Verwaltungspraxis sein. Gleichwohl fehlt es an organisa-
tionsbezogenem Denken, an der Kenntnis einfachster Zusammenhänge. Es
fehlt an organisatorischer Phantasie.


4. Informationsmanagement

Was läßt sich hier kurz- oder mittelfristig ändern? Vor wissenschaftlichen Patentrezepten möchte ich warnen. Auch mit neuer Rhetorik -
"Ressource Information", "Informationsmanagement" - ist zunächst noch
nichts gewonnen.

Zu allererst geht es um ein Aufmerksamkeitspotential für die Gestaltungsaufgabe. Sie muß gleichberechtigt neben der Fachaufgabe stehen.
Die Aufmerksamkeit für Verwaltungsinterna ist nicht nur bei Politikern unterentwickelt. Sie ist es auch in der Verwaltung selbst. Größere
Aufmerksamkeit als der Technik muß den organisatorischen Prämissen
ihres Einsatzes zukommen. Im Mittelpunkt steht die Verantwortung für
die Arbeitssituationen, die Gestaltung der Arbeitsabläufe und Kommunikationsbeziehungen, die ihrerseits für die Qualität der Verwaltungs-
produkte, bürgerfreunlichen Service, Rechtsstaatlichkeit und Rechts-
schutzgewährleistung weitgehend ausschlaggebend sind. Die Versorgung
mit Information steht vor der Informationstechnik. Solange das nicht
eingesehen wird, behandelt man etwa Anforderungen des Datenschutzes
als lästige Pflichtübung und nicht als den ersten Schritt zu einem

verantwortungsvollen Informationsmanagement [11].

Die Aufgaben des Informationsmanagements sollen hier nicht umfassend dargestellt werden. Die Bereitstellung von Informationen ad hoc für wichtige Entscheidungen gehört ebenso dazu wie die Zementierung der Kanalbetten für routinemäßige Informationsflüsse. Soweit es um die Einführung neuer Systeme geht, lassen sich die Aufgaben in vier Schritte zerlegen:

- Klärung der <u>Ziele des Verwaltungshandelns</u> einschließlich von Nebenzielen wie Zuverlässigkeit, Sicherheit, Nachvollziehbarkeit des Verwaltungshandelns, wünschenswerte Qualifikationsentwicklung usw. [12]
- <u>Identifizierung von Schwachstellen</u> im Verwaltungsvollzug, von Situationen, die verbessert werden können und in denen Innovationen auch zünden;
- <u>Entwurf von Konzepten der Informationsversorgung</u>, des angestrebten Umgangs mit Informationen im breitesten Sinne;
- hierauf aufbauend schließlich das Sollkonzept für die <u>informationstechnische Unterstützung</u>.


## 4.1 Klärung der Ziele

Auf der Zielebene geht es nicht nur um die primären Verwaltungsaufgaben und ihre zu erwartende Entwicklung, Veränderung, Differenzierung. Hier gibt es in der Regel explizite politisch-rechtliche Vorgaben. Es sind auch Nebenziele des Verwaltungshandelns in die Überlegungen einzubeziehen, die sich mit den Werten der Rechtsstaatlichkeit, der Bürger- und Mitarbeitergerechtigkeit sowie der Wirtschaftlichkeit verbinden lassen. Ihre Konkretisierung ist der Verwaltung weithin selbst überlassen.

Während Bürger- und Mitarbeitergerechtigkeit breit diskutiert werden, ist den mit dem Wert der Rechtsstaatlichkeit verbundenen Nebenzielen oft noch geringere Aufmerksamkeit zuteil geworden. Zu ihnen zählen
- die Festlegung von Qualitätsstandards für die Produktion und das Verwaltungsprodukt;
- die Festlegung des Grades von Verbindlichkeit und Nachvollziehbarkeit der Kommunikation.

Die Festlegung von Qualitätsstandards der Produktion ist vor allem dort
von Bedeutung, wo der Bürger durch einen Verwaltungsbescheid hochgradig
betroffen ist. Erst wenn auf der Zielebene Qualitätsstandards der Produktion festgelegt sind, können auf der Mittelebene die Anforderungen
an die Arbeitsorganisation und die unterstützende Technik präzisiert
werden, damit qualitätsgerecht gearbeitet werden kann. Die Fiktion eines
unbeschränkten Zugangs zu einem lückenlosen Rechtsschutzsystem hatte
bislang das Nachdenken über diese Problematik abgewehrt. Am Beispiel
der Rentenbescheide in der gesetzlichen Rentenversicherung, wo der
Grad der Betroffenheit des Klienten besonders hoch ist, kann dies
näher belegt werden. Untersuchungen haben eine Fehlerquote dieser Bescheide von mindestens 5 % ergeben [13]. Selbst wenn man formal gesehen
für eine Reihe dieser Fehler zu Lasten des Versicherten diesen selbst
verantwortlich macht, stellt sich die Frage, ob ein solcher Zustand
noch hingenommen werden kann. Es soll nicht unterstellt werden, daß bewußt Mängel in die Arbeitsorganisation eingebaut werden, im Vertrauen
darauf, der Versicherte werde schon durch die Einlegung von Rechtsbe-
helfen sich anschließend melden. Dennoch führt das Vertrauen auf unser
ausgebautes Rechtsschutzsystem dazu, daß Verfahrensmängel und Mängel
der materiellen Bescheidproduktion nicht zur Kenntnis genommen werden,
solange sie nicht offensichtlich sind.

Es geht also darum, Maßstäbe sowohl für die Qualität der Verwaltungsleistung als auch für die Qualität des Verfahrens zu entwickeln. Das
muß notwendig zu Prioritätensetzungen und Wirtschaftlichkeitsüberlegungen führen, die - vom Rechtsstaatsideal her gesehen - eigentlich
illegitim sind [14]. Welchen Fehlerursachen soll man zuerst zu Leibe
rücken? Lohnt sich ein hoher Aufwand, eine besonders umständliche Verfahrensgestaltung, um einige relativ seltene Fehler nicht mehr vorkommen zu lassen?

Schon auf der Ebene der Zielsetzungen, nicht erst der Ebene der Abläufe sind Festlegungen des Grades der Verbindlichkeit und Nachvollziehbarkeit der Kommunikation zu treffen [15]. Allgemein sind alle Forderungen der Ordnungsmäßigkeit der Kommunikation und des Umgangs mit
Informationen zu definieren, die sich aus Rechtsvorschriften oder anderen verbindlichen Regeln ergeben. Die Anforderungen an die Verbindlichkeit der Kommunikation, an die Authentikation von Dokumenten, an
ihre Korrektheit und Genauigkeit u.a.m. müssen bei der Gestaltung von

Bürokommunikationssystemen zu einer "Gewährleistungsarchitektur" [16]
führen, um eine zieladäquate Unterstützung der Büroarbeit zu ermöglichen.

Besondere Bedeutung in der öffentlichen Verwaltung hat dabei die Möglichkeit, Entscheidungsprozesse nachzuvollziehen. Es muß möglich sein,
Fehlerquellen zu ermitteln und unvorschriftsmäßiges Verhalten nach-
zuweisen. Bei wichtigen Vorlagen muß, wie heute durch die Verwendung
unterschiedlicher Farbstifte, erkenntlich bleiben, wer was auf welcher hierarchischen Ebene hinzugefügt oder verändert hat. Die verwal-
tungsgerichtliche Kontrolle der Grenzen der Ermessensausübung muß möglich bleiben; vielleicht sollte sie durch erhöhte Transparenz von Ver-
waltungsvorgängen auch künftig verbessert werden. Ebenso verbessert
werden sollte die Transparenz und Durchsichtigkeit des Verwaltungshandelns für den Bürger wie auch für die beteiligten Mitarbeiter selbst.

## 4.2 Identifizierung von Innovationssituationen

Als nächster Schritt ist zu untersuchen, wo Veränderungen ansetzen
können. Hier muß auf Ausführungen zur Innovation in Organisationen verwiesen werden [17]. Allgemein kann nur vor Strategien des großen Wurfs
gewarnt werden. Der Umgang mit Informationen ist, anders als der Umgang mit Haushaltsmitteln oder personellen Ressourcen, vielfach den
Betroffenen gar nicht bewußt. Bevor man hier an querschnittshaft verselbständigte Planungen denken kann, gilt es zunächst, die Sensibilität
der Betroffenen zu entwickeln.

## 4.3 Entwurf von Konzepten der Informationsversorgung

Der Entwurf von Konzepten der Informationsversorgung, des angestrebten
Umgangs mit Informationen, ist das Zentralstück eines verantwortungsbe-
wußten Informationsmanagements. Gedanklich empfiehlt sich durchaus die
Parallele zu Finanzplanung, Personal- und Organisationsplanung, wenngleich man nicht in den Fehler verfallen darf, Information als eine
Ressource wie alle anderen zu behandeln - schließlich gelten die Bedingungen der Knappheit hier theoretisch nicht und praktisch nur eingeschränkt [18]. Auch in organisatorischer Hinsicht kann sich eine vor-

sichtige querschnittsmäßige Verselbständigung empfehlen. Selbst wenn
die Führungsspitzen ihre Verantwortung in idealer Weise wahrnehmen,
können und sollen sie sich nicht mit Detailkenntnissen über die Technikentwicklung oder über bestimmte Vorgänge und Arbeitsgewohnheiten
belasten. Die Delegation von Teilen des Informationsmanagements kann
außerdem dazu führen, daß der Informationsberater wichtige Fragen an
das Management heranträgt [19].

Eindeutig muß jedoch der Akzent liegen auf Informationsversorgung,
nicht auf Informationstechnik. Es geht um die Planung der Informationsbereitstellung, die Strukturierung der Wahrnehmung einzelner
Stellen, Abteilungen und Behörden. Kenntnis wie auch Vorenthaltung
von Informationen (Datenschutz!) müssen konzeptionell festgelegt sein,
bevor man informationstechnische Unterstützung realisiert.

Nur mit dieser klaren Phaseneinteilung läßt sich die Beherrschung der
Informationstechnik in der Verwaltung verbessern. Auf der Ebene der
Informationsversorgung, nicht erst des Technikeinsatzes gilt es auch,
Verzicht zu üben, nicht alles Machbare umzusetzen.

So gilt es darüber zu wachen, daß bestimmte mit Kommunikation verbundene Intentionen, z.B. Anweisungen, aufgrund der Eigenschaften bestimmter Kommunikationstechniken nicht überhand nehmen, wo doch vernünftiges Management sie in der letzten Zeit eher schon zurückgedrängt
hat. Weiterhin gilt es darüber zu wachen, daß technisch verbesserte
Koordinationsmöglichkeiten bei der Bearbeitung komplexer Vorgänge nicht
zu einem Übermaß an Verflechtung zwischen einzelnen Stellen und zu
übertriebener Formalisierung der einzelnen Arbeitsschritte führen [20].

Vor allem gilt es, nicht alle neu gegebenen Kontrollmöglichkeiten über
Arbeitsverhalten und Arbeitsleistung auszunützen. Der kurzfristige
Wunsch, zu Zwecken der Personaleinsatzplanung das Problemlösungsverhalten eines Angestellten durch Nachvollzug seiner Kommunikation mit
dem System zu ermitteln, mag auf längere Sicht fatale Folgen haben,
auch aus der Sicht des Managements. Die Versuchung, auf solche Methoden zurückzugreifen, wird stärker werden, wenn der persönliche Kontakt
zwischen Manager und Angestellten nachläßt, etwa bei flexiblerer Arbeitszeit oder räumlicher ausgelagerter Arbeit bis hin zur Heimarbeit.

## 4.4 Informationstechnik-Einsatz

Hat man sich gedanklich mit den Problemen des Umgangs mit Informationen
auseinandergesetzt, so gelingt es leichter, eigene Anforderungen an
die informationstechnische Unterstützung zu formulieren, anstatt den
Vorgaben der Hersteller der Datenzentralen hinterherzulaufen. Anstatt
angestrengt nach Einsatzmöglichkeiten, Auslastung und transportfähigen
Inhalten für lokale wie auch öffentliche Netze zu suchen, sollten von
den Inhalten her die Anforderungen präzisiert werden. Dabei mag es sich
ergeben, daß nicht vernetzte "persönliche Computer" in vielen Fällen
ausreichen, in denen man zunächst zu viel aufwendigeren technischen
Lösungen tendierte.

Zu warnen ist vor allem vor der kurzfristigen Überschätzung der Bedeutung öffentlicher Kommunikationsnetze für die Verwaltung. Gewiß, die
Kunde von ihrem Aufbau hat oftmals stimulierende Wirkung. Man überlegt
dann, wie man per Bildschirmtext den Kundenkontakt verbessern, neue
Formen der Auskunft und Beratung realisieren kann. Auch für die hausin-
terne Kommunikation mag ein solches System in manchen Fällen eine brauch-
bare Alternative abgeben. Und dennoch: Gerade hier ist die Gefahr besonders groß, die Kommunikationstechnik vor die Kommunikationsinhalte
zu setzen.

Gleichviel, wie das technische Unterstützungssystem schließlich aussieht: Es gibt eine Anforderung an seine Gestaltung, die nicht genug
betont werden kann. Der Grad der Beherrschung der Technik durch den
einzelnen Mitarbeiter und durch die Organisation insgesamt sollte so
hoch sein wie irgend möglich. Alle Mitarbeiter einschließlich des
Chefs müssen die Prinzipien der Technik kennen und die wesentlichen Informationsflüsse, Kommunikationsbeziehungen und Verarbeitungsvorgänge
durchschauen. Die Kommunikationsbeziehungen des Gerätes am Arbeitsplatz
müssen für den Benutzer jederzeit durchschaubar und beherrschbar sein,
auch wenn dieser Benutzer nur ein Zuarbeiter in untergeordneter Stellung ist. Es gilt strikt darauf zu achten, daß auch bei der stupide-
sten Vorgangsbearbeitung dem einzelnen noch ein individueller Bereich
in der Arbeit am Gerät und mit dem System gelassen wird, den er voll
beherrscht. Wie die Trennung eines persönlichen von einem gruppenspezifischen Bereich im einzelnen aussieht, bedarf jeweils der Festlegung. Für eine größtmögliche Ausdehnung des persönlichen Bereichs

sollte die Vermutung sprechen, wenn auch die Durchführung schwerfallen mag, sind doch mit der Wahrung dieses persönlichen Bereichs Kontrolldefizite verbunden.


5. Zur gesellschaftsverträglichen Nutzung von Information und Informationstechnik in der Verwaltung

Die Verwaltungsarbeit und ihre informationstechnische Unterstützung müssen nicht nur zieladäquat sein in dem Sinne, daß sie den Aufgaben der Verwaltung und den schon angesprochenen Nebenzielen genügen. Stärker als private Unternehmen muß die Verwaltung auf die Gesellschaftsverträglichkeit ihres Handelns achten. Wenn die Verwaltung beim gesellschaftsverträglichen Umgang mit Informationen und bei der gesellschaftsverträglichen Nutzung der Informationstechnik nicht Vorreiter spielt, so nimmt sie - von ihrer globalen Mission her gesehen - an der einen Stelle, was sie an der anderen gibt. Die Entwicklung der öffentlichen Verwaltung kann nicht von der gesellschaftlichen Entwicklung mit ihren Anforderungen an Ausweitung oder Eindämmung von Staatstätigkeit unabhängig gesehen werden.

Leider wird der gesellschaftsverträgliche Umgang mit Informationen und der Informationstechnik nur dort in der Verwaltung zum Thema gemacht, wo öffentliche Besorgnis und öffentlicher Druck dies erzwingen. Das führt dazu, daß allenfalls der offene Mißbrauch der Informationstechnik oder die Befürchtung eines solchen Mißbrauchs, nicht aber die Alltagswirkungen zum Problem werden [21].

Vernachlässigt wird gegenwärtig die zunehmende Angewiesenheit der öffentlichen Verwaltung auf die Informationstechnik und die daraus folgende Abhängigkeit. Sie zwingt zu immer teureren Vorsorgemaßnahmen; ein Aufgeben der Informationstechnik ist faktisch nicht denkbar. Hinzu kommt die mangelnde Beherrschbarkeit von administrativen Großsystemen. Sie resultiert aus hochkomplexer Software, einer Vielzahl von Benutzern und vor allem den Grenzen der Korrektheit von Verwaltungsvollzugsdaten. Vernachlässigt wird schließlich auch die permanente Versuchung, sich der Kommunikation mit dem Bürger oder der offenen Präsentation staatlicher Autorität durch kybernetische Tricks zu entziehen, die abnehmende Gefolgsbereitschaft gegenüber staatlichen Anordnungen technisch zu kompensieren [22].

Chancen wie Gefahren der Informationstechnik sind vielfach nicht absehbar [23]. Das gilt auch dann, wenn man die wissenschaftlichen Anstrengungen durch Begleitforschung oder Technologiefolgenabschätzung steigert. Wie schon im Hinblick auf die Verwaltungsinterna lassen sich jedoch auch hier Klugheitsregeln angeben. Sie können das informationstechnische "Restrisiko" mindern und zu einem beherrschten Einsatz der Informationstechnik verhelfen.

Als erstes sind die eigenen Vorstellungen über Organisation, ist die eigene Organisationsphilosophie kritisch zu befragen. Man muß sich fragen, ob man bestimmte Dinge, die nun technisch leichter zu realisieren sind, wirklich realisieren will. Dazu gehört, daß auf Großsysteme an der Grenze des Handhabbaren in der Regel verzichtet wird, außer dort, wo sie politisch unabdingbar sind. Es muß sichergestellt werden, daß die zukünftige Entwicklung offen und korrigierbar bleibt. Gewiß wird die Abhängigkeit von solchen Systemen oft übertrieben, etwa unter dem Hinweis auf den Zukunftsroman "The machine stops" von E. M. Forster. Dort versagt plötzlich eine Maschine, die eine utopische Gesellschaft mit allem Notwendigen versorgt. Auch in Zukunft werden Großsysteme der Informations- und Kommunikationstechnik nicht solchen Maschinen gleichzustellen sein; die Abhängigkeit von ihnen wird nicht derartige Formen annehmen. Dennoch dürfte es schwierig werden, Großsysteme wie Electronic-Funds-Transfer-Systeme wieder rückgängig zu machen, sollte man zu der Einschätzung gelangen, sie seien wegen Mißbrauchsgefahr, wegen der Verwundbarkeit der Gesellschaft oder mangels technischer Beherrschbarkeit zu gefährlich.

Ein weiterer Grund für eine Beschränkung administrativer Großsysteme liegt in der Angst, welche diese in der Bevölkerung hervorrufen. Auch dann, wenn diese Angst nicht gerechtfertigt ist, hat sie doch unmittelbare politische Wirkungen.

Weiterhin ist immer darauf zu achten, daß ein Notbetrieb "zu Fuß" möglich bleibt. Qualifikationsanforderungen können sich verringern, wenn komfortable interaktive Dialogverarbeitung für den einzelnen Sachbearbeiter zum Regelfall wird. Fähigkeiten der Sachbearbeitung im rechtsanwendenden Bereich könnten verlorengehen, wenn selbst bei den schwierigsten Fällen der vollständige Nachweis von anzuwendenden Vorschriften durch ein Informationssystem übernommen wird. Wenn den gesunkenen Anforderungen dann nach einigen Jahren bei den Beschäftigten Qualifikationsverluste entsprechen, so könnte das auch dazu führen, daß im Notfall ein Betrieb ohne technische Unterstützung nicht mehr möglich ist.

Letztlich ist der Versuchung zur Objektivierung und Schematisierung zu widerstehen, die mit der informationstechnischen Abbildung von Objekten der realen Welt noch weithin verbunden ist. Der maschinelle Beitrag zur Entscheidung darf nicht zur Abdankung des menschlichen Willens führen [24]. Wichtige Entscheidungen müssen von menschlichen Entscheidern verantwortlich getroffen werden. Personalwirtschaftliche Entscheidungen dürfen nicht nach einem objektivierten Punktesystem fallen. Dieses kann gewiß bei der Entscheidungsvorbereitung hilfreich sein, sofern seine Struktur und seine immanenten Grenzen genau bekannt sind.

Ebensowenig dürfen wichtige Fragen im Verhältnis zum Bürger kommunikationslos entschieden werden. Das führt nicht nur zu sehr fehleranfälligen Entscheidungen. Auch die Legitimität staatlicher Machtausübung kann langfristig darunter leiden.


6. Zur Notwendigkeit struktureller Veränderungen

Eine Zusammenschau der angedeuteten Anforderungen an die Verwaltungspraxis gibt Anlaß zur Skepsis. Hinzuweisen ist auf die bekannte Diskrepanz von Einstellungen und tatsächlichem Verhalten. Unter den Führungskräften in der öffentlichen Verwaltung haben viele ihre Einstellungen zur Führungsverantwortung für Information, Organisation und Technik schon geändert oder ändern sie gegenwärtig. Die strukturellen und kulturellen Hindernisse einer angemessenen Wahrnehmung der Führungsverantwortung bleiben jedoch bestehen. Das läßt die Befürchtung aufkommen, daß die Einstellungsänderungen so schnell nicht verhaltenswirksam werden können. Im Gegenteil, die Macht der Verhältnisse drängt die als richtig empfundenen Überzeugungen langsam wieder zurück. Um sie nicht ganz aufgeben zu müssen, kann einmal mehr Nichtbefassung mit den einschlägigen Fragen die Folge sein.

Es folgt daraus die Notwendigkeit struktureller Veränderungen, soll
die Verwaltung von den Möglichkeiten der Informationstechnik einen
sinnvollen und klugen Gebrauch machen. Das hat gewiß derzeit nicht den
höchsten Dringlichkeitsgrad, denn die öffentliche Verwaltung arbeitet
trotz aller Kritik von außen immer noch gut. Man verpaßt auch nicht
viel, wenn man bedächtig vorgeht und nicht unüberlegt die jeweils
letzte Mode mitmacht. Die Wahrscheinlichkeit, daß sich der Einsatz der
Informationstechnik insgesamt positiv auswirkt, wächst aber beträchtlich, wenn ihm die Aufmerksamkeit der Verwaltungsführung zukommt und
dabei gleichzeitig verbreitete Schwächen des Verwaltungsmanagements be-
hoben werden.

Erforderlich ist vor allem die Reintegration von Ressourcenverwaltung
und Planung in die Fachverwaltungen. Man kann sich nicht für seinen Bereich voll verantwortlich fühlen, wenn die Verantwortung zersplittert
ist. Zudem sind Anreize für sinnvolle und kluge Innovationen unter Einsatz der Informationstechnik zu schaffen. Sie dürfen freilich nicht nur
auf Einsparungseffekte ausgerichtet sein.

Neben solchen strukturellen Veränderungen muß aber die Schärfung für und
Bündelung der Aufmerksamkeit auf die Gestaltungsaufgabe stehen. Ziele
der Gestaltung sind klarer als bisher zu fassen. Es gilt wegzukommen
von Schlagworten wie "Mehr Zeit für kreative Tätigkeiten". Sie haben
in der Vergangenheit eher dazu geführt, daß entlastende Routine abgebaut
und die Arbeit für den einzelnen anstrengender wurde.

Der einsetzende Wertwandel in unserer Gesellschaft wird uns sehr schnell
zu der Einsicht führen, daß wir die Informationstechnik nicht als
Krücke benutzen dürfen, um manche überlieferten Grundsätze der Verwaltungspolitik noch eine Zeitlang zu stützen. Die Chancen der informationstechnischen Entwicklung im Kontext der künftigen Verwaltungsent-
wicklung erschließen sich keineswegs, wenn man nur die Technik im
Blickfeld hat und seinen alten Vorstellungen folgt. Es gibt keinen besseren Weg, diese Chancen zu verspielen, als von ihnen fasziniert zu
sein.

<u>Anmerkungen:</u>

1) Peter Wißkirchen u.a., Informationstechnik und Bürosysteme. Stuttgart 1983, S. 17

2) Ebd. S. 16

3) Eckart Lottermoser, 50 Jahre Datenverarbeitung - ein Stück Verwaltungsgeschichte, KGSt-Mitteilungen, Sonderdruck Januar 1979; Gerhard Wittkämper, Die Führungsverantwortung im Bereich der Informationsorganisation in den achtziger Jahren, in: Heinrich Reinermann u.a. (Hrsg.), Organisation informationstechnik-gestützter öffentlicher Verwaltungen, Berlin 1981, S. 580-599 (682 f.).

4) Hans Brinckmann u.a., Verwaltungsautomation, Darmstadt 1974, S. 43 ff.

5) Wißkirchen a.a.O. (Anm. 1), S. 19, 31 f.

6) Ebd. S. 84 ff.

7) Vgl. Klaus Lenk, Probleme der Verwaltungsinnovation durch DV-gestützte Verfahren, in: ÖVD 1980, Heft 10, S. 3-9.

8) Vgl. Hans Brinckmann, Zweierlei Experten für die gleiche Aufgabe: Das stabile Mißverstehen zwischen DV-Fachleuten und Verwaltungsfachleuten, in: Reinermann u.a. a.a.O. (Anm. 3), S. 340-351; Klaus Grimmer, Industrialisierung öffentlicher Verwaltungen oder Verbesserung ihrer Leistungsqualität, in: VOP 5 (1983), S. 51-58; Klaus Lenk, Verwaltungsorganisation der Länder und Gemeinden und Technologieentwicklung bis 1990 - Vorhandene und zu erwartende Probleme der Praxis, in: Fritz Krückeberg u.a. (Hrsg.), Bürotätigkeit in der öffentlichen Verwaltung und technischer Wandel, Regensburg 1983.

9) Paul Wiemann, Computerwoche, 3.6.1983, S. 9.

10) Dazu Hinrich Lehmann-Grube, Informationstechnologie in Großstadtverwaltungen, in: Schloßtag 1982, Informationstechnologische Innovationen in der öffentlichen Verwaltung, Der GMD-Spiegel, Sonderheft Dezember 1982, S. 34-48.

11) Heinrich Reinermann, Informationsverwaltung: Wie gut sind wir?, in: ÖVD/Online Heft 4/1983, S. 7.

12) Zu den Nebenzielen des Verwaltungshandelns ergänzend Klaus Lenk, Arbeitsplatznaher EDV-Einsatz in der öffentlichen Verwaltung, in: Recht und Politik 15 (1979), S. 33-39.

13) Vgl. dazu Klaus Grimmer u.a., Rechtsverwirklichung bei strikt geregeltem Verwaltungshandeln, Eine Voruntersuchung aus der gesetzlichen Rentenversicherung, Heft 16 der Schriftenreihe des Forschungsprojekts Verwaltungsautomation, Kassel, November 1978 sowie demnächst Ulrich Horn, Bedingungen und Funktionen des Rechtsschutzes gegenüber standardisierten Entscheidungen in der Rentenversicherung, Kassel 1983/84

14) Vgl. Rainer Wahl, Verwaltungsverfahren zwischen Verwaltungseffizienz und Rechtsschutzauftrag, in: Veröffentlichungen der Vereinigung der Deutschen Staatsrechtslehrer, Bd. 41, S. 153 ff.

15) Wißkirchen a.a.O. (Anm. 1), S. 106 f.

16) Ebd.

17) Vgl. Anm. 7

18) Klaus Lenk, Information und Dokumentation als öffentliche Aufgabe, Werner Schwuchow (Hrsg.), Ökonomische Aspekte der Fachinformation, München 1981, S. 37-54.

19) Heinrich Reinermann, Informationsmanagement - Verwaltungsaufgaben beim Einsatz der Ressource Information, in: Ders. u.a. (Hrsg.), a.a.O.

20) Hans Brinckmann, Neue Medien in alten Verwaltungsstrukturen,erscheint in: DVR, Sonderheft, 1983/84.

21) Hans Brinckmann, Entwicklungslinien der Informationstechnik in der öffentlichen Verwaltung, in: Verwaltungsrundschau 29 (1983), S. 88-95.

22) Eckart Lottermoser, in: Bundesminister des Innern (Hrsg.), Sachverständigenanhörung zu den Ursachen der Bürokratisierung in der öffentlichen Verwaltung, Teil A: Zusammenfassung der schriftlichen Stellungnahme der Sachverständigen, Bonn 1980; S. 157 f.

23) Zu den Grenzen der Prognose vgl. Klaus Lenk, Gesellschaftliche Auswirkungen der Informationstechnik, in: Nachrichten für Dokumentation 33 (1982), S. 200-211.

24) Abbe Mowshowitz, The Conquest of Will, Reading (Mass.) 1976.

Erfahrungen und Erwartungen der Verwaltung in der Bundesrepublik Deutschland
Jürgen FÄHLING, Kiel

1. Interaktive Datenverarbeitung und informationstechnologische Entwicklung

Natürlich wird die technologische Entwicklung auch in unseren öffentlichen Verwaltungen
weitgehend durch zwei Tendenzen geprägt:

- Dezentralisierung bzw. Verteilung der DV-Leistungen

- Zusammenwachsen der verschiedenen Technologien zu einem integrierten System.

Die ständige Verbesserung des Preis-/Leistungsverhältnisses bei der Datenverarbeitungs-
Hardware führt zu weitgehenden strukturellen Veränderungen der Datenverarbeitung in
der öffentlichen Verwaltung. Zunehmend werden in Ergänzung der traditionellen zentralen Datenverarbeitung Teile der Datenverarbeitungsleistungen direkt an die Arbeitsplätze
der Mitarbeiter in den Verwaltungen gebracht. Die Datenverarbeitung erfolgt nicht mehr
abgesetzt vom täglichen Arbeitsablauf, sondern wird mehr und mehr zu dessen integrier-
tem Bestandteil. Mitarbeiter treten in "Dialoge" mit Rechnern, die entweder in Rechenzentren der öffentlichen Verwaltung stehen oder vor Ort in den Verwaltungen zum Einsatz kommen.

Die Datenzentrale Schleswig-Holstein stellt sich dieser Entwicklung und bietet seit vielen
Jahren je nach Verfahrenserfordernissen und Anforderungen der Verwaltungen Dialogverfahren auf ihren Großrechnern und Dialogverfahren auf von ihr bereitgestellten Vor-Ort-
Rechnern an, wobei hier unterschiedliche, den Verwaltungsanforderungen und jeweiligen
finanziellen Möglichkeiten angepaßte Systeme (vom einfachen "Personal Computer" bis
zum komplexen Mehrplatzsystem) zur Auswahl stehen. Diese Systeme arbeiten in sinnvoller Arbeitsteilung mit den Großrechnern in unserem Rechenzentrum.

Heute werden über 500 Arbeitsplätze in Verwaltungen in Schleswig-Holstein über Dialogverfahren auf Großrechnern oder Vor-Ort-Rechnern der Datenzentrale Schleswig-Holstein
"versorgt".

Diese Entwicklung läßt sich für die Bundesrepublik Deutschland  insgesamt als Tendenz
feststellen. Bei genauerem Hinsehen sind jedoch die Strukturen in den verschiedenen
Bundesländern und erst recht im kommunalen Bereich durch die verfassungsrechtliche
Selbstverwaltungsgarantie (Art. 28 GG) außerordentlich vielfältig.

So gibt es z.B. in Schleswig-Holstein
- kommunale Verwaltungen, die bis heute ohne jede DV-Unterstützung arbeiten,
- Verwaltungen, die seit Anfang der siebziger Jahre Lochstreifenerfassung für zentrale
  Batch-Verfahren praktizieren,
- Verwaltungen, die mehr oder weniger leistungsfähige Einplatz- und Mehrplatzsysteme
  entweder autonom oder im Verbund mit der Datenzentrale betreiben,
- und schließlich Großstädte, die ihre Verwaltungsaufgaben auf Großrechnern - oft gemein-

sam mit den Stadtwerken - abwickeln.

Auch die Landesverwaltung nutzt die Möglichkeit der Rationalisierung durch den Einsatz
der ADV von Ministerium zu Ministerium mit sehr unterschiedlicher Intensität.
Hierauf hinzuweisen, erscheint mir deshalb besonders wichtig, weil die meist allgemein
gehaltenen Abhandlungen über Chancen neuer Technologien diesen sehr unterschiedlichen
DV-Stand zu wenig berücksichtigen. Deren Kenntnis ist aber Voraussetzung für die rea-
listische Beurteilung der Einsatzchancen neuer Technologien in unseren Verwaltungen.

2. Parallel zu dieser Entwicklung vollziehen sich Veränderungen im Bereich der Büroautomation und der technischen Übertragungsdienste.
In die Büros ziehen Speicherschreibmaschinen und Textautomaten unterschiedlicher Leistungsfähigkeit ein. Die Post bietet neue Dienste, um die Übertragung von Informationen
zu erleichtern und zu verbessern. Da diese Angebote sämtlich die Computertechnologie
nutzen, führt die Entwicklung zu überlappten Systemen, die wir als "informationstechnolo-
gisches Dreieck" bezeichnen können (vgl. die Grafik auf der folgenden Seite).

Die immer größer werdenden Überlappungsbereiche zwischen automatisierter Datenverarbeitung, Büroautomation und Telekommunikation sollen im folgenden näher betrachtet werden; denn in diesen Bereichen findet der Einsatz der neuen Informationstechnologien statt.

Besieht man sich die Realität in unseren Verwaltungen der verschiedenen Ebenen näher,
kommt man schnell zu dem Ergebnis, daß die neuen Technologien - auch dort, wo sie technisch und wirtschaftlich möglich sind - nur sehr zögernd eingesetzt werden. Dies liegt nur
zum Teil an dem vielberufenen und kritisierten Beharrungsvermögen der Verwaltung. Es
liegt auch daran, daß die vielen Beteiligten noch nicht in der Lage sind, technisch, wirtschaftlich und organisatorisch praktikable Lösungen für Verwaltungen verschiedener Größen
zu entwickeln. Die Erfahrungen und Erwartungen der Verwaltungen sollen nun im einzelnen
näher untersucht werden.

2.1 Zunächst ein paar Hinweise zum <u>Überlappungsbereich Datenverarbeitung/Büroautomation:</u>

Seit vielen Jahren wird das Zusammenwachsen von Datenverarbeitung und Textverarbeitung
als geradezu selbstverständlich und zwangsläufig dargestellt. Doch bis heute gibt es hier
erhebliche Probleme: In zahlreichen - auch größeren - Verwaltungen stehen hochentwickel-
te Textsysteme unverbunden neben leistungsfähiger Datenverarbeitung. Entgegen den Dar-
stellungen in schönen Prospekten der Hardware-Hersteller ist die Integration von Textverarbeitung und Datenverarbeitung in der <u>Hardware</u> im Sinne einer Multifunktionalität erst in Ansätzen realisiert. In der Alltagspraxis führt der parallele Einsatz von Textverarbeitung
und Datenverarbeitung auf einem System zu deutlichen Einschränkungen oder mindestens

# Informations- technologisches Dreieck

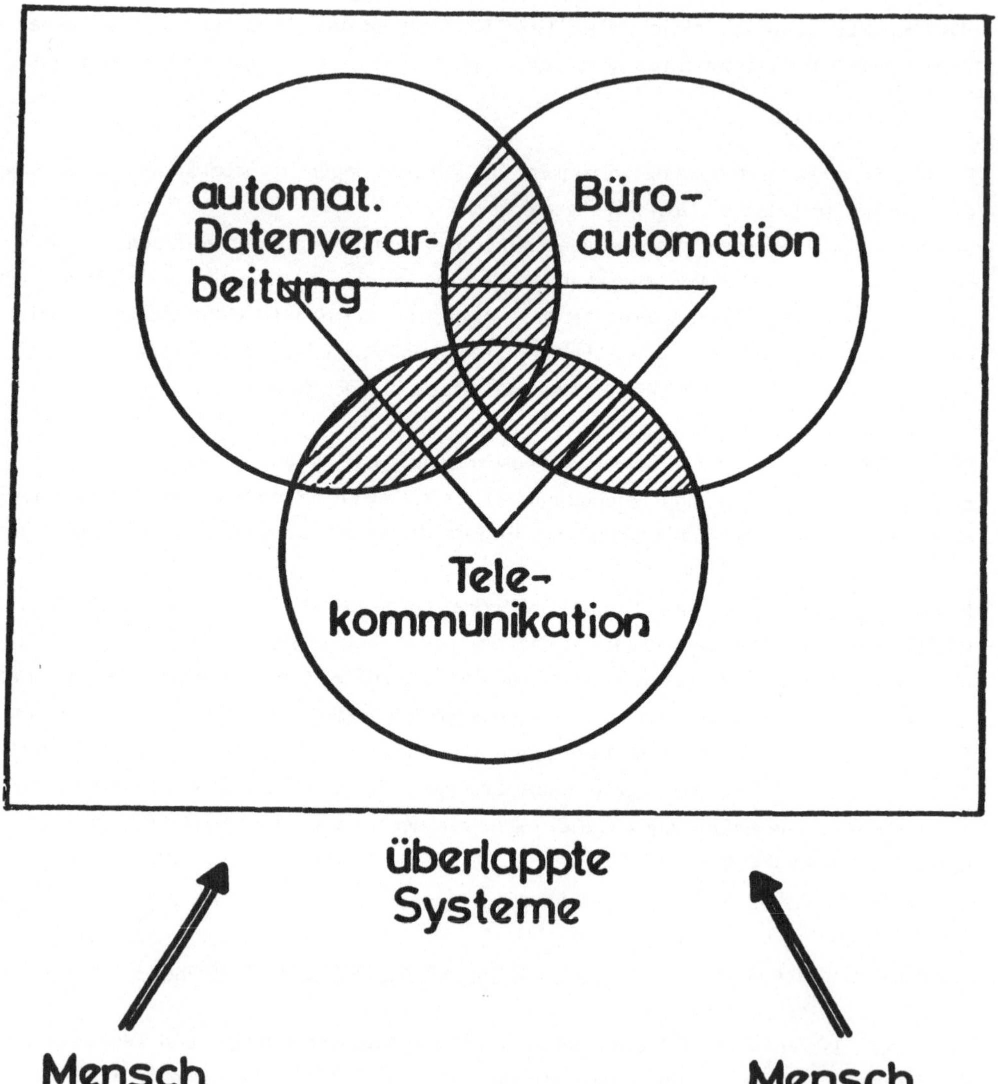

zu kaum zumutbaren Sprungkosten (Hauptspeicheraufrüstung).

Entsprechendes gilt für die Software-Seite, wenn eine inhaltliche Integration von Text- und Datenverarbeitung gefordert ist, wie z.B. bei der Haushaltsplanung mit Zahlenteil und mit Erläuterungsteil, zwischen denen notwendigerweise wechselseitige Verknüpfungen und Plausibilitäten zu realisieren sind. Daraus ergeben sich folgende Forderungen:
- Die Kommunikation unterschiedlicher Datenverarbeitungs- und Textverarbeitungsgeräte muß ermöglicht werden über Protokolle oder Standardisierung auf Anwenderebene (Kommunikation: any to any).
- Die Hardware und Software ist in Richtung auf integrierte Lösungen fortzuentwickeln (LISA usw.).
- Schließlich sind auch die Organisationskonzepte für integrierte Lösungen weiterzuentwikkeln.

2.2 In den Überlappungsbereich Datenverarbeitung/Telekommunikation gehören Datex P und Datex L, die neuen Dienste, die die Bundespost für die Datenübertragung zur Verfügung gestellt hat. Dies war schon wegen der ständigen Überlastung des Telefonnetzes dringend erforderlich. Wir müssen aber feststellen, daß es auch bei Datex P zu Kapazitätsengpässen ("Verstopfungen") kommt. Datex P muß - das ist unsere Forderung - für Btx ausreichend leistungsfähig gemacht werden.

Bei Datex L, das wir gern in größerem Umfang für die Datenfernübertragung einsetzen möchten, bereiten uns die hohen Modemkosten Sorge. Diese Kosten sind für kleine, auf die Kommunikation mit dem Großrechner besonders angewiesene Verwaltungen beinahe prohibitiv (170,-- DM/Monat). Sie stehen auch in keinem Verhältnis zu den Herstellungskosten des Modems. Weiter wünschen wir, daß die Datex-L-Anschlüsse für Datenfernübertragung und Teletex gemeinsam genutzt werden können.

2.3 Im Überlappungsbereich Bürokommunikation/Telekommunikation ist kurz auf Teletex und Telefax einzugehen.

Briefe erstellen, Informationen mit anderen Verwaltungen austauschen wird ohne elektronische Hilfsmittel immer teurer. Hier setzen die Verwaltungen erhebliche Hoffnungen auf Teletex, das die Textverarbeitung und Textübermittlung miteinander verknüpft. Praktische Erfahrungen haben wir noch nicht, da der Teletex-Dienst erst im Juni 1982 eröffnet wurde. Es ist aber zu erwarten, daß Teletex als technisch bessere und preisgünstigere Alternative den Telexdienst zunehmend verdrängen wird. Dieser Prozeß wird allerdings einige Jahre dauern und davon abhängen, ob die Verwaltungen sich überzeugen lassen, bei der Beschaffung von Textsystemen und Speicherschreibmaschinen die Mehrkosten für Teletex-Fähigkeit in Kauf zu nehmen, selbst wenn eine breite Anwendung zur Zeit noch nicht möglich

ist. Die sicherlich vorhandenen Rationalisierungseffekte von Teletex treten erst voll ein,
wenn sich dieser Dienst flächendeckend durchgesetzt hat. Gleichwohl werden wir den Verwaltungen empfehlen, künftig nur solche Speicherschreibmaschinen und Textautomaten zu
beschaffen, die später um einen Teletex-Anschluß erweitert werden können.

Andererseits soll nicht verkannt werden, daß gerade für den Einsatz in den Verwaltungen
gewisse leistungsmäßige Einschränkungen des Teletex sich hemmend auswirken können, nämlich die fehlende Möglichkeit, grafisch gestaltete Briefe zu übermitteln(z.B. auf Briefkopf und
Stadtwappen) und Unterschriften zu übertragen. Teletex wird sich nach meiner Einschätzung
ebenso wie Telefax und Btx zunächst in der freien Wirtschaft durchsetzen. Die Verwaltungen werden langsamer folgen. Eine gewisse Bestätigung hierfür kann man in der Tatsache
sehen, daß z.B. für das Ende 1982 abgeschlossene Forschungsprojekt "Bürokommunikation"
(Prof. Picot und Reichwald) keine öffentliche Verwaltung gewonnen werden konnte.
Eine kürzlich veröffentlichte Prognose erwartet, daß sich bei flächendeckendem Einsatz
von Teletex  andere Bürofunktionen um folgende Prozentsätze reduzieren: Telefonieren:-20 %,
Briefpost: -57 %, Gespräche: - 9 %, Reisen: - 4 %. Selbst wenn man die genauen Prozentsätze bezweifelt, wird hieraus doch das erhebliche Ausmaß der zu erwartenden organisatorischen Konsequenzen sichtbar.

<u>Telefax</u> ergänzt Teletex hinsichtlich der internen oder externen Übertragung vorhandener
Texte oder Bildvorlagen. Die Übertragungszeit ist im Vergleich mit der Briefpost oder dem
Botendienst relativ kurz. Grenzen in der Akzeptanz liegen in der geringen Teilnehmerzahl
(noch unter 10.000), den Kosten (normale Telefongebühren) und der in der Praxis oft un-
zureichenden Übertragungsqualität. Größere Akzeptanz sehe ich erst, wenn die Kombination
mit Teletex hergestellt ist.

## 3. <u>Bildschirmtext</u>

Mit großen Erwartungen blicken die Verwaltungen auf das neue Medium "Bildschirmtext",
das in der Bundesrepublik Deutschland nach Ablauf der Feldversuche in Düsseldorf und Berlin vor seiner Einführung steht. Die Hoffnungen gründen sich auf die vielseitigen Anwendungsmöglichkeiten, aber auch auf eine relativ vernünftige Gebührenpolitik der Deutschen
Bundespost. In der Tat weist Btx gegenüber den bisher dargestellten Diensten einige Besonderheiten auf, die die Erwartungen als gerechtfertigt erscheinen lassen. Die Besonderheit
von Btx läßt sich auch an dem informationstechnologischen Dreieck nachweisen: Btx berührt
alle drei Bereiche - die Datenverarbeitung, die Bürokommunikation und die Telekommunikation. Es ist daher in dem mittleren Mehrfachüberlappungsbereich anzusiedeln.

Beim Btx verbinden sich Computertechnik (Bildschirmtextzentralen, externe Rechner) mit
Textverarbeitung (Bereitstellen von unformatierter Informationen) und Nachrichtentechnik

(Telefonnetz). Darüber hinaus gehört Btx sowohl zu den öffentlichen Medien als auch zu den exklusiven Medien, d.h. Btx transportiert Informationen zu einer unbegrenzten Menge von Empfängern, kann aber auch die Informationsübermittlung auf bestimmte Empfänger bzw. eine geschlossene Benutzergruppe beschränken.

Seit Mitte 1981 beteiligt sich die Datenzentrale mit einem Rechner im sog. "externen Rechnerverbund" an dem Feldversuch Bildschirmtext. Ziel dieses Versuches ist es, herauszufinden, in welcher Weise dieser neue Dienst für die Informationsverarbeitung in der öffentlichen Verwaltung sinnvoll einzusetzen ist. Obwohl sich an dem Bildschirmtextversuch in Düsseldorf und Berlin mehr als dreißig öffentliche Verwaltungen beteiligen, stehen die Überlegungen noch am Anfang.

## 3.1 Anwendungsmöglichkeiten im Verhältnis Verwaltung - Bürger

Mit Btx steht den Verwaltungen künftig ein Informations- und Kommunikationsmedium zur Verfügung, das die Voraussetzungen für einen engeren Kontakt zur Öffentlichkeit und neue Serviceleistungen für den Bürger bietet. So kann z.B. eine Stadt ihre Bürger mit relativ geringem Aufwand besser als bisher über ihren Aufbau, ihre Aufgaben und Maßnahmen der öffentlichen Verwaltung informieren. Man wird allerdings darauf achten müssen, daß die Informationen für den Bürger praktischen Nutzen haben und jeweils auf dem aktuellen Stand gehalten werden: z.B. Öffnungszeiten der Verwaltung; Unterlagen, die für bestimmte Angelegenheiten von Bedeutung sind (bei Paßantrag, Kfz-Anmeldung usw.); Hinweise für Wohngeld, Sozialhilfe, allgemeine soziale Dienste usw. Über eine sog. "Antwortseite" kann der Bürger Formulare, Merkblätter, Prospekte und Broschüren anfordern.

Ich erspare mir insoweit nähere Hinweise auf die vielfältigen, praktischen Möglichkeiten einer erweiterten Öfentlichkeitsarbeit der Verwaltungen über Btx und beziehe mich auf die Ausführungen von Frau Loyson-Siemering und Herrn Fischer, die ja ausführlich über die vielseitigen Anwendungsmöglichkeiten im Bereich "Öffentlichkeitsarbeit" berichtet haben.

Trotz der sicher sehr eindrucksvollen Beispiele aus dem Bereich "Öffentlichkeitsarbeit" gehe ich davon aus, daß es noch lange dauern wird, bis sich ein solcher Service mit dem damit verbundenen Hardware- und Software-Aufwand und der laufenden personellen Betreuung wirklich lohnt. Schon die praktischen Erfahrungen in Düsseldorf und Berlin haben insoweit zu einer gewissen Ernüchterung geführt. Für die künftige Entwicklung beurteile ich die schnelle Akzeptanz von Btx durch das breite Publikum eher skeptisch, zumal künftig das neue Gebührensystem der Deutschen Bundespost Anwendung finden wird.

In der Bundesrepublik Deutschland gibt es ca. 26 Mio Haushalte. Die Bundespost geht optimistisch davon aus, daß Ende 1986 bis zu 1 Mio Haushalte an Btx angeschlossen sind. Dies sind weniger als 5 % der Haushalte und wahrscheinlich nicht gerade solche, die auf einen zusätzlichen Bürgerservice besonders angewiesen sind. Hinzu kommt die angespannte Haushaltssituation der öffentlichen Verwaltungen. Nach unserer Einschätzung werden es sich daher auch größere kommunale Gebietskörperschaften überlegen, ob es in dem hier betrachteten Zeitraum schon sinnvoll ist, die Öffentlichkeitsarbeit mit Hilfe von Btx zu intensivieren. Wir gehen davon aus, daß Btx zunächst in dem industriellen und gewerblichen Bereich sowie von Dienstleistungsunternehmen und Verwaltungen für interne Zwecke genutzt werden wird. Hier sind nämlich schnell wirtschaftliche Effekte erreichbar und damit Investitionen sinnvoll und aktueller.


3.2 <u>Nutzung von Btx für die Verwaltung über eigene Rechner oder Nutzung des Rechners einer</u>
<u>Datenzentrale</u>


Aus der Sicht einer Datenzentrale ist Btx deshalb interessant, weil jede Dialogdatenverarbeitung sich grundsätzlich auch über Btx abwickeln läßt. In diesem Fall wird das Btx-Standardsystem der Bundespost um den sog. "Rechnerverbund" erweitert, d.h. der am Btx-Dienst teilnehmenden Verwaltung wird über den Rechner der Bundespost Zugang zum Großrechner der Datenzentrale eröffnet. Über den Rechnerverbund erhält die Verwaltung den Zugriff auf Programme und Daten beim Btx-Anbieter - hier der Datenzentrale Schleswig-Holstein. Es lag nahe, die Ergänzung unseres Datenverarbeitungsangebotes für die öffentlichen Verwaltungen in Schleswig-Holstein in Richtung Btx mindestens ernsthaft zu untersuchen.


Aus diesem Grund beteiligte sich die Datenzentrale am Feldversuch in Düsseldorf und Berlin und macht inzwischen im <u>Echtbetrieb</u> Erfahrungen mit dem Medium "Bildschirmtext". Interessant und zugleich kennzeichnend ist dabei, daß die zuerst realisierten Anwendungen nicht aus dem engeren Verwaltungsbereich stammen, sondern mehr Randgebieten der öffentlichen Verwaltung zuzuordnen sind, nämlich den Bereichen "Landwirtschaftskammer" und "Fremdenverkehrsverband". Diese Einrichtungen waren aus ihrer besonderen Interessenlage heraus bereit, auch in eine Pilotphase hinein zu investieren. So bietet die Landwirtschaftskammer ihren Kunden über Bildschirmtext als Dienstleistung Auskünfte, Beratungen, Berechnungen usw. an. Der Fremdenverkehrsverband Schleswig-Holstein stellt das Angebot des Landes Schleswig-Holstein zunächst allgemein dar, er ermöglicht Prospektbestellungen und für bestimmte Testgemeinden auch die Buchungen von Zimmern, Apartments usw.


3.3 Trotz seiner Leistungsgrenzen ist Bildschirmtext nach unserer Einschätzung in bestimmten Fällen geeignet, die Datenverarbeitung in den klassischen Verwaltungsbereichen wirksam und kostengünstig zu unterstützen. Wie eingangs kurz erwähnt, hat die Datenzentrale ein Verbundsystem entwickelt, bei dem dezentrale Rechner unterschiedlicher Größe in den Verwaltungen mit zentralen Rechnern in der Datenzentrale in sinnvoller und wirtschaftlicher

Weise zusammenwirken. Um das Verbundsystem der Datenzentrale möglichst bald nach allgemeiner Einführung des Bildschirmtextes in der Bundesrepublik um diese Leistungen ergänzen zu können, bereiten wir uns im hausinternen Probebetrieb darauf vor, den kommunalen Gebietskörperschaften den Zugriff auf umfangreiche, zentral gespeicherte Datenbestände zu ermöglichen. Vor allem kleinere Verwaltungen sind nämlich oft finanziell nicht in der Lage, sich dezentrale Mehrplatzsysteme mit zahlreichen Datensichtgeräten und erheblichem Speicherplatzbedarf für Daten des Haushaltskassen- und Rechnungswesens, des Einwohnerwesens, Sozialwesens usw. zu leisten. Die Datenzentrale erwägt, diesen Verwaltungen künftig "Personal Computer" zur Verfügung zu stellen, auf denen sich die Datenerfassung und Teile der Datenverarbeitung sowie Textverarbeitung vor Ort in den Verwaltungen vollzieht. Diese PCs (die Auswahl ist bereits getroffen) sind bildschirmtextfähig. Über Bildschirmtext erhalten dann auch kleinere Verwaltungen die Möglichkeit, auf die großen, in der Datenzentrale gespeicherten Datenmengen zuzugreifen, z.B. Auskünfte im Einwohnerwesen - soweit die Daten nicht vor Ort aktuell gespeichert sind (vor allem also auf Historikdaten). Ähnliches gilt für Auskünfte über länger zurückliegende Steuerangelegenheiten, für statistische Daten usw.

Die Restriktionen des Bildschirmtextes (vor allem die begrenzte Leitungsgeschwindigkeit) fallen hier nicht so sehr ins Gewicht, weil keine großen Datenmengen zu übertragen sind und z.B. Auskunftsersuchen, die den sog. Historikbestand betreffen, nur relativ selten anfallen. Darüber hinaus eröffnet die Teilnahme am Bildschirmtext natürlich den Zugang zu allen anderen im Postdienst oder über externe Rechner allgemein zugänglichen Daten bis hin zu den im Aufbau befindlichen Fachinformationsbanken.

Größere Verwaltungen in Schleswig-Holstein setzen in der Regel Mehrplatzsysteme ein. Die für die Bearbeitung erforderlichen Daten sind auf entsprechenden Platten in der Verwaltung selbst gespeichert. Dies schafft - wie bei allen technischen Hilfsmitteln - eine gewisse Abhängigkeit. Wenn das System (zum Glück relativ selten) einmal streikt, muß die Verwaltung ihre Tätigkeit und die Bedienung der Bürger einstellen bzw. je nach Organisationsform für solche Fälle auf Papierkarteien oder COM-Dateien zurückgreifen. Hier könnte Bildschirmtext als Hilfsmittel (Back-up-Lösung) dienen. Der Sachbearbeiter könnte über Bildschirmtext auf die im Rahmen des Verbundsystems zentral gespeicherten Datenbestände zurückgreifen und den Publikumsbetrieb - wenn auch nicht so zügig - aufrechterhalten. Aufwendige Notorganisationen würden überflüssig.

Nicht fehlen darf in diesem Zusammenhang ein Hinweis auf die Möglichkeit, sog. "geschlossene Benutzergruppen" einzurichten, die sowohl im Rahmen des Postdienstes "Bildschirmtext" als auch bei Einschaltung eines externen Rechners gebildet werden können.
Hinzuweisen ist schließlich auf die Möglichkeit, Bildschirmtext unabhängig vom Rechner der Bundespost als "In-House-System" einzusetzen.

## 4. Schlußbemerkungen

Die heute angebotenen neuen Dienste sind in den Verwaltungen praktisch zu nutzen. Ob und wie schnell der Einsatz erfolgt, hängt ab

- von positiven Kosten/Nutzen-Überlegungen,
- vom Mut der Verwaltungen, mit den neuen Diensten Erfahrungen zu sammeln (Berücksichtigung bei der Beschaffungspolitik),
- von der Lösung organisatorischer und struktureller Probleme (Stichwort: Reintegration),
- von der Lösung juristischer und datenschutzrechtlicher Probleme.

Das letzte Stichwort führt zu dem Hinweis, daß die Einführung der neuen Dienste in unsere Verwaltungen einen Teil der gesamten Medienpolitik darstellt. Das Tempo der weiteren Entwicklung wird nicht primär von der Überwindung von Organisations- und Software-Problemen bestimmt; und es hängt noch weniger von den Fortschritten der Hardware-Technologie ab. Ganz maßgeblich wird vielmehr die gesellschaftliche Bewertung der neuen Medien generell und speziell für den Bereich der öffentlichen Verwaltungen sein. Ich selbst halte aus vielen Gründen die technische Innovation für unaufhaltsam. Umsomehr muß es unsere Aufgabe sein, die Verwaltungen hierauf vorzubereiten, sie zu begleiten und zu unterstützen.

Die Forderung ist also nicht ein großes, umfassendes Konzept - dies würde der Akzeptanz eher abträglich sein.

Die geschilderte Entwicklung bedeutet, daß die Verwaltungen kurzfristig von den <u>vorhandenen</u> Diensten praktischen Gebrauch machen könnten und sollten. Ein Abwarten der vorgesehenen Integrationsschritte scheint nicht empfehlenswert, besonders da der schrittweise Übergang auf die Nutzung der Telekommunikation auch die notwendigen Erfahrungen schrittweise vermittelt und die <u>Lernschritte</u> für die Organisation und die beteiligten Mitarbeiter beherrschbar bleiben. D.h., wir sind aufgefordert, praktische Erfahrungen in den verschiedenen Teilbereichen zu sammeln, um uns so auf die umfassenden Einsatzmöglichkeiten der neuen Technologien vorzubereiten.

Workshop A

## Rechtliche Aspekte des Einsatzes neuer Informationstechnologien

Kurzbericht (H. Fiedler)


Der Workshop zerfiel nicht nur rein zeitlich in zwei Teile (Vormittagssitzung,
Nachmittagssitzung). Auch thematisch waren die beiden Teile getrennt: Dem Vormit-
tag wurde ein Komplex von Referaten aus Deutschland zugeordnet, welche sämtlich
informationsrechtliche Aspekte des Technikeinsatzes behandelten. Am Nachmittag
wurden die beiden Referate aus Österreich zusammengefaßt, welche den Einsatz der
Informationstechnik für Legistik (Gesetzgebungsverfahren) und Rechtsdokumentation
behandelten. Die verbindende Klammer lag insofern nur in der gemeinsamen Thematik
einer Wechselwirkung zwischen Recht und Informationstechnik - gerade dies entspricht ja aber auch der Situation der Rechtsinformatik insgesamt.

Vormittagssitzung:

Der Vormittagssitzung waren vier Referate zugeordnet. Davon konnte das erste wegen
Erkrankung des Referenten nicht vorgetragen und diskutiert werden (Peter Dippoldsmann, Neue Medien im Verhältnis Verwaltung/Verwaltete. Anmerkungen zu einem sozialen Verhältnis und seiner rechtlichen Gestaltung). Die weiteren drei Referate
wurden jeweils im Anschluß daran getrennt diskutiert.

Wolfgang Schimmel behandelte in seinem Referat (Neue Medien - altes Recht) insbesondere das Spannungsverhältnis, welches sich beim eventuellen Einsatz neuer Medien
in der Verwaltung unter der Herrschaft der bestehenden, darauf nicht zugeschnit-
tenen Rechtsregelungen ergibt. Schimmel verwies hierzu auf Veränderungen und neuartige Probleme auf einer Vielzahl von "Ebenen" (Kanäle, Dokumente, Verfahren, Arbeitsformen, Arbeitsinhalte, Organisation ...). Anknüpfungspunkte für die Diskussion waren insbesondere seine These, daß das alte Recht diese Problematik nicht
befriedigend regelt, und darauf aufbauend die Empfehlung starker Zurückhaltung
gegenüber dem Einsatz neuer Medien in der Verwaltung bis zu genügenden rechtlichen
Absicherungen. - Die Diskussion brachte vor allem von österreichischer Seite Kommentare in Richtung der Entdramatisierung. Zum Teil wurden die Probleme als weniger
gravierend gesehen, z. T. eine Milderung bei der nur partiellen und sukzessiven
Einführung neuer Medien erwartet. Demgemäß wurde vor allem aus österreichischer
Sicht hierbei ein pragmatisches Vorgehen befürwortet. Insgesamt wurden jedoch die
Bedeutung und das Verdienst theoretischer Arbeit an einer Vorstrukturierung der
Probleme anerkannt.

<u>Herbert Burkert</u> beschäftigte sich in seinem Referat (Einige Anmerkungen zur rechtlichen Gestaltung der Kommunikationsbeziehungen Bürger/öffentliche Verwaltung unter Berücksichtigung neuer Kommunikationstechniken) insbesondere mit der Ableitung von Postulaten aus dem Verfassungsrecht der Bundesrepublik Deutschland. Burkert formulierte eine ganze Reihe von Postulaten für die Gestaltung der genannten Kommunikationsbeziehung (kommunikative Chancengleichheit, angemessene Kommunikationsinfrastruktur, Transparenz der Kommunikationsinhalte und -beziehungen, freiheitssichernde Abwehr von Eingriffen und schließlich Legitimationspflicht für Zwänge bei der formalen Gestaltung von Kommunikationsbeziehungen). - Die <u>Diskussion</u> problematisierte, wieder vor allem aus österreichischer Sicht, die verfassungsrechtliche Ableitbarkeit (gegen "Sterndeuterei der Verfassung"). Anerkannt wurde das Verdienst des Referenten um die Identifizierung der informationsrechtlichen Relevanz von Verwaltungsverfahren. Insgesamt wurde hier ein Beitrag zur Fortentwicklung des Rechtsstaats durch "Informationsrecht" gesehen.

<u>Stefan Bischoff</u> versuchte in seinem Referat (zur Komplementierung des Datenschutzes unter organisatorischen Aspekten: Das Konzept der Zweckbindung) eine Konzentrierung verfassungsrechtlicher Grundsätze im Prinzip der Zweckbindung erhobener Daten mit konkreten Empfehlungen für die Verankerung dessen im allgemeinen Teil des BDSG. Bischoff motivierte seine Thesen in einer weit ausholenden Betrachtung des Verhältnisses zwischen Bürger und Verwaltung insbesondere hinsichtlich ihrer jeweiligen Informationen und Zwecksetzungen. - In der <u>Diskussion</u> wurde einerseits (insbesondere mit dem Hintergrund des österreichischen Rechts) darauf hingewiesen, daß sich in der Verwaltung Zweckfestlegungen vielfach ja ohnehin durch die gesetzliche Festlegung des Verwendungszusammenhangs erhobener Daten bereits vorfinden. Andererseits wurde an die konkrete Ausgestaltung des (im allgemeinen ja weithin anerkannten) Zweckbindungsprinzips bei Bischoff angeknüpft. Hierzu wurde kritisiert, daß Bischoff jedenfalls nach seinen Diskussionsäußerungen die Zweckfestlegungen ganz entsprechend dem "subjektiven Zweck" des betroffenen Bürgers treffen wollte - nicht i.S. eines "objektiven Sinns" oder "objektiven Erklärungswerts".

<u>Nachmittagssitzung:</u>

Der Nachmittagssitzung waren zwei Referate zugeordnet, welche in engem Zusammenhang standen: <u>Gerhart Holzinger</u> (Rationalisierung der Rechtserzeugung und Verbesserung der Rechtsinformation durch Einsatz moderner Informationstechnologien) und <u>Wolfgang Weber</u> (Das juristische Informationssystem des Bundeslandes Niederösterreich). Die beiden Referate wurden deshalb aneinander anschließend gehalten und gemeinsam diskutiert.

<u>Holzinger</u> berichtete über Hauptprobleme und Lösungsansätze von Informations- und

Bürotechnik in ihrer Anwendung für die Textverarbeitung in Legistik und Rechtsdokumentation speziell für die gegenwärtige Situation in Österreich. Hintergrund
waren dabei insbesondere die Aktivitäten im Bundeskanzleramt. Die Darstellung ging
aus von der Analyse gewisser Probleme und Schwachstellen im formalen Rechtserzeugungsprozeß (Legistik) und motivierte von daher einen wohlerwogenen Einsatz von
Informationstechnik. Als spezifische österreichische Schwerpunktthemen können
(neben allgemein verbreiteten Aufgaben der Dokumentation von Normen und Judikatur)
insbesondere genannt werden: Die Schaffung eines Organisationskonzepts für die
Rationalisierung der Rechtserzeugung; der Versuch, durch Btx-Rechnerverbund einen
allgemeinen, unmittelbaren und jederzeitigen Zugriff auf Rechtsinformation  zu
schaffen.

Weber referierte vor diesem allgemeineren Hintergrund sehr konkret über Erfahrungen
mit einem Rechtsinformationssystem im Aufbau und im praktischen Betrieb. Es handelt
sich hierbei um das juristische Informationssystem in Niederösterreich, welches
Aufgaben der Normendokumentation, Literaturdokumentation und Judikaturdokumentation erfüllt. Das eingesetzte Dokumentationssystem ist STAIRS. Weber berichtete
einerseits auch über spezielle Aufgabenlösungen, die z. B. im Zusammenhang der
Normendokumentation auch für den Rechtserzeugungsprozeß von Bedeutung sind (Unterstützung der Gesetzesbereinigung und Publikation), andererseits über Details
der Nutzung des Dokumentationssystems.

Die gemeinsame Diskussion würdigte zunächst die Überlegungen zum Gesetzgebungsverfahren und zur Rechtsdokumentation in Österreich insgesamt (Holzinger). Dabei konnte vielfach auf verwandte Entwicklungen in Deutschland verwiesen werden, auch an
frühere z. T. gemeinsame Überlegungen und Bestrebungen erinnert werden. Der Er-
fahrungsbericht aus Niederösterreich (Weber) gab Anlaß zu Einzelkommentaren auf
einer dem Bericht ähnlichen Detaillierungsebene. Insgesamt ergab die Diskussion den
Eindruck, daß es trotz vieler Gemeinsamkeiten eine Reihe von Themen gibt, bei
denen ein Austausch zwischen deutschen und österreichischen Ansätzen sehr vielver-
sprechend scheint (u.a. "Legistik"; Einsatz neuer Kommunikationsmedien wie Btx).

# Neue Medien im Verhältnis Verwaltung/Verwaltete
Anmerkungen zu einem sozialen Verhältnis und
seiner rechtlichen Gestaltung

**Peter Dippoldsmann**
Gesellschaft für Mathematik und Datenverarbeitung mbH Bonn (GMD)
Forschungsstelle für Informationsrecht (FS-IR)
St. Augustin


## 1. Zum Zusammenhang von Recht, Neuen Medien und Verwaltung

Zumindest vier Aspekte des Zusammenhangs von Recht und Verwaltung verdeutlichen, daß bei der Formulierung von konkreten Vorgaben für den Technikeinsatz auf eine genauere Betrachtung des Verhältnisses Verwaltung/Verwaltete nicht verzichtet werden kann, wenn in (durch "Neue Medien") veränderten sozialen Beziehungen verfassungsrechtliche Grundprinzipien bewahrt sein sollen:

1) Staatliche Verwaltung und Verwaltungsprozesse stehen unter der Bedingung der Rechtsförmigkeit staatlichen Handelns. Das Verhältnis Verwaltung/Verwaltete ist also wesentlich durch Recht konstituiert und strukturiert [1].
2) Eine rationale und überprüfbare Kommunikationspolitik für eine zunehmend technisch gestützte Kommunikationsbeziehung Verwaltung/Verwaltete bedarf eines Wertrahmens zur Entwicklung von Prioritäten [2].
3) Die bestehenden rechtlichen Regelungen sind immer weniger geeignet, für die zu erwartenden neuartigen Formen technikgestützter Information und Kommunikation einen vergleichbaren Standard an z.B. Zuverlässigkeit und Rechtsschutz etwa im Bereich Beratung zu gewährleisten [3].
4) Mit dem Einsatz der Neuen Medien in der öffentlichen Verwaltung ist sie selbst und damit auch das Verhältnis Verwaltung/Verwaltete Veränderungen ausgesetzt, da diese neuen Techniken nicht gesellschaftliche Auswirkungen haben, sondern die radikale Umgestaltung gesellschaftlicher Verhältnisse sind [4].


## 2. Btx in Frankreich – Möglichkeit eines Vergleichs?

Das Verhältnis Verwaltung/Verwaltete ist Thema eines französischen, noch nicht abgeschlossenen Projekts. Gegenstand der Untersuchung ist die Entwicklung und Erprobung von "videotex" bzw. "télématique" unter dem Aspekt des Verhältnisses Verwaltung/Verwaltete [5]. Im folgenden wird nicht der Versuch unternommen, dieses Projekt und seine Ergebnisse vollständig darzustellen. Vielmehr werden nur einige in diesem Projekt formulierte Pro-

---

[1] vgl. P. Dippoldsmann, Der Stellenwert des Rechts bei Organisationsänderungen der öffentlichen Verwaltung, in: DVR, Heft 1/2, 1983, S. 103 ff.
[2] vgl. H. Burkert, Einige Anmerkungen zur rechtlichen Gestaltung der Kommunikationsbeziehungen Bürger/öffentliche Verwaltung unter Berücksichtigung neuer Kommunikationstechniken in diesem Band.
[3] vgl. W. Schimmel, Neue Medien – Altes Recht in diesem Band.
[4] vgl. P. Dippoldsmann/Helga Genrich/J. Poetsch, Datenschutz als Kriterium für angepaßte Informationstechnik, in: I.Kupka (Hrsg), Proceedings, GI – 13. Jahrestagung, Fachgespräch "Angepaßte Informationstechnik – neue Konzepte in der Informatik", Informatik-Fachberichte Nr. 73, 1983, S. 419 ff.
[5] Anders als im deutschsprachigen Raum wird in diesem Projekt nicht von Verwaltung und Bürger gesprochen, sondern von Verwaltung und Verwaltete (administration/administrés). Die folgenden Erörterungen basieren, soweit sie sich auf dieses Projekt beziehen, auf internen Arbeitspapieren. Die Veröffentlichung eines Abschlußberichts ist geplant.

blempunkte aufgegriffen und aus bundesrepublikanischer Sicht skizziert bzw. interpretierend dargestellt. Eine solche Beschränkung ist aus folgendem Grund geboten: Eine vergleichende Interpretation wissenschaftlicher Studien und Ergebnisse aus verschiedenen Ländern muß immer auch den besonderen gesellschaftlichen Rahmen verdeutlichen, in den die Untersuchungen eingebettet sind. Ein solcher Anspruch kann hier nicht eingelöst werden.
Die Skizze einiger Problempunkte aus dem französischen Projekt rechtfertigt sich jedoch trotz dieser Beschränkung, da sie ein weiteres Nachdenken über den Einsatz von Btx in der öffentlichen Verwaltung der Bundesrepublik anregen kann: Die Begleitforschung zu den Btx-Feldversuchen hat zwar einige Ergebnisse über die Akzeptanz und die Qualität der angebotenen Informationen der Verwaltung gebracht; einige öffentliche Bereiche experimentieren bereits mit dem Einsatz von Btx wie z.B. das Statistische Bundesamt und die Bundesversicherungsanstalt für Angestellte. Diese Untersuchungen gehen aber primär von der Frage nach möglichen Einsatzformen und der Akzeptanz des neuen Mediums aus und nicht von einer grundlegenderen Betrachtung des Verhältnisses Verwaltung/Verwaltete. Soweit ersichtlich ist auch von Seiten der Bedürfnisforschung noch keine systematische Studie über das Verhältnis von Verwaltung/Verwaltete mit Blick auf die Einführung neuer Informationstechniken vorgelegt worden.


## 3. Einige Problempunkte des Verhältnisses Verwaltung/Verwaltete

Der Einsatz neuer Techniken im Bereich der staatlichen Verwaltung verändert das soziale Verhältnis von Verwaltung und Verwalteten. Eine Untersuchung dieser Veränderungen kann nun den Schwerpunkt auf das technische Mittel legen oder mehr das Verhältnis Verwaltung/Verwaltete selbst betonen. Auf letzteres konzentriert sich das französische Projekt. Es behandelt schwerpunktmäßig die folgenden Problembereiche:

- Technikorientierung
- Methodische Schwierigkeiten
- Verwaltung/Verwaltete


## 3.1 Technikorientierung

Die in vielen Auseinandersetzungen um die neuen Medien feststellbare Technikorientierung, die auch die bundesrepublikanische Diskussion wesentlich bestimmt, wird kritisiert. Es wird auf die Gefahr einer aus dieser Technikorientierung resultierenden mechanistischen Betrachtungsweise hingewiesen, die schematisch etwa folgendermaßen charakterisiert werden kann:

Einführung eines neuen    ⟶    Reaktionen darauf
technischen Mittels
zur Unterstützung der
Kommunikation

          ↓

Akzeptanzprobleme, die in Begriffen der "wahren Hindernisse", die den Innovationswiderstand begründen, analysiert werden.

Eine solche Sicht bringt die Gefahr mit sich, die Existenz eines Bedarfs einfach zu po-

stulieren und zu unterstellen, die neue Technik könne ihn befriedigen. Dieses Postulat ist
abgeleitet aus einer aus Organisationsstudien verallgemeinerten Prämisse: Information ist
Ressource oder Reichtum, die konstant und unabhängig von Kommunikationsanforderungen
wächst. Damit tendiert eine solche Betrachtungsweise dazu, sowohl die Probleme einer
Medien- und Kommunikationspolitik als auch die Probleme des realen Nutzens der Medien
für den Bürger auszuklammern. Auf diesem Hintergrund verwundern die inzwischen deutlich
gewordenen Probleme der Akzeptanz der Verkabelung bzw. des Kabelfernsehens in der Bundesrepublik nicht [6].
Die Notwendigkeit, das Verhältnis Verwaltung/Verwaltete selbst in den Vordergrund zu
stellen, beruht weiter auf der Tatsache, daß die Entwicklung von Btx auf Gegebenheiten
aufsetzt, die schon tiefgreifend strukturiert sind:
1) durch die vorhandenen (formellen/informellen) Kommunikationsmittel;
2) durch die vor seiner Einführung entstandenen Informationspraktiken [7].

In der Tat münden denn auch die ersten Ergebnisse französischer Untersuchungen in diesem
Forschungsbereich, ihre Evaluation und u.a. die bundesdeutschen Erfahrungen [8] fast immer
in skeptischen oder pessimistischen Einschätzungen: geringe Nachfrage administrativer
Bildschirmseiten, Mangel an verwertbaren Informationen über das Verhältnis Verwal-
tung/Verwaltete u.ä. Daraus resultieren für die Evaluation zwei grundlegende Forderungen:
1) So wichtig es ist, sich Rechenschaft über die Mißerfolge abzulegen, so wichtig ist die
Analyse der Bedingungen, die dazu geführt haben. Nur unter diesen Voraussetzungen ist es
möglich, sinnvolle Anwendungsbereiche für Btx zu finden. Nur unter diesen Voraussetzungen
wird Akzeptanzforschung nicht zur Manipulationsstrategie [9].
2) Die Konzentration auf die Analyse von Innovationswiderständen allein würde zu kurz
greifen. Vielmehr müssen, um die Verhaltensweisen gegenüber den neuen Techniken zu begreifen, zwei Aspekte berücksichtigt werden:
 - die Informationspraktiken der Öffentlichkeit dürfen im Hinblick auf die administrativen
   Informationen nicht vernachlässigt werden und
 - es müssen die zwischen und in den Verwaltungen stattfindenden Prozesse der Integration der Experimente in vorfindliche Verwaltungsstrukturen beachtet werden.
Es ist also notwendig, in die Evaluation die spezifische Sichtweise der Adressaten der
neuen Techniken bzw. die der Öffentlichkeit einzubeziehen, und zwar in einem umfassenden,
nicht auf Innovationswiderstände begrenzten Sinn. Eine umfassende, nicht allein technik-
orientierte Analyse ist jedenfalls dann vonnöten, wenn Btx im Sinne einer echten Verbesserung des Verhältnisses Verwaltung/Verwaltete entwickelt und eingesetzt werden soll.

Eine weitere Beobachtung machte ein zusätzliches Problem deutlich: Um zu einer das Verhältnis Verwaltung/Verwaltete in seiner Struktur nicht nur modifizierenden, oberfläch-
lichen Veränderung zu kommen, ist es notwendig,
 - den betreffenden Verwaltungen Zeit zu geben, damit die Möglichkeiten der Systeme
   ausgelotet werden können und

---

[6] Beispiele für das mangelnde Interesse an Kabelfernsehen wurden im Fernsehmagazin
Report vom 5.9.1983 gegeben. Vgl. auch den Spiegel-Report "Das hat sich überhaupt nicht
gelohnt", in: Der Spiegel, Nr. 31, 1983, S. 36 ff.
[7] vgl. ähnlich H. Brinckmann, Thesen zum Vortrag "Neue Medien in alten Verwaltungsstrukturen", in: Gesellschaft für Rechts- und Verwaltungsinformatik e.V. (GRVI), 4. Jahrestagung, Neue Medien für die Individualkommunikation - Rechts- und Verwaltungsas-
pekte -, Aachen, Mai 1983, ohne Seitenangabe
[8] vgl. die wenigen Aussagen der "Bochumer Untersuchung", soweit sie sich auf die
Btx-Angebote der öffentlichen Verwaltung beziehen; D. Jansen/Kromrey H., Bochumer Untersuchung im Rahmen der wissenschaftlichen Begleitung des Feldversuchs Bildschirmtext
Düsseldorf/Neuss. Ergebnisbericht der Gruppendiskussionen, 1983
[9] vgl. Troesser/Hambloch, Von der Bibel zu Bild. Erfahrungen von Bildschirmtext-Be-
nutzern mit Schlagwörtern, Anbietern und deren Programm, in: medium, Heft 9, Sept. 1981,
S. 3 ff.

- Zeit für Überlegungen zu geben, welche besonderen Anwendungen wirklich geeignet sind.

Zusammenfassend kann man sagen, daß die genannten Probleme einer technisch orientierten Analyse und Entwicklung der "télématique" dazu geführt haben, daß man sich über ihren Einsatz unter dem Gesichtspunkt des Verhältnisses Verwaltung/Verwaltete zunehmend bewußter wird und ihre Möglichkeiten der Interaktion und Kommunikationsunterstützung für den Benutzer im Vordergrund der Betrachtung stehen.


## 3.2 Methodische Schwierigkeiten

Die Analyse von Experimenten mit neuen Techniken in der Verwaltung ist einigen Schwierigkeiten ausgesetzt, die aus dem Untersuchungsgegenstand, den zugrundegelegten Prämissen und aus dem aus den Experimenten erhaltenen, begrenzten Datenwissen resultieren. Insoweit zeigen die "methodischen Einschränkungen" der französischen Evaluationsarbeiten einige Merkpunkte auf, die bei weitergehenden Untersuchungen des Verhältnisses Verwaltung/Verwaltete beachtet werden müssen.


### Bewertung des Benutzerverhaltens

Schwierigkeiten können sich z.B. bei dem Versuch ergeben, die Frage zu beantworten, weshalb die Verwalteten ihr Informationsbedürfnis nach Verwaltungsinformationen als letztlich sehr gering einstufen. Wie ist die geringe Anzahl von Abfragen bei Btx zu bewerten?
Auf diese Frage gibt es zumindest zwei sehr unterschiedliche Antwortmöglichkeiten:
- Entweder deutet die Aussage der Befragten, sie hätten nur geringen Bedarf an administrativen Informationen, darauf hin, daß eine Diskrepanz zwischen der administrativen Information und dem Informationsbedürfnis besteht
- oder aber sie kann dahingehend interpretiert werden, daß die Nachfrage mehr etwas über das Bild der Verwaltung (komplex, undurchsichtig, geheimnisvoll) aussagt als über das Informationsbedürfnis selbst.

Jedenfalls besteht immer wieder neu bei der Untersuchung von Verwaltungsorganisationen sowohl bei den Verwalteten wie innerhalb der Vewaltungen eine Konfusion zwischen dem Bild von der Verwaltung und ihrer Praxis, einem Bild von Verwaltung, das im allgemeinen sehr dramatisch gezeichnet wird, das aber für einen nicht zu gering einzuschätzenden Teil der Verwalteten zu einer Fehleinschätzung der Realität der Praxis führt.

Außerdem kann niemand, wie auch zahlreiche Beobachter zugestehen, die optimale Dauer eines Experiments abschätzen, die notwendig ist, um eine Diskrepanz zwischen der Entwicklungszeit der Technik und der Veränderungszeit der sozialen Bedingungen zu erkennen, d.h. die ausreichende Dauer abzuschätzen, in der sich neue Verhaltensweisen im Hinblick auf die neue Technik entwickeln können (produire une restructuration des habitudes).
Zusätzlich zu der Schwierigkeit, den notwendigen Zeitraum für die Integration und Aneignung einer neuen Technik wie Btx einzuschätzen, problematisiert die geringe Anfrage auch die Qualität der angebotenen Dienstleistungen und wie diese zu bewerten sind.

Eine andere selten eingestandene Schwierigkeit bei der Evaluation resultiert beispielsweise aus der Vielfältigkeit und der Interdependenz von Verwaltungsleistungen bzw. -zwecken (z.B. im Hinblick auf die Ziele der Veränderung der Kommunikation Staat und Bürger). Daraus ergibt sich das Problem, die wirkliche Bedeutung des mit der Veränderung des Verhältnisses Verwaltung/Verwaltete verbundenen Ziels in der Gesamtheit der anderen Zwecke zu analysieren.

Damit zusammenhängend ist ein weiteres Problem zu sehen: Bei der Bewertung des Verhaltens der Benutzer muß beachtet werden, daß ihre Sichtweise nicht nur durch die einzelne abgegrenzte und angebotene Leistung bestimmt ist, sondern daß sich die Grenzen der angebotenen Leistungen gerade dadurch verwischen, daß die Qualität der Dienstleistungen nicht unabhängig von den anderen Dienstleistungen des Systems bewertet wird (werden kann), selbst wenn ihr Inhalt sich voneinander unterscheidet. Dieses Phänomen ist letztlich deshalb so wichtig, weil die Verwalteten dadurch oft ein sehr verschwommenes Bild der administrativen Information und ihrer Ressourcen haben. Erschwerend kommt hinzu, daß in die Bewertung einbezogen werden muß, wie die Differenzierung in zentral/regional/örtlich und sogar öffentlich/halb-öffentlich und privat vom Verwalteten nachvollzogen wird.

## Bewertung des Gebrauchs der Technik

Eine Evaluation existierender Experimente hat außerdem folgende zwei Probleme zu beachten, die einmal mit der Informations- zum anderen mit der Unterstützungsfunktion der Kommunikation der neuen Techniken zusammenhängt:

**Informationsfunktion:** Der mögliche Gebrauch der "télématique" wird aus dem Auge verloren und zwar zugunsten einer eingegrenzten Betrachtung des Gegenstands des Experiments: die Veränderung der Information durch die Verwaltung.
Mit dem Begriff der Information ist aber nur eine Art der Charakterisierung der Technik angegeben. Andere Aspekte können für den Verwalteten sehr viel wichtiger sein. Dies können etwa Dienstleistungen wie z.B. kompetente Beratungen (services) im Dialog sein, die dann aber nach Kriterien der Interaktivität bewertet werden müßten. Außerdem muß bei der Evaluation im Auge behalten werden, daß man weniger die Technik selbst als die Anwendung der Technik bewertet.

Wenn die Information im "Gebrauchstest der télématique" Priorität genießt, dann muß außerdem nach den Gründen der Auswahl gefragt werden, so z.B.: Ist sie zum einen technisch leichter zu realisieren, weniger teuer, übertragbar von einem Bereich in den anderen usw.? Wird sie zum zweiten politisch vorgezogen? Und grundsätzlich: Beachtet die Verwaltung die Information als ein bedeutendes, ihr Verhältnis zum Verwalteten strukturierendes Element, das geeignet ist, das Verhältnis Verwaltung/Verwaltete zu beeinflussen?

**Unterstützungsfunktion:** Es besteht die Gefahr, daß die Nachricht bzw. Information stärker zuungunsten der Unterstützungsfunktion der Technik oder umgekehrt bewertet wird: Die ersten Untersuchungen in der Vergangenheit über Information und Kommunikation hatten oft die Tendenz, sich auf die Nachricht, ihren informativen Wert usw. zu konzentrieren, ohne die Unterstützungsfunktion von sich aus einzubeziehen. Erst allmählich wurde an den Zusammenhang der Interaktionen zwischen Medium und Nachricht, an die Unmöglichkeit beides in der Analyse zu trennen, erinnert. Im Fall der "télématique" war es umgekehrt. Die Entwicklung verlief als wäre die Unterstützungsfunktion - aufgrund ihrer Genauigkeit und verbunden mit ihrer Neuigkeit - zuerst dagewesen. Die Nachricht wurde unterbewertet. Es gab Befürchtungen hinsichtlich ihrer formellen Dimensionen wie Lesbarkeit, Übertragungsgeschwindigkeit auf dem Bildschirm u.ä. Ihr Inhalt und ihr Sinn verschwanden zugunsten der Unterstützungsfunktion. Gleichzeitig wurde die Hinterfragung auf ihren praktischen Nutzen für den Verwalteten ausgeklammert.

Insgesamt gesehen ergibt sich also das Problem eines nur begrenzten, aus den Experimenten erhaltenen Datenwissens unter dem Aspekt des Verhältnisses Verwaltung/Verwaltete. Gleichzeitig machen diese Einschränkungen tiefergehender, methodisch abgesicherter Aussagen einige Problempunkte des Verhältnisses von Verwaltung/Verwaltete deutlich, die auch für die Analyse eines rechtlichen Regelungsbedarfs von wesentlicher Bedeutung sein können. Doch trotz dieser Einschränkungen ist die Identifikation einiger inhaltlicher Pro-

blembereiche möglich, die das soziale Verhältnis von Verwaltung/Verwalteten differen-
zierter verstehbar machen - als eine wesentliche Voraussetzung für seine rechtliche Gestaltung.


## 3.3 Verwaltung/Verwaltete

Auf zwei inhaltliche Problembereiche, die sich als besonders gravierend herauskristal-
lisierten und die perspektivisch bei der Evaluation von Anwendungen neuer Techniken beachtet werden müssen, soll im folgenden eingegangen werden:
- das Verhältnis Verwaltung/Verwaltete allgemein;
- die administrative Information im besonderen.
Ohne Berücksichtigung dieser grundsätzlichen, vorläufigen Annahmen, riskiert die Analyse
des neuen Mediums, nur partiell zu sein bzw. sich angreifbar zu machen.


## 3.3.1 Das Verhältnis Verwaltung/Verwaltete

Dieser für die französischen Erfahrungen zentrale Aspekt kann auch für die bundesrepublikanische Situation ein besseres Verständnis der Reaktionen auf die "télématique" ermöglichen.

Im Verhältnis Verwaltung/Verwaltete spielt die Dualität vom "Image der Verwaltung" und
von der Verwaltungspraxis eine nicht unwesentliche Rolle. Dieses Faktum wird häufig auch
in kritischen Untersuchungen vernachlässigt, führt zu Fehlschlüssen in der Analyse und zu
der möglichen Konsequenz, die Verwaltung nur noch als starren, monolithischen Block zu
betrachten.
Eine auf administrative Formulare bezogene Untersuchung förderte die in der Öffentlichkeit
bestehenden widersprüchlichen Betrachtungsweisen der Verwaltung zu Tage: einerseits
besteht ein negatives, zumindest jedoch ambivalentes Bild von der Verwaltung; andererseits existiert eine konkrete Verhaltenspraxis, die deutlich als mehr zufriedenstellend
gesehen wurde. Zu letzterem steht nun die Debatte über die Verwaltung allgemein wieder in
Widerspruch. So beschrieben z.B. die Interviewten von sich aus kritische Fälle, die sie
von anderen gehört hatten, ohne jedoch in der Lage zu sein, eine Situation zu beschreiben,
in der sie selbst das Opfer gewesen sind.

Diese knappen Stichworte unterstreichen das Problem von "zwei Realitäten" der Verwaltung:
- die erfaßbare Verwirklichung unterschiedlicher Verhaltensweisen; die objektiv vorhandenen Dienstleistungen usw.
- die Sichtweise des Bürgers, unabhängig von seinen punktuellen konkreten Berührungen
  mit der Verwaltung, die von seinem allgemeinen Status als Verwalteter abhängig ist.

Anders formuliert, reagiert der Verwaltete in seinem "Verwaltungsleben" auf zwei Ebenen:
- einmal auf der der materiellen Verfahrensweisen, die mehr oder weniger Formalitäten,
  Erwartungen usw. zum Inhalt haben,
- zum anderen auf der Ebene des Verhältnisses Verwaltung/Verwaltete selbst, das
  grundsätzlich durch einen Mangel an Gleichstellung charakterisiert werden kann.
  Stichworte hierzu sind z.B. die Abhängigkeit von der administrativen Entscheidung, das
  Gefühl, gezwungen zu werden, das Gefühl, unmündig gehalten zu werden.
Dieser zweite Aspekt der Formen bürokratischer Herrschaft strukturiert das Erschei-
nungsbild der Verwaltung sehr viel mehr, als der erste, der Verfahrens- und Gebrauchs-

wertaspekt von Dienstleistungen [10].

Zur Erhaltung dieser unterschiedlichen Sichtweise tragen beide Seiten das ihre bei: So greifen die Bemühungen der Verwaltung zu kurz, wenn sie versucht, ihr Bild durch punktuelle Änderungen ihrer Praxis zu verbessern, ohne jedoch das Verhältnis Verwaltung/Verwaltete selbst anzugehen. Der Verwaltete wiederum dramatisiert ihr allgemeines Image und fordert mehr Dienstleistungen für sich, so z.B. mehr Sachbearbeiter, mehr und bessere Information usw [11]. Punktuelle Änderungen einerseits und Vernachlässigung konkreter Verwaltungspraxis andererseits, führt dann zu der Einschätzung am Ende jeder Reform, daß sich das Verhältnis zwischen Verwaltung/Vewaltete nicht geändert hat.

Eine Ursache für diese Situation ist ohne Zweifel die Schwierigkeit, das, was einmal als Problem in der Beziehung Verwaltung/Verwaltete erkannt wurde auch in die Organisation der Dienstleistungen umzusetzen, was wiederum seine Begründung in der Doppeldeutigkeit des Verwaltungshandelns hat, auf die der Verwaltete sensibel reagiert und die trotz Veränderungswillens der Verwaltung von ihr nicht beseitigt wurde. Diese Doppeldeutigkeit im Verhältnis Verwaltung/Verwaltete liegt in folgendem: Eine Verbesserung der Kommunikation, des sozialen Verhältnisses Verwaltung/Verwaltete herzustellen, bedeutet im Grunde, daß sich beide Seiten in wirkliche Partner verwandeln. Das bedeutet aus der Sicht der Verwalteten, daß die Verwaltung akzeptiert, Dialogregeln auszuhandeln, denen sie sich selbst unterwirft. Nun kann man aber nicht außer Acht lassen, daß es aus der Sicht des Verwalteten die Verwaltung ist, die hauptsächlich die verschiedenen Regeln definiert, die die soziale Definitionsmacht hat. Diese Definitionsmacht kann sie zumindest jederzeit wieder aktualisieren. Selbst wenn die Verwaltung sich bemüht, Partner zu sein, bleiben Zweifel an ihrem guten Willen; sie wird doch immer noch als "Richter" und Partner gleichzeitig gesehen. Hinzu kommt, daß der Verwaltete nicht einmal weiß, ob die Verwaltung wirklich im Sinne einer Reform engagiert ist oder nicht - oder beides.

Hinsichtlich der Verwaltungen war in den letzten Jahren ihre wachsende Sensibilisierung gegenüber ihrem Verhältnis zur Öffentlichkeit zu beobachten. Diese Sensibilisierung drückt sich z.B. in der Schaffung spezialisierter Dienstleistungen aus oder in Reformen, die darauf abzielten, die Aufgaben für den Verwalteten zu erleichtern, ihn über seine Rechte besser zu informieren usw. Auf diese Weise sollte der Legitimationsverlust, der sich in ihrem schlechten Image nach außen niedergeschlagen hatte, wieder aufgeholt werden: so unternahmen sie Anstrengungen, ihre Aufnahmebereitschaft gegenüber den Problemen der Verwalteten zu verbessern; sie haben Broschüren und Faltblätter verteilt; sie haben versucht, die Kontakte mit den Verwalteten zu personalisieren, indem sie den Namen und die Telefonnummer des verantwortlichen Fallsachbearbeiters angaben usw. Diese Politik wurde nicht nur von den zentralen Verwaltungseinheiten gemacht; die großen Städte folgten diesem Beispiel, indem sie in den Stadtvierteln oder Stadtteilen Verwaltungsstellen schufen, indem sie Vorrichtungen schufen, von denen man hoffte, besser auf die Beschwerden oder die Erwartungen der Verwalteten eingehen zu können.
Aber auch diese Versuche haben ihre Grenzen, die in der Verwaltung selbst begründet liegen:
1) Es existiert keine umfassende, konsistente Politik, die das Verhältnis Staat/Bürger bzw. Verwaltung/Verwaltete zum Gegenstand hat. Dieser Mangel führt nun notwendig dazu,
  - daß widerspüchliche Politiken an ihre Stelle treten,
  - daß eine Vielzahl von Kontaktstellen z.B. zur Information zwischen Verwaltung und Öffentlichkeit geschaffen werden. Allerdings mangelt es dabei an Koordination - jede Verwaltung legt unabhängig von der anderen eigene Maßstäbe zugrunde - was neue Probleme für die Verwalteten schafft.

---

[10] vgl. zu diesem Aspekt der Wirkungen bürokratischer Verwaltungsstrukturen z.B. im Bereich der bundesrepublikanischen Sozialadministration P. Dippoldsmann, Zum Verhältnis von Sozialarbeit und Sozialadministration, in: Neue Praxis, 1982, Heft 2, S. 171 ff.
[11] mehr als 80% der Befragten der vorläufigen Untersuchung von Velizy erwarteten z.B. ein Anwachsen der administrativen Informationen.

2) Auch wenn der Eindruck dominiert, daß Verwaltungen sich darum bemühten, neue "Produkte" zu entwickeln, so kümmert man sich kaum um ihre "Verwaltung" und (zeitliche) Optimierung. Auch wurde dabei nicht auf den Zusammenhang und die Interaktion mit anderen Verwaltungen geachtet [12].
3) Die Auf- und Verarbeitung des schlechten Images trägt mehr der Verwaltungslogik, den Handlungsgrenzen und -mitteln der Verwaltung Rechnung, als der Logik der Verwalteten.

Will man nun die genannten Probleme zusammenfassen, so schälen sich zumindest drei grundsätzliche, für die Diskussion um das Verhältnis Verwaltung/Verwaltete wesentliche Aspekte heraus:

1) Die Praxis der Verwaltung ist nicht so katastrophal, wie die öffentlichen Diskussionen es vermuten lassen könnten.

2) Praxis und Image der Verwaltung sind nicht direkt miteinander verbunden, sondern sind vermittelt durch das Verhältnis von Verwaltung und Verwaltete.

3) Das Image der Verwaltung zu verbessern, setzt nicht nur eine Verbesserung der Verwaltungspraxis voraus, sondern ebenso auch eine Transformation des Verhältnisses selbst.


### 3.3.2 Die administrative Information

Auch hier sollen nur einige wesentliche Probleme aus den französischen Erfahrungen berichtet werden, die zum einen nützlich für das Verständnis der Reaktionen auf die administrativen Informationen sind und die zum anderen durch die "télématique" verstärkt erscheinen.

Für die Entwicklung der letzten Jahre kann man eine Zunahme der administrativen Information für die Öffentlichkeit feststellen. Gründe für diese Entwicklung sind u.a.:
- Information wird zunehmend als eigenständige Ressource oder sogar als Reichtumsquelle gesehen.
- Information wird zunehmend von den Verwaltungen als Mittel der Legitimationsbeschaffung, als Mittel, das Bild von der Verwaltung zu verbessern, eingeschätzt.
- Ausgehend von der Einschätzung einer chronischen Unterinformation der Verwalteten, wird die Information als Mittel der Kompensation dieses Mangels quantitativ erweitert.

Allgemein wird der Bedeutungszuwachs auf die zunehmende Ausbreitung und Komplexität der Verwaltungen zurückgeführt, von denen in wachsendem Maße gefordert ist, in mehr und mehr soziale, kulturelle und ökonomische Lebensbereiche einzugreifen.

Resultat dieser Entwicklung (der Informationspolitik) ist die Erarbeitung von Führern und Broschüren, die Schaffung von Beratungszentren, die Verbesserung des Zugangs zur Verwaltung. Sie ist begleitet von der Vervielfältigung öffentlicher Informationsmöglichkeiten oder von Kontaktstellen öffentlicher oder quasi-öffentlicher Natur.

Wenn es - wie bei der Analyse der Verhältnisses Verwaltung/Verwaltete - darauf ankommt, erhaltenes Datenwissen sehr viel grundlegender zu analysieren, dann liegt in dieser Beschreibung der Gründe des Wachstums der administrativen Information die Gefahr, sich auf ein einfaches Interpretationsschema zu beschränken, das eine differenzierte Erklärung von Wirklichkeit kaum noch zuläßt. Dieses Interpretationsschema kann in etwa wie folgt beschrieben werden:

---

[12] Die im Zusammenhang mit TELEM in Nantes Interviewten machen dieses Phänomen in zahlreichen Fällen deutlich.

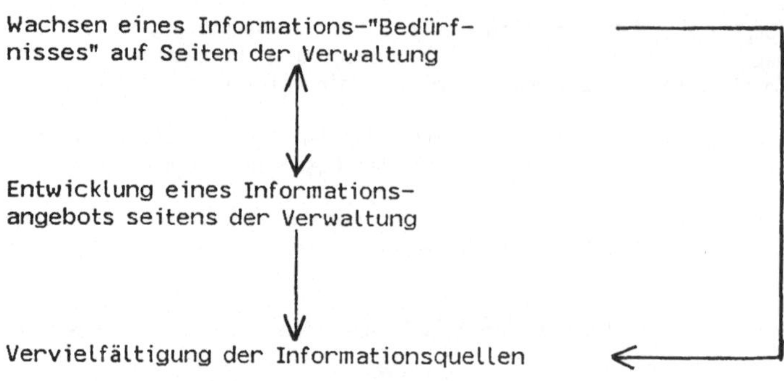


Um über ein Verständnis allein des unmittelbaren Inhalts z.B. der Begriffe Informations-"Bedürfnis" und "Unterinformation" hinauszukommen, muß ihre Funktion in der sozialen Auseinandersetzung bzw. im sozialen Verhältnis von Verwaltung/Verwaltete betrachtet werden. Die Notwendigkeit, Begriffe wie "Bedürfnis" und "Unterinformation" zu problematisieren, verdeutlicht ein Beispiel aus den französischen Erfahrungen: So wird darauf hingewiesen, daß das Klientel der öffentlichen Institutionen sich paradoxerweise in einem Zustand der Überinformation befindet – erst einmal also nicht in einem Zustand der "Unterinformation". Diese "Überinformation" bewirkt aber nur die Konstitution eines relativ konfusen sozialen Wissens, das nicht ausreicht, wenn sich ein bestimmtes Problem stellt. "Über- und Unterinformation" sind also nicht ohne weiteres sich ausschließende, sondern sich durchaus ergänzende Begriffe zur Analyse einer bestimmten sozialen Situation des Verwalteten. Ähnliches gilt einerseits für den wachsenden Informationsbedarf und andererseits den geringen Bedarf an administrativer Information. Darauf verweisen z.B. Ergebnisse eines Projekts in Nantes ebenso wie die Ergebnisse der Bochumer Untersuchung zum Btx-Modellversuch Düsseldorf/Neuss.

Gerade das letzte Phänomen hat gezeigt, daß zwar ein Bedürfnis an administrativer Information von den Verwalteten nicht negiert wird, daß sie aber selten mit der gleichen Bezeichnung den gleichen Inhalt wie die Verwaltung verbinden. Dementsprechend würde es einen Unterschied geben zwischen der Identifikation des Bedürfnisses durch die Verwaltung und der Wirklichkeit dieses Bedürfnisses auf seiten der Verwalteten selbst. Die "Nachfrage" [13] und das "Angebot" [14] müssen also in ihren Gründen genauer analysiert werden, um gerade ein besseres Verständnis der Reaktionen auf die administrativen Informationen via "télématique", seien sie aktuell oder punktuell, zu bekommen.
Im folgenden werden hierzu jeweils einige Stichpunkte gegeben, die das Problem aus der jeweiligen Perspektive – der Verwaltung und des Verwalteten – verdeutlichen.

**Ungleichgewichtige Austauschverhältnisse:** Die Informationen, die die Verwaltung als notwendig einschätzt, werden entweder durch sie selbst oder weitgehend auch unter Zuhilfenahme der Verwaltungs- bzw. Sozialwissenschaften erhoben. Bei dieser Informationsbeschaffung dominiert regelmäßig eine einseitige Betrachtungsweise des Problems: Der administrative Apparat beschafft sich die Information, um sie dann in Form von "Nachrichten" oder Mitteilungen wieder zu verteilen. Implizit ist in dieser einseitigen Betrachtungsweise zur Voraussetzung gemacht, daß die jeweilige administrative Gruppe, die in einem konkreten Verhältnis von Verwaltung und Verwalteten steht, aus ihrer Position

---

[13] der Verwaltete hat z.B. die Tendenz, sein vermeintliches Informationsbedürfnis überzubewerten.
[14] die Mittel der Verwaltung, die Öffentlichkeit zu informieren, überschreiten die Möglichkeiten, eine klare Antwort auf ein konkretes Bedürfnis zu geben.

heraus den Inhalt und die Umstände des Zusammenhangs Verwaltung/Verwaltete näher definiert. Diese Betrachtung beläßt die strukturelle Definitionsmacht der Verwaltung unhinterfragt. So wird die administrative Information als ein wesentlich das Verhältnis Verwaltung/Verwaltete strukturierendes Moment nicht dazu benutzt, die Stellung der beiden "Parteien" zueinander näher zu bestimmen. Im Gegenteil ist die Information durch die Verwaltung in Form der Kundgabe der Qualtität der lieferbaren Leistungen damit verbunden, daß sie im Gegenzug von den Verwalteten erwartet bzw. ihnen abverlangt, detaillierte, präzise, vollständige und zur Sache gehörige (treffende) Informationen und Auskünfte zu geben, ehe überhaupt ein Verwaltungsverfahren in Gang gesetzt wird.

Für die französischen Verhältnisse wird dieser Sachverhalt zu folgender Schlußfolgerung zusammengefaßt: Es muß bei der Untersuchung des Verhältnisses Verwaltung/Verwaltete und der administrativen Information als wesentliches Moment mit einbezogen werden, daß die Information teilweise neben und manchmal selbst in Konkurrenz zu der juristischen Regel eine Art privilegierte Auflage der administrativen Gewalt ist.

**Veränderung der Abhängigkeit des Verwalteten durch Information:** Aus der Perspektive des Verwalteten ist die administrative Information ein wesentliches Moment seiner Stellung im Verhältnis Verwaltung/Verwaltete. So stellt z.B. die Fähigkeit und das Wissen, verschiedene Schritte eines Verfahrens und den Fortgang der Akte betreiben zu können, ein wichtiges Datum seiner Abhängigkeit vom administrativen Apparat dar. Deshalb ist nicht entscheidend, daß der Verwaltete viele Informationen sondern sachgerechte Informationen hat [15]. Als sachgerecht wird eine solche Information einzuschätzen sein, die – unter Beachtung der ungleichgewichtigen Beziehung zwischen Verwaltung und Verwaltetem und indem sie ihm die Antwort auf seine Probleme gibt – eine Neuordnung des Verhältnisses im Sinne des Abbaus von Abhängigkeit in Gang setzt. Aus der Sicht des Verwalteten ist also nicht nur der Inhalt der administrativen Information von Bedeutung, sondern ebensosehr die andere Funktion der Information, nämlich den Typus der Beziehung oder den Zustand des Austausches zwischen zwei "Partnern" zu beeinflussen oder zu gestalten. Positiv formuliert ist also neben dem Inhalt für den Verwalteten auch wichtig, daß die Austauschbeziehung zwischen Verwaltung und Verwaltetem den Anschein eines herabwürdigenden Examens durch die Verwaltung verliert.

Diese Erwartung wurde bisher trotz der administrativen Reformen und trotz der Verstärkung der Sensibilisierung der öffentlichen Gewalten gegenüber diesem Problem nicht erfüllt.

**Qualtität der Information – verschiedene Sichtweisen:** Die mangelnde Deckung zwischen der "Nachfrage" nach Information und der "Antwort" erklärt sich neben den vorher genannten Problemen auch aus folgendem:
- Primär zielen die Versuche der Verwaltung darauf, anwendbare administrative Informationen für alle oder alle Mitglieder einer besonderen Klasse zu erstellen.
- Gegenüber dieser verallgemeinernden Tendenz ist zu sehen, daß der Verwaltete sich immer in einer konkreten Situation befindet und zwar in einem gegebenen örtlichen Kontext und daß er nach einer geeigneten Information als Antwort auf sein besonderes Problem sucht.

Die Schwierigkeit dieses Problems liegt also darin, daß eine taugliche administrative Information also sowohl in der Gesamtheit der Verwaltung verankert als auch dem Nachfrager am nächsten sein und perfekt auf das gestellte Problem antworten müßte.

**Privatisierung von Verwaltungsarbeiten:** Auswirkungen auf die Bewertung der Informationspolitik der Verwaltung durch den Verwalteten und damit auch auf die Einschätzung neuer Techniken wie Btx haben die Übertragung von bisher von der Verwaltung wahrgenom-

---

[15] vgl. das oben angesprochene Phänomen der "Über- und Unterinformation"

menen Arbeiten oder Verpflichtungen. Dieses Phänomen gerade im Bereich der "télématique" ist unter dem Stichwort Privatisierung zusammengefaßt. Nicht mehr die Verwaltung bearbeitet mit dem Verwalteten in unmittelbarer Zusammenarbeit ein konkretes Problem. Vielmehr ist die Situation u.a. durch zwei zusammenhängende Aspekte gekennzeichnet:

- Die Teilbürokratien der Verwaltung haben die Tendenz, Verpflichtungen auf den Verwalteten zu übertragen, indem sie - jede für sich - eine Unmenge an Informationen auf dem Verwalteten ablädt, deren Aufarbeitung dann der Verwaltete selbst übernehmen muß. Dies alles ist auf dem Hintergrund mangelnder Kooperation zwischen den Verwaltungen und der Tatsache zu sehen, daß sich die Verwaltung gegenüber den Verwalteten weigert, nach dem effektiven Bedarf an Information für die Wahrnehmung seiner Rechte und für die Erfüllung seiner Verpflichtungen zu fragen.
- Mit zunehmender Menge der (administrativen) Informationen besteht die Tendenz, ihre Kenntnis zu erwarten oder vorauszusetzen, daß sie gelesen wird. Es wird letztlich erwartet, daß der Verwaltete anhand dieser Informationen die Antwort auf seine Probleme selber findet.

Hinter dieser Tendenz, der Übertragung von Verwaltungsarbeiten auf den Verwalteten durch zunehmende administrative Informationen verbirgt sich zudem die Tendenz, Information primär unter quantitativen Gesichtspunkten und nicht unter qualitativen Gesichtspunkten zu betrachten, also möglichst weitgehend den ganzen Bereich von Verhaltens- und Verfahrensweisen sowie den Bereich einer Regelung abzudecken, nicht nach der Effektivität der Information für den Verwalteten zu fragen und darüberhinaus nicht der Besonderheit des Paares Information/Medium (Führer/télématique usw.) Rechnung zu tragen.

Insgesamt ergibt sich daraus der paradoxe Zusammenhang einer sich verbreiternden Informationbasis und keiner merklichen Verbesserung des Zugangs des Individuums zu den erwarteten Antworten.


## 4.Ausblick

Die ersten Ergebnisse der in Frankreich realisierten Experimente werden von dem Projekt unter dem Aspekt der Veränderung des Verhältnisses Verwaltung/Verwaltete nicht als sehr ermutigend eingeschätzt.
Diese Feststellung darf aber nun gerade wegen des Zusammenhangs von Recht, Neuen Medien und Verwaltung [16] nicht zu der Annahme verleiten, man könne diese Experimente unter diesem Aspekt einfach vernachlässigen, wird doch anhand der Mängel die Notwendigkeit einer stärkeren Berücksichtigung des Verhältnisses Verwaltung/Verwaltete für technische Entwicklungen in und durch Verwaltungen deutlich. Auch und gerade für die Bundesrepublik gilt, daß insbesondere die Arbeiten an einer "rechtlichen Infrastruktur" der neuen Medien sich ein Stück weit auf dieses soziale Verhältnis und seine realen Bedingungen einlassen müssen, um zu einer rationalen und überprüfbaren Kommunikationspolitik und eines Wertrahmens zur Entwicklung von Prioritäten zu kommen. Wenn demgegenüber dieser Aspekt vernachlässigt wird zugunsten einer primär technischen Betrachtungsweise dieses Verhältnisses, dann besteht die Gefahr, daß mögliche sozialadäquate Lösungen und Verbesserungen behindert werden und ein vergleichbarer Standard an Zuverlässigkeit und Rechtsschutz, wie er bisher im Rahmen "Alten Rechts" weitgehend bestand [17], nicht erreicht wird. Positiv formuliert: Gerade unter der (bundesrepublikanisch wesentlichen) Bedingung der Rechtsförmigkeit staatlichen Handelns wird eine Klärung des sozialen Verhältnisses Verwaltung/Verwaltete dazu beitragen können, absehbare rechtliche Defizite und den Regelungsbedarf schärfer herauszuarbeiten und damit einer angemessenen Regulierung der neuen Techniken näher zu kommen.

---

[16] vgl. oben Punkt 1
[17] vgl. Schimmel, aaO.

# Neue Medien - Altes Recht

**Wolfgang Schimmel**
Gesellschaft für Mathematik und Datenverarbeitung (GMD)
Forschungsstelle für Informationsrecht (FS-IR)
St. Augustin

## 0. Zum Thema

Der Begriff "neue Medien" hat sich sehr rasch für die gebündelte Leistung einer zusammenwachsenden Datenverarbeitungs- und Telekommunikationstechnik eingebürgert. Ihr Prototyp ist am ehesten Bildschirmtext (Btx), das schon jetzt – trotz aller Schranken schmalbandiger Kommunikation über Telefonleitungen – über das breiteste Angebot an speziellen Diensten (Zweiwegkommunikation, Übermittlung von Bild und Text, Integration von Individual- und Massenkommunikation) verfügt; andere Entwicklungslinien (zB. Kabel- oder Satellitenfernsehen) sind noch nicht so weit gediehen.

Diese neuen Medien haben mittlerweile eine engagierte Diskussion in der Öffentlichkeit ausgelöst, bei der das Meinungsspektrum von Bürgerinitiativen "STOP Btx" bis zur Behauptung reicht, ohne diese Technik sei die Wirtschaft der BRD nicht überlebensfähig.

Dies ist nun kein Beitrag zur Lösung der Frage, ob die neuen Medien nützlich oder gar notwendig seien. Ausgangshypothese dieser Randnotizen zur Verkabelungsstrategie aus rechtlicher Sicht ist vielmehr, daß die neuen Medien so eingeführt werden, wie sie sich nach den derzeitigen Planungen darstellen [1]. Auf dieser Basis soll untersucht werden, wie sich das "alte Recht" mit den elektronischen [2] Autobahnen für Information und Kommunikation verträgt, die gegenwärtig Schritt für Schritt gebaut werden. Dabei soll ein besonderes Augenmerk auf mögliche Einsatzformen dieser Medien in der öffentlichen Verwaltung geworfen werden.

## 1. Die "neuen Medien"

Mit der Einführung moderner elektronischer Kommunkationsnetze [3] sind – auf einen einfachen Nenner gebracht – folgende Effekte verbunden:
  - **Auf der Ebene der Kommunikationskanäle:** Tradierte Unterscheidungen, wie Individual- und Massenkommunikation, Print-, Kabel- und Funkmedien verlieren ihre Griffigkeit. Spätestens die Datenpipeline "Glasfaser" trans-

---

[1] Allein die zügige Einführung von Btx, bei der man nur mit Mühe auf den Abschluß der Feldversuche warten mochte, macht dies plausibel; weitere Schritte sind etwa BIGFON/BIGFERN.
[2] Bei der Glasfaserverkabelung wäre es genauer, von "photonischer" Kommunikation zu sprechen. Schon jetzt sind Enwicklungen im Gange, Verarbeitungs- und Vermittlungseinheiten als "Photonenrechner" zu realisieren.
[3] Das ist das eigentlich Neue an den neuen Medien; das Programmangebot sieht jedenfalls bislang noch sehr konventionell aus.

portiert Telefongespräche, Teletext sowie die Verteilprogramme von Rundfunk [4] und Fernsehen und - für den der sich eine Druckstation leisten
kann - zumindest rudimentäre Zeitungen.
- **Auf der Ebene der Dokumente:** Kulturell gewachsene und vom Recht über-
  nommene Informationsobjekte, dh. verdinglichte, substanziierte Information [5], treten immer mehr in den Hintergrund gegenüber "flüchtigen Daten"
  [6].
- **Auf der Ebene der Verfahren:** Jahrtausende alte Techniken der Informationsverarbeitung verlieren zunehmend an Terrain: das Schreiben auf
  Papier und die physische Verwaltung der so erzeugten Informationsobjekte,
  wie Bücher, Akten oder Bescheide.
- **Auf der Ebene der Arbeitsformen:** Auch die Arbeitprozesse, die im weitesten
  Sinne mit Information (-sverarbeitung) und Kommunikation zu tun haben,
  können nicht unverändert bleiben. An die Stelle tradierter Formen von
  "Datenspeicherung" in Akten treten elektronische Retrieval-Systeme, möglicherweise auch an die Stelle der gewohnten Datenerhebungstechniken in
  Verwaltungsverfahren [7] Eingänge über den elektronischen Briefkasten.
- **Auf der Ebene der Arbeitsinhalte:** Es werden sich zweifelsfrei neue Arbeitsformen entwickeln; es ist jedoch sicher nicht kühn zu behaupten, daß
  auch die Arbeitsinhalte berührt werden. Das "telematische" System der
  neuen Medien hat eben auch "informatische" Komponenten, die verkoppelt mit
  den Kommunikationsdiensten an die Arbeitsplätze herangetragen werden [8].
  Damit wird der Trend zur Formalisierung von Entscheidungsprozessen weiter verstärkt.
- **Auf der Ebene von Organisationen:** Daß technische Entwicklungen auch organisatorische Konsequenzen haben, zeigte schon die Einführung von Großrechnern in der öffentlichen Verwaltung. In der BRD entstand dadurch mit
  dem EDV-Organisationsrecht eine völlig neue Rechtsmaterie. Damit soll
  nicht behauptet werden, die Einführung monolithischer Großrechner sei mit
  der relativ handlicher Kommunikationstechniken gleichzusetzen, es sei also
  auch hier eine neue Rechtsmaterie erforderlich; trotzdem darf nicht übersehen werden, daß derartige Neuerung zumindest auf informeller Basis auf
  die Verwaltungsorganisation zurückwirken [9].
- **Auf der Ebene des "Informationsgleichgewichts:** Schließlich sei noch darauf

---

[4] Schon die Wortbildung Rund-**Funk** verdeutlicht, wie sehr die Einführung neuer
Medien allgemein - auch im Recht - gebräuchliche Kategorien problematisch
macht; richtiger wäre dann schon der bislang nur in der Schweiz gängige
"(Telefon-) Rundspruch".
[5] Prototypen sind etwa Geld oder Wertpapiere.
[6] Dieser Begriff stammt aus der Datenschutzdiskussion: Auch dort traten
Probleme auf, wenn personenbezogene Daten nicht auf irgendeinem Datenträger
dingfest gemacht werden konnten, sondern auf Übertragungsleitungen kursier-
ten.
[7] Prototyp: das Formular.
[8] Das geplante elektronische Netz bietet einerseits die Leistungen spezieller
Netzrechner und externer Rechner an, andererseits darf ruhig unterstellt
werden, daß auch die Endstationen in absehbarer Zeit "intelligenter" sein
werden als Heimfernsehgeräte.
[9] Interessant ist das - wohl zuerst von Brinckmann angeführte - Beispiel des
Telefons mit Direktwahl in Behörden, das die hierarchisch organisierte Post-
verteilung konterkarierte.

## 3. Neue Medien in der öffentlichen Verwaltung

Bricht man dieses Szenario auf den Einsatz neuer Medien in der öffentlichen Verwaltung herunter, so werden die Probleme noch greifbarer: Elektronische Kommunkation und papierloses Büro sind weder in der Praxis noch in den einschlägigen Vorschriften angedacht; hier dominiert immer noch das Medium Papier im Form von (schriftlichen aber oft schon nicht mehr unterzeichneten) Bescheiden, Akten, Büchern. Jede dieser Techniken des Transports von Information durch Raum und Zeit hat ihren guten Sinn. Etwa die – seit Einführung von Schreibmaschinen etwas atavistisch wirkenden – Bücher: Einzelne Eintragungen können kaum mehr spurenlos verändert oder vernichtet werden, eine Funktion, die elektronische Speicher nur schwerlich übernehmen können.

Soll nun diese Verwaltung sinnvoll in das Kommunikationsnetz der neuen Medien einbezogen werden, so können tradierte Techniken der Informationverarbeitung nicht unbeschadet überstehen: Ein über Btx eingegangener Antrag müßte sonst erst auf Papier ausgedruckt, auf Papier bearbeitet und am Ende über Btx verbeschieden werden. Es scheint also auch hier einiges an Anpassungsleistung erforderlich – immer vorausgesetzt die technische Entwicklung setzt sich ungebremst auch in der öffentlichen Verwaltung durch.

Greift man sich als Beispiel nur die kommunikative Leistung der neuen Medien heraus, so werden rechtliche Hemmnisse für ihren Einsatz klar: Mag die Erteilung einfacher Auskünfte an Klienten noch halbwegs problemlos sein [13], so wird eine qualifizierte Beratung über schmalbandige Kommunikationswege mit hohem Formalisierungsgrad schon kritisch. Angesichts der noch ungelösten Autorisierungs- und Authentisierungsfragen bei elektronischer Kommunikation scheint es dann aber sehr fraglich, ob sich die öffentliche Verwaltung bei Anträgen oder Bescheiden, ebenso bei verbindlicher Abstimmung zwischen zwei Instanzen, auf diese Medien verlassen kann und wird [14]. Schon heute haben sich die Gerichte der BRD mit Vorläuferproblemen auseinanderzusetzen, etwa der Frage ob eine Berufung über TELE-Brief oder TELE-TEXT eingelegt werden kann.


## Ausblick

Wenn hier von rechtlichen Hindernissen für die Einführung neuer Techniken gesprochen wird, so ist das keinesweg abwertend gemeint: Solange nicht gewährleistet werden kann, daß diese Techniken einen vergleichbaren Standard an Zuverlässigkeit und Rechtsschutz – etwa im Bereich der Beratung – gewährleisten wie die tradierte Papier- und Bleistifttechnologie sollte ihr Einsatz auch nicht vorangetrieben werden.
Aufgabe der Rechtswissenschaft wird es sein, diese Standards zu bestimmen und als konkrete Vorgaben für den Technikeinsatz zu formulieren. Es wäre dagegen verfehlt, an Rechtsstaatlichkeit bisher Erreichtes einem – wie immer definierten – technischen Forschritt zu opfern.

---

[13] Ganz problemlos ist sie wegen der technische Zugangshindernisse wohl nicht.
[14] Beispiel: Man stelle sich eine Umzugmeldung über Btx an das zuständige Meldeamt vor.

verwiesen, daß die neuen Medien im Feld von Information und Kommunikation neue Potentiale bereitstellen, deren gesellschaftliche Verwertung noch weithin unreguliert ist [10].


## 2. Das alte Recht

Das Recht ist noch weit davon entfernt, dieser neuartigen Form technikgestützter Information und Kommunikation zu entsprechen, sieht man einmal von den global gefaßten Grundrechten der Meinungs- und Informationsfreiheit ab: Vorschriften des einfachen Gesetzesrechts regeln Informations- und Kommunikationsprozesse nur selten direkt und explizit; sie setzen vielmehr zumeist an anderen Regelungsgegenständen an, nämlich an physisch greifbaren mit Information und Kommunikation verbundenen Phänomenen.
- Nimmt man als Beispiel einwegige Kommunikation mit hohem Streuungsgrad [11], so findet man die unterschiedlichsten Tatbestände in einschlägigen Rechtsvorschriften, zB.: im Versammlungsgesetz, das an die Modalitäten des räumlichen Zusammentreffens der Kommunkationspartner anknüpft, oder im Presse- und Rundfunkrecht, das sich an der Übertragungstechnik orientiert.
- Noch deutlicher ist die Orientierung des Rechts an Informationsobjekten. So setzt etwa das Urheberrecht, das Recht des geistigen Eigentums nicht allein am vom Urheber geschaffenen Informationswert an, sondern greift erst dann, wenn ein Werk als physisch greifbares Objekt existiert. Probleme beim Fortschritt der Informationstechnik sind damit vorprogrammiert: Hat schon die Kopiertechnik das Informationsobjekt "Werk" immer flüchtiger gemacht, so machen es die neuen Medien zum Zufallsprodukt, das an beliebigen Stellen gespeichert und andernorts in unterschiedlicher Form (auf dem Bildschirm oder als Papierausdruck) zur Wahrnehmung aufbereitet werden kann [12].

Die Reihe von Beispielen ließe sich verlängern; doch schon diese beiden verdeutlichen, welche Anpassungsleistungen auch das Recht zu erbringen hat, wenn sich neue Formen elektronischer Information und Kommunikation ausbreiten. Sollte dies allein auf der Ebene der Gesetzesinterpretation geschehen müssen, so wird mancher Richter ähnlich hilflos vor dem technischen Instrumentarium stehen, wie heute weniger versierte Bankkunden vor den Geldautomaten.

---

[10] Die Vorschriften für die Teilnahme an den Btx-Feldversuchen in der BRD beschränken sich hier deutlich auf Formalien.
[11] Typus der "Massenkommunikation"
[12] Beispiel: Was ist "Werk" im Sinne des Urberrechts bei einer über Btx abrufbaren Grafik, die mit elektronischen Verfahren hergestellt wurde? Vielleicht das "Original" auf einer Diskette, die als Zwischenspeicher benutzt wurde, aber nie in Umlauf kommen wird; oder etwa bestimmte Spuren von Magnetplatten in den Btx-Zentralen?

Einige Anmerkungen
zur rechtlichen Gestaltung
der Kommunikationsbeziehungen Bürger/öffentliche Verwaltung
unter Berücksichtigung
neuer Kommunikationstechniken insbesondere Bildschirmtext

von

Herbert Burkert

Gesellschaft für Mathematik und Datenverarbeitung  mbH Bonn (GMD)
Forschungsstelle für Informationsrecht
St. Augustin

## 1. Erläuterung der Betrachtungsperspektive

Im folgenden soll der Versuch unternommen werden vor dem Hintergrund verfassungsrechtlicher und verfassungspolitischer Perspektiven einige Postulate zur Gestaltung von Kommunikationsbeziehungen zu entwickeln, also nicht, wie zumeist üblich, Fragen der Verfassungsmäßigkeit an sich entwickelnde Gestaltungen zu richten. Der Beitrag hat den Charakter eines Diskussionsbeitrages: er ist nicht das Ende eines Überlegungsprozesses sondern ein Ausschnitt daraus.

Die Themenstellung bedarf einiger Hinweise, um die Ausgangsüberlegungen zu erläutern:

## 1.1 Recht als Gestaltungsmittel

Die Betonung der rechtlichen Gestaltung weist daraufhin, daß hier nicht primär die Rechtmässigkeit vorgefundener Erscheinungsformen untersucht werden soll. Es geht vielmehr um Recht als Programm, als Entwurf zu verwirklichender Ordnung. Damit wird der dynamische Aspekt, die in die Zukunft weisende Wirkungskomponente von Recht angesprochen. Dies scheint hier angemessen: wir befassen uns mit den Bezug von Recht zu einer sich rasch entwickelnden Technologie [1].

---

[1] Es wäre reizvoll den Zusammenhang zwischen Recht und Technik näher zu untersuchen (Ansätze dazu in letzter Zeit bei Niklisch, F., Wechselwirkungen zwischen Technologie und Recht, in: Neue Juristische Wochenschrift, 1983, S. 2633 - 2644; Horowitz, I.L., New technology, scientific information and democratic choices, in: information age, 1983, Nr. 2, S. 67 - 73; Boyle, G. und Elliot, D., Roy, R. (Hrsg.); The politics of technology, 2. Aufl. London 1980). und vor diesem Hintergrund einmal zu erörtern ob und warum sich das Verhältnis Recht und Informations- und Kommunikationstechnik besonders gestaltet.

## 1.2 Kommunikations- anstatt Informationsbeziehungen

Das Verhältnis Bürger/Verwaltung vor dem Hintergrund der neuen Techniken wird als Kommunikationsverhältnis begriffen. Das Kommunikationsmodell weicht ab von einem Informationsmodell, bei dem es jeweils nur Sender (aktiv) und Empfänger (passiv) gibt. Das Kommunikationsmodell ist auch nicht ein "übereinandergelagertes" phasenumspannendes Informationsmodell, bei dem die Sender (Empfänger)- Rolle jeweils zeitlich aufeinanderfolgend wechselt. Vielmehr ist im Kommunikationsmodell die Unterscheidung in 'aktiv' und 'passiv' als Rollendefinition aufgehoben: die Beteiligten sehen einander und sich selbst nicht als "Empfänger" oder "Sender" eines Infortmationsprozesses; vielmehr sehen sie sich als "Teilnehmer" und "denken" einander und sich selbst gleichzeitig und stets als empfangende und sendende. Sie haben (idealtypisch) den gleichen Einfluß auf das Einleiten oder Abbrechen von Austauschprozessen, auf die Wahl des Kanals, auf die Inhalte; sie berücksichtigen die pragmatische Umgebung, in denen der andere handelt.

Dieses Modell erscheint mir gerade auch angesichts der Entwicklungen in der Informationstechnik als das angemessenere, indem es die technischen Möglichkeiten genauer widerspiegelt, als etwa das (Shannon'sche) Informationsmodell, das historisch einem anderen Stand der Technik angehört. Darüber hinaus dient das Kommunikationsmodell einem anderen Zweck: sein Zweck ist nicht die (nachrichtentechnische) Optimierung eines Prozesses, sondern die Problematisierung eines Gesamtgefüges aus Institutionen und Prozessen. "Kommunikationsstörungen" werden nicht primär als zu eliminierende Systemzustände begriffen, sondern als (spezifisches und oft signifikantes) Element von Kommunikationsbeziehungen.

Die Betonung dieses anderen Modellansatzes ist keinesfalls müßig: das Ausgangsmodell schafft das Raster für die Problemwahrnehmung und selektiert mögliche Problemlösungen.

## 1.3 Das Verhältnis Bürger/Verwaltung

Es wird die Kommunikationsbeziehung Bürger/Verwaltung herausgegriffen. Dieses Kommunikationsverhältnis läßt sich, auch ganz unabhängig von den Neuen Medien, allerdings nicht unabhängig vom jeweils verwendeten Medium, nicht allgemein und generell als Individual/ Allgemein/Massenkommunikation kennzeichnen. Damit ist bereits ein Problem bei der Entwicklung einer Kommunikationsverfassungsprogrammatik angesprochen, auf das noch einzugehen sein wird.

Die Auseinandersetzung um die Kommunikationsverfassung hat sich bisher auf des Feld der Massenkommunikation beschränkt.

Die Betonung der Massenkommunikation hatte folgende Gründe: Zum einen sind die informationstechnischen Veränderungen immer erst im Bereich der Massenkommunikation spürbar und damit als regelungsbedürftig erkannt worden. Massenkommunikation hatte in diesem Zusammenhang auch einen funktionalen Charakter: Mit diesem Begriff wurde über Zuständigkeiten und Einflußnahmen verhandelt.

Die Indidivualkommunikation ist nur vermittelt Bestandteil der politischen Diskussion geworden. Zuständigkeiten waren hier unproblematisch. Aber es fehlte auch weitgehend der für die medienpolitische Auseinandersetzung notwendige Organisationsgrad.

Für die spezifische Kommunikationsbeziehung Bürger/Verwaltung kommt hinzu, daß die Verwaltung bei der Nutzung neuer Informations - und Kommunikationstechniken eher zögerlich vorangeht, vor allem wenn die Kommunikation nach außen betroffen ist [2]. Dieser relativ geringe Entwicklungsstand birgt aber auch die Chance, daß hier eine verfassungsrechtlich entwickelte Programmatik für die Kommunikation Bürger/Verwaltung Einfluß nehmen kann.


## 1.4 Die Technik Bildschirmtext

Stern [3] kennzeichnet Neue Medien wie folgt:
"Im Vergleich zu den traditionellen Print- und Funkmedien verstehe ich darunter elektronische Übermittlungs- und Wiedergabetechniken von privaten und öffentlichen gedanklichen Inhalten mit grundlegend neuartiger Technik, neuartiger Nutzung oder neuartiger Verbreitung. Neue Medien sind vor allem Direktsatellitenfernsehen, Kabelrundfunk und Kabelfernesehen, Kabeltext, elektronische Bild- oder Tonspeicher, wie Video- , Bildschirmtext (sic) und Kassette oder, als Wiedergabe auf Papier, Telefax und Teletex, sowie Lokalradio."

Als betrachtete Technik ist Bildschirmtext ausgewählt. Im Zwischenbericht der Enquete-Kommission [4] wird Bildschirmtext als neuer Dienst gekennzeichnet:
"(...), bei dem Einzelmitteilungen sowie für mehrere oder alle Teilnehmer bestimmte Informationen und andere Leistungen unter Benutzung von Fernmeldenetzen und mindestens eines Rechners elektronisch gespeichert und zum Abruf bereitgestellt werden. Diese Informationen und Leistungen können über das Fernsprechnetz individuell abgerufen und als Texte und Grafiken auf dem Bildschirm des Fernsehgerätes sichtbar gemacht werden. Das handelsübliche teilnehmereigene Farbfernsehgerät ist um einen Decoder erweitert (der die Signale in Bildschirmtextseiten umwandelt und speichert) und über einen von der DBP zugelassenen Modem (Datenübertragungseinrichtung) an das Fernsprechnetz angeschlossen. Die Bedienung durch den Teilnehmer erfolgt mittels einer Tastatur (z.B. TV-Fernbedienung). Zentrale Einrichtungen sind die Bildschirmtextzentralen, an welche die Teilnehmer, die Informationsanbieter mit ihren Eingabestationen und/oder die externen Datenverarbeitungsanlagen angeschlossen sind." [5]

Die Auswahl von Bildschirmtext bot sich aus folgenden Gründen an:

---

[2] Das mag seinen Grund auch in rechtlichen Beschränkungen haben. Die wesentlichen Gründe dürften jedoch in der Verwaltung selbst zu suchen sein. Die (vollziehende) Verwaltung mißt in eigener Einschätzung der Nutzung von Informations- und Kommunikationstechnik eher sekundäre Bedeutung bei, soweit diese Techniken zu einer Verbesserung der interorganisatorischen Kommunikation und zu einer Verbesserung der Kommunikationsbeziehungen mit dem Bürger dienen. Der Grund scheint darin zu liegen, daß hierfür der (auch finanzielle) Aufwand hoch, der Nutzen quantitativ nicht messbar, und in der Selbsteinschätzung der Verwaltung nur schwer argumentativ verwertbar ist. Vgl. dazu: Mayntz, R. u.a. (Mayntz u.a. 1983) ‚Informationsund Kommunikationstechnologien in der öffentlichen Verwaltung, 2 Bde., GMD-Studien Nr.75 und 76, St. Augustin Oktober 1983.
[3] Stern, K., Neue Medien-Neue Aufgaben des Rechts? In: Deutsches Verwaltungsblatt 1982, S. 1109 - 1123, 1110.
[4] Enquete-Kommission "Neue Informations- und Kommunikationstechniken", Zwischenbericht, BT-Drucksache 9/2442, S. 14.
[5] Diese Beschreibung ist hier ausführlich zitiert, weil sie für die Deutung und Bewertung des empirischen Befundes (siehe unten) von Wichtigkeit sein wird.

Mit der Anbindung an das "handelsübliche teilnehmereigene Farbfernsehgerät" (vgl. oben die Definition der Enquete - Kommission) ist -zumindest ingenieurmäßig- eine unmittelbare Verbindung zwischen Bürger und Verwaltung ("Teilnehmer mit ihren Eingabestationen und/oder die externen Datenverarbeitungsanlagen") geschaltet. Dieser Dienst wird von den Verwaltungen bereits, wenn auch bisher nur in einzelnen Pilotvorhaben genutzt, z.B. in Berlin [6].

der Dienst wird als erster neuer Kommunikationsdienst der Allgemeinheit angeboten werden und er enthält die von Stern gekennzeichneten Elemente der Neuartigkeit. Gleichzeitig besteht bei der noch relativ geringen Verbreitung dieses Mediums in der Verwaltung die Möglichkeit der Einflußnahme.

## 2. Der Befund: Nutzung von Bildschirmtext im Kommunikationsverhältnis Bürger/Verwaltung

Eine erste Zusammenfassung, geschweige denn eine regelmäßige Fortschreibung des Standes steht noch aus [7]. Die Nutzung von Bildschirmtext in der öffentlichen Verwaltung für die Kommunikationsbeziehungen zum Bürger ist eher zögerlich [8]. Das dürfte, wenn neuere Untersuchungen Recht behalten u.a. auch an der Selbsteinschätzung der Verwaltung liegen. Nach ihrer Einschätzung bringen Verbesserungen in der Kommunikation keinen oder nur schwer meßbaren Nutzen, mit dem sich im politischen Raum die damit verbundenen Kosten verteidigen liessen.

Der Einsatz ist daher in besonderem Maße von Anstößen aus dem politischen Raum abhängig. Im Rahmen der Bildschirmtextversuche wurden solche Entwicklungen auch gefördert. Wie die Ergebnisse der Begleitforschung gezeigt haben, ist das Interesse der Haushalte an Bildschirmtext u.a. davon abhängig, ob zwar relativ selten verlangte, aber wenn verlangt dann als sehr wichtig eingestufte Information im System vorhanden ist [9]. Dazu zählten die befragten Haushalte insbesondere auch Behördeninformationen.

Der Anstoß und die Förderung des Einsatzes von Btx scheint damit weniger unmittelbar aus der Verwaltung zu kommen, als vielmehr aus dem politischen Raum als Maßnahme gedacht zu sein, Bildschirmtext insgesamt attraktiv zu machen.

---

[6] Vgl. Loyson-Siemering, A.: Bildschirmtext als Bürgerservice. In: Konrad-Adenauer-Stiftung Institut für Kommunalwissenschaften. Fachkongress Neue Medien, Berlin 1983 Sammlung der Tagungsbeiträge. Siehe auch: Kommunale Gemeinschaftsstelle für Verwaltungsvereinfachung, Informationstechnologie in der Kommunalverwaltung, Bericht 12/1983, Köln 1983

[7] Es soll nicht verschwiegen werden, daß es äußerst schwierig ist (ungleich wie in anderen Ländern), sich in der Bundesrepublik Deutschland einen genauen Überblick über den Stand des Einsatzes derartiger Techniken, vor allem aber der Kommunikationstechniken zu verschaffen. Vgl. Feick, J.; Siedenburg, U., Die automatisierte Datenverarbeitung in der Bundesverwaltung, und Schumacher-Wolf, C., Die automatisierte Datenverarbeitung in den Länderverwaltungen, beide : Institut für Angewandte Sozialforschung, Universität zu Köln, Köln, Juni 1983.

[8] Davon zu unterscheiden ist die Nutzung von Bildschirmtext für die Binnenkommunikation der Verwaltung.

[9] Bildschirmtext wird von den Haushalten noch weitgehend als Speichermedium eingeschätzt.

Diese Einschätzung läßt die Zukunft für Btx im Kommunikationsbereich Bürger/Verwaltung als Informationsinstrument für den Bürger für gegenwärtig wenig aussichtsreich erscheinen, weil es noch an intrinsischer Motivation der Betreiber fehlt. Eine andere Entwicklung wäre denkbar für den Bereich von konkreten Mitteilungen zwischen Bürger und Verwaltung soweit sie einen hohen Formalisierungsgrad haben: Durch den weit stärker vorangetriebenen, weil hier nachweisbarer kostensparenden Einsatz von Btx als Binnenkommunikationsmittel in der öffentlichen Verwaltung bietet sich für diesen Bereich aus Rationalisierungserwägungen (und weniger unter Kommunikationsgesichtspunkten) ein "Einspeisen" von Bürgerantworten auf formalisierte Btx-Anfragen in das Verwaltungssystem an [10]. Diese Entwicklung aber wird wiederum abhängig von der Akzeptanz von Bildschirmtext als Kommunikationsmedium überhaupt sein.

Gerade in diesem Zusammenhang ist jedoch zu fragen, das weiter auszuführen würde jedoch hier zu weit gehen, ob die Einschätzung von Btx als Kommunikationsmedium dem technischen Potential und den strukturellen Gegebenheiten des Instruments gerecht wird, d.h. ob es überhaupt dazu geeignet ist Kommunikationsbeziehungen zwischen einem Kreis von Benutzern mit relativ gering entwickelter Informationsverarbeitungskapazität (Fernseher, Telefon) auf der einen Seite und hoch informationstechnisierten Teilnehmern (Verwaltung mit Großrechnern und organisationeller Infrastruktur) auf der anderen Seite zu verbessern. Es scheint vieles darauf hinzudeuten, daß das angebotene Netz nur dann optimal genutzt werden kann, wenn auch auf Seiten der Benutzer "intelligente Endgeräte mit einer gewissen Speicherkapazität" zur Verfügung stehen.


## 3. Die Postulate

### 3.1 Der Ausgangspunkt : Kommunikation als wesentliches Element des verfassungsrechtlichen Menschenbildes

Elemente der Gestaltungsprogrammatik für Kommunikationsbeziehungen können der Verfassung, die auch programmatischen Charakter hat, entnommen werden. Wesentlich ist dabei, das durch die Grundrechte gezeichnete Menschenbild und seine Umsetzung in die Kommunikationspolitik leitende Wertsetzungen.

Das eingangs erläuterte Kommunikationsmodell erweist sich dabei auch vor dem Hintergrund einer Gesamtinterpretation der Verfassung als geboten:

"Die Grundrechte sind (Elemente) eines normativen Staats- und Gesellschaftskonzepts, das Möglichkeiten subjektiver Entfaltung abgesichert wissen will und das auf reale Möglichkeiten subjektiver Entfaltung angewiesen ist.(...) Die durch Kommunikation ermöglichte subjektive Entfaltung ist in gesteigertem Maße auf besondere Rahmenbedingungen einer folgenreichen Kommunikation angewiesen." [11]

"Kommunikationsfreiheit als Teil einer freiheitlichen Kommunikationsverfassung im demokratischen und sozialen Rechtsstaat schützt die subjektive Entfaltung in der

---

[10] In der privatwirtschaftlichen Nutzung hat sich hierbei den Feldversuchen eine relativ hoher Nutzungsgrand und eine relativ positive Einschätzung durch die Haushalte ergeben.
[11] Hoffmann-Riem, W.: Massenmedien, in: Benda, E., Maihofer, W.; Vogel, H.-J., unter Mitwirkung von Konrad Hesse: Handbuch des Verfassungsrechts der Bundesrepublik Deutschland. Berlin/New York 1983, S.389-469, S.389 (Hoffmann-Riem 1983).

*Kommunikation, d.h. die Übernahme der Rolle als Kommunikator und als Rezepient. Geschützt ist aber auch die Entfaltung durch Kommunikation, z.B. die Verwertung der aufgenommenen Information zur Orientierung in individuellen und gesellschaftlichen Zusammenhängen und bei der Mitwirkung an der staatlichen Willensbildung."* [12]

*Die so umrissene Programmatik hat unter Einbeziehung weiterer struktureller Verfassungsregelungen seine (im übrigen ebenfalls programmatische) Ausprägung im wesentlichen im Bezug zur Massenkommunikation erhalten. Es wäre zu prüfen, inwieweit dort vorgenommene Konkretisierungen auf die Kommunikation Bürger/Verwaltung übertragbar sind, zumal dann, wenn sich diese Kommunikationsform von der Individualkommunikation über das Stadium der Allgemeinkommunikation der Massenkommunikation annähert oder mit dieser schwer unterscheidbare Mischformen bildet.*

*Für weite Bereiche der Kommunikationsbeziehung Bürger/Verwaltung wäre eine solche Ableitung jedoch nicht unbedingt notwendig. Die vor allem in der Konkretisierung des Rechts- und Sozialstaats vorgebene Programmatik für die Gestaltung der Kommunikationsbeziehung Bürger/Verwaltung sind und werden bereits in konkrete gesetzliche Gestaltungen umgesetzt. Die Verwaltungsverfahrensgesetze etwa regeln bereits weitgehend diese Beziehung und damit, wenn auch nur faktisch und nicht bewußt unter dem Aspekt der Kommunikation, die Kommunikationsbeziehung Bürger/Verwaltung. Stärker ist der Kommunikationsaspekt bereits in den Datenschutzgesetzen konkretisiert und zwar schon unter Einbeziehung der technologischen Veränderungen, wenngleich das dort inhärente Modell doch eher das der Information als der Kommunikation zu sein scheint.*

*Gestaltungspostulate lassen sich damit auch aus dem Gesetzesrecht gewissermaßen "redestillieren"; zumindest ist der Versuch, bereits bestehende Regelungen, vor allem das Verwaltungsverfahrensgesetz, unter dem Aspekt seiner Aussagen zur Kommunikation Bürger/Verwaltung neu zu betrachten, sicher hilfreich und wäre eine nützliche Aufgabe für das Informationsrecht. Dabei wird auch festzustellen sein, inwieweit programmatische Gehalte unter der Berücksichtigung der Informations- und Kommunikationstechnik verlangen, konkrete Regelungen zu revidieren und/oder neue einzuführen.*

*Dieser Beitrag kann diese Aufgabe nicht leisten. Vielmehr soll beispielhaft an einer Reihe von Einzelpostulaten (und keinesfalls abdeckend) nur ein erster Versuch in diese Richtung unternommen werden* [13].

---

[12] *Hoffmann-Riem 1983, S. 390 m. w. Nachw.*
[13] *Dies in anderen Rechtsbereichen zu wiederholen könnte Aufgabenbestandteil eines Informationsrechts werden.*

*3.2 Die Gestaltungspostulate im einzelnen*
------------------------------------------------

*Ausgangspunkt ist das eingangs umrissene kommunikative Menschenbild der Verfassung, das allerdings um eine Reihe struktureller Elemente zu ergänzen ist.*

*3.2.1   Das Postulat der angemessenen Kommunikationsstruktur*
------------------------------------------------------------------

*Auf den Bereich der technischen Kommunikation übertragen verlangt dieses Postulat, technische Kommunikationsnetze (für die Kommunikation Bürger/Verwaltung) so auszulegen, daß sie in der Tendenz möglichst flächendeckend sind, daß zumindest technisch jeder Bürger Zugang hat. Das Postulat erfordert für die Ausgestaltung weiterhin, daß die Netze so gestaltet sein müssen, daß eine echte Zweiwegkommunikation möglich ist und schließlich, daß im Vorfeld (und zur Nachbereitung) der Kommunikation mit der Verwaltung Kommunikation zwischen Bürgern in diesen Netzen möglich sein muß.*

*Ableitbar scheint dieses Postulat aus dem Erfordernis rechtsstaatlicher Verwaltung, dem Gleichheitsgebot, der Meinungs- und Koalitionsfreiheit, dem Recht auf rechtliches Gehör.*

*Gerichtet ist dieses Postulat vornehmlich an den Netzträger.*

*In seinen Auswirkungen dürfte es unproblematisch sein, sieht man von der Frage der Resourcenbeschränkung ab. Aber auch im Rahmen beschränkter Resourcen hätte die Gestaltung stets so zu erfolgen, daß das programmatische Ziel nicht gefährdet ist.*

*3.2.2 Das Postulat der Trennung von Netzträgerschaft*
       *und Inhaltsbestimmung*
------------------------------------------------------------

*Das Postulat der Trennung von Netzträgerschaft und Nutzung (Programm) verlangt eine strikte Trennung von Betreibung und Nutzung des Netzes.*

*Abgeleitet ist es nicht nur aus den strukturellen Erfordernissen der Zuständigkeitszuteilung [14]. Diese Zuteilung hat auch grundrechtssichernde Bedeutung. Für die Kommunikation Bürger/Verwaltung kommt dabei hinzu, daß auch im Bereich der Nutzung Abschichtungen nach Bund-, Länder- und kommunaler Verwaltung sichergestellt werden müssen. Hier wird auch exemplarisch deutlich, wie ansich massenkommunikative Elemente mit struktuellen Anforderungen an die Verwaltung verschmelzen, in dem Maße, indem der Begriff Massenkommunikation an Unterscheidungsschärfe verliert. Nicht geklärt ist damit (und soll hier auch nicht), inwieweit Nutzungsformen der jeweils so abgeschichteten öffentlich-rechtlichen Nutzer überhaupt in den massenmedialen Bereich eindringen dürfen, ohne die institutionelle Garantie von Rundfunk, Film und Presse zu berühren.*

*In seinen Auswirkungen wird dieses Postulat die verwaltungsinternen Verfahren zur Programmausgestaltung, insbesondere auch bei Bildschirmtext betreffen. Man kann z.B. darüber spekulieren, ob sich hier nicht Entwicklungen wiederholen könnten wie im Bereich der Datenverarbeitungsanlagen: Kommunen werden durch Landesorganisationsgesetze zu kommunalen Editiergemeinschaftszentren zusammengeschlossen; oder wegen der zentralen Bedeutung des Rechnerverbundes im Bereich von Bildschirmtext: solche bereits bestehenden Zentren erhalten neue Aufgaben im Bereich der Kommunikationstechnik zugewiesen. Die hier auftretende Problematik der gemeindlichen Selbstverwaltungsgarantie ist bereits durch gerichtliche Entscheidungen zur kommunalen Datenverarbeitung hinlänglich deutlich.*

---

[14]  *Siehe Hoffmann-Riem 1983, S. 417, 441; BVerfGE 12, 205,225ff.*

### 3.2.3  Das Postulat der kommunikativen Chancengleichheit

Das Postulat ist weitgehend aber nicht ausschließlich die Ratio für das Postulat der angemessenen Netzstruktur. Dieses Postulat ist zwar primär auf Massenkommunikation ausgerichtet. Dennoch enthält es Elemente, die gerade für die hier interessierende Kommunikationsbeziehung Bürger/Verwaltung relevant sind. Die Bedeutung des Postulats besteht nicht darin, eine grenzenlose volltechnisierte Kommunikationsgesellschaft zur eröffnen, sondern vielmehr darin, einen Legitimationszwang für bestehende und sich entwickelnde Kommunikationsprivilegien aufzustellen [15].

In seinen Auswirkungen ist es gerade für Bildschirmtext von Bedeutung. Anzeichen deuten darauf hin, daß Bildschirmtext vor allem als (relativ) preiswertes Binnenkommunikationsmittel im wirtschaftlichen Bereich und in den Verwaltungen genutzt werden wird. Ähnlich wie es sich bereits bei der Datenverarbeitung gezeigt hat, wird es hier zu strukturellen Vorteilen für Großanwender kommen, zumal sie über das wesentliche Element von Btx verfügen : über leistungsfähige Hintergrundsysteme der Datenverarbeitung. Um festzustellen, ob und in welchem Maße solche Entwicklungen ausgesteuert werden sollen, können und müssen, wird es einer sorgfältigen Beobachtung der Anwendungsentwicklungen bedürfen.

Zu diesem Postulat zähle ich auch die Anforderung, das Empfangen von bestimmten Verwaltungsleistungen nicht von der Nutzung eines bestimmten Mediums abhängig zu machen, eine Entwicklung wie sie sich im privaten Sektor bereits anzudeuten scheint. Ferner zählt hierzu bei der konkreten Ausgestaltung der Kommunikation unterschiedliche kognitive Niveaus zu berücksichtigen und insgesamt die Kommunikation so wenig wie möglich zu formatieren. In Ansätzen findet sich gerade letzteres aus dem Zeitalter der Papierkommunikation bereits im Prinzip der Nichtförmlichkeit des Verwaltungsverfahrens (vgl. § 10 VerwVfG ) rechtlich normiert.

### 3.2.4  Das Postulat der Transparenz der Kommunikationsinhalte
und Kommunikationsstrukturen

Gemeint ist damit die Möglichkeit, die Strukturen der Kommunikationsbeziehungen, die Kategorien von Beteiligten, die Arten der Informationsinhalte, und die zugrundeliegenden Programme zu kennen, um die Auswirkungen eigener Kommunikationsakte in solchen Systemen einschätzen zu können.

Das Postulat ließe sich ableiten aus dem Demokratiegebot der Transparenz aber auch aus dem Grundgebot der Menschenwürde und dem Persönlichkeitsrecht des Einzelnen.

In Ansätzen wird diesem Postulat bereits auf gesetzlicher Ebene in denjenigen Datenschutzvorschriften Rechnung getragen, die eine Transparenz der Datenverarbeitung zum Ziel haben (Veröffentlichungs-, Registrierungspflichten, Auskunftsrechte). Darüberhinausgehende, auf ein allgemeines Zugangsrecht (d.h. ein nicht durch Filter wie etwa "rechtliches" Interesse selektiertes Zugangsrecht) zielende Regelungen, die etwa gar auch die Möglichkeiten technisch gestützter Informationssysteme der Verwaltung

---

[15]  Siehe dazu Hoffmann-Riem 1983, S.397

einbeziehen, fehlen in der Bundesrepublik Deutschland [16]. Hier zeichnet sich ein erheblicher Regelungsbedarf ab; allerdings muß auch konstatiert werden, daß die Entwicklung des Transparenzgedankens sowohl dogmatisch als auch rechtspolitisch noch stark entwicklungsfähig ist. Mir scheint jedoch dieses Element geradezu konstituierend zu sein, um die Entwicklungsfähigkeit des einzelnen und gesellschaftlicher Gruppen in einer hochgradig kommunikationstechnisierten Umwelt sicherzustellen. Außerdem könnte die Vermittlung von Transparenzinformation mit dazu beitragen, die Kommunikationswege auch mit bedeutsamen Inhalten zu füllen [17].

Ähnlich wie im Bereich der Informationsverarbeitung werden sich hinsichtlich der qua Amtshilfe vermittelten Binnenstrukturen der Verwaltungskommunikation Anforderungen ergeben, die über die bestehenden Vorschriften etwa der §§ 25 und 29 VerwVfG hinausgehen müssen, d.h. auch diese Binnenstrukturen werden stärker offenzulegen sein.

## 3.2.5 Das Postulat der freiheitssichernden Abwehr von Eingriffen [18]

Das Postulat ruht auf dem Abwehrcharakter des Meinungs- und Informationsfreiheitsgrundrechtes aber auch des allgemeinen Persönlichkeitsrechts. Es hat den spezifischen Eigenheiten der technischen Kommunikation, insbesondere der Möglichkeit Rechnung zu tragen, in großem Umfang Kommunikationsprozesse (einschließlich der Beteiligten und der kommunizierten Inhalte) aufzuzeichnen, diese Aufzeichnungen zu speichern und in zum Teil komplexen Verfahren auszuwerten. Die zeitlichen quantitativen und qualitativen "Entgrenzungen" durch solche Kontrollverfahren lassen herkömmliche Schutzmechanismen der Rechtsordnung, die solche Begrenzungen bisher immanent "mitgedacht" und daher nicht ausformuliert haben, als nicht mehr ausreichend erscheinen.

Das Postulat hat mehrere Aspekte: einen institutionellen und einen persönlichkeitsrechtlichen.

Im Bereich des institutionellen Aspektes ist hier auf die insoweit zugleich grundrechtssichernde Funktion der Zuständigkeitsverteilung in Bund, Ländern und Kommunen hinzuweisen und das Postulat zur angemessenen Kommunikationsstrukturgestaltung mit zu berücksichtigen [19]. Hinsichtlich des persönlichkeitsrechtlichen Aspektes kann auf die bereits ablaufende Datenschutzdiskussion um Neue Medien verwiesen werden. In Ansätzen verwirklicht ist dieser Schutz in den Datenschutzregelungen zum Bildschirmtext. Hierzu gehören aber auch Fragen der Ausdehnung des G-10 Gesetzes auf die Btx-Kommunikation und ähnliche Fragestellungen.

---

[16] Siehe aber z.B. die Regelungen im Sekretesslag in Schweden. Dazu ausführlich: Burkert, H., Freedom of Information and Data Protection, EEC-Joint Study on Data Security and Confidentiality (II), Item F, 1983.

[17] Im gegebenen System ist dieses Postulat in Ansätzen z.B. insoweit verwirklicht, als es die Kennzeichnungspflicht von Werbung betrifft.
Interessanterweise gilt dies Kennzeichnungspflicht jedoch nicht für politische Werbung. Diese Art von Werbung könnte jedoch gerade im Kommunikationsverhältnis Bürger/Verwaltung relevant werden. Allerdings sind hier andere verfassungsrechtliche Rahmenbedingungen (etwa das Parteienprivileg) in die Lösungsfindung mit einzubeziehen.

[18] Vgl. Hoffmann-Riem 1983, S.425 (dort allerdings primär auf Massenkommunikation bezogen.

[19] In diesen Bereich gehört die Diskussion um den BildschirmtextStaatsvertrag (dazu eingehend Scherer, J.;
Rechtsprobleme des Staatsvertrags über
Bildschirmtext, in: Neue Juristische Wochenschrift 1983, H.33, S.1834-1838 (Scherer 1983)).

## 4. Schlußbemerkung
------------------

Zum Schluß sei nochmals hervorgehoben, daß es sich hierbei um rechtliche Gestaltungspostulate handelt, die zur Diskussion gestellt werden sollten. Ihr Konkretheitsgrad, ihre Ableitungen, ihre Ausgestaltung sind diskussionsbedürftig. Nicht geleugnet werden dürfen bei einer solchen Diskussion die Probleme der organisatorischen und technischen Realisierung und insbesondere die ökonomischen Probleme. Gerade letztere machen jedoch die Diskussion der Postulate nicht überflüssig: Ressourcenknappheit verlangt eine rational zu entwickelnde (und überprüfbare) Kommunikationspolitik für die technisch gestützte Kommunikationsbeziehung Bürger/Verwaltung. Eine solche Politik bedarf eines Werterahmens zur Entwicklung von Prioritäten. Einen Beitrag zur Diskussion dieses Werterahmens sollte dieses Papier leisten.

<u>Zur Komplementierung des Datenschutzes</u>
<u>unter organisatorischen Aspekten: Das Konzept der Zweckbindung</u>

Stefan Bischoff, Universität München

<u>Vorbemerkung</u>: Die folgenden Überlegungen beruhen auf den Untersuchungen und Ergebnissen eines von der VW-Stiftung geförderten Forschungsvorhabens an der Universität München mit dem Titel: "Integration des Datenschutzes in organisatorische Konzepte der Datenverarbeitung". Sie beziehen sich auf die rechtliche Situation in der BRD

I.

Wie die Novellierungsbestrebungen und die anhaltende Diskussion zeigen, ist es trotz der Kodifikation des Datenschutzrechts in den 70er Jahren nicht gelungen, die Gefahren in den Griff zu bekommen, die mit der Einführung moderner Informationstechniken in die öffentliche Verwaltung verbunden sind.

Datenschutz im öffentlichen Bereich krankt gegenwärtig an zwei wesentlichen, strukturell bedingten Mängeln:

- Das datenschutzrechtliche Schutzgut ist nicht ausreichend präzisierbar; was unter den "schutzwürdigen Belangen des Betroffenen" (§ 1 Abs. 1 BDSG) zu verstehen ist, ist unklar. Dadurch ist die Wirksamkeit des Datenschutzes erheblich geschmälert, die Praktikabilität herabgesetzt und ein Zustand der Rechtsunsicherheit geschaffen.
- Das Datenschutzrecht läßt den zwischen Datenschutz und der Organisation administrativer Informationsverarbeitung bestehenden Zusammenhang außer acht. Statt den in den Strukturen der Informationsverarbeitung angelegten Gefahren von vornherein entgegenzuwirken, schränkt Datenschutz nur die Ausnutzung bestehender Leistungspotentiale der Datenverarbeitung im nachhinein ein und regelt reaktiv einzelne Mißbrauchsfälle.

Beide Defizite beruhen darauf, daß die der Datenschutzproblematik zugrunde liegenden realen Informationsprozesse und Phänomene nicht genügend geklärt sind. Die mit der Informationstechnik verbundenen Gefahren werden mit Schlagworten wie "Der Gläserne Mensch", "Verlust der Entscheidungsfreiheit", "Der Bürger und sein Datenschatten" zwar angerissen, eine tiefergehende Analyse der Ursachen und Zusammenhänge fehlt bisher weitgehend. Eine solche Analyse ist jedoch für die Entwicklung eines wirksamen, datenschutzrechtlichen Konzeptes erforderlich: um den Gefahren wirklich begegnen zu können, muß man sie und ihre Ursachen kennen.

II.

Zur Bestimmung der Gefahren ist die Bedeutung von Informationsprozessen
für den Bürger zu klären. Zur Erforschung der Ursachen sind die Bedingungen administrativer Informationsverarbeitung zu untersuchen. Ausgangspunkt der Analyse müssen mithin die zwischen Bürger und Verwaltung
tatsächlich ablaufenden Informationsprozesse und ihre Bedingungen sein.
Diese Informationsprozesse, ihre Bedeutung für beide Seiten und die
Spezifika administrativer Informationsverarbeitung fassen wir unter dem
Begriff " I n f o r m a t i o n s v e r h ä l t n i s " zusammen.

Das Informationsverhältnis ist ein Ausschnitt des Gesamtverhältnisses
Bürger/Verwaltung - gleichsam sein informationeller Aspekt - und steht
im selben Spannungsfeld wie dieses: Auf der einen Seite steht der Bürger mit seinem konkreten Anliegen, seinen speziellen Interessen und
seiner Alltagspraxis, auf der anderen Seite die Verwaltung mit generellen Entscheidungsprogrammen, vom Einzelfall abgelösten Selektionsmecha-
nismen und formalisierten Verfahren. Der Bürger als Individuum, seine
in der Lebenswelt verankerten Wissensbestände und Strategien werden
konfrontiert mit der funktional-rational orientierten Organisation 'Verwaltung'.

Auf das Informationsverhältnis bezogen steht die Verwaltung als infor-
mationsverarbeitendes System dem einzelnen, kommunikativ handelnden
Bürger gegenüber.

> Die öffentliche Verwaltung erhebt und verarbeitet Informationen
> nach vorgegebenen Programmen. Die spezifischen Mechanismen der
> Informationsverarbeitung und die damit verbundene Innendifferen-
> zierung und -strukturierung der Verwaltung ermöglichen ihr die
> Verarbeitung und Reduzierung von Komplexität, die Erhaltung der
> für das System notwendigen Innen-/Außendifferenz und als Output
> bindende Entscheidungen. Informationen sind für die Verwaltung
> das Medium, mit dessen Hilfe sie sich auf die Umwelt bezieht.
> Die formale, selektive und funktionale Verwendung der Informatio-
> nen aus und über die Umwelt führt dazu, daß die ursprüngliche
> kommunikative, alltagsweltliche Bedeutung von Informationen und
> deren Sinnzusammenhang durch eine rein funktionale, auf die Redu-
> zierung von Komplexität bezogene, systemspezifische Bedeutung
> ersetzt wird. Die Umwelt wird selektiv erfaßt und die so gewonne-
> nen Informationen auf vorgegebenen Entscheidungs- und Verarbei-
> tungsmuster bezogen.

In der Lebenswelt des Bürgers dagegen sind Informationen in Prozesse
des Sinnverstehens eingebunden. Bei ihrer Interpretation wird der jeweiligen konkreten Sozialbeziehung - der pragmatischen Dimension -

Rechnung getragen. Die Lebenswelt ist der Erlebnis- und Handlungsraum der Individuen, die in kommunikativen und reziproken Beziehungen ihre eigene Identität und die gesellschaftliche Wirklichkeit konstituieren.

> Unter Rekurs auf soziologische Identitätskonzepte läßt sich die Rolle von Informations- und Kommunikationsprozessen in der Lebenswelt für den Bürger folgendermaßen umreißen: Bei allen Informations- und Kommunikationsprozessen erfolgt immer auch eine Selbstdarstellung. Diese ist konstitutiv für die Identitätsbildung und -bewahrung des Individuums. Im Zusammenhang mit Selbstdarstellungsprozessen entstandene Informationen sind innerhalb des Kontaktes bestimmend für die Handlungschancen und die weiteren Darstellungsmöglichkeiten. Selbstdarstellung erfolgt immer situations- und kontextbezogen; nur eine Facette der Person wird sichtbar. Selektivität und Unterschiedlichkeit der kontextbezogenen Selbstdarstellung ist eine Konstitutionsbedingung für den Prozeß der Identitätsbildung in unserer hochdifferenzierten Gesellschaft. Je nach dem auf welches Subsystem der Gesellschaft man sich bezieht, stellt man sich anders dar, so wie sich umgekehrt jedes Subsystem nur auf einen Teil der Persönlichkeit bezieht.

> Im Informationsverhältnis stellt sich der Bürger jeder spezifischen Verwaltungsbehörde anders dar; jede Behörde hat ein aufgabenbezogenes Informationsabbild vom Bürger, das auf die möglichen Entscheidungen bezogen ist. Die Bewahrung des entsprechend der Selbstdarstellung des Bürgers entstandenen Informationsabbildes gewährleistet die Handlungschancen des Bürgers. Eine Informationsverarbeitung, die dieses informationelle Abbild verändert und Informationen nicht kontextabhängig verwendet, gefährdet die Selbstdarstellung des Bürgers und damit dessen Identitätskonstitution.

Im Informationsverhältnis - konkret im Publikumskontakt - stoßen 'System' und 'Lebenswelt' zunächst unvermittelt aufeinander: An die kommunikativ orientierte Informationserhebung durch den Sachbearbeiter, bei der Informationen für den Bürger einen Sinnbezug zu seinem Handeln und seiner Selbstdarstellung haben, schließt sich eine Informationsverarbeitung an, die sich in formalisierten systeminternen Verfahrensschritten unter bloßer Orientierung an Programmen und Entscheidungsrastern vollzieht. Aus kommunikativ entstandenen Informationen werden systemgebundene, abstrakte, quasi-objektive Informationen.

Erst diese systemspezifische Informationsverarbeitung eröffnet die Möglichkeit, moderne Informationstechniken adäquat zum Einsatz zu bringen. Umgekehrt verschärft das Potential der Informationstechnik die in der systemischen Verarbeitung angelegten Gefährdungspotentiale erheblich. Nutzen und Gefahren der automationsgestützten Informationsverarbeitung lassen sich nur im Zusammenhang mit den systemischen Strukturen und Verfahren der Verwaltung zutreffend einschätzen. Die

Informationstechnik verstärkt die in der systemischen Verarbeitung bereits angelegten Gefahren, weil sie deren Leistungsfähigkeit und Zugriffsmöglichkeit erhöht (Stichwort: Trendverstärker).

Problematisch an dieser Entwicklung ist, daß die systemischen Strukturen und Funktionen immer mehr von den Interessen und Bedürfnissen des individuellen Bürgers abgekoppelt werden. Der Bürger kann die administrativen Selektions- und Verarbeitungsmechanismen und Verwendungszusammenhänge, deren Maßstab statt kommunikativer Sinnauslegung die Systemrationalität ist, mit den ihm geläufigen Formen der symbolisch strukturierten Lebenswelt nicht mehr übersehen und verstehen, er kann seine Probleme nicht adäquat formulieren und einbringen. Diese Abkoppelung von System und Lebenswelt - ein Kernproblem der modernen Gesellschaft - ist eine wesentliche Dimension der Datenschutzproblematik.

> In unserer Gesellschaft ist das Verhältnis von System- und Lebenswelt prekär. Immer mehr gesellschaftlich relevante Funktionen werden im Zuge zunehmender Rationalisierung auf formale Organisationen übertragen. Die Verwaltung ist dafür das sprechendste Beispiel: Sie hat einen ungeheuren Funktionszuwachs erfahren. Weil sie sich auf Grund ihrer Funktion, ihres Macht- und Entscheidungsmonopols, auf nahezu alle Lebensbereiche bezieht, hat die zunehmende Rationalisierung in der Verwaltung besonders starke Auswirkungen auf den Bürger.
>
> Die gesellschaftliche Rationalisierung ist ambivalent, neben erheblichen Vorteilen bringt sie Gefahren für die Ausbalancierung des Verhältnisses von System und Lebenswelt mit sich. Die Gefahr besteht darin, daß organisierte Sozialsysteme immer intensiver und umfassender auf die Lebenswelt zugreifen und die auf das Individuum zugeschnittenen Strukturen der Lebenswelt durch systemische Strukturen ersetzen. Systeme bauen auf austauschbaren, generalisierten Handlungen - Rollen - auf, die handelnde Persönlichkeit in ihrer Individualität ist Nebensache. Seine Identität gegenüber Organisationen zu bewahren, wird für das Individuum zu einem erheblichen Problem, weil Identität nur im Rahmen individueller Sinnbezüge und kommunikativen Handelns entfaltet werden kann. Die Bewahrung der Identität gegenüber Organisationen setzt deshalb voraus, daß diese nur einen Ausschnitt der Persönlichkeit erfassen und daß das Individuum zwischen unterschiedlichen Rollen wechseln kann. Um so mehr sich das Individuum auf Systemstrukturen beziehen und einlassen muß, desto stärker werden seine Handlungs-, Erlebnis- und Entfaltungschancen beschnitten.

Unter dieser Perspektive stellt sich die Einführung der modernen Informationstechnik als Perfektion der systemischen Strukturen und Verfahren der Verwaltung dar, mithin als Ausdruck der allgemeinen Rationalisierung der Gesellschaft. Wegen der Wirkung als Trendverstärker gefährdet die Einführung der Informationstechnik jedoch die Ausbalancierung des Verhältnisses von Verwaltung und Bürger besonders. Was wir allgemein als. Gefahr zunehmender Durchdringung der Lebenswelt durch das System be-

zeichnen können, zeigt sich auf der Ebene der Informationsprozesse
als Verkürzung der Informationen um ihre pragmatische und kommunikative
Dimension. Dadurch verändert sich die Bedeutung und Verwendungsmöglich-
keit von Informationen erheblich. Der immer stärkere Zugriff drückt
sich in der Vielfachverwendbarkeit und Verknüpfbarkeit der Informationen zu Persönlichkeitsprofilen aus. Die unterschiedlichen Facetten des
Bürgers werden integriert, der Bürger wird erfaßt und zum "Daten-
objekt". Die durch die Speicherkapazität begründete Langlebigkeit von
Informationen konfrontiert ihn immer wieder mit seinem "Datenschatten".
Seine Mitwirkung an der Informationsgewinnung wird zurückgedrängt;
immer mehr Anpassungsleistung wird von ihm gefordert. Seine Handlungs-
chancen und Selbstdarstellungsmöglichkeiten im Publikumskontakt und im
Informationsverhältnis werden beschnitten.

Die Implementierung moderner Informationstechniken in die Verwaltung
hat neben diesen Folgen für den Bürger unmittelbare Auswirkungen auf
Organisation und Verfahren der administrativen Informationsverarbeitung
und auf das Informationsverhalten.

> Organisation und Informationsverarbeitung sind interdependent.
> Organisation und Programme determinieren die Informationsflüsse
> und -verarbeitung in der Verwaltung. Organisationsstrukturen
> dienen funktional zur Machtverteilung und -balance innerhalb der
> einzelnen Organisation und zwischen Verwaltungen. Die Speziali-
> sierung der Verwaltung gewährleistet die Repräsentierung der
> Interessen eines bestimmten Klientels bzw. eines gesellschaftlich
> relevanten Interesses.

Dieses sorgfältig abgestimmte Gefüge wird nun unter der Hand durch die
Informationstechnik wesentlich verändert. Die Binnenstruktur der Verwaltung, Kompetenzen und Machtverteilungsmechanismen verändern sich faktisch erheblich, auch wenn sich in rechtlicher Hinsicht zunächst wenig
verändert hat. Diese Veränderungen auf der Systemebene bringen Gefährdungen der für eine hoch differenzierte, demokratische rechtsstaatliche
Gesellschaft erforderlichen ausdifferenzierten Systemstrukturen mit sich.

> Die Durchdringung der Lebenswelt durch systemische Strukturen ist
> der Grund dafür, daß sich Strukturveränderungen der Verwaltung auf
> die Lebenswelt auswirken. Es besteht eine Interdependenz zwischen
> der Erhaltung bestimmter Systemstrukturen, die als Machtkontrolle
> und -balance für eine Beschränkung des Systemzugriffs auf die Le-
> benswelt sorgen, und den Konsequenzen in der Außenwirkung. Funk-
> tional unter dem Aspekt der Machtbeschränkung ausdifferenzierte
> Systemstrukturen bestehen auch im Interesse des einzelnen, sie ge-
> währleisten seine Freiheitsräume.

Die Veränderungen, die im Zuge der Verwaltungsautomation in der Verwal-

tung eingetreten sind, gewinnen so erhebliche Brisanz für den Bürger,
sie wirken sich unmittelbar auf ihn aus.

Um den negativen Folgen der Verwaltungsautomation wirksam begegnen zu
können, muß deshalb zum einen an der Systemstruktur, d.h. an den organisatorischen und verfahrensmäßigen Bedingungen der administrativen
Informationsverarbeitung angesetzt werden. Zum anderen muß ihnen durch
eine Stärkung der Rechts- und Schutzpositionen des einzelnen Bürgers
gegengesteuert werden. Eine rechtliche Regelung, die den Folgen der
Informationsverarbeitung entgegenwirken will, muß - neben der Normierung
individueller Rechte - die Organisation und das Verfahren der Informationsverarbeitung miteinbeziehen. Nur so kann Datenschutz den Schutz
der Lebenswelt vor Übergriffen des Systems sicherstellen.

Vor dem entfalteten Spannungsverhältnis von System und Lebenswelt zeigt
sich auch die grundsätzliche und eminente Bedeutung des Datenschutzrechts. Datenschutz im öffentlichen Bereich muß dazu beitragen, die
Balance zwischen System und Lebenswelt zu erhalten bzw. wiederherzu-
stellen, die durch die auf Grund der modernen Informationstechnik ge-
steigerten Möglichkeiten des systemischen Zugriffs auf die Lebenswelt
bedroht bzw. gestört ist. Eben diese Funktion - Schutz der Lebenswelt
bzw. der Konstitutionsbedingungen der Identität des Individuums gegenüber der Verwaltung - wird unter dem Topos 'Gefährdung der Privatsphäre' immer wieder diskutiert.


III.

Den Übergriffen auf die 'Lebenswelt' wird verfassungsrechtlich
durch die Grundrechte normativ entgegengewirkt. Darauf wird
hier nicht näher eingegangen, weil hierzu unter den Begriffen
'Privatsphäre' und 'Persönlichkeitsrecht' bereits eine ausgie-
bige Diskussion geführt wird. Weniger beachtet wurde, daß Organisationsstrukturen der Verwaltung partiell durch das Verfassungsrecht gefordert und abgesichert werden, bzw. sich aus dem
Verfassungsrecht organisatorische Mindestanforderungen ableiten
lassen.


Interpretiert man die Organisationsstrukturen als Beitrag zur Erhaltung der Machtbalance und Interessenrepräsentation, so sind Organisationsänderungen verfassungsrechtlich relevant und müssen legitimiert
werden. In verfassungsrechtlichen Prinzipien wie Gewaltenteilung,
Selbstverwaltung, Bundesstaat- und Ressortprinzip, den Grundrechten
und einer Reihe weiterer Normen ist der Grundsatz administrativer Ge-

waltenteilung enthalten, der die organisatorischen Funktionen der
Machtkontrolle und Interessenrepräsentation absichert. Veränderungen
in der Organisationsstruktur wie z.B. die faktische Verantwortungs-
verlagerung, die durch die Verselbständigung der EDV-Organisation eingetreten ist, sind unter diesem Gesichtspunkt bedenklich.

Wie die neuere Verfassungsrechtsprechung zeigt, müssen die freiheits-
sichernden Grundrechte durch ein entsprechendes Organisations- und
Verfahrensrecht flankiert werden. Nur das Zusammenspiel beider Normen-
komplexe gewährleistet ausreichenden Schutz der individuellen Rechts-
positionen.

Diese verfassungsrechtliche Bewertung läßt sich auf den Datenschutz
übertragen: Datenschutz muß zum einen durch organisationsrechtliche
bzw. institutionelle Normen und zum andern durch auf das einzelne Individuum bezogene freiheitssichernde Normen gewährleistet werden.

> Daraus lassen sich zwei Funktionen des Datenschutzes entfalten:
> Die mit der Automation einhergehenden Veränderungen bedrohen so-
> wohl Machtverteilungsprinzipien und Prinzipien der Interessen-
> repräsentation in der Verwaltung als auch den einzelnen Bürger.
> Datenschutz muß beiden Gefahren entgegenwirken. Datenschutz muß
> organisationsrechtlich Maßstäbe und genuin datenschutzrechtliche,
> sprich: individualrechtliche Maßstäbe miteinander verbinden.

Auf Grund unserer bisherigen Überlegungen können wir Ziel und Funktion
des Datenschutzes im öffentlichen Bereich so formulieren:

Auf das Verhältnis von System und Lebenswelt bezogen ist Datenschutz
das Korrektiv für die im Zusammenhang mit der Implementierung der Informationstechnik sich verschärfende Durchdringung der Lebenswelt durch
Systemstrukturen.

(1) Im Hinblick auf die in den systemischen Verarbeitungsmechanismen
begründeten Gefährdungen läßt sich diese Korrektivfunktion präzisieren:

> Datenschutz muß einer administrativen Informationsverarbeitung
> entgegenwirken, die die pragmatische Dimension kommunikativ ent-
> standener Informationen tendenziell abschneidet.

Berücksichtigen wir die Bedeutung von Informationsprozessen für den
Bürger, so muß Datenschutz darauf ausgerichtet sein,

> die im kommunikativen Publikumskontakt entstandenen Informationen
> und Informationsabbilder des Bürgers gegenüber Verfremdungen durch

die administrative Informationsverarbeitung abzusichern. Die je nach Verwaltung spezifischen Identitätsfacetten des Bürgers sind zu erhalten und zu respektieren, damit die Konstitutionsbedingungen der Identität gewährleistet bleiben.

Wir können diese Korrektivfunktion als individuelle Schutzfunktion bezeichnen. Sie ist Kern des bestehenden Datenschutzes und zielt unmittelbar darauf ab, den einzelnen Bürger vor negativen Auswirkungen der Informationsverarbeitung zu schützen. Wir können hier an das datenschutzrechtlich diskutierte Recht auf Selbstdarstellung, an das informationelle Selbstbestimmungsrecht und das Recht, seinen eigenen sozialen Geltungsanspruch selbst zu definieren, anknüpfen. Die individuelle Schutzfunktion umfaßt - neben dem unscharfen Topos Privatsphäre als materiellrechtlichem Hintergrund - das informationelle Selbstbestimmungsrecht als Verfügungsrecht über informationelle Abbilder und als Recht auf Gewährleistung kontextbezogener Selbstdarstellung.

(2) Im Hinblick auf die in der Verwaltung selbst im Zuge der Verwaltungsautomation eingetretenen Veränderungen zielt die Korrektivfunktion des Datenschutzes darauf ab, die Differenzierung der Verwaltung zu erhalten und zu stärken. Diese institutionelle Schutzfunktion richtet sich

> auf die Aufrechterhaltung kompetenzieller Schranken mit dem Ziel, Machtbalance und bestehende Interessenrepräsentation, wie sie durch die Binnenstrukturierung der Verwaltung gewährleistet sind, zu erhalten.

Sie dient mittelbar auch der Erhaltung der Freiräume des Bürgers. Dieser Funktion kann und muß insbesondere bei der Organisation und Verfahrensgestaltung der Informationsverarbeitung Rechnung getragen werden.

(3)  Die Verflechtung von System und Lebenswelt führt dazu, daß die Gefahren für den Bürger mit den Gefahren auf der Systemebene für das politisch-administrative System untrennbar verwoben sind. Der Bürger kann seine Identität in der hochdifferenzierten Gesellschaft nur erhalten, wenn er sich auf unterschiedliche Subsysteme in unterschiedlichen Rollen beziehen und je unterschiedlich darstellen kann.

Die individuelle Schutzfunktion muß deshalb durch die institutionelle Funktion ergänzt werden. Datenschutz muß von seiner Beschränkung auf individualrechtliche Positionen befreit und als umfassender Schutz vor den negativen Folgen administrativer Datenverarbeitung verstanden werden. Individuelle und institutionelle Schutzfunktion sind komplementär.

(4) Das Datenschutzrecht muß durch ein entsprechendes Organisationsrecht flankiert werden. Das Organisationsrecht determiniert Bedingungen
der Informationsverarbeitung. Als generelle Strukturierung der Informationsverarbeitung kann es von vornherein durch eine Kanalisierung der
Informationsflüsse Gefahren vorbeugen, die in der Organisation angelegten Gefahren abmildern, und damit als eine Art vorverlagerter Datenschutz fungieren.

Durch eine solche Abstimmung kann die Organisation Funktionen eines
vorverlagerten und flankierenden Datenschutzes übernehmen: Stichwort
"datenschutzadäquate Organisation". Umgekehrt kann der Datenschutz sein
Instrumentarium auf die tatsächlich bestehenden Gegebenheiten abstimmen
und an diesen anknüpfen.

IV.

Die Analyse des Informationsverhältnisses hat die der Datenschutzproblematik zugrunde liegenden realen Prozesse und mit der Informationstechnik
verbundenen Gefahren aufgezeigt. Im Hinblick darauf ließen sich datenschutzrechtliche Forderungen aufstellen. Im folgenden soll ein Konzept
vorgestellt werden, das den genannten Forderungen entspricht und deshalb
geeignet ist, einen praktikablen, wirksamen Datenschutz zu gewährleisten: die  Z w e c k b i n d u n g .

> In der Datenschutzdiskussion um Verbesserungsmöglichkeiten und
> Novellierungsvorschläge wurde und wird immer wieder die 'Zweck-
> bindung' genannt. Sie wurde schon vor Inkrafttreten des BDSG er-
> örtert. Allerdings haben die Datenschutzgesetze für den öffent-
> lichen Bereich - bis auf einige Ausnahmen -  die Zweckbindung
> nicht eingeführt. Gerade in jüngster Zeit wird sie aber - vor
> allem auch im Zusammenhang damit, daß der Gesetzgeber in bereichs-
> spezifischen Regelungen erste Ansätze der Zweckbindung normiert
> hat - wieder verstärkt diskutiert.
>
> Allerdings ist der Ruf nach der Zweckbindung bisher mehr allge-
> meines Postulat geblieben, als daß sie als konkretes Konzept
> formuliert worden wäre. Wie ein umfassendes datenschutzrechtliches
> Konzept aussehen müßte, wie Zwecke bestimmt und welche Zwecke aus-
> schlaggebend sein sollen, ist bisher weitgehend ungeklärt. Auch
> soweit der Gedanke der Zweckbindung in das Gesetz aufgenommen wur-
> de (z.B. im MRRG und SGB-X),sind die Regelungen eher bruchstück-
> haft geblieben.

Das anschließend vorgestellte Konzept ist ein Vorschlag, wie 'Zweckbindung' aussehen und in das bestehende Datenschutzrecht integriert werden könnte. Es ist nicht als abschließende Lösung, sondern als Schritt
zu einem wirksameren Datenschutz hin zu verstehen.

1.

Zweckbindung bedeutet, daß Informationen nur zu dem Zweck verarbeitet
und verwendet werden dürfen, zu dem sie erhoben oder übermittelt worden sind. Eine Zweckänderung oder ein Abweichen von diesen Zwecken bedarf besonderer Rechtsgrundlagen und einer gesonderten Zulässigkeits-
prüfung.

> Zweckbindung setzt sich aus zwei unterschiedlichen Elementen
> zusammen: zum einen dem 'Zweck' als eine Art Tatbestandsmerkmal
> und zum anderen der normativen Bindung an diesen Zweck als Zu-
> lässigkeitsvoraussetzung der Datenverarbeitung. Das Tatbestands-
> merkmal 'Zweck' bezieht sich auf die Wirklichkeit der Informa-
> tionsprozesse. Die normative Ausgestaltung der Bindung legt
> fest, wie strikt die Zweckbindung durchzuführen ist.

Voraussetzung dafür, Zweckbindung als ein sinnvolles Datenschutzprin-
zip zu formulieren, sind die Auffindbarkeit, Rekonstruierbarkeit und
Bestimmbarkeit von Zwecken im Informationsverhältnis.

> Dabei muß man sich darüber im klaren sein, daß Zwecke keine
> selbständigen Elemente der Wirklichkeit sind, sondern ein Kri-
> terium, unter dem soziale Handlungen beschrieben und von den
> Handelnden selbst gedeutet werden. Auf dieser Ebene sind Zwecke
> ein wirklichkeitsbezogenes Merkmal sozialen Handelns. Mit dem
> Merkmal Zweck können deshalb die kommunikativen Handlungen der
> Beteiligten im Informationsverhältnis beschrieben werden und es
> kann an die realen Informationsprozesse angeknüpft werden.

Der Publikumskontakt und die Kommunikation zwischen Bürger und Verwaltung sowie die daran anschließende Informationsverarbeitung in der
Verwaltung verlaufen in Orientierung an Zwecke. Das Informationsverhältnis ist zweckbezogen. Allerdings unterscheiden sich die Zwecke,
die der Bürger verfolgt, in ihrem Stellenwert, ihrer Relevanz, Qualität und Bestimmtheit erheblich von denen, die für die Verwaltung be-
stimmend sind.

> (1) Die Informationsverarbeitung der Verwaltung erfolgt zweck-
> orientiert. Es lassen sich drei Stufen von Verwaltungszwecken
> bestimmen: Am allgemeinsten werden Verwaltungszwecke durch die
> Festlegung von Verwaltungsaufgaben umrissen. Diese werden kon-
> kretisiert, indem sie in 'Teilzwecke' zerlegt werden. Diese
> Teilzwecke werden in Organisationsstrukturen, einzelne Verfah-
> rensschritte und inbesondere in den die Informationsverarbeitung
> steuernden Programmen festgelegt. Das Verwaltungshandeln ist an
> diesen Zwecken orientiert. Schließlich ist das konkrete Verhal-
> ten des Sachbearbeiters - z.B. in der Erhebungssituation - auf
> diese Verwaltungszwecke bezogen. Verwaltungszwecke sind demnach
> zum einen normativ über die dem Verwaltungshandeln zugrunde
> liegenden Rechtsnormen und faktisch durch die innerhalb der Or-
> ganisation bindenden Verhaltenserwartungen bestimmt. Sie steuern
> das Informationsverhalten und die Informationsverarbeitung in
> der Verwaltung.

(2) Die Handlungen und das Informationsverhalten des Bürgers
sind durch Zweckvorstellungen geprägt, die wir als Alltags-
zwecke bezeichnen. Der Bürger bezieht sich zunächst ganz allgemein auf die Aufgaben der Verwaltung, von denen er eine im
Alltagswissen verankerte, relativ diffuse Vorstellung hat. Dieses Wissen verknüpft sich bei ihm mit seinem besonderen Anliegen
und Interesse, das er durchzusetzen oder zu erreichen sucht.
Seine Zweckvorstellungen beziehen sich auf seinen Lebenszusam-
menhang und seine Bedürfnisse. Im Kontakt mit der Verwaltung
werden nun seine Zweckvorstellungen mit denen der Verwaltung
konfrontiert und konkretisieren sich. Auf Grund seiner von der
Verwaltung abweichenden Interpretationsmechanismen, seinem Wissen und seinen Relevanzstrukturen kristallisieren sich nun konkrete Zweckvorstellungen heraus, die zwar in Anlehnung an die
Zwecke der Verwaltung entstanden sind, die sich aber dennoch von
den Verwaltungszwecken erheblich unterscheiden.

Die Verknüpfung der vom Bürger verfolgten Zwecke mit seiner
Biographie, seinem Lebensentwurf und Handlungskontext bewirkt,
daß der Bürger Informationen, die ihn betreffen, zweckbezogen
abgibt und sich zweckbezogen darstellt. Diese zweckbezogene
Auswahl der abgegebenen Informationen leistet einen eminent
wichtigen Beitrag dazu, die persönliche Identität gegenüber der
Verwaltung erhalten zu können, indem nur eine auf den jeweiligen Zweck bezogene Persönlichkeitsfacette sichtbar wird. Die
Möglichkeit für den Bürger, die bei der Verwaltung bestehenden
Informationsbilder selbst bestimmen zu können, ist eine Bedingung dafür, der Verwaltung als Subjekt gegenübertreten zu
können.

(3) Die im Informationsverhältnis entstehenden und relevanten Informationen über den Bürger sind mithin zweckbezogen. Theoretisch läßt
sich dieses Phänomen als pragmatische Dimension der Information beschreiben. Der konkrete Zweckbezug und der kommunikative und situa-
tionsgebundene Kontext bestimmen die Bedeutung der abgegebenen Informationen. Eine adäquate Interpretation und Verwendung setzt die Einbeziehung dieser Dimension voraus. Informationen gegen die vom Bürger
als Informanten verfolgten Zwecke zu verarbeiten, bedeutet, dessen
Autonomie nicht zu respektieren.

Auf Grund der systemischen Verarbeitungsmechanismen tendiert die administrative Informationsverarbeitung dazu, die Informationen über
den Bürger um diesen Zweckbezug zu verkürzen, Informationen unabhängig
von ihrer Entstehung und ihrem Kontext als Quasi-Realitäten zu behandeln und die auf Grund systemischer Verarbeitung entstandenen Informa-
tionsabbilder an die Stelle der ursprünglichen Informationen zu setzen.
In diesem Vorgehen liegen die Gefahren der Informationsverarbeitung für
den Bürger. Die Anwendung moderner Informationstechniken verschärft
und vergrößert diese Gefahren erheblich.

(4) Die für den Informationsprozeß relevanten Zwecke lassen sich in
der Erhebungssituation auffinden oder aus ihr konstruieren. Differieren
Verwaltungszwecke und Zweckvorstellungen des Bürgers - wie regelmäßig -,
so ist an die Zweckvorstellungen des Bürgers anzuknüpfen, weil nur so
seinem Schutzbedürfnis Rechnung getragen werden kann.

Die Verwaltung hat die Zweckvorstellungen des Bürgers - soweit sie
nicht ausdrücklich erkennbar gemacht wurden - zu rekonstruieren.

> Dabei kann sie von den Verwaltungszwecken ausgehen und die
> Zweckvorstellungen des Bürgers erschließen, indem sie den Ver-
> ständnishorizont des Bürgers einbezieht und die Zwecke zugrunde
> legt, die für die Bedürfnisse der jeweiligen Klientel und das
> spezielle Aufgabenfeld typisch sind. Normative Ausformung die-
> ses Vorgehens ist der Begriff des Empfängerhorizontes: zur Re-
> konstruktion der Bürgerzwecke legt jede Verwaltung ihre Verwal-
> tungszwecke so zugrunde, wie sie der Bürger typischerweise
> wahrnehmen kann und wie er sich regelmäßig auf sie bezieht.

Wir können nun zusammenfassen:

- Im Informationsverhältnis sind Verwaltungszwecke und - z.T. auf diese bezogen - Zweckvorstellungen des Bürgers auffindbar.

- Explizit festgestellte und unter dem Kriterium des Empfängerhorizontes rekonstruierte Zweckvorstellungen des Bürgers können als Tat-
  bestandsvoraussetzung der Zweckbindung dienen.


## 2.

Wesentliche Gefahr, der die Zweckbindung entgegenwirken soll und muß,
ist die Verkürzung von Informationen durch die administrative Informationsverarbeitung. Voraussetzung dafür, daß die Zweckbindung diese
Leistung erbringen kann, ist die Feststellung bzw. Rekonstruktion
und die Erhaltung der Zweckvorstellungen des Bürgers. Zweckbindung
erfordert also, daß die Verwaltung auf der tatsächlichen Ebene der
Informationsverarbeitung die Zwecke feststellt und daß diese durch
die einzelnen Verarbeitungs- und Verwendungsphasen erhalten bleiben.
Notwendig ist ein Prozeß der  Z w e c k h a n d h a b u n g . Er
beginnt in der Erhebungsphase als Teil der Sachverhaltserstellung
und hat alle Phasen der Informationsverarbeitung zu begleiten. Er
gewährleistet, daß der ursprüngliche Zweckbezug der Informationen
erhalten bleibt und fügt den Informationen notfalls diesen Zweckbezug
als Metainformation an.

Der Zweckhandhabungsprozeß ist Voraussetzung der Zweckbindung, ent-

hält aber noch keine Aussage darüber, wie mit den zweckbezogenen Informationen umgegangen werden darf, wann Zweckänderungen zulässig
sind u.ä. Diese rechtliche Bedeutung enthält die  Z w e c k b i n 
d u n g   als datenschutzrechtliche Entscheidungsregel. Nach ihr
beurteilen sich Zulässigkeit der Datenverarbeitung und die Anforderungen, die an die Ausnahmen zu stellen sind.

Zweckbindung ist eine allgemeine datenschutzrechtliche Regel mit dem
Inhalt, daß die Informationsverarbeitung im Rahmen und unter Berücksichtigung der Zweckvorstellungen des Betroffenen zu erfolgen hat.
In dieser Allgemeinheit formuliert ist Zweckbindung ein formales
Prinzip, weil sie die Verarbeitung von Informationen an Zwecke knüpft,
ohne im Einzelfall eine Bewertung und Interessenabwägung zu fordern.
Der Zusammenhang von Zweck und materiellem Schutzgut bzw. Schutzwürdigkeit wird gleichsam unterstellt: zweckwidrige Verarbeitung indiziert
eine Rechtsverletzung und bedarf besonderer Legitimation.

Um den praktischen Bedürfnissen und Konfliktfällen gerecht zu werden,
muß das Zweckbindungsprinzip um präzise gefaßte Ausnahmetatbestände
angereichert werden, in denen festgelegt wird, unter welchen Voraussetzungen und Bedingungen ein Abweichen von der generellen Regel zulässig ist. Zweckbindung als Regel hat ihren systematischen Ort in
einem "Allgemeinen Teil" der Datenschutzgesetze, während die Ausnahmen in die "Besonderen Teile" oder bereichsspezifischen Regelungen
gehören.

> Die präzise Fassung der Ausnahmetatbestände kann nur im Hin
> blick auf die besonderen Problemlagen in einzelnen Verwaltungs
> bereichen erfolgen und setzt - u.a. empirische - Untersuchungen
> voraus. Die konkrete Fassung ist dann jeweils abhängig von
> einer politischen Entscheidung, die die Freiheit des Bürgers
> mit den Bedürfnissen der staatlichen Verwaltung abwägen muß.

Im folgenden wird nur auf die Zweckbindung als allgemeine Regel, ihre
Konsequenzen für den Datenschutz und die Möglichkeit ihrer Einbindung
in das geltende Datenschutzrecht der BRD eingegangen; dazu wird ein
Formulierungsvorschlag für eine gesetzliche Fassung der Zweckbindung
vorgestellt. Mit dem Konzept der Zweckbindung wird eine Reform des
Datenschutzrechts angestrebt. Um die Kontinuität zu wahren, wird soweit wie möglich an das bestehende Recht angeknüpft.

Als Zulässigkeitsvoraussetzung der Datenverarbeitung ist die Zweckbindung in § 3 BDSG - bzw. den entsprechenden landesgesetzlichen Normen - zu verorten. § 3 BDSG müßte lauten:

Die Verarbeitung personenbezogener Daten und Informationen,
die von diesem Gesetz geschützt werden, ist in jeder ihrer
in § 1 Abs. 1 genannten Phasen nur zulässig, wenn sie

1. in Übereinstimmung mit den erkennbaren Zweckvorstellungen der Betroffenen erfolgt oder

2. ein Gesetz oder auf Grund eines Gesetzes ein Abweichen
   von diesen Zweckvorstellungen oder eine Zweckänderung
   ausdrücklich angeordnet ist oder durch ein Gesetz oder
   auf Grund eines Gesetzes das Prinzip der Zweckbindung
   ausdrücklich aufgehoben ist und ein eigener Erlaubnis-
   tatbestand bestimmt ist oder

3. der Betroffene in eine Zweckänderung der Verwendung seiner Daten und Informationen eingewilligt hat.

Im übrigen so wie § 3 alt.

Mit der Ziffer 1 wird die Zweckbindung eingeführt und die Datenverarbeitung im Grundsatz an die Zweckvorstellungen der Betroffenen gebunden. Soweit diese nicht einverständlich bestimmt wurden, sind sie
im Hinblick auf den Empfängerhorizont des Betroffenen aus den Verwaltungszwecken zu rekonstruieren. Dies folgt aus dem Tatbestandsmerkmal
"erkennbare Zweckvorstellungen".

Das Erfordernis des Zweckhandhabungsprozesses ergibt sich zwingend
aus dem Gesetzeswortlaut als Voraussetzung der Zweckbindung. Es bedarf deshalb keiner ausdrücklichen Normierung. Zur Klarstellung kann
jedoch § 3 um folgenden Absatz erweitert werden:

> Zur Gewährleistung der Zweckbindung haben die mit der
> Daten- und Informationsverarbeitung befaßten Stellen die
> Zwecke der Betroffenen festzustellen bzw. zu rekonstruieren,
> und dafür Sorge zu tragen, daß bei der weiteren Verarbeitung
> die ursprünglichen Zweckvorstellungen des Betroffenen jeder-
> zeit feststellbar bleiben.

Die Ziffer 2 des § 3 sieht die Möglichkeit von Ausnahmen von der
Zweckbindung vor und stellt diese unter den Gesetzesvorbehalt.

Wegen ihrer grundsätzlichen Bedeutung ist die Zweckbindung darüber
hinaus in § 1 Abs. 1 BDSG zu verankern; mögliche Formulierung wäre:

> Aufgabe des Datenschutzes ist es, durch den Schutz per-
> sonenbezogener Daten und Informationen vor Mißbrauch bei

ihrer Speicherung, Übermittlung, Veränderung und Löschung
(Datenverarbeitung) und durch den Grundsatz der zweckgebundenen Datenverarbeitung der Beeinträchtigung schutz-
würdiger Belange der Betroffenen entgegenzuwirken.

Der Gewährleistungsfunktion der Zweckbindung für die institutionelle
Funktion des Datenschutzes ist durch eine Aufgabenbestimmung des
Datenschutzes im öffentlichen Bereich, also am Anfang des 2. Ab-
schnittes des BDSG bzw. den entsprechenden landesgesetzlichen Normen,
Rechnung zu tragen. Mögliche Formulierung wäre:

> Aufgabe des institutionellen Datenschutzes ist neben der
> in § 1 Abs. 1 genannten Aufgabe durch den Grundsatz zweck-
> gebundener Datenverarbeitung die Aufrechterhaltung kompeten-
> zieller Schranken in der Verwaltung zu gewährleisten.

In Ergänzung zu den genannten Regelungen müßten weitere Regelungen
treten, die den Grundsatz zweckgebundener Datenverarbeitung als Anforderung für die organisatorische und verfahrensmäßige Ausgestaltung
der Datenverarbeitung aufstellen. Ansatzpunkt dafür wäre z.B. § 6 BDSG
und die entsprechenden landesgesetzlichen Normen sowie die EDV-Organi-
sationsgesetze und ähnliche organisationsrechtliche Normen.

> Die vorgestellten Vorschläge bedürfen noch der Vervollkommnung
> und Überarbeitung. Sie geben aber jedenfalls die einzuschlagen-
> de Richtung an und können als Grundlage für eine weiterführende
> Diskussion dienen. Zu erörtern sind nun einige Konsequenzen des
> vorgeschlagenen Konzeptes.

(1) Der Prozeß der Zweckhandhabung ist durchgängig der Informationsverarbeitung parallel geschaltet. Zweckbindung bezieht sich auf den
gesamten Verwendungsprozeß von Informationen. Dies scheint dem Phasen-
konzept des BDSG zu widersprechen. Der Widerspruch läßt sich durch eine
Neuinterpretation der Phase "inhaltlich verändern" beheben. Die Bedeutung von Informationen wird durch die semantische und pragmatische Dimension, zu der auch die Zweckbestimmung von Informationen zählt, bestimmt. Zweckänderungen von Informationen sind als ein 'inhaltliches
Verändern', deren Zulässigkeit immer an § 3 BDSG zu prüfen ist.

Die Zweckbindung führt dazu, daß auch die Erhebungsphase - soweit es
um die Zweckbestimmung geht - normativen Anforderungen des Datenschutzes unterworfen wird.

(2) Die Zweckbindung tritt neben die schutzwürdigen Belange.

Sie präzisiert das individuelle Schutzgut insoweit, als das Interesse an der Erhaltung des Zweckbezuges selbständig geschützt wird. Im Regelfall ist also nur zu prüfen, ob der Zweckbezug erhalten bleibt, ein Abwägungsprozeß unter Einbeziehung materiellrechtlicher Schutzgüter ist nicht erforderlich.

> Der organisatorisch abgesicherte Grundsatz der Zweckbindung
> wirkt sich als Kanalisierung von Informationsflüssen aus. So-
> lange Informationen zweckgebunden verarbeitet werden, ist die
> Informationsverarbeitung datenschutzrechtlich unproblematisch.
> Dies gilt auch bei regelmäßigen Übermittlungsvorgängen; sofern
> in den Ausnahmetatbeständen Übermittlungszwecke präzise ange-
> geben sind, schlägt sich dies - bildhaft gesprochen - in einer
> Verzweigung der Informationskanäle nieder. Für die Vielzahl
> der Fälle ist mithin ein Rekurs auf Rechtsgüter unnötig, der
> Datenschutz wird entlastet.

Auch wenn Ausnahmeregelungen eingreifen, bleibt der Prüfaufwand gering, sofern die Ausnahmetatbestände entweder

- die Zwecke des Verwenders oder Empfängers, innerhalb derer eine Abweichung von den ursprünglichen Verarbeitungszwecken zulässig ist, präzise angibt, oder

- ein bestimmter Datenset und die möglichen Empfänger festgelegt werden, die wiederum Informationen nur innerhalb ihrer eigenen Verwaltungszwecke verwenden dürfen.

Problematisch sind mithin nur Fälle, in denen die Zulässigkeit oder Abweichung von den Zweckvorstellungen des Betroffenen generalklauselartig formuliert ist. Wenn also z.B. ein Verwender oder Empfänger bestimmt wird und die Zweckabweichung bei überwiegenden Interessen des Verwenders oder Empfängers zulässig ist. Solche Regelungen sind für einzelne Bereiche notwendig, um Konfliktfällen im Einzelfall gerecht werden zu können. In diesen Fällen ist dann ein Abwägungsprozeß zwischen den schutzwürdigen Belangen und den Interessen der Verwaltung nötig. Allerdings können in diesen Abwägungsprozeß die ursprünglichen Zwecke eingestellt werden: je stärker die Zweckabweichung desto höher die Anforderungen an die überwiegenden Interessen. Zweckbindung leistet also auch hier eine Präzisierung.

Des Rekurses auf ein materielles Schutzgut bedarf es in all den Fällen, in denen der Betroffene an der Informationserhebung nicht beteiligt war (Observierung) und soweit es innerhalb bestehender Verwaltungszwecke um eine Begrenzung des Informationsbedarfes der Verwaltung geht.

(3) Zweckbindung ist als Verbot mit Erlaubnisvorbehalt in die Daten-

schutzgesetze eingebunden. Zweckwidrige Informationsverarbeitung stellt damit einen Eingriff in eine geschützte Rechtsposition des Bürgers dar, die einer gesetzlichen Grundlage bedarf. Zweckwidrige Verarbeitung indiziert eine Rechtsverletzung.

Die Verwaltung hat eine Begründungs- und Informationspflicht gegenüber dem Betroffenen. Die Abweichung von der Zweckbindung legt der verarbeitenden Stelle eine Argumentationslast auf. Die Begründungspflicht ergibt sich schon aus dem allgemeinen Verwaltungsrecht. Die Informationspflicht ist erforderlich, damit der Betroffene seine Rechte wahrnehmen kann. Sie ist bei den Auskunftsrechten anzusiedeln.

(4) Die konsequente Durchführung der Zweckbindung erfordert als Regel den Grundsatz der Primärerhebung, weil nur so die Zweckvorstellungen des Betroffenen festgestellt bzw. berücksichtigt werden können.

(5) Die Grundsätze der zweckgebundenen Datenverarbeitung und der Primärerhebung führen zu einer Stärkung der Stellung des Bürgers gegenüber der Verwaltung und erhöhen die Transparenz des Verwaltungshandelns für den Bürger. Dies bringt umgekehrt auch der Verwaltung Vorteile: Kann der Bürger sicher sein, daß seine Informationen zweckbezogen verarbeitet werden, und überblickt er den Verwendungszusammenhang, so wird er bereitwilliger und genauer die benötigten Informationen zur Verfügung stellen.

(6) Die Einführung der Zweckbindung bzw. des Grundsatzes zweckgebundener Datenverarbeitung ermöglicht eine Integration von Datenschutz und Organisation. Einerseits erfordert der Prozeß der Zweckhandhabung als Teil der Zweckbindung eine organisatorische und verfahrensmäßige Absicherung und enthält damit Anforderungen an die Organisation. Andererseits ermöglicht eine datenschutzadäquate Organisation das unmittelbare Anknüpfen an reale Informationsprozesse und entlastet den Datenschutz.

(7) Als organisatorisches Gestaltungsprinzip ist der Grundsatz der zweckgebundenen Datenverarbeitung auf der Ebene der Verwaltungsorganisation und auf der Ebene der Organisation der Datenverarbeitung und von Informationssystemen zu berücksichtigen.

> Er impliziert zunächst eine strikt aufgaben- und kompetenzorientierte Informationsverarbeitung. Der Prozeß der Informationsverarbeitung ist streng an den ursprünglichen Zwecken auszurichten. Dabei ist der Binnenstrukturierung der Verwaltung - auch innerhalb einzelner Behörden - Rechnung zu tragen. Eine erste vorläufige Orientierung für die organisatorische und ver-

fahrensmäßige Ausgestaltung bietet die bestehende Verwaltungs-
differenzierung. Anhand der bestehenden Verwaltungszwecke kann
sie noch präzisiert und überprüft werden.

Diese administrative Organisations- und Verfahrensgestaltung
ist auf die Systemstruktur der Informationstechnik abzubilden.
Möglichkeiten sind: dezentrale Datenverarbeitung, technisch-
organisatorisch gewährleistete Zugriffssperren, Identitäts- und
Berechtigungsprüfungen u.ä. Dabei müßten in den Dateibeschrei-
bungen oder den Datensätzen selbst zweckbezogene Datenbeschrei-
bungen enthalten sein, nach denen eine Strukturierung des Zugriffs und der Verwendung erfolgen könnte.

(8) Die Einhaltung der Zweckbindung kann in die Rechts- und Fachaufsicht der Verwaltung eingebunden werden. Der Grundsatz zweckgebundener
Datenverarbeitung ist Gegenstand der Selbstkontrolle der Verwaltung.

Im Hinblick auf die genannten Aspekte sind Nachteile der Zweckbindung:

- Der Prozeß der Zweckhandhabung ist mit einem gewissen Mehraufwand
  für die Verwaltung verbunden. Die Zweckbindung führt wegen der Ab-
  schottung der Verwaltungsbereiche untereinander unter Umständen zu
  Mehrarbeit und schränkt die Ausnutzung der Datenverarbeitungspoten-
  tiale ein.

- Zweckbindung löst nur einen Teil der datenschutzrechtlichen Probleme,
  kann die schutzwürdigen Belange nicht völlig ersetzen und bedarf im
  Rahmen der Ausnahmen in Einzelfällen komplexer Abwägungsprozesse.

Vorteile sind dagegen:

- Gegenüber dem bisherigen Datenschutzinstrumentarium ist die Zweckbindung präziser. Die Zweckvorstellungen der Betroffenen können
  konkret festgestellt oder unter Rekurs auf die bestehenden Verwaltungszwecke unter Berücksichtigung des Empfängerhorizontes rekonstruiert
  werden. Zweckbindung ist sachnah und praktikabel.

- Zweckbindung ermöglicht einen wirksamen Schutz des Betroffenen; sie
  bietet ein geeignetes Instrumentarium für die Realisierung der individuellen Schutzfunktion. Durch den Grundsatz zweckgebundener Datenverarbeitung gewährleistet sie zugleich die institutionelle Schutzfunktion. Zweckbindung trägt der Komplementarität und Verflochtenheit
  beider Funktionen Rechnung.

- Zweckbindung ermöglicht die Integration von Datenschutz und Organisation und vermindert vorbeugend Gefährdungspotentiale.

- Zweckbindung enthält konkrete Maßstäbe, die als Gestaltungskriterium
  für die Organisation der informationstechnikgestützten Verwaltung
  dienen können.

- Zweckbindung stärkt die Stellung des Betroffenen, entspricht grund-
  rechtlichen Forderungen und paßt sich ein in Konzepte der Bürgernähe
  und -freundlichkeit der Verwaltung.

Zweckbindung leistet damit nicht nur zum Datenschutz, sondern auch zu
einer rechtsstaatlichen, demokratischen Verwaltung einen wichtigen
Beitrag. Sie ermöglicht aber auch eine adäquate Ausnutzung moderner
Informationstechniken durch die Verwaltung.

<u>RATIONALISIERUNG DER RECHTSERZEUGUNG UND VERBESSERUNG DER RECHTS-</u>

<u>INFORMATION DURCH DEN EINSATZ MODERNER INFORMATIONSTECHNOLOGIEN</u>

Dr. Gerhart HOLZINGER
Bundeskanzleramt-
Verfassungsdienst


## <u>Einleitung</u>

Der Beitrag betrifft nicht die modernen Informationstechnologien als
Gegenstand des Rechts, sondern das Recht als Gegenstand moderner Informationstechnologien. Insoferne behandelt er also einen anderen Aspekt,
als die Vormittagssitzung. Für Österreich, jedenfalls aus der Sicht der
Ministerialverwaltung des Bundes, sind aber gerade diese Fragen - Herr
Staatssekretär Dr. LÖSCHNAK hat das in seinem Referat bereits angedeutet - von besonders aktueller Bedeutung und daher wert, hier behandelt
zu werden.

Im übrigen wird sich der Beitrag des Herrn Dipl.Ing. WEBER mit dem
gleichen Thema, allerdings aus der Sicht im Land Niederösterreich ge-
wonnener praktischer Erfahrungen befassen, sodaß er eine zweckmäßige
Ergänzung zu meinen, eher postulierenden, Ausführungen bilden kann.

Insgesamt erhoffe ich mir gerade von diesem Arbeitskreis einen weiteren
Impuls für einen verstärkten Einsatz moderner Informationstechnologien
in der Rechtserzeugung und in der Rechtsinformation; ich bin nämlich
überzeugt davon, daß damit ein wesentlicher Beitrag sowohl zur Verbesserung der Qualität der Rechtsvorschriften als auch zu einem erleich-
terten Zugang zum Recht geleistet werden kann. Das würde im besonderen
denen, die rechtsanwendend oder rechtsberatend tätig sind, zum Vorteil
gereichen, letztlich aber ebenso dem rechtssuchenden Bürger im allgemeinen dienen. Daß die Rationalisierung der Rechtserzeugung und die
Verbesserung der Rechtsinformation darüberhinaus besondere Anliegen der
Legisten sind, bedarf wohl keiner besonderen Betonung.


I.


1. Der Prozeß der Rechtserzeugung ebenso wie die Information über das
   Recht sind in Österreich derzeit in mancher Hinsicht problembehaftet. Mit "Rechtserzeugung" ist dabei die Erlassung genereller Rechtsvorschriften, vor allem also von Gesetzen und Verordnungen, einschließlich ihrer Kundmachung in dem verfassungsrechtlich dafür vorgesehenen Publikationsorgan, gemeint. "Information über das Recht"
   verstehe ich - wie sich das für einen demokratischen Rechtsstaat ge-
   ziehmen würde - im Sinne der Möglichkeit, sich ohne unzumutbaren
   Aufwand, rasch und zuverlässig die Kenntnis der im Einzelfall maßgeblichen Rechtsvorschriften verschaffen zu können.

Die folgenden Ausführungen beziehen sich im wesentlichen auf die Rechtsordnung des Bundes - wobei hinzuzufügen ist, daß auch hier positive Ausnahmen bestehen, so etwa das Sozialversicherungsrecht. Schwieriger ist es für mich, die Situation der Länder im Detail zu überblicken. Im großen und ganzen dürfte sie wohl der des Bundes ähneln. Freilich bestehen auch hier positive Ausnahmen. Als solche gilt im besonderen das Land Niederösterreich, das in den 70-er Jahren in vorbildlicher Weise eine Bereinigung seiner Rechtsordnung durchgeführt und - wie Herr Dipl.Ing. WEBER wohl noch ausführen wird - auch beachtliche Erfolge auf dem Gebiet der automationsunterstützten Rechtsdokumentation aufzuweisen hat. Erwähnen möchte ich ferner die Initiativen des Landes Wien, die bisher zu einem automationsunterstützten Index (Fundstellenverzeichnis) des Wiener Landesrechts geführt haben!

2. Aus der großen Anzahl der im vorliegenden Zusammenhang bestehenden Probleme möchte ich drei herausgreifen, die mir besonders symptomatisch erscheinen. Es sind dies: die Mehrfacherfassung von Texten auf Papier im Rahmen der Rechtserzeugung, das - technisch - unzureichende Instrumentarium zur Lösung spezifischer rechtssetzungstechnischer Fragen und die Problematik der Information über das Recht im allgemeinen.

2.1. Der Prozeß der Rechtserzeugung ist derzeit vor allem durch eine - man kann sagen - Vielzahl von Texterfassungs- und -übermittlungsvorgängen gekennzeichnet.

Dazu muß man sich folgendes vergegenwärtigen: Den verfassungsrechtlichen Vorschriften über den Weg der Gesetzgebung entsprechend und im Hinblick auf die in Österreich bestehende Praxis der Gesetzgebung durchläuft ein Gesetz vom ersten Referentenentwurf bis zur Publikation im Bundesgesetzblatt regelmäßig mehrere Stadien.

Im wesentlichen sind dies:

- der Referentenentwurf,
- der Amtsentwurf, der dem (offiziellen) Begutachtungsverfahren unterzogen wird,
- die Fassung des Ministerratsvortrages, nach Auswertung des Begutachtungsverfahrens,
- die Regierungsvorlage, die zumeist der Fassung des Ministerratsvortrages entspricht,
- die Fassung des Ausschußberichtes, die in der Mehrzahl der Fälle gegenüber der Regierungsvorlage Änderungen enthält,
- der Gesetzesbeschluß des Nationalrates, der im Regelfall der Fassung des Ausschußberichtes entspricht,
- die Publikation des Gesetzes im Bundesgesetzblatt (in der gegenüber dem Gesetzesbeschluß des Nationalrates unveränderten Fassung; nach Befassung des Bundesrates, Beurkundung durch den Bundespräsidenten und Gegenzeichnung durch den Bundeskanzler).

In den meisten dieser Phasen wird der jeweils vorliegende Text im
Hinblick auf die notwendig gewordenen Änderungen neu erfaßt. Dies
gilt vor allem für die verschiedenen Fassungen des Referenten-
bzw. des Amtsentwurfes, für die Fassung des Ministerratsvortrages
und für die des Ausschußberichtes. Dazu kommt, daß sowohl die Regierungsvorlage als auch der Ausschußbericht in der Österreichischen Staatsdruckerei gedruckt werden. Auch damit ist jeweils ein
neuer Erfassungsvorgang verbunden. (Hinsichtlich des Ausschußberichtes entfällt er nur dann, wenn der Ausschuß keine oder lediglich geringfügige Änderungen gegenüber der Regierungsvorlage be-
schließt!) Dabei muß man sich vor Augen halten, daß jeder dieser
Erfassungsvorgänge die Gefahr von Fehlern in sich birgt, und zwar
gerade auch in jenen Teilen, die gegenüber der früheren Fassung
an sich unverändert bleiben sollen. Dies bedingt insgesamt eine
Fülle arbeitsaufwendiger Kontrollvorgänge, einschließlich etwa der
Korrektur der Druckfahnen. Diese können im übrigen wegen der Bedeutung der Angelegenheit auch nicht oder nur in eingeschränktem
Maße an minderqualifiziertes Personal delegiert werden. Sie belasten also im wesentlichen den Legisten selbst.

Zu erwähnen wäre ferner, daß der beschriebene Weg der Gesetzgebung eine Vielzahl von Übermittlungsvorgängen, insbesondere zwischen dem entwurfsverfassenden Bundesministerium, der Parlamentsdirektion, dem Bundeskanzleramt und der Österreichischen Staatsdruckerei bedingt, die im Wege des (physischen) postalischen Transports der mit Maschine geschriebenen Entwürfe oder der Druckfahnen
erfolgen.

2.2. Abgesehen davon, ist aber auch folgendes feststellbar:

Die legistische Arbeit wirft eine Reihe spezifischer Probleme auf,
die - obwohl sie intellektuell keineswegs anspruchsvoll sind -
in der Praxis derzeit nur mit vergleichsweise hohem Arbeitsaufwand und doch - wie ein Blick auf die Rechtsordnung insgesamt zeigt-
letztlich unzureichend gelöst werden können. Ich möchte dies an
zwei Beispielen verdeutlichen: Eines der wichtigsten legistischen
Instrumente stellt die Verweisung dar. Sie erlaubt es, den Normie-
rungsaufwand zu verringern und damit eine gewisse Regelungsökono-
mie - ein vorrangiges Anliegen der Rechtssetzungstechnik - zu erreichen; darüberhinaus bewirkt sie in gewissem Sinne eine - gleichfalls äußerst wünschenswerte - Vereinheitlichung der einzelnen
Rechtsvorschriften und der Rechtsordnung überhaupt. In der legistischen Praxis freilich erweist sich die Technik der Verweisung
- ungeachtet dieser Vorzüge - insoferne als problematisch als sie
dazu zwingt, etwaige Änderungen an einer bestimmten Stelle des
Entwurfs- oder Gesetzestextes auch in den mitunter zahlreichen
Verweisungszusammenhängen durchzuführen. Dazu ein einfaches Beispiel: Wenn etwa durch den Einschub eines neuen Absatzes der bisherige "Abs. 4" zum "Abs. 5" wird, so muß darauf - im Sinne der
wünschenswerten Klarheit der gesetzlichen Regelung - in allen Bestimmungen der gleichen Rechtsvorschrift (möglicherweise aber auch
anderer Rechtsvorschriften), die auf "Abs. 4" (in der bisherigen
Fassung) verweisen, Bedacht genommen werden. Mit konventionellen

Mitteln der Rechtssetzungstechnik ist dies nur erreichbar, wenn
entsprechende Aufzeichnungen (Verweisungslisten oder Verweisungs-
karteien) geführt werden. Bei einigermaßen umfangreichen und kompliziert aufgebauten Gesetzen erfordert dies einen äußerst hohen
Arbeitsaufwand und qualifizierte Kenntnisse der Materie. Daß trotz
allen Bemühens immer wieder Fehler passieren, läßt sich unschwer
nachweisen.

Ähnliches gilt aber auch für das legistische Bemühen um eine einheitliche juristische Begriffsbildung. Terminologische Änderungen
sollten in allen einschlägigen Bestimmungen durchgeführt werden.
Das setzt aber die vollständige Kenntnis dieser Bestimmungen voraus, was für die einzelne Rechtsvorschrift mitunter bereits schwierig sein kann, für die gesamte Rechtsordnung oder größere Teile
derselben - mit dem herkömmlichen Instrumentarium! - nahezu ausgeschlossen ist.

Lediglich exemplarisch sei ferner noch auf folgendes hingewiesen:
Gemäß Pkt. 91 der Legistischen Richtlinien 1979 (Schriftenreihe
zur Verwaltungsreform; hrsgb. vom Bundeskanzleramt-Verfassungsdienst) ist dem Amtsentwurf, der zur Begutachtung versendet wird,
ebenso aber auch der Fassung des Ministerratsvortrages und der
Regierungsvorlage eine sogenannte Textgegenüberstellung (Gegen-
überstellung der von der Änderung betroffenen - geltenden- Bestimmungen und des vorgeschlagenen neuen Textes) anzuschließen. Diese
sicher sehr positiv zu beurteilende Einrichtung soll vor allem
den begutachtenden Stellen sowie den Mitgliedern des Ausschusses
des Nationalrates einen raschen und zuverlässigen Vergleich der
geltenden und der geplanten künftigen Fassung ermöglichen. Mit
konventionellen Methoden ist allerdings die Erstellung des geltenden Textes mitunter ein schwieriges, von Fehlern bedrohtes Unterfangen. Dazu kommt, daß bei der Übertragung der im Zuge des Rechtserzeugungsprozesses häufig stattfindenden Änderungen der Entwurfs-
fassung in die Textgegenüberstellung immer wieder Fehler passieren
können. Es sind daher stets aufs Neue aufwendige Kontrollvorgänge
notwendig.

2.3. Ein weiteres in diesem Zusammenhang zu erwähnendes Problem liegt
in folgendem:

Ein Blick auf die österreichische Rechtswirklichkeit zeigt, daß
es um die Möglichkeit, sich im Einzelfall - ohne unzumutbaren
Aufwand - die Kenntnis der für einen bestimmten Lebenssachverhalt
relevanten Rechtsvorschriften zu verschaffen, nicht besonders gut
bestellt ist.

Die Situation könnte kaum treffender charakterisiert werden als
dies in einem Antrag einiger Abgeordneter zum Niederösterreichischen Landtag schon im Jahre 1962 geschehen ist:

"Eine Unsumme von Arbeit und Mühe, Zeit und Geld muß heute bei
allen Behörden, in allen Rechtsberaterkanzleien, in den Büros
der wirtschaftlichen Unternehmungen usw. aufgewendet werden,

um im Einzelfall die anzuwendende Rechtsvorschrift festzustellen, ihre Gültigkeit zu prüfen und die gerade geltende Fassung zu ermitteln. Ja, es ist vielfach mehr zeitraubend und schwieriger geworden, die maßgebende Rechtsnorm aufzufinden, als sie auszulegen und anzuwenden. Das Traurigste ist aber dabei, daß oft alle aufgewendete Mühe erfolglos bleibt, weil allzu zahlreiche Fußangeln die Entdeckung einer einwandfreien Fassung behindern."

Die Ursachen, die zu dieser unerfreulichen Situation führen, sind vielfältig. In erster Linie ist es jedoch die ausschließlich chronologisch geordnete Publikation der Rechtsvorschriften, die dieses Problem bedingt. Im Verein mit den kundmachungstechnischen Konsequenzen des mehrfachen staatsrechtlichen Wandels, den Österreich in diesem Jahrhundert erfahren hat, führt sie zu dem beschriebenen Zustand der Unübersichtlichkeit und Unüberschaubarkeit der Rechtsordnung insgesamt sowie ihrer einzelnen Teile. Das zumeist mühevolle Unterfangen, aus verschiedenen Bänden des Bundesgesetzblattes die geltende Fassung eines Bundesgesetzes zu rekonstruieren, dem sich zumindest jeder juristisch Tätige irgendeinmal unterziehen mußte, macht das Dilemma besonders anschaulich. Verschärft wird die Situation dadurch, daß selbstverständlich auch die systematische Verknüpfung der Rechtsquellen und Rechtserkenntnisquellen untereinander fehlt. So bedarf es - jedenfalls für die bis 1975 publizierten Bundesgesetze (es sei denn man gehört zum offenbar kleinen Kreis "Privilegierter", die über die von der Staatsdruckerei herausgegebenen Konkordanzen verfügen!) - tatsächlich nahezu archivarischen Fleißes und qualifizierter Befähigung allein die entsprechenden parlamentarischen Materialien (Regierungsvorlage, Ausschußbericht) aufzufinden.

Natürlich werden diese Probleme z.T. durch die von der juristischen Literatur angebotenen Hilfen einigermaßen gemildert. Gerade für die legistische Arbeit erweisen sich jedoch auch diese Instrumentarien leider häufig als ungenügend!

Diese Schwierigkeiten bei der Information über das Recht bestehen sowohl für den einzelnen Rechtssuchenden als auch für das rechtsanwendende Organ und für den, der rechtsberatend tätig ist. Daß sie darüberhinaus vor allem auch für den Legisten zum Problem werden, kann wohl jeder, der sich dieser "Zunft" zurechnet, aus leidvoller eigener Erfahrung bestätigen!


II.


1. Wie sich an den eingangs erwähnten Beispielen (Sozialversicherungsrecht, Niederösterreichisches Landesrecht) zeigen läßt, bieten moderne Informationstechnologien dem Legisten eine Reihe von Chancen diese Probleme zu lösen oder doch ihre negativen Konsequenzen für die Qualität der Rechtsvorschriften und für die Information über das

Recht zu mildern. Es ist nun nicht meine Absicht, eine abschließende und systematische Darstellung aller Einsatzmöglichkeiten moderner Informationstechnologien in der Rechtserzeugung und bei der Rechtsinformation zu vermitteln. Ich will mich vielmehr auf einige wenige Ansatzpunkte beschränken.

Hiezu möchte ich eines vorausschicken: Es geht mir mit meinem Beitrag darum, aus der Warte des Juristen, im besonderen des Legisten, bestimmte Erwartungen gegenüber der Technologie zu formulieren. Dies entspricht zum einen meiner juristischen Vorbildung und zum anderen meiner Aufgabenstellung im Bundeskanzleramt-Verfassungsdienst. Dabei ist mir vollkommen klar, daß es keineswegs zutrifft, daß ein solcher Brückenschlag ansatzweise nicht schon gelungen wäre - ich habe Beispiele dafür genannt. In weiten Bereichen der Bundesverwaltung - und ich meine auch der Landesverwaltung - herrscht jedoch noch ein Defizit - weniger an Information, sondern - an formulierten Ansprüchen von juristischer Seite; und eben dazu möchte ich einen Beitrag leisten!

2. Ganz in diesem Sinne müßte es ein besonderes Anliegen sein, die elektronische Textverarbeitung vermehrt in der Legistik einzusetzen. Ich meine jedoch, daß es nicht genügt, die technischen Voraussetzungen dafür zu schaffen. Es ist vielmehr notwendig, sukzessive die spezifischen legistischen Einsatz- und Anwendungsmöglichkeiten der Textverarbeitung auszuloten und in gegenseitigem Informationsaustausch fortzuentwickeln.

Aus meiner legistischen Erfahrung sehe ich vor allem folgende Vorteile: In der Phase bis zur Erstellung des Amtsentwurfes, der dem Begutachtungsverfahren unterzogen wird, könnte der sachgerechte Einsatz der Textverarbeitung eine raschere und einfachere Bewältigung der zahlreichen Korrekturvorgänge ermöglichen. Damit würde dem Referenten viel von der zu leistenden Kontrollarbeit abgenommen. Er könnte die freiwerdenden Kapazitäten nutzbringend zur Bewältigung der zahlreichen intellektuellen Probleme der Entwurfserstellung einsetzen!

Daneben könnte die Textverarbeitung, jedenfalls in einigermaßen anspruchsvollen Varianten, zum Teil auch jene spezifischen legistischen Probleme lösen bzw. ihre Tragweite minimieren, die ich zuvor am Beispiel der Verweisungsproblematik sowie der Vereinheitlichung der Begriffsbildung dargestellt habe. Selbstverständlich wird gerade das Anliegen einer einheitlichen juristischen Terminologie letztlich nur mit Hilfe der Groß-EDV verwirklichbar sein.

3. Ein entscheidender Fortschritt bei der Bewältigung der dargestellten legistischen Probleme könnte ferner erzielt werden, wenn es gelänge, die technischen und organisatorischen Voraussetzungen für eine elektronische Datenfernübertragung zwischen den am Rechtserzeugungsprozeß beteiligten Stellen, das sind vor allem das entwurfsverfassende Bundesministerium, das Bundeskanzleramt, die Parlamentsdirektion und die Österreichische Staatsdruckerei, zu schaffen.

Dazu ein Beispiel:

Derzeit wird die von der Bundesregierung beschlossene Regierungsvorlage in bis zu 400 Exemplaren von der Hausdruckerei des jeweiligen Bundesministeriums hergestellt und im Wege des Bundeskanzleramtes dem Nationalrat zugeleitet. Dieser veranlaßt die Drucklegung
in der österreichischen Staatsdruckerei. Anzustreben wäre, daß die
in der Textverarbeitungsanlage des entwurfsverfasenden Bundesministeriums erfaßten Daten elektronisch auf einen Datenträger der Staatsdruckerei übertragen werden, der nach entsprechender Codierung zur
Steuerung der Lichtmaschine eingesetzt werden könnte. Dies hätte
mehrere Vorteile: Zum einen könnte der Bundesregierung bereits die
gedruckte Version der Regierungsvorlage vorgelegt werden (Änderungen
kommen in diesem Stadium - wie erwähnt - praktisch kaum mehr vor).
Die Abgeordneten zum Nationalrat könnten bereits kurze Zeit nach dem
Einlangen der Regierungsvorlage im Nationalrat mit der gedruckten
Version beteilt werden. Vor allem aber würde der aufwendige Kon-
trollvorgang im Rahmen der Drucklegung wegfallen, da die in der Textverarbeitungsanlage des entwurfsverfassenden Bundesministeriums erfaßten Daten, im Wege der elektronischen Übertragung auf den Datenträger der österreichischen Staatsdruckerei, letztlich auch für die
Drucklegung unmittelbar relevant wären.

Bei entsprechenden Übertragungsmöglichkeiten zwischen dem entwurfsverfassenden Bundesministerium und der Parlamentsdirektion könnten
darüber hinaus auch die im Rahmen der Ausschußberatungen vorgenom-
menen Änderungen der Regierungsvorlage im Wege der elektronischen
Textverarbeitung durchgeführt werden. Neben der zeitlichen Beschleunigung bei der Erstellung des Ausschußberichtes hätte auch dies
wieder den Entfall aufwendiger Kontrollarbeiten hinsichtlich der
unverändert gebliebenen Textteile zur Folge.

Für die Drucklegung des Ausschußberichtes und auch des Gesetzes
selbst durch die österreichische Staatsdruckerei würden sich die
gleichen Vorteile ergeben, wie sie für die Herstellung der Regierungsvorlage dargestellt wurden.

4. Über diese Rationalisierung der Rechtserzeugung hinaus bieten die
   modernen Informationstechnologien aber auch die Chance einer verbesserten Information über das Recht. Ich möchte dies an folgenden
   Gedankengängen exemplarisch darstellen:

Der in der österreichischen Staatsdruckerei hergestellte Datenträger, der zur Steuerung der Lichtsatzmaschine dient, könnte - vergleichsweise einfach - auch für Zwecke der Rechtsdokumentation verwendet werden. So müßte es etwa möglich sein, die darauf erfaßten
Daten in eine EDV-Anlage zu übertragen und dort zu speichern. Im
Hinblick auf den Aufbau eines EDV-unterstützten Rechtsdokumenta-
tionssystems würde das bedeuten, daß hinsichtlich dieser Daten kein
gesonderter Erfassungsvorgang mehr erforderlich wäre. Dies trifft
daher jedenfalls auf die im Bundesgesetzblatt abgedruckten Rechtsvorschriften sowie die parlamentarischen Materialien zu, ebenso aber
auch für die Amtlichen Sammlungen der Höchstgerichte oder für die
in den diversen Amtsblättern publizierten Erlässe. Bei Vorliegen der

technischen und organisatorischen Voraussetzungen für die Übertragung der in der österreichischen Staatsdruckerei hergestellten Daten
in eine EDV-Anlage könnte also - gleichsam als Nebenprodukt der Publikation - ein EDV-unterstütztes Rechtsdokumentationssystem aufgebaut werden, das den Kern eines künftigen umfassenden Rechtsinfor-
mationssystems bilden würde. Von dieser EDV-Anlage könnten diese
Daten letztlich von jedem, der die technischen Voraussetzungen dafür geschaffen hat, abgerufen werden.

In diesem Zusammenhang kommt dem Bildschirmtext besondere Bedeutung
zu. Wenn es realisiert werden könnte, daß im Wege des Bildschirm-
textes/Rechnerverbund auch das auf einer EDV-Anlage gespeicherte
Rechtsdokumentations- bzw. Rechtsinformationssystem abgerufen werden
kann, so würde letztlich bald jeder Interessent einen vergleichsweise einfachen Zugriff auf sämtliche Daten dieses Systems haben.
Dies könnte die Information über das Recht, und zwar für alle in Betracht kommenden Benutzergruppen, entscheidend verbessern.

An dieser Stelle gilt es nachdrücklich darauf hinzuweisen, daß diese
technologischen Veränderungen im Prozeß der Rechtserzeugung das Be-
rufsbild des Legisten nicht unbeträchtlich verändern würden. Allein
der weitgehende Entfall der diversen Kontrollvorgänge, die - wenn
sie schon nicht zur Gänze von Legisten selbst besorgt werden - zumindest seiner verantwortlichen Überwachung bedürfen, könnte einen
nicht unbeträchtlichen Teil seiner Arbeitskapazität für andere Aufgaben frei machen; Aufgaben, die derzeit nicht oder nur unzulänglich
besorgt werden können. Daß es solche Aufgaben gibt, werden mir alle,
die in diesem Bereich praktisch tätig sind, sicher bestätigen. Ist
doch gerade der nahezu permanente Zeitdruck, der letztlich zu einer
Vernachlässigung auch wichtiger Funktionen zwingt, schon zum typischen Ambiente der Arbeit des Legisten geworden. Daß dies, trotz
allen Einsatzes und bei aller Qualifikation der legistisch Tätigen,
negative Konsequenzen für die Qualität der Rechtsvorschriften hat,
bedarf keiner Betonung. Vielleicht liegt gerade in den Rationalisie-
rungsvorteilen und in der verbesserten Information, die der verstärkte Einsatz moderner Informationstechnologien in der Legistik bieten
könnte, auch eine Chance für eine qualitative Verbesserung der Rechtsvorschriften insgesamt.

Ohne auf weitere Details einzugehen, möchte ich zur Abrundung des
Bildes darauf hinweisen, daß die genannten technologischen Vorkehrungen, etwa der Einsatz der Textverarbeitung und die Datenfernübertragung zur Österreichischen Staatsdruckerei, in gleicher Weise
auch die Arbeit der Höchstgerichte entscheidend rationalisieren und
die Information über ihre Judikatur nachhaltig verbessern könnten.

III.

Übersicht über die wichtigsten Aktivitäten des Bundeskanzleramtes-Verfassungsdienst im thematischen Bereich:

a) Die Schaffung eines Organisationskonzeptes für die Rationalisierung der Rechtserzeugung.

b) Die Schaffung eines EDV-unterstützten Index des Bundesrechts als Ansatz für ein österreichisches Rechtsinformationssystem.

c) Die Durchführung eines Projektes zur Reorganisation des Evidenzbüros des Verwaltungsgerichtshofes mit dem Ziel einer EDV-unterstützten Judikaturdokumentation dieses Gerichtshofes.

d) Die Koordination der bestehenden oder konkret geplanten Rechtsdokumentationen mit Blickrichtung auf ein umfassendes Rechtsinformationssystem.

e) Der Versuch, im Wege des BTX-Rechnerverbundes einen allgemeinen, unmittelbaren und jederzeitigen Zugriff auf Rechtsinformationen zu schaffen.

## Literaturhinweise:

HOLZINGER, Legistische Richtlinien 1979 und Verwaltungsreform, in: ÖHLINGER (Hrsgb), Methodik der Gesetzgebung (1982), 239.

derselbe, Ein Rechtsinformationssystem für Österreich, in: KINDERMANN (Hrsgb), Studien zu einer Theorie der Gesetzgebung (1982), 102.

derselbe, Die Kundmachung der Rechtsvorschriften, in: SCHÄFFER (Hrsgb), Theorie der Rechtssetzung (1983) im Druck.

ORLICEK, Integrierte Textverarbeitung bei der Publikation von Gesetzestexten, in: Sozialintegrierte Gesetzgebung (1979), 193.

DAS JURISTISCHE INFORMATIONSSYSTEM
DES BUNDESLANDES NIEDERÖSTERREICH


Dipl.-Ing. Wolfgang WEBER


Inhalt


I.   Die Dokumentation des Niederösterreichischen Landesrechts

1. Die äußere Rechtsbereinigung
2. Verbundsystem zwischen Textverarbeitung,
   Satzherstellung und EDV
3. Die innere Rechtsbereinigung
4. Realisierung
5. Die Rechtsdokumentation
6. Anwendungsmöglichkeiten der Rechtsdokumentation
7. Ausblick

II.  Die Dokumentation juristischer Literatur
III. Die Dokumentation höchstgerichtlicher Erkenntnisse
IV.  Schlußbemerkungen

# I. DIE DOKUMENTATION DES NÖ LANDESRECHTS

## 1. Die äußere Rechtsbereinigung

Schon in den Sechzigerjahren wurde die NÖ Landesregierung
vom Landtag aufgefordert, eine Bereinigung des Landesrechts
in die Wege zu leiten. Damit war zunächst nur eine äußere,
formale Bereinigung gemeint; das Hauptproblem, die Verlaut-
barung der Rechtsvorschriften, wurde durch die Technik des
Lose-Blatt-Systems gelöst, da diese Verlautbarungsform
geeignet war, eine permanente Rechtsbereinigung sicherzustellen.

Das Verlautbarungsgesetz  sieht vor, daß das Landesgesetzblatt aus auswechselbaren Blättern zu bestehen hat und
systematisch zu gliedern ist. Das System ist so einzurichten,
daß eine übersichtliche, nach Sachgebieten gegliederte
Ordnung der Rechtsvorschriften entsteht, Rechtsvorschriften
über bisher nicht geregelte Gegenstände ohne Störung der
Übersichtlichkeit eingefügt werden können und der für einen
bestimmten Zeitpunkt geltende Rechtszustand ermittelt werden
kann. Das System muß also offen sein und die Identifikation
der jeweiligen Fassung ermöglichen. Stammvorschriften werden
in der Form verlautbart, daß Titel, Beurkundung, Gegenzeichnung oder Zeichnung auf einem eigenen Blatt, dem sog.
Titelblatt, abgedruckt werden. Der übrige Text der Stammvorschrift, also im wesentlichen die Paragraphen, ist auf
auswechselbaren Blättern zu verlautbaren. Ausdrückliche
Änderungen oder Ergänzungen werden in Form von Austauschblättern zur Stammvorschrift verlautbart, wobei Titel, Beurkundung, Gegenzeichnung oder Zeichnung sowie Änderungs-
und Ergänzungsanordnungen und besondere Bestimmungen über
die Geltungsdauer auf einem Titelblatt zu verlautbaren
sind. Der übrige Text der Novelle ist auf den entsprechenden
Austauschblättern zu verlautbaren. Auf diesen Austauschblättern ist der geänderte Text in Kursivdruck und der un-
veränderte Text in Normaldruck kundzumachen.

Diese formale Rechtsbereinigung wurde 1979 abgeschlossen.
Es waren damit folgende Ziele verwirklicht:

+ Die Rechtsvorschriften sind systematisch geordnet

+ Geltende Bestimmungen sind von nicht mehr geltenden
klar unterschieden und ausdrücklich als geltend
bzw. nicht mehr geltend gekennzeichnet.

+ Das gesamte geltende Landesrecht ist stets für jedermann als fortlaufender zusammengehöriger Text
(in Lose-Blatt-Form) greifbar (nicht auf eine
Stammfassung und mehrere Novellen aufgeteilt).

2. Verbundsystem zwischen Textverarbeitung,

Satzherstellung und EDV

Die von den Fachabteilungen erstellten Gesetzentwürfe
werden auf einer Textverarbeitungsanlage erfaßt. Dies
hat den Vorteil, daß bei Änderungen infolge des Begutachtungsverfahrens nicht wieder der gesamte Text neu
erfaßt werden muß, sondern daß nur die Änderungen eingegeben werden müssen. Über einen an die Textverarbeitungsanlage angeschlossenen Drucker können die Reinschriften
ausgedruckt und für die Regierungsvorlage vervielfältigt
werden.

Auf die gleiche Weise können die Änderungen in den
Ausschüssen den Landtages eingefügt werden. Ohne neuer-
liches Erfassen des gesamten Textes kann der Gesetzesbeschluß ausgedruckt werden.

Für Zwecke der Drucklegung muß der Gesetzesbeschluß
nicht nochmals erfaßt werden. Die Daten können direkt
in ein graphisches System eingelesen und mit Hilfe eines
Silbentrenn- und Umbruchprogrammes aufbereitet und auf
Film gesetzt werden. Nach dem Setzvorgang können die
Daten außerdem in der EDV-Anlage abgespeichert werden
und stehen für künftige Verlautbarungen zur Verfügung.

## 3. Die innere Rechtsbereinigung

Nach Abschluß der äußeren, formalen Rechtsbereinigung
wurde vom Landtag von NÖ der Wunsch geäußert, eine
"innere" Bereinigung des Landesrechts durchzuführen.

Die Hauptanliegen einer solchen Bereinigung sind:

> + Für einheitliche Begriffe sorgen
> + Widersprüche beseitigen
> + Den Gesetzestext verständlich und bürgernah
>   formulieren

Um solche Ziele verwirklichen zu können, wurde ein
Instrument gefordert, mit dem Textanalysen und Abfragen
im gesamten Landesrecht jederzeit rasch und einfach
durchführbar sind. Außerdem sollte die Ersterstellung,
sowie das Einbinden von neuen Gesetzen und das Austauschen
von Gesetzen infolge von Novellen möglichst wenig manuellen
Aufwand verursachen. Diese Forderungen werden am besten
von einem Volltext-Dokumentationssystem erfüllt, da für
ein solches kein Erfassungsaufwand infolge der ohnehin
(wegen der Verlautbarungstechnik) vorhandenen verarbeitungs-
fähigen Gesetzestexte erforderlich ist.

## 4. Realisierung

### 4.1. EDV-seitige Hardware- und Softwarevoraussetzungen

Beim Amt der NÖ Landesregierung sind 2 EDV-Anlagen
der Firma IBM unter MVS installiert. Als Datenfern-
verarbeitungskonzept wurde das SNA-Konzept gewählt,
das mit Hilfe einer Steuereinheit 3705 hardwaremäßig
realisiert wurde.

Als Datenbanksystem ist IMS-DB/DC eingesetzt. Unter
diesem Datenbanksystem wird als Abfragesystem STAIRS
zur formatfreien Abfrage von Texten verwendet.

## 4.2. Textverarbeitungsanlage und Fotosatzsystem

Zur Erfassung der Gesetzestexte sind zwei Textver-
arbeitungsanlagen LINOTYPE S2 installiert. Die
Konvertierung auf Magnetband zur Übernahme von Daten
in die EDV geschieht in Lohnarbeit. Sobald eine
akzeptable on-line-Kompatibilität sichergestellt werden
kann, ist daran gedacht, diese Textverarbeitungsanlage
im Wege der Datenfernübertragung mit der IBM zu verbinden. Außerdem ist beim Verfassungsdienst ein Abfragebildschirm installiert. In der Amtsdruckerei wurde
ein Fotosatzsystem LINOTRONIC SE installiert.

## 4.3. Man-Power-Aufwand für Implementierung

Zur Herstellung der Kompatibilität sowie zur Datenüber-
nahme und Datenumorganisation waren insgesamt 5 EDV-
Programme erforderlich. Der Man-Power-Aufwand zur Erstellung dieser Programme  betrug seitens der EDV-
Organisation  3,5 Mannmonate sowie seitens der Programmierung  1,5 Mannmonate, d.h., daß in Summe
5 Mannmonate aufgewendet wurden.

## 4.4. Mengengerüst

Das gesamte Landesgesetzblatt besteht derzeit aus
17 Mio. Zeichen. Da in Folge des Einsatzes von STAIRS
der Speicheraufwand das 1,8-fache des Volltextes beträgt, sind an Plattenspeicherkapazität ca. 30 Mio.
Byte erforderlich.

**5.** <u>Die Rechtsdokumentation</u>

Das Dokumentationssystem STAIRS ermöglicht

+ freien Text gegliedert in einzelne (beliebig
  viele) Dokumente zu speichern; ein Dokument
  ist jene textliche Einheit, die als Antwort
  von STAIRS geliefert wird; es sollte nicht
  zu umfangreich sein, da sonst viel Text gelesen
  werden muß, um die Relevanz zu beurteilen, aber
  auch nicht zu klein, da sonst viele Dokumente
  beurteilt werden müssen;
  bei der NÖ Rechtsdokumentation entspricht ein
  Paragraph einem Dokument (es gibt ca. 12 000
  Paragraphen, d.h. ein Dokument hat im Durchschnitt
  ca. 1 400 Zeichen und findet daher auf einer Bild-
  schirmseite Platz);

+ jedes Dokument seinem Inhalt nach in gewisse
  Kategorien aufzugliedern; bei der Rechtsdokumentation gibt es fünf Kategorien:

  - die systematische Gesetznummer (LGBL)
  - eine eindeutige Dokumentnummer (SYS-NR)
  - Zwischenüberschriften oder einleitender Text
    (BEZEICHNUNG)
  - Überschrift (PARAGRAPH)
  - fortlaufender Gesetzestext (TEXT)

+ in der Gesamtheit aller gespeicherten Dokumente
  im Dialog mit dem System nach allen darin enthaltenen
  Wörtern (genauer: Zeichenketten) zu suchen

+ die Suchbegriffe durch logische Operationen zu
  verknüpfen; die wichtigsten logischen Operationen:

  - a AND b  :  a und b müssen vorkommen
  - a OR  b  :  a und/oder b müssen vorkommen
  - a NOT b  :  a muß, b darf nicht vorkommen

- a XOR b  :  a oder b müssen, aber a und b dürfen
             nicht vorkommen

- a ADJ b  :  a und b müssen in der Reihenfolge
             a b  vorkommen

+ die Suchbegriffe maskiert einzugeben
  z.B. BAU+:  es qualifizieren sich alle Dokumente,
              die mit BAU anfangen;

Es wurde ein Programm konzipiert, das alle für STAIRS
notwendigen Daten aufbereitet. Bei neu hinzukommenden
Texten braucht lediglich die systematische Nummer angegeben werden, bei Novellentext zusätzlich die Nummern
der Paragraphen, die ersetzt werden. Alles andere besorgt das Programm: Dokumentengliederung, Kategorien-
zuordnung, erzeugen der eindeutigen Dokumentnummern,
Satzendekennzeichnung.

Die Ersterfassung der Rechtsdokumentation konnte
man sich infolge der äußeren Rechtsbereinigung
ersparen; durch den Verbund Textverarbeitung - EDV
bleibt die Rechtsdokumentation ein Nebenprodukt der
Gesetzesverlautbarung und der manuelle Änderungsauf-
wand vernachlässigbar.

## 6. Anwendungsmöglichkeiten der NÖ Rechtsdokumentation

### 6.1. Einheitliche Begriffe

Beginnt man zunächst bei der Bereinigung der Begriffe,
so kann die Rechtsdokumentation hier eine wertvolle
Hilfestellung leisten. Ohne großen Aufwand kann für eine
bestimmte Rechtsvorschrift ein Wörterbuch und auch ein
KWIC-Index (Keyword in context) ausgedruckt werden, in
dem mit Ausnahme von vorher bestimmten Stopwörtern alle
in der Rechtsvorschrift enthaltenen Wörter in ihrem Zusammenhang aufgelistet sind.

Vergleicht man z.B. die in der Bauordnung definierten
Begriffe mit jenen im Wörterbuch enthaltenen so fällt auf,
daß für den Oberbegriff aller durch bauliche Vorhaben
hergestellten Objekte nicht nur der in § 2 Z. 5 der
NÖ Bauordnung 1976 definierte Begriff "Baulichkeit",
sondern an mehreren Stellen synonym auch der Begriff
"Bauten" verwendet wird, ja es werden sogar beide Begriffe
manchmal in einem Paragraphen verwendet.

Nun ist das Wort "Baulichkeit" gewiß kein schönes Wort,
vor allem ist völlig unklar, welche zusätzliche Bedeutung
die Silbe "-lichkeit" bringen soll. Es liegt daher nahe,
die Begriffe "Baulichkeit" und "Baulichkeiten" durch die
Ausdrücke "Bau" und "Bauten" zu ersetzen.

Die Rechtsdokumentation kann hier wieder eine Hilfestellung bieten. Durch Abfrage können alle Bestimmungen
der NÖ Bauordnung 1976 erfaßt werden, in denen der Begriff "Baulichkeit" enthalten ist. Man könnte entgegnen:
Diese Information bietet heutzutage auch eine Textverarbeitungsanlage. Der zusätzliche Vorteil der NÖ Rechtsdokumentation besteht darin, daß auch festgestellt werden
kann, ob der Begriff "Baulichkeit" auch in anderen Rechtsvorschriften enthalten ist.

Denn wird der Begriff "Baulichkeit" durch jenen der
"Bauten" ersetzt, so muß für die einheitliche Verwendung
dieses Begriffes nicht nur in der NÖ Bauordnung 1976,
sondern - schrittweise - auch in anderen NÖ Rechtsvorschriften gesorgt werden.

Eine maskierte Abfrage nach dem Wort "Baulichkeit" bringt
das folgende Ergebnis. Dieses Wort ist in 42 anderen
Rechtsvorschriften, angefangen vom Wohnsitzbegriff der
Wahlordnungen bis zum Landesstraßengesetz, enthalten.

Eine Änderung des Begriffes "Baulichkeit" in der
NÖ Bauordnung würde also eine Änderung von 42 anderen
Rechtsvorschriften erfordern. Daß diese Änderungen
nicht gleichzeitig mit der Neufassung der NÖ Bauordnung
vorgenommen werden können, liegt auf der Hand. Sie
werden nur jeweils anläßlich der Novellierung einer
bestimmten Rechtsvorschrift berücksichtigt werden können.

## 6.2. Definitionen

Die Niederösterreichische Bauordnung enthält im § 2 insgesamt 28 Begriffsbestimmungen. Die NÖ Rechtsdokumentation
bietet die Möglichkeit festzustellen, in welchen Bestimmungen
die definierten Begriffe enthalten sind. Ist ein Begriff
z.B. lediglich in einer Bestimmung enthalten, so sollte aus
Gründen der leichteren Lesbarkeit der Rechtsvorschrift
dieser Begriff nicht im allgemeinen Definitionenteil sondern
in der entsprechenden materiellen Bestimmung definiert
werden. Eine Abfrage ergibt z.B., daß der Begriff "Stell-
platz" lediglich im § 86 der NÖ Bauordnung enthalten ist.
Die Definition dieses Begriffes sollte daher nicht in
den allgemeinen Bestimmungen des § 2 enthalten sein, sondern
in den § 86 aufgenommen werden.

## 6.3. Vermeidung von "amtsdeutschen" Formulierungen

Das Wörterbuch zur NÖ Bauordnung zeigt eine Fülle von
Wörtern, die dem "Amtsdeutschen" zuzurechnen sind. Es
sind dies z.B. die Worte "anlagefremd, anlaßbildend,
befindlich, ergehend, gekommener, Inanspruchnahme,
nutzungsbeschränkt". Diese Wörter könnten, in einen
"Index verborum prohibitorum" der NÖ Gesetzessprache
aufgenommen, in Zukunft aus Gesetzestexten entfernt
werden.

## 7. <u>Ausblick</u>

Man kann noch nicht alle Hilfestellungen aufzählen,
die die NÖ Rechtsdokumentation dem Legisten bieten kann.
Auch wird der Wert dieser Unterstützungen erst dann
abgeschätzt werden können, wenn eine entsprechende
Bereinigung durchgeführt wurde. Eines ist aber jedenfalls sicher: Die Unterstützung durch die EDV bringt
dem Legisten nicht weniger Arbeit; im Gegenteil: die
Fülle von Informationen erfordern einen zusätzlichen
Aufwand, diese aufzuarbeiten. Sie kann ihn zwar von
mancher Routinetätigkeit befreien, sie beschert ihm
aber auch eine Fülle von neuen Problemen, die
er aber nur dann lösen kann, wenn ihm auch die
erforderliche Zeit für die Ausarbeitung des Gesetz-
entwurfes zur Verfügung steht.

## II. <u>DIE DOKUMENTATION JURISTISCHER LITERATUR</u>

Die Vorteile eines Dokumentationssystems, die man bei
der Rechtsdokumentation erkannte, wollte man auch in anderen Bereichen nutzen.

Ein schon vorhandener Schlagwortkatalog juristischer
Literatur wurde auf der Textverarbeitungsanlage aufge-
gliedert nach zwei Kategorien erfaßt: eine Autor-Kate-
gorie, die ebenso gekennzeichnet wird wie die Überschriften-
Kategorie der Rechtsdokumentation; danach eine Inhalts-
Kategorie, in der der Titel des Werkes, Schlagworte und
die Fundstelle angegeben werden.
Bis zu 1000 auf solche Art erfaßten Werke werden zusammen-
gefaßt und mit einer Nummer versehen. Damit haben diese
Daten formal dasselbe Aussehen wie Gesetze des Landesrechts
und es kann mit den schon für das Landesrecht entwickelten
Programmen eine Literaturdokumentation aufgebaut werden.

Das Problem der mehrfach erfaßten Werke (infolge der unter
mehreren verschiedenen Schlagworten abgelegten Zettel),
wurde mit Hilfe einer Liste gelöst, in der jede Fundstelle,
die mehrfach vorkam, mit den entsprechenden Dokumentnummern
ausgedruckt wurde, und hernach die jeweiligen Dokumente be-
reinigt wurden.


Die Vorteile des Dokumentationssystems gegenüber dem
Schlagwortkatalog sind:

+ Alle zur näheren Beschreibung des Titels ange-
  gebenen Wörter sind abfragbar

+ Das Abfragesystem ist mehreren Personen an verschiedenen Orten zugänglich

+ Jedes Werk braucht in Zukunft nur einmal erfaßt
  werden; es muß nicht für jedes Schlagwort ein
  Katalogzettel geschrieben werden.


## III. DIE DOKUMENTATION HÖCHSTGERICHTLICHER ERKENNTNISSE

Die Erkenntnisse des Verwaltungs- und Verfassungs-
gerichtshofes werden von diesen beiden Höchstgerichten
selbst in Form von anonymisierten Kurzfassungen allen
interessierten Stellen zur Verfügung gestellt. Diese
sind auch in Niederösterreich gebräuchlich; die große
Zahl und zum Teil auch der fehlende Bezug zum NÖ Landesrecht machen die Anwendung schwierig.

Der Wunsch, ein Dokumentationssystem analog zum Landesrecht
aufzubauen, besteht, seit die Vorteile eines solchen
Systems bei der Rechtsdokumentation offenbar sind. Doch
wollte man auf den Einsatz der Textverarbeitung bei den
beiden Höchstgerichten warten und dann die Daten auf irgendeinem Datenträger übernehmen. Da das in absehbarer Zeit
nicht möglich sein wird, außerdem eine Bearbeitung ohnehin
notwendig ist (Bezug zum Landesrecht herstellen) und bei
den Erkenntnissen des Verwaltungsgerichtshofes auch nur die
für NÖ relevanten gespeichert werden sollen, werden diese
Kurzfassungen analog zur Literaturdokumentation erfaßt und
eine "Judikaturdokumentation" aufgebaut.


Kategorien: Dokumentnummer (SYS-NR)
            Erkenntnisnummer und Datum (ERKENNTNIS)
            Text mit Bezug zum Landesrecht (TEXT)


## IV. SCHLUSSBEMERKUNGEN

Erfahrungen der Benützer haben gezeigt, daß Anfangs-
schwierigkeiten in der Handhabung der Dokumentationssysteme bestehen, die umso schneller verschwinden, je
mehr jemand mit ihnen arbeitet.

Mit dem Vorhandensein der Dokumentation der juristischen
Literatur und der höchstgerichtlichen Erkenntnisse, wurde
auch der Benutzerkreis erweitert. Zum Abfragebildschirm
im Verfassungsdienst kamen solche, bei den im Landtag vertretenen politischen Parteien und bei der Landtagsdirek-
tion hinzu. Außerdem ist ein für alle Abteilungen offen-
stehendes "Bildschirmzentrum" geplant. Wir hoffen, daß
auch Benützer, die die Dokumentationssysteme weniger oft

verwenden, bald in der Handhabung geübt sind, einerseits
auf Grund des Trägersystems STAIRS, für das ja die Bedienung unabhängig von der gespeicherten Dokumentation
gleich ist, und andererseits wurde eine STAIRS-Erweite-
rung implementiert, die den Bedienungskomfort erhöht.
Diese Erweiterung unterstützt auch die Flexionsformen-
generierung, d.h. bei der Frage nach "Baum" werden auch
"Bäume", nach "beschließen" auch "beschloß" ... berücksichtigt.

Die Frage, ob die Kosten dieser Informationssysteme geringer
als der Nutzen sind, ist schwer zu beantworten, da der
Nutzen praktisch nicht quantifizierbar ist. Die Kosten
(ohne Entwicklungskosten für eigene Software) sind jedenfalls etwa gleich den Personalkosten für einen Juristen.

<u>WORKSHOP B:</u>


<u>"VERWALTUNGSPOLITISCHE ASPEKTE (INBES. AUCH</u>
<u>EDV-EINSATZ IN LÄNDERN UND KOMMUNEN)"</u>


Kurzbericht
R. Schauer
Johannes Kepler Universität Linz


Im Mittelpunkt der Beratungen des Arbeitskreises, der vormittags von Herrn Prof. Dr. H. Reinermann, nachmittags von Herrn Prof. Dr. Reinbert Schauer geleitet wurde, stand die grundlegende Frage, welchen Einfluß die neuen Informationstechnologien auf die verwaltungspolitischen Überlegungen auszuüben vermögen. Im Vortrag von Staatssekretär Dr. LÖSCHNAK, der dem Workshop unmittelbar vorausging, wurde bereits das Spannungsfeld skizziert, das die verwaltungspolitischen Aspekte des Einsatzes neuer Informationstechnologien kennzeichnet. Die Tendenzen in der Automatisierung der Datenverarbeitung (im weitesten Sinne) müssen im Verein mit den verwaltungsorganisatorischen und gesellschaftspolitischen Rahmenbedingungen gesehen werden, um eine effiziente Aufgabenerfüllung im Naheverhältnis zwischen Bürger und Verwaltung zu gewährleisten.

Im Rahmen des Arbeitskreises wurde nun versucht, Antworten für die folgenden drei Teilbereiche des Fragenkomplexes zu finden:

1) Welche Möglichkeiten und Probleme eröffnen die neuen Medien für die örtlichen Verwaltungen (also Landes- und Gemeindeverwaltungen)? Hiezu referierten Prof. Dr. REINERMANN, Speyer, und Obersenatsrat Dr. KOLOSEUS, Wien.


2) Inwieweit trägt die Dezentralisierung durch die Errichtung von Datennetzen und durch die Bereitstellung von Computerleistung am Arbeitsplatz zur Effizienzsteigerung in den öffentlichen Verwaltungen bei? Die Referate zu diesem Themenbereich wurden von Prof. Dr. HIEBER, Stuttgart, und Dr. WIESNER, Salzburg, gehalten.

3) Inwieweit lassen die neuen Medien eine Verbesserung in der Bürgernä-
he der öffentlichen Verwaltungen zu?
Erfahrungsberichte über den Einsatz von Bildschirmtext und Zweiweg-
Breitbandkommunikation steuerten Oberregierungsrat FISCHER, Stutt-
gart, Frau LOYSON-SIEMERING, Berlin/Stuttgart, und Dipl.Phys.
KREIBICH, Berlin, bei.

Im Zuge der Beratungen des Arbeitskreises konnte ganz allgemein ein
deutlicher Abstand zwischen den theoretischen Überlegungen und deren
Realisierung in der Praxis festgestellt werden. Die Vorstellungen über
den Einsatz neuer Medien, wie sie auf der Tagung präsentiert wurden,
laufen den tatsächlichen praktischen Anwendungen in den Verwaltungen
weit voraus.

In bestimmten aufgabenspezifischen Problemfeldern konnte jedoch (insbesondere von den Referenten) auf erfolgversprechende Pilotprojekte verwiesen werden. Staat, Länder und Gemeinden sollten daher die Informationsmöglichkeiten der neuen Medien stärker als bisher in ihre Überlegungen zur Gestaltung der Verwaltungsaufgaben einbeziehen.

Es wurde übereinstimmend festgestellt, daß mit dem Technologieeinsatz
bislang eher die Erfüllung von Routineaufgaben unterstützt wurde. Hingegen ergaben sich vergleichsweise noch wenig Nutzeneffekte für die
Verwaltungsführung. Die Nutzung der neuen Medien läßt neuartige Aufgabenverteilungen und organisatorische Lösungen zu, die dem Verwaltungs-
management wie auch dem beteiligten Bürger verbesserte Einsichten in
die Verwaltungsabläufe und effizientere Nutzungsmöglichkeiten zu geben
vermögen. Insoferne trägt die mit den neuen Medien ermöglichte Dezentralisierung zur Effizienzsteigerung in der Verwaltung bei.

Als wesentliche Voraussetzung für die befriedigende Nutzung der neuen
Medien erscheint eine bewußt gestaltete Verwaltungs- und Automationspolitik. Der Mensch ist nicht von vorneherein als Sklave der Technik anzusehen. Es kommt entscheidend auf die Art und Weise der Verwendung von
neuen Medien an. Hiezu bedarf es aktiver Bewältigungsstrategien im Bereich der Aufgabenpolitik, der Organisationspolitik und der Personalpolitik. Die Finanzlage der öffentlichen Verwaltungen läßt keine sofortige Umsetzung dieser Maßnahmenpakete zu. Ohne Zweifel müssen aber diese
neuen Informationstechnologien zu solch innovativen Überlegungen veran-
lassen.

Sicherlich muß vermieden werden, daß die neuen Medien aus einer gewissen Euphorie heraus allzu optimistisch beurteilt werden. Ein kosten- und leistungsbewußtes Informationsmanagement hat ökonomisch und verwaltungspolitisch gerechtfertigte Problemlösungen sicherzustellen. Um ausreichend Informationen für Führungsaufgaben und damit für die Planungs- und Entscheidungsprozesse in den Verwaltungen, für die Kontrolle und Prüfung des Aufgabenvollzugs und für die Belange des Bürgerservice bereitstellen zu können, bedarf es eines bewußt organisierten "Informationshaushalts". Konsequent sind Daten- und Informationsquellen nicht nur im Verwaltungsgeschehen selbst, sondern in verstärktem Ausmaß im Umfeld der Verwaltungen zu erschließen.

Die Interessen der Bürger nach effizienten Verwaltungsleistungen sind mit dem Wunsche nach kostengünstigen Vorgehensweisen in Einklang zu bringen. Die Ausweitung der Kommunikationsnetze läßt erwarten, daß die Zweckmäßigkeit in der Aufgabenerfüllung von Verwaltungen über ein marktähnliches, vom Bürger gesteuertes Regulativ beurteilt und die Leistungserstellung den laufenden Umweltänderungen angepaßt werden kann. Die Entwicklung einer Reihe von aufgabenspezifischen Standardmodulen bietet ausreichend Kombinationsmöglichkeiten, um anstehende Aufgaben wegen teilweise gleicher Arbeitsabläufe kostengünstig zu lösen.

Die Tendenz zur Dezentralisierung muß aus der Sicht der Benutzer zu multifunktionalen Arbeitsplätzen mit neuen Aufgabenverteilungen und integrierten Daten- und Textverarbeitungsprozessen führen. Das Streben nach ganzheitlichen Lösungen soll dazu beitragen, dem Benutzer und damit letztlich auch dem Bürger den Eindruck einer erhöhten "Ordnungsmäßigkeit" der Verwaltungsabläufe zu vermitteln.

Aus den drei Erfahrungsberichten über den Einsatz neuer Medien zum Zwecke einer intensiveren Bürgernähe der Verwaltung wurde deutlich, daß ein Teil der bisherigen Kommunikationsbeziehungen auf die technische Ebene mit Erfolg verlagert werden kann. Das dadurch freiwerdende Verwaltungspersonal kann verstärkt für Beratungsdienste herangezogen werden. Es wurde aber auch die Gefahr anschaulich, daß die neuen Medien zur Polarisierung der Bevölkerung beitragen könnten. Wer schon jetzt besser informiert ist, könnte bei Nutzung der neuen Medien in Hinkunft nach besser informiert sein. Wer hingegen heute schon aus Unkenntnis oder Unbeholfenheit heraus über zuwenig Informationen verfügt, läuft Gefahr, zukünftig noch weiter ins Hintertreffen zu geraten. Die Intensivierung der Bürgerbeteiligung auf breiter Basis ist daher für den wirkungsvollen Einsatz der neuen Medien unabdingbar.

<u>ÖRTLICHE VERWALTUNGEN UND NEUE MEDIEN</u>

H. Reinermann
Hochschule für Verwaltungswissenschaften Speyer


## 1. Vorbemerkung

Diese Ausführungen sollen als Einstieg in die Erörterungen des Workshops "Verwaltungspolitische Aspekte" dienen. Infolgedessen wird mehr
in die Breite als in die Tiefe gegangen. Ein solches Vorgehen ermöglicht
übergreifende Sichtweisen, statt sich in Details technischer, rechtlicher oder ökonomischer Art zu verlieren, die - jedes einzelne wichtig
genug - an anderer Stelle natürlich bedeutsam bleiben. Vor allem läßt
eine übergreifende Sichtweise die <u>Bedeutung verwaltungs- und automationspolitischer Ansätze</u> erkennen. Diese sind in Zukunft, auch von den
Kommunen, in besonderem Maße gefordert. Nur durch Bewußtwerden über
unsere Ziele, die wir mit Verwaltungsautomation anstreben, durch die
Verdeutlichung von Grenzen, die wir durch Verwaltungsautomation nicht
überschritten sehen wollen, und durch entschlossenes Umsetzen dement-
sprechender Handlungsstrategien können wir die Neuen Medien anforderungs
gerecht einsetzen, können wir unbegründete Ängste ausräumen, tatsächlich lauernden Gefahren begegnen und das Potential moderner Informationstechnik so nutzen, daß der Mensch profitiert, aber "das Maß aller
Dinge" bleibt.

Solche verwaltungs- und automationspolitische Ansätze sind aber, so
scheint es im Vergleich mit anderen Weltregionen, gerade im deutschsprachigen Raum möglich. Hier sind die Auseinandersetzungen um Wohl
und Wehe neuer Technik - herkömmlicher Gründlichkeit und möglicherweise der uns nachgesagten Tradition des Dichtens und Denkens entsprechend - besonders intensiv. Dies hat durchaus Vorzüge. Es ermöglicht uns nämlich, weite gesellschaftliche Schichten ebenso wie die
Verwaltungsführung in die Diskussion einzubeziehen. Dieser "Schwung",
dieses gar nicht selbstverständliche Interesse an technischen wie
Organisations- und Verfahrensfragen sollte überall dort genutzt und
umgesetzt werden, wo verwaltungs- und automationspolitische Fragestellungen anstehen, um so zu akzeptablen Lösungen zu gelangen.

## 2. Kommunikation und Neue Medien

**Kommunikation** wird hier als bewußter Austausch von Mitteilungen bezeichnet (auch Botschaften, Bedeutungen oder Nachrichten genannt). Es gibt Kommunikation

- zwischen Menschen (zum Beispiel Mitarbeitergespräch, Bürgerberatung)
- zwischen Mensch und Maschine (zum Beispiel Nutzung eines Programmpakets wie SPSS oder einer Einwohnerdatenbank) oder
- zwischen Maschinen (zum Beispiel automatisches Fernablesen von Zählern mit anschließender automatischer Kontobelastung, Fernwirkdienste).

Dabei wird in den beiden letztgenannten Fällen bei "Maschine" an Kommunikatoren gedacht; darüber hinaus können bei jeder der drei Kommunikationsarten Maschinen als Medien mitwirken.

Bei solchen Kommunikationsbeziehungen kann es sich nach dem "Öffentlichkeitsgrad" der übermittelten Inhalte handeln um

- Individualkommunikation
  (Sie findet, "vermittelt", exklusiv zwischen zwei oder wenigen
   Kommunikatoren statt; Beispiele sind Brief oder (Telefon)-Gespräch)
  oder um
- Massenkommunikation
  (Sie ist, "verteilt", für ein größeres Publikum bestimmt und hat
   Bedeutung für die öffentliche Meinungsbildung; Beispiele sind
   Presse und Rundfunk).

In jüngerer Zeit wird diese herkömmliche Zweiteilung mit Hilfe eines dritten Typs weiter aufgefächert, nämlich dem

- Informationsabruf
  (Hier handelt es sich um die individualisierte Form der Verbreitung
   von Allgemeininformation, die, sozusagen, als "Rohinformation" in
   Datenbasen vorgehalten wird und deren Nutzung die Vorformulierung
   einer bereits mehr oder weniger gezielten Frage voraussetzt).

Diese Einteilung von Kommunikationsbeziehungen nach dem Öffentlichkeitsgrad der übermittelten Inhalte ist nicht zuletzt für eine Klassifizierung von Nutzungsmöglichkeiten Neuer Medien sowie für die Beurteilung einiger rechtlicher Medienprobleme von Bedeutung.

Für jeden Kommunikationsvorgang sind Hilfsmittel, __Medien__ also, erforderlich. Genauer betrachtet gibt es mehrere Medienschichten. So kann man
unterscheiden:

- Medien zur Schließung einer Informationslücke
  (Wer einem, bei einem andern vermuteten, Informationsdefizit ab-
  helfen und eine Botschaft übermitteln will, bildet diese in Zeichen
  ab, um sich auszudrücken. Die Ausformung solcher Zeichen ist auf
  die menschlichen Sinne ausgerichtet, mit denen Kommunikationsinhalte ausgedrückt beziehungsweise verstanden werden können, etwa
  Lautzeichen (Sprache, Musik) über das Gehör, Schrift- oder Hand-
  zeichen (Bewegtbild, Festbild, Schrift) über das Gesicht, Impulse
  über das Gefühl. Bei der Erörterung solcher Ausdrucks-Mittel befinden wir uns auf der, noch immateriellen, Zeichen-Ebene.)
- Medien zur Überwindung von Zeit und/oder Raum
  -- Transformations-Mittel
     (Sie verkörpern die ausgesuchten Zeichen physisch in Signale,
     etwa Schall- oder elektromagnetische Wellen, Fotoschicht,
     Magnetisierung, Graffitstriche etc. (Signal-Ebene))
  -- Transport-Mittel
     (Sie übertragen die gebildeten Signale zwischen den Kommunika-
     toren, also von Sender zu Empfänger. Beispiele sind Luft,
     Äther, elektrische oder Lichtleiter (Kanal-Ebene)).

In Abbildung 1 werden die gebildeten Begriffe auf die Sprachkommunikation, direkt und per Telefon, angewendet. Abbildung 2 enthält eine Zu-
sammenstellung typischer Ausdrucksmittel bei der Kommunikation. Die
Ausdrucksmittel an sich, so läßt sich feststellen, bleiben durch die
Informationstechnik weitgehend unverändert. Nach wie vor ist also bei
der Kommunikation in der Kommunalverwaltung mit Bürgern, Mitarbeitern,
anderen Verwaltungen etc. zunächst zu entscheiden, ob Sprache, Texte,
Festbilder oder Bewegtbilder das geeignetste "Medium 1. Ordnung" darstellen. Jedoch hat sich die Einsatzbreite dieser Ausdrucksmittel durch
"Neue Medien" zum Teil nicht unbeträchtlich vergrößert. Die Kommunalverwaltung kann also altbekannte Ausdrucksformen mittels Neuer Medien
auch da einsetzen, wo es bislang

- unmöglich
- unhandlich oder

- unwirtschaftlich

war. Neue Medien vergrößern somit den Anwendungsbereich der herkömmlichen Ausdrucksformen, etwa kann man

- Texte (wie Briefe, Anträge) über Bildschirmtext oder Bürofernschreiben schnell, preiswert, unabhängig von Bürozeiten und mit Empfangsbestätigung versenden oder zum jederzeitigen und gezielten Abruf durch den Bürger vorhalten,
- Bewegtbilder für Übertragungen von regionaler Bedeutung, für Spielplatzbeobachtung oder für den gezielten und jederzeitigen Abruf aus Videotheken einsetzen,
- Sprachkommunikation per Sprachpost oder über Fernmeldesatellit in erheblich größerem Umfang betreiben,
- Festbilder (etwa Graphiken, Pläne) nahezu ohne zeitliche Verzögerung und weltweit aus Speichern abrufen oder in diese übermitteln.

> Als Neue Medien wollen wir folglich Kommunikationsmittel bezeichnen, die, durch technische Entwicklungen auf der Signal- und Kanalebene bedingt, zu neuen Anwendungsmöglichkeiten führen und die somit sowohl die positiven (verbesserte Dienstqualitäten, Erreichbarkeit von Kommunikatoren, Auswahlmöglichkeit unter Informationsangeboten) als auch die negativen (Mißbrauchsmöglichkeiten, Kontrollierbarkeit) Folgewirkungen von Kommunikationsbeziehungen beträchtlich steigern können.

Die Abbildungen 3, 4 und 5 deuten diese Zusammenhänge an, ohne damit Vollständigkeit anzustreben; dabei sind die Neuen Medien in Großbuchstaben, wesentlich technische Entwicklungen sowie einige positive und negative Folgewirkungen kursiv eingesetzt.

Wichtig ist nun, daß man den Begriff der Neuen Medien umfassend verwendet, also nicht nur die zur Zeit besonders attraktiven Formen wie Kabelfernsehen, Statellitenfernsehen, Videotext oder Bildfernsprechen darunter versteht, sondern auch Bürokommunikation (etwa Fernschreiben oder Telefon), EDV (etwa Datenfernverarbeitung, Mikrocomputer), Videografie (etwa Videorecorder oder Bildplatte) und so weiter. Denn mehr als in der Vergangenheit sind künftig möglichst alle Kommunikationsmedien aufeinander abzustimmen, "aus einem Guß" zu gestalten, und zwar aus zwei Gründen:

- Die Technik von Nachrichtenübertragung, Datenverarbeitung und Bürokommunikation wächst - jetzt noch auf getrennten Netzen, später
  einmal im IBFN (Integriertes Breitband-Fernmeldenetz) - immer mehr
  zusammen und verlangt schon deshalb nach Koordination; vor allem
  aber:
- Damit könnten auch bisher oft isolierte Datenbestände für vielfältige Kommunikationsaufgaben verwendet werden (formatierte Datenbanken für die Textkommunikation, statistische Auswertungen von
  Datenbanken für Fernsehinformation oder für die Bereitstellung
  über Bildschirmtext etc.)

Die Kommunalverwaltung sollte der Gefahr widerstehen, jetzt nach neuen
"Sternen am Himmel" zu greifen, so faszinierend sie auch scheinen mögen,
und Bildschirmtext oder Kommunalfernsehen nur additiv an die bestehenden Informationsverarbeitungsaktivitäten anzuhängen. Definiert man Neue
Medien, wie zuvor geschehen, unter anderem durch ihr Potential, so muß
betont werden, daß etwa im Bereich der EDV noch längst nicht alle "Haus-
aufgaben" gemacht sind. Allem voran ist eine "Informationsverwaltung",
bewußter integrierter Personal- oder Finanzverwaltung vergleichbar,
noch nicht verwirklicht, sind etwa "Informationspläne", Organisationsplänen vergleichbar, noch seltene Ausnahmen. Dies sollte jetzt nicht
über spektakuläre Neue Medien in Vergessenheit geraten.


3. Kommunale Anwendungsmöglichkeiten Neuer Medien

Greifen wir die eingangs vorgenommene Unterscheidung in Massenkommunikation, Informationsabruf und Individualkommunikation wieder auf, unterscheiden wir weiterhin zwischen dem Bereich der öffentlichen Verwaltung
und ihrer Umwelt (Bürger, Gewerbetreibende etc.) und gehen wir schließlich noch davon aus, daß Kommunikationsbeziehungen zwischen Sendern und
Empfängern von Mitteilungen bestehen, so ergibt sich das in Abbildung 6
wiedergegebene Schema für eine Aufzählung denkbarer Anwendungsmöglichkeiten Neuer Medien. Die Tabellen 1 bis 4 enthalten für jeden Quadranten
von Abbildung 6 einige typische denkbare Anwendungsbeispiele aus dem
kommunalen Bereich. Dabei sind Gesichtspunkte wie Wirtschaftlichkeit
oder Wünschbarkeit noch nicht berücksichtigt worden. Dies ist nur im
Rahmen verwaltungspolitischer Überlegungen der Kommunen möglich.

## 4. Voraussetzungen

Damit sind die technischen Möglichkeiten Neuer Medien angedeutet, ihr Nutzungspotential für Kommunalverwaltungen aufgezeigt und einige denkbare Gefahren angedeutet. <u>Was ist nun zu tun</u>, um das Potential Neuer Medien nutzen und denkbare Gefahren vermeiden zu können? Welche Hemmnisse gilt es zu überwinden, bevor wir uns an ein "Multifunktionsgerät" setzen können, welches über eine "Kommunikationssteckdose" mit einem breitbandigen Vermittlungsnetz verbunden ist und über das wir Sprache, Schrift, stehende und bewegte Bilder mit beliebigen Kommunikationspartnern austauschen können (so etwa wird ja das Kommunikationsbild der nahen Zukunft stets skizziert)? Welche Aufgaben sind zu bewältigen, um uns mit den Neuen Medien "einzurichten"? Dazu sollen nachfolgend einige Probleme aus Bereichen wie Technik und Recht in Erinnerung gerufen werden, die es noch zu lösen gilt. Vor allem soll dann Verwaltungspolitik als besonders wichtige Aufgabe herausgestellt werden.

### a) Technische Voraussetzungen

Für Kommunalverwaltungen steht hier die Frage im Mittelpunkt, wann eine ausreichende <u>Anschlußdichte</u> bei Bürgern, Betrieben oder anderen Verwaltungen erreicht sein wird, die eine Umstellung heutiger Kommunikationsverfahren auf Neue Medien lohnend erscheinen läßt. Das Erreichen einer solchen "kritischen Masse" hängt wesentlich ab von technischen Entwicklungen

- im Endgerätebereich
  (einfach zu bedienende, sicher funktionierende und preiswerte Geräte mit guter Anwendungssoftware sind Voraussetzung)
- im Netzbereich
  (Fortschritte in der Verkabelung mit Breitbandverteilnetzen, Verwirklichung der Dienstintegration im ISDN (Integrated Services Digital Network) und eventuell in der Verkabelung mit Breitbandvermittlungsnetzen)
- im Standardisierungsbereich
  (von den heute vorherrschenden herstellergebundenen Netzwerkarchitekturen muß zu "offenen Systemen" fortgeschritten werden, soll freizügige Kommunikation zwischen vielfältigen Beteiligten mit verschiedenen Fabrikaten möglich werden).

b) Rechtliche Voraussetzungen

(1) Kommunen und örtliche Breitbandnetze

Hier gibt es drei Hauptsorgen der Kommunen:

- Wann werden wir angeschlossen (Vervollständigung der gemeindlichen Infrastruktur)?
- Wie läßt sich die Netzplanung mit den übrigen örtlichen Planungsinteressen abstimmen?
- Können die Kommunen finanziell an Breitbandnetzen beteiligt werden?

Die erste Frage betrifft das <u>Netzerrichtungs- und -betreibungsrecht</u>. Zwar sind Breitbandnetze Teil der örtlichen Infrastruktur. Kommunale Selbstverwaltung bewegt sich aber im Rahmen der Gesetze, und was die Errichtung und den Betrieb von Fernmeldenetzen anbelangt, so sind sie durch § 1 Fernmeldeanlagengesetz dem Bund vorbehalten. Zwar liegt es gemäß § 2 FAG im Ermessen der Bundespost, dieses Recht an andere zu verleihen; seit Juni 1983 liegt auch ein entsprechendes "Kooperationsmodell A" vor, demzufolge Breitbandanlagen befristet und unter Fachaufsicht der Bundespost durch "beliehene Unternehmer" errichtet und betrieben werden können; allerdings ist dieses Modell bisher nirgends verwirklicht.

Was die Beteiligungsmöglichkeiten der Kommunen an der <u>Netzplanung</u> anbelangt, so sind diese beim Planfeststellungsverfahren gemäß § 1 Telegraphenwegegesetz gering. Andererseits handelt es sich um "raumbedeutsame Planungen", die weitergehende Abstimmungen erforderlich machen. Mit der "Rahmenvereinbarung vom 19. Juli 1983" zwischen Bundespost und Bundesvereinigung der Kommunalen Spitzenverbände sind entsprechende Abstimmungen ins Auge gefaßt worden.

Was die finanzielle Beteiligung der Kommunen an örtlichen Breitbandnetzen anbetrifft, so steht ihr das unentgeltliche <u>Wegenutzungsrecht</u> der Bundespost nach § 1 Telegraphenwegegesetz entgegen. Fraglich ist allerdings, ob diese Rechtsvorschrift auch für die modernen Breitbandverteilnetze Gültigkeit hat. Eine baldige gerichtliche Klärung ist zu erwarten, da in zwei Fällen ein Rechtsstreit zwischen Bundespost und Städten anhängig ist.

(2) Kommunale Nutzung Neuer Medien für Rundfunk

Ausgangslage ist hier eine gewisse Unzufriedenheit der Kommunen mit der
heutigen Berichterstattung über örtliche Angelegenheiten durch Rundfunk
und Presse. Die Kommunen sehen im Lokalfunk eine Chance. Hinzu kommt,
daß das Medienverhalten der Bürger künftig dem Bildschirm im Vergleich
mit den gedruckten Medien mehr Raum geben wird, so daß Kommunalinforma-
tionen dort ebenfalls vertreten sein muß, wenn sie keine Anteile verlieren will. Wesentliche Rechtsfragen betreffen kommunale Rundfunkanstalten, kommunale Beiträge zum Gesamtprogramm gemeindefreier Rundfunkanstalten und die Stärkung des Kommunaleinflusses in den Rundfunkräten.

Kommunale Rundfunkanstalten werden derzeit von den Kommunen nicht angestrebt, obwohl sie rechtlich dann zulässig wären, wenn eine entsprechende landesgesetzliche Grundlage geschaffen würde und die organisations-
rechtlichen Vorgaben der Bundesverfassungsgerichtsurteile von 1961 und
1981 eingehalten würden.

Wohl haben sich aber die Kommunalen Spitzenverbände für eigene Beiträge
der Kommunen ausgesprochen, die dann im Rahmen des Gesamt-
programms einer gemeindefreien Rundfunkanstalt zu senden wären. Bei Beschränkung auf den örtlichen Wirkungskreis und im Rahmen der vom Bundes-
verfassungsgericht erarbeiteten Grundsätze für zulässige Öffentlichkeitsarbeit könnten solche kommunalen Rundfunkbeiträge durchaus durch den
Landesgesetzgeber vorgesehen werden. Im rheinland-pfälzischen Landesge-
setz über einen Versuch mit Breitbandkabel vom 4. Dezember 1980 (Pilot-
projekt Ludwigshafen) wurde hiervon allerdings kein Gebrauch gemacht.

(3) Weitere juristische Probleme Neuer Medien

Die Zuordnung der Neuen Medien zu Massenkommunikation (hier weiter zu
Rundfunk oder Presse), zu Informationsabruf oder Individualkommunikation ist noch nicht ausdiskutiert. Inwieweit dient ein neues Medium der
Individualkommunikation und unterfällt damit sowohl der Gesetzgebungs-
als auch der Verwaltungskompetenz des Bundes, und zwar in technischen
wie in inhaltlichen Fragen? Inwieweit handelt es sich um Massenkommunikation und wäre dann inhaltlich durch die Länder (Rundfunk) oder durch
den Bund und die Länder (Presse) zu regeln? Inwieweit handelt es sich
um Informationsabruf und damit um Ländersache? Derartige Zuordnungen
betreffen wichtige Fragen, etwa ob Bildschirmtextspeicher oder -such-

baum durch die Bundespost oder durch die Länder vorzuhalten sind oder
ob bisher kommunale Aufgaben wie Öffentlichkeitsarbeit aus der kommunalen Alleinverantwortung herausgenommen und etwa einer binnenpluralen
Rundfunkorganisation unterstellt werden.

Hingewiesen sei weiter auf <u>Unschärfezonen</u> im Verhältnis oben genannter
Landeskompetenzen zu spezialgesetzlichen Bundeskompetenzen (etwa im
Wirtschafts-, Zivil-, Urheber- oder Strafrecht). Auch werden bestehende
Gesetzesregelungen nicht immer für ausreichend gehalten, etwa im Daten-
schutz.


c) Siedlungs- und Raumstruktur und Neue Medien

Siedlungsstruktur und Raumnutzung werden maßgeblich beeinflußt durch
die Standortwahl für Wohnungs-, Betriebs-, Verwaltungs-, Bildungs- und
anderen Einrichtungen. <u>Standortentscheidungen</u> sind stets ein Kompromiß
in einem Zielkonflikt, maßgeblich bedingt durch die Notwendigkeit physischen Transports (etwa will man einerseits "im Grünen", andererseits in
Arbeitsplatznähe wohnen oder will ein Betrieb wegen der Grundstückspreise
aufs Land, mit Blick auf das Fachkräftereservoir in Ballungsgebiete).

Nachdem die Siedlungs- und Raumstruktur von historischen und natürlichen
Gegebenheiten (Bodenschätze, Verkehrslage) ihren Ausgang genommen hatte,
wurde sie bereits einmal durch die modernen Verkehrsmittel (Eisenbahn,
Auto) deutlich beeinflußt. Steht mit den Neuen Medien ein ähnlicher Ein-
fluß bevor? Immerhin ermöglichen sie, physischen Transport zu einem
Teil durch Informationstransport zu substituieren (Tele-Shopping, Home-
Banking, Telekollegs, Heimarbeit). Insoweit könnte sich die Standort-
wahl dann an anderen Faktoren orientieren.

Wie werden die Akteure sich entscheiden? Welche Maßnahmen haben die
Kommunen zu ergreifen? Man wird bei der Erörterung dieser Fragen allerdings zu bedenken haben, daß - abgesehen von Fernsehen und Bildfernsprechen - die Kommunikationsinhalte Neuer Medien schmalbandig übertragen werden können und daß ein flächendeckendes Schmalbandnetz bereits
besteht. Soweit die Breitbandnetze zusätzliche Attraktivität ausüben,
muß berücksichtigt werden, daß Standortentscheidungen einem mehrdimensionalen Zielsystem unterliegen und nur erhebliche Verwerfungen in den
Präferenzen zu Standortveränderungen führen werden. Schließlich ist an-

gesichts der zu erwartenden flächendeckenden Breitbandverkabelung fraglich, inwieweit - nur für eine Übergangszeit - Standortverlagerungen
aus nichtverkabelten in verkabelte Räume vorgenommen werden.


d) Kommunale Kosten und Finanzierung Neuer Medien

Der Übergang auf Neue Medien setzt in den Kommunen zahlreiche Kosten-
überlegungen und die Lösung von Finanzierungsproblemen voraus. Grund-
überlegung sollte sein, den Übergang auf <u>Neue Medien als Investition</u>
zu betrachten und, wie andere Investitionen auch, einer soweit wie möglich quantitativen Investitionsrechnung zu unterziehen. Hierzu kann
beispielsweise eine periodische Kostenvergleichsrechnung dienen. Dabei
sind zunächst die durch Neue Medien verursachten Kostenwirkungen innerhalb einer Kommune zu ermitteln. Dazu gehören Investitions- und laufende Kosten für die Neuen Medien einerseits und Kostenwirkungen in anderen Bereichen andererseits (Wegfall bisher benötigter Geräte, Personal-
freisetzung und anderes). Öffentliche Verwaltungen dürfen sich aber nicht
auf interne Kostenwirkungen beschränken. Hinzu kommen müssen (positive
oder negative) externe Kostenwirkungen, etwa bei Bürgern, anderen Behörden oder sonstigen Adressaten einer Kommune. Zu denken wäre an eingesparte Wege- und Zeitkosten, eingesparte Personalkosten durch Datenträgeraustausch und anderes.

Als <u>Kostengruppen</u> sind Geräte-, Netz- und Programm- oder Inhaltskosten
zu unterscheiden. Angesichts der Vielfalt Neuer Medien kann an dieser
Stelle nur auf die bei der Bundespost erhältlichen Gebührentabellen
sowie auf bürotechnische Sammlungen und Marktübersichten hingewiesen
werden, wie sie in Bibliotheken bereitstehen. Bei den Geräten (Teilneh-
merendeinrichtungen und Zusatzgeräte) sind Kosten für Anschaffung/Um-
rüstung und Betrieb zu unterscheiden (Bedienungs- und Wartungskosten,
Gebühren in Anspruch genommener Programmveranstalter oder Anbieter, Postgebühren (einmalige, monatliche und Verkehrsgebühren). Soweit Kommunen
als Netzträger (etwa Breitbandverteilnetze, Inhaus-Netze) fungieren
wollen, sind Kosten für deren Errichtung und Betrieb zu ermitteln.
Schließlich sind für Kommunikationsinhalte wie Bildschirmtextseiten,
Kabelfernsehprogramme etc. die Kosten zu ermitteln.

Sind die durch ein neues Medium verursachten, nach vorstehenden Über-.
legungen ermittelten Kosten negativ, so lohnt sich deren Einführung

schon bei gleichbleibender Verwaltungsleistung (Nutzenseite). Sind die
durch Neue Medien verursachten Kosten positiv, so hängt ihre Einführung
davon ab, ob ebenfalls ein entsprechender Nutzenzuwachs erwartet wird
(leichterer Zugang zur Behörde, bessere Bürgerinformation und -betreuung,
höhere Einnahmen öffentlicher Einrichtungen durch intensivere Nutzung
und anderes).

Bei positiver Entscheidung kommen als <u>Finanzierungsmöglichkeiten</u> allgemeine Steuermittel, Bundes- und Landeszuschüsse, Gebühren, Erschließungs-
beiträge sowie die unentgeltliche Überlassung von Kanälen für kommunale
Nutzung in Betracht. Auszuloten wäre auch, inwieweit bei Vereinen, Volks-
hochschulen oder Bürgern eine Bereitschaft zur Erbringung freiwilliger
Leistungen für die Erstellung und Pflege von Kommunikationsinhalten besteht. Schließlich ist auf Kostensenkung durch kommunale Zusammenarbeit
hinzuweisen; zu nennen sind bereits ergriffene Maßnahmen der Kommunalen
Gemeinschaftsstelle für Verwaltungsvereinfachung und einiger Kommunalen
Gebietsrechenzentren.


e) Verwaltungs- und Automationspolitik

Die <u>wesentlichste Voraussetzung</u> für eine akzeptable Nutzung Neuer Medien
durch die Kommunen dürfte allerdings eine bewußte Verwaltungs- und Automationspolitik sein. Auf der einen Seite, so sahen wir, erweitern die
modernen Informationstechniken den kommunalen Handlungsspielraum in
- zumindest technisch - nahezu unbegrenzter Weise. Auf der anderen Seite
zeigt die Widersprüchlichkeit der meisten Prognosen von Folgewirkungen
Neuer Medien (siehe hierzu Abbildung 7), daß es sich dabei keineswegs
um Automatismen handelt. Wir sind nicht Sklaven der Technik; vielmehr
haben wir die Möglichkeit - und dies ist die verwaltungspolitische
Dimension - zu automatisieren, <u>was wir wollen</u> und <u>wie wir es wollen</u>.
Wie eingangs schon gesagt, scheint im deutschsprachigen Raum die Zeit
für eine solche Hinwendung zu bewußter Verwaltungspolitik keineswegs
ungünstig. Sie ist auch deshalb im Grunde unverzichtbar, weil der ja
nicht geringe Aufwand für Netze und Geräte sich nur dann lohnt, wenn
diese für solche <u>Kommunikationsinhalte</u> verwendet werden, die als Fortschritt erachtet werden.

Als wesentliche Bestandteile einer solchen Verwaltungs- und Automationspolitik sehen wir die Teilbereiche der Aufgaben-, Organisations- und
Personalpolitik an.

(1) Aufgabenpolitik

Der Begriff ist bisher wenig gebräuchlich. Einige Jahre schon wird die
Diskussion über öffentliche Aufgaben von "Aufgabenkritik" und "Funktionalreform" dominiert. Während Aufgabenkritik sich um eine Durchforstung als
zu umfangreich und intensiv erachteter öffentlicher Aufgabenfelder bemüht
und Funktionalreform der optimalen Anordnung öffentlicher Aufgaben in
der Verwaltungshierarchie gewidmet ist, geht Aufgabenpolitik darüber
hinaus. Sie wird, was die Neuen Medien anbelangt, wesentlich von der
Zielfrage bestimmt, ob und in welchem Ausmaß moderne Informationstechnik
für Rationalisierung beziehungsweise für Leistungsverbesserung öffentlicher Verwaltungen genutzt werden kann und soll.

Den Hintergrund aufgabenpolitischer Überlegungen bildet die Erfahrungs-
tatsache, daß - blickt man zurück in die Geschichte - Produktivitäts-
steigerungen durch technischen Fortschritt bislang stets Veränderungen
im Angebot von Produkten und Dienstleistungen nach sich gezogen haben,
über die dann durch technischen Fortschritt freigesetzte Arbeitskräfte,
zum Teil bei zusätzlich verkürzter Arbeitszeit, wieder beschäftigt wurden.
So konnte eine weitgehende Beschäftigungsneutralität des technischen
Fortschritts durch quantitative und qualitative Erweiterungen bei den
bearbeiteten Aufgaben erreicht werden. Diese Entwicklung hat sich auch
bei der Erfüllung öffentlicher Aufgaben niedergeschlagen, wie ein Blick
auf die Erweiterung von der Hoheits- zur Leistungsverwaltung zeigt.

Vor diesem historischen Erfahrungshintergrund besteht eigentlich kein
Anlaß anzunehmen, diese Entwicklung ginge von nun an nicht mehr weiter.
Zwar begegnet man immer wieder dem pessimistischen Argument, der Gipfel
des technischen Fortschritts oder der menschlichen Bedürfnisse sei nun
erreicht (so hat das britische Parlament um die Jahrhundertwende über
die Frage der Abschaffung des Patentamtes debattiert, "da doch nun alle
wichtigen Erfindungen gemacht seien"). Die Erfahrung spricht aber eher
dafür, daß der zuvor skizzierte Zusammenhang zwischen technischem Fortschritt und Aufgaben auch künftig besteht. Dann sind aber aufgabenpoliti-
sche Überlegungen von hohem Interesse. Für die Kommunen selbst bietet
sich vielleicht sogar die Möglichkeit, den oft als eng beklagten Spielraum für freiwillige Selbstverwaltungsaufgaben (neben Pflichtaufgaben
und staatlichen Auftragsangelegenheiten) zu verbreitern. Hier soll nur
mit einigen Beispielen die Richtung angezeigt werden, in die weiterzu-
denken wäre.

Kommunale Selbstverwaltung wird unter anderem zurecht damit begründet, daß der Bürger hier Demokratie aus erster Hand erleben und beeinflussen kann. Wieweit dies geschieht, hängt naturgemäß (neben anderen Faktoren) stark von seinem Informationsstand ab. Es wurde schon unter Abschnitt 3 auf die überaus vielfältigen Möglichkeiten hingewiesen, welche die Neuen Medien für kommunale Öffentlichkeitsarbeit mit der Zwecksetzung der Bürgerinformation bieten. Weiter wäre auf das Stichwort "Aktive Verwaltung" hinzuweisen, worunter gemeinhin ein Tätigwerden der Behörden ohne Anstoß des Klienten verstanden wird, etwa mit Hinweisen auf zustehende öffentliche Leistungen, auf den Ablauf von Terminen, mit Voreinfüllung von computergespeicherten Daten in Formulare, Sofortausdruck von Bescheinigungen und anderem mehr. Die Möglichkeiten der Fernwirkdienste erlauben ein höheres kommunales Engagement im Bereich der öffentlichen Sicherheit, etwa durch Einbruchs-, Spielplatz- oder Verkehrsüberwachung. Die Bürgerbeteiligung an kommunalpolitischen Maßnahmen ließe sich intensivieren. Durch Entlastung von Routinearbeit gewonnene Zeit kann für eingehendere individuelle Beratung in schwierigen Fällen genutzt werden. Nicht zuletzt scheint es auch für die Verwaltungsführung selbst noch einigen Spielraum für qualitative Weiterentwicklungen zu geben, denkt man an die Haushalts-, Investitions- oder Entwicklungsplanung sowie an innerbehördliche Analyse und Entscheidungsvorbereitung.

Mit dieser Skizze aufgabenpolitischer Überlegungen soll nur angedeutet werden, daß die Vision freier Kommunikation über Multifunktionsgerät, Kommunikationssteckdose und Breitbandvermittlungsnetz vor allem derartige Kommunikationsinhalte voraussetzt. _Diese aber müssen erarbeitet und gepflegt werden._ Es scheint, die dazu erforderliche Diskussion um Aufgabenpolitik ist weder bei den Kommunen noch anderswo, sicherlich nicht zuletzt unter dem Eindruck der gegenwärtigen öffentlichen Finanznot, bisher nicht hinreichend in Gang gekommen (etwa erwähnt das Gutachten der Kommunalen Gemeinschaftsstelle für Verwaltungsvereinfachung "Informationstechnik in der Kommunalverwaltung" vom 1. Oktober 1983 ausschließlich Rationalisierungsziele).


(2) Organisationspolitik


Bei der aufbau- und ablauforganisatorischen Verteilung von Aufgaben auf die kommunalen Akteure sind ebenfalls zahlreiche verwaltungspolitische Ziel- und Restriktionsfragen zu erörtern. Das beginnt schon dabei,

daß eine bewußte "Informationsverwaltung" - der überall praktizierten
Personal- oder Finanzverwaltung vergleichbar - von jedem Stelleninhaber
bis hin zur Verwaltungsspitze für den jeweiligen Verantwortungs- und
Entscheidungsbereich wahrgenommen werden muß und entsprechend organisatorisch zu verankern ist. Ebensowenig wie die Existenz einer zentralen Personal-, Haushalts- oder Organisationsstelle die fachlichen Verwaltungsbereiche daran hindert, eigene Vorstellungen und Anforderungen
zu entwickeln sowie möglichst durchzusetzen (was nicht ausschließt, daß
Querschnittsüberlegungen ebenfalls Raum zu geben ist), darf die Verwaltung auf dem Feld der Informationsverarbeitung selbst Anforderungen
(Informationsbedarf und Versorgung, Technikunterstützung) erarbeiten und
vorbringen. Zu überlegen ist weiter, ob eine Zentralstelle für Informationsverwaltung geschaffen werden soll, deren Beziehungen zu (oder Einschließen von) bestehenden Organisationseinheiten wie Datenverarbeitung,
Fernmeldewesen oder klassische Organisation sorgfältig abzuwägen sind.
Wesentlich ist aber, daß dadurch nicht etwa die Führungsverantwortung
für eine "Bewirtschaftung des Produktionsfaktors Information" delegiert
werden kann. Dies schon deshalb, weil nur die Verwaltungsführung die
Möglichkeit hat, die hier diskutierten verwaltungs- und automations-
politischen Ansätze, die sonst leicht in Kompetenzgrenzen stecken bleiben,
aufzugreifen und zur Geltung zu bringen.

Kommunale Organisationspolitik, das heißt bewußte Auseinandersetzung
mit Folgewirkungen, Zielen und Restriktionen der Informationstechnik
sollte weiterhin, und zwar in jeder Kommune, die sich mit Neuen Medien
befaßt, im Bereich der Verwaltungsverfahren betrieben werden. Zunächst
einmal lassen sich die heutigen Möglichkeiten der Informationstechnologie nutzen, wieder zu ganzheitlicher Sachbearbeitung zurückzukehren,
wie sie zu Zeiten der manuellen Datenverarbeitung üblich war (direkter
Zugriff auf Dateien bei Bedarf, direkte Änderbarkeit von Daten, Abbau
des heute nicht selten zu findenden "Herumarbeitens um EDV" für das
manuelle Herauslösen automatisierbarer Teile der Verwaltungsabläufe sowie
das Wiedereingliedern der Ergebnisse automatisierter Verfahren und
anderes). Dabei sollte ein bevorstehender Eingriff in die Informationsverarbeitung als Chance genutzt werden, "Informationspläne" (den üblichen
Organisationsplänen ähnlich) aufzustellen. Dies setzt voraus, daß man
sich (dem Wasserkulturbau zwischen Quellen und Senken vergleichbar) mit
Informationsflüssen, mit Entstehung und Verbleib von Informationen in
einem Aufgabenbereich gezielt befaßt, indem man zunächst den Istzu-
stand erhebt und dann - unter Einschluß der Möglichkeiten Neuer Medien -
eine zweckmäßigere Informations-"Landkarte" erarbeitet. Hierbei wird

man feststellen, daß es durchaus eine Reihe von kommunalen Arbeitsab-
läufen gibt, in denen sich Informationsverarbeitung heute noch unvollkommen vollzieht und das Potential der Informationstechnik keineswegs
ausgeschöpft ist.

Solche organisationspolitische Betrachtungen können - über die Ablauforganisation hinaus - durchaus zu Überlegungen anregen, ob die überkom-
menen Aufbaustrukturen angesichts des Potentials heutiger Neuer Medien
noch in jedem Falle adäquat sind. Hingewiesen sei nur auf kommunale
Melde- und Standesämter, die - bei manueller Datenverarbeitung durchaus
gerechtfertigt - jeweils über eigene und somit getrennte Einwohnerdatenbestände verfügen, obwohl diese inhaltlich weitgehend identisch sind,
soweit sie am Ort wohnende Einwohner betreffen. Der bisher erreichte
Stand der Verwaltungsautomation hat die auf die Datenbestandstrennung
zurückgehende Arbeitsteilung als gegeben hingenommen und sozusagen
1:1 in EDV-Verfahren abgebildet. Bei den heutigen Möglichkeiten der
Informationstechnik ließe sich aber durchaus ein "Einwohneramt" vorstellen, in dem die Funktionen des Melde- und Personenstandswesens mit
teilweise geändertem Kompetenzzuschnitt und Zugriffen auf weitgehend
identische Einwohnerdatenbestände abgewickelt werden. Damit würde nicht
nur mancher innerbehördlicher Datenverkehr überflüssig, es ließe sich
auch mehr Bürgernähe erzielen.

Im Zusammenhang mit der Organisation von Verwaltungsverfahren sind aber
noch weitere wichtige Fragen abzuklären - und dann in entsprechenden
Systementwürfen auch zu verwirklichen -, die in der heutigen öffentlichen
Diskussion eine beträchtliche Rolle spielen. Ein Aspekt ist die "Beherrschbarkeit" automatisierter Verfahren durch die Verwaltungen. Hierzu gehört
die Frage des Verstehens automatisierter Verfahren durch die mit ihnen
umgehenden Mitarbeiter ebenso wie die Rekonstruierbarkeit und Nachvollziehbarkeit der Bearbeitung von Fällen, die sich arbeitsteilig und im
Extremfall papierlos in informationstechnischen Geräten abgespielt hat,
oder die Ausarbeitung und Vorhaltung einer Ersatzorganisation, die beim
Ausfall informationstechnischer Einrichtungen die Handlungsfähigkeit
öffentlicher Verwaltungen sicherstellen kann.


(3) Personalpolitik

Arbeitsmenge, -inhalte, -platz, -ort und -zeit der Beschäftigten kommunaler Verwaltungen werden durch Neue Medien beeinflußt. Dies ist un-

strittig. Ob es dabei zu Verbesserungen oder Verschlechterungen der
Arbeitsbedingungen kommen wird, ist Gegenstand der öffentlichen Diskussion. Sie könnte auch im Bereich der Personalpolitik genutzt und umgesetzt werden, um zu akzeptablen Lösungen zu kommen. Über den Personal-
bedarf der Kommunen wurde bereits im Zusammenhang mit der Aufgabenpolitik
gesprochen. Was die Arbeitsinhalte anbelangt, so liegt es durchaus im
Bereich der Entscheidung, ob Automationsunterstützung zu Arbeitsver-
dichtung und Dequalifikation der betroffenen Mitarbeiter führt oder ob
das informationstechnische Potential gerade für die Anreicherung der
Stellenbeschreibungen mit interessanten und anspruchsvolleren Tätigkeiten
genutzt wird, ob die zweifellos vorhandenen technischen Möglichkeiten
für eine Verschärfung der Mitarbeiterkontrolle eingesetzt werden oder
ob gerade umgekehrt die Informationstechnik für mehr Delegation genutzt
wird, indem man die von den jeweiligen Mitarbeitern für die Aufrechterhaltung der Funktionsfähigkeit der Behörde erwarteten Arbeitsergebnisse
definiert (Was-Aspekt), für die Art und Weise der Durchführung (Wie-
Aspekt) aber bewußt Freiräume zur individuellen und unkontrollierten
Nutzung einbaut. Ähnliche Fragestellungen im Zusammenhang mit dem Arbeitsplatz (etwa ergonomische Aspekte), dem Arbeitsort (etwa Heimarbeit) oder
Arbeitszeit (etwa Teilzeitarbeit oder stärker individualisierbare Arbeitszeit) können bei dem hier begrenzt verfügbaren Raum nur angedeutet
werden.


5. Schlußbemerkung


Fraglos tun sich in der gegebenen Finanzlage alle öffentlichen Verwaltungen, die Kommunen eingeschlossen, mit der sofortigen Umsetzung solcher
verwaltungs- und automationspolitischer Überlegungen schwer. Aber ebenso fraglos scheint es zu sein, daß die Neuen Medien gerade solche Überlegungen herausfordern. Vor zwanzig bis dreißig Jahren, als Computer
etwas gänzlich Neues, Hochkompliziertes und extrem Teures waren, ließ
sich Verwaltungsautomation gar nicht anders bewerkstelligen als über
eine ausdifferenzierte "EDV-Organisation". Seit Mitte der siebziger
Jahre zeigt die informationstechnische Entwicklung, unter dem Einfluß
der Neuen Medien zumal, in die Richtung einer Re-Integration der Technikunterstützung in die Fachverwaltungen (deren Art und Weise der Aufgabenerfüllung ihrerseits, wie gezeigt, keineswegs von der informationstechnischen Entwicklung unbeeinflußt bleibt). Würden nun Neue Medien wie Bildschirmtext nur isoliert herausgegriffen und mehr oder weniger additiv
dem Bestand an heutiger Informationsverarbeitung hinzugefügt, so begäbe

man sich der großen Chance, die darin liegt, durch informationsbezogene
Verwaltungspolitik sowohl die öffentliche Diskussion über denkbare Folgewirkungen der Informationstechnik aufzugreifen und konkret umzusetzen
als auch das informationstechnische Potential für eine bewußte Informationsverwaltung zu nutzen und damit zu einer erneuten Anhebung des
qualitativen Leistungsniveaus öffentlicher Verwaltungen beizutragen.
Dies setzt übrigens nicht die Implementationsform des "großen Wurfes"
voraus (simultane Neugestaltung der gesamten Informationsverarbeitung
einer Kommune auf einmal). Gefordert ist allerdings eine klare Strategie,
die ihrerseits jedoch durchaus in herausgegriffenen Arbeitsbereichen und
über einen längeren Zeitraum umgesetzt werden kann.


Literatur:

Dem breiten Ansatz entsprechend werden die Literaturangaben auf einige
Berichte beschränkt, die sich in jüngster Zeit umfassend mit der Problematik der Neuen Medien auseinandergesetzt haben:

Deutscher Städtetag (Hrsg.), Die Städte und die neuen Medien, Heft 44
der Neuen Schriften des Deutschen Städtetages, Köln 1981.

Expertenkommission Neue Medien Baden-Württemberg, Abschlußbericht.
I. Bericht und Projektempfehlungen. II. Materialien - Gutachten und
Stellungnahmen -. III. Kommunikationsatlas - Medien in Baden-Württem-
berg. Stuttgart 1981.

Expertengruppe 'Förderung neuer Kommunikationstechniken (EKOM)',
Neue Kommunikationstechniken. Perspektiven für das Land Baden-Württemberg. Stuttgart 1982.

Deutscher Bundestag, Drucksache 9/2442 vom 28.3.1983, Zwischenbericht
der Enquête-Kommission "Neue Informations- und Kommunikationstechniken".

Der Landkreis, Heft 8/9, 1983.

Abbildung 1:  Medien bei der Sprachkommunikation

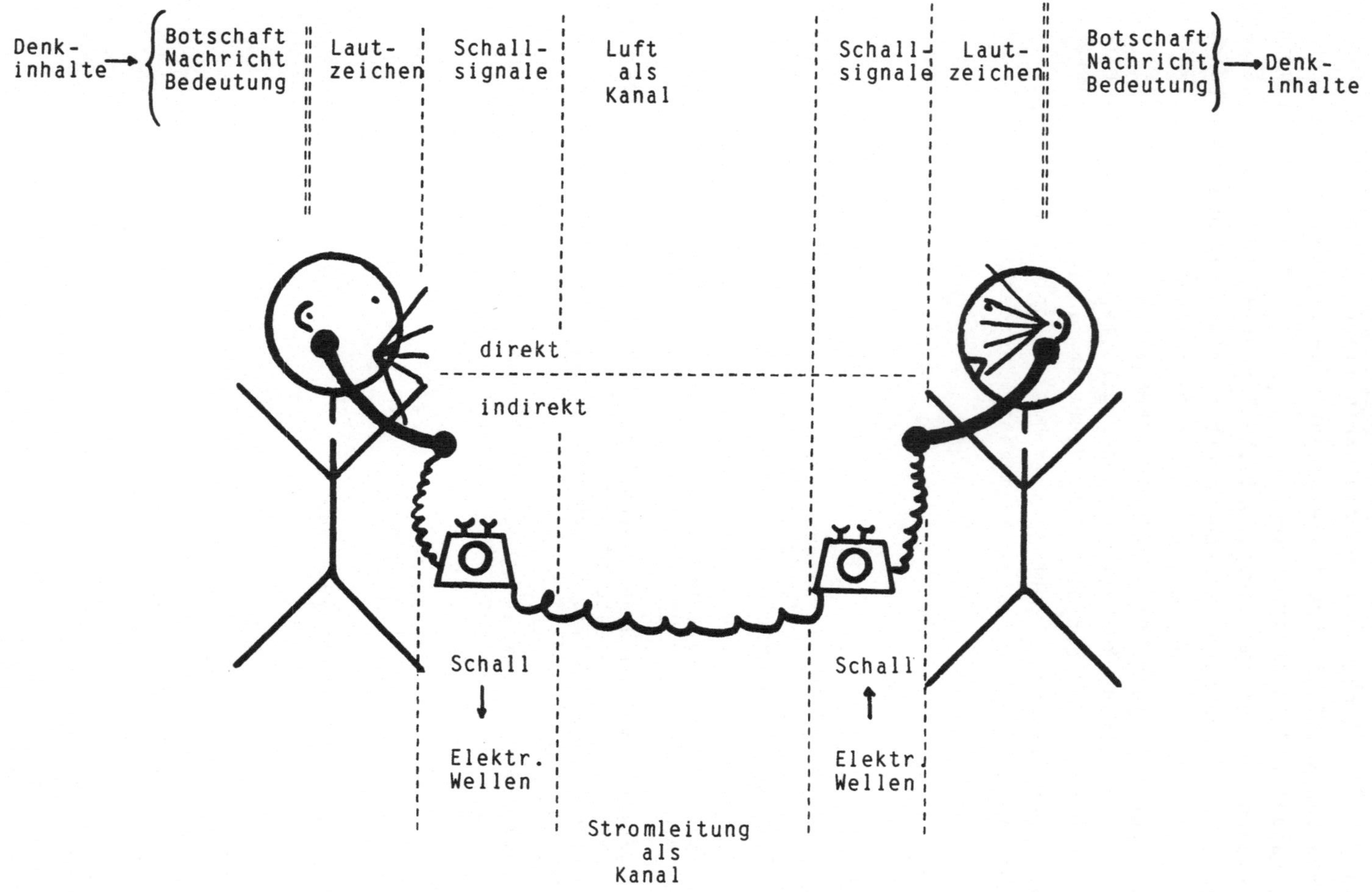

Abbildung 2:  Systematik der Ausdrucks-Mittel

| Sinn | Variante des Wahrzunehmenden | Typische Formen, Beispiele |
|---|---|---|
| Gehör | ,Sprachliche Lautzeichen | Gespräch (= Unterhaltung im Dialog)<br>Sprachliche Mitteilung (= Vortrag,<br>   Anordnung, Übertragung etc.; einseitig) |
| | Andere Lautzeichen | Musik<br>Akustische Zeichen (= Alarm, Zeitzeichen<br>   Morseticker etc.) |
| Gesicht | Gegenstand | Natürlicher Gegenstand<br>Artefakt (= Skulptur, Modell etc.) |
| | Gestik; Mimik | Pantomime (= Körpersprache)<br>Ballett |
| | Bewegtbild<br>(Abfolge bewegter<br> Bilder) | Film<br>Theater |
| | Festbild | Graphik, Zeichnung, Karte<br>Gemälde<br>Foto |
| | nicht schriftliche Symbole | Verkehrszeichen<br>Piktogramme<br>Flaggensprache<br>Rauchzeichen |
| | Schrift | Anordnung (Gesetz, Geschäftsverteilung<br>   etc.)<br>Brief (Antrag, Bescheid etc.)<br>(= relativ persönlich gehaltene,<br>   begrenzte schriftliche Botschaft)<br>Abhandlung (= Buch, Artikel) |
| Gefühl | Gegenstand | Natürlicher Gegenstand<br>Artefakt (= Skulptur, gegenständliches<br>   Modell etc.) |
| | Vereinbarte Symbole | Blindenschrift<br>Elektrische Impulse<br>(= Fernmessen, Fernwirken etc.,<br>   Fernwartung,<br>   Schnelle Datenübertragung,<br>   Chipkarte) |
| Geruch/Geschmack | | geringe Bedeutung für die<br>Kommunikation |

Die Ausdrucks-Mittel treten durchaus kombiniert auf
(Theater = Gesicht/Gehör)

Abbildung 3:

Zeichenebene
Signalebene
Bekannte Medien
Kanalebene

direkt wahrnehmbare Zeichen
Theateraufführung
Licht (direkte Kommunikation)

Bewegte Bilder

fotographisch beschichtete Bildträger
Super-8-Film
Kinofilm
Wege physischen Transports (indirekte Kommunikation)

elektronisch beschriftete Bildträger
BILDFERNSPRECHEN
Breitbandvermittlungsnetz
(BIGFON, IBFN)
Funk
Kabel
Glasfaser
Koaxial

Auswahlmöglichkeit, Spielplatzbeobachtung, Programmvielfalt, Offener Kanal, Bildqualität, Pay-TV, Bildungsmöglichkeit, Lokalfernsehen, Reizüberflutung, Steigerung des Fernsehkonsums, Isolierung
VIDEOGRAPHIE
- VIDEOBÄNDER
- BILDPLATTEN
FERNSEHEN
- KABELFERNSEHEN
- SATELLITENFERNSEHEN
FILMABRUF
(VIDEOTHEK)
auch über Btx/Bildplatte realisierbar

Stehende Bilder
(Festbildkommunikation)

Papier etc. als Zeichenträger
Foto
Graphik
Fernsprechnetz
öffentliche und Inhouse-Netze (Nebenstellenanlagen + LAN)
analoge und/oder digitale Übertragung (ISDN, IBFN)
digitale Vermittlung
Strom
Kabel
Licht
Funk "Äther"
terr
Satellit

Bildschirm als Zeichenträger
TELEFAX
BILDSCHIRMTEXT
KABELTEXT
VIDEOTEXT

Schnelle weltweite Graphikkommunikation
Unterschriftenprüfung
Aktualität
Fernsprechen mit Bildunterstützung
FERNSPRECHEINZELBILD
FREEZE-FRAME
(Bildfolgen-Übertragung)
FERNZEICHNEN
FESTBILDABRUF
(VIDEOTHEK)
Breitbandverteilnetze
(öffentliches Rundfunknetz, Inhouse-Netze)
Funk "Äther"
terr.
Satellit
Parabolantenne
Breitbandkabel auch mit
Koaxial
Rückkanal
Glasfaser

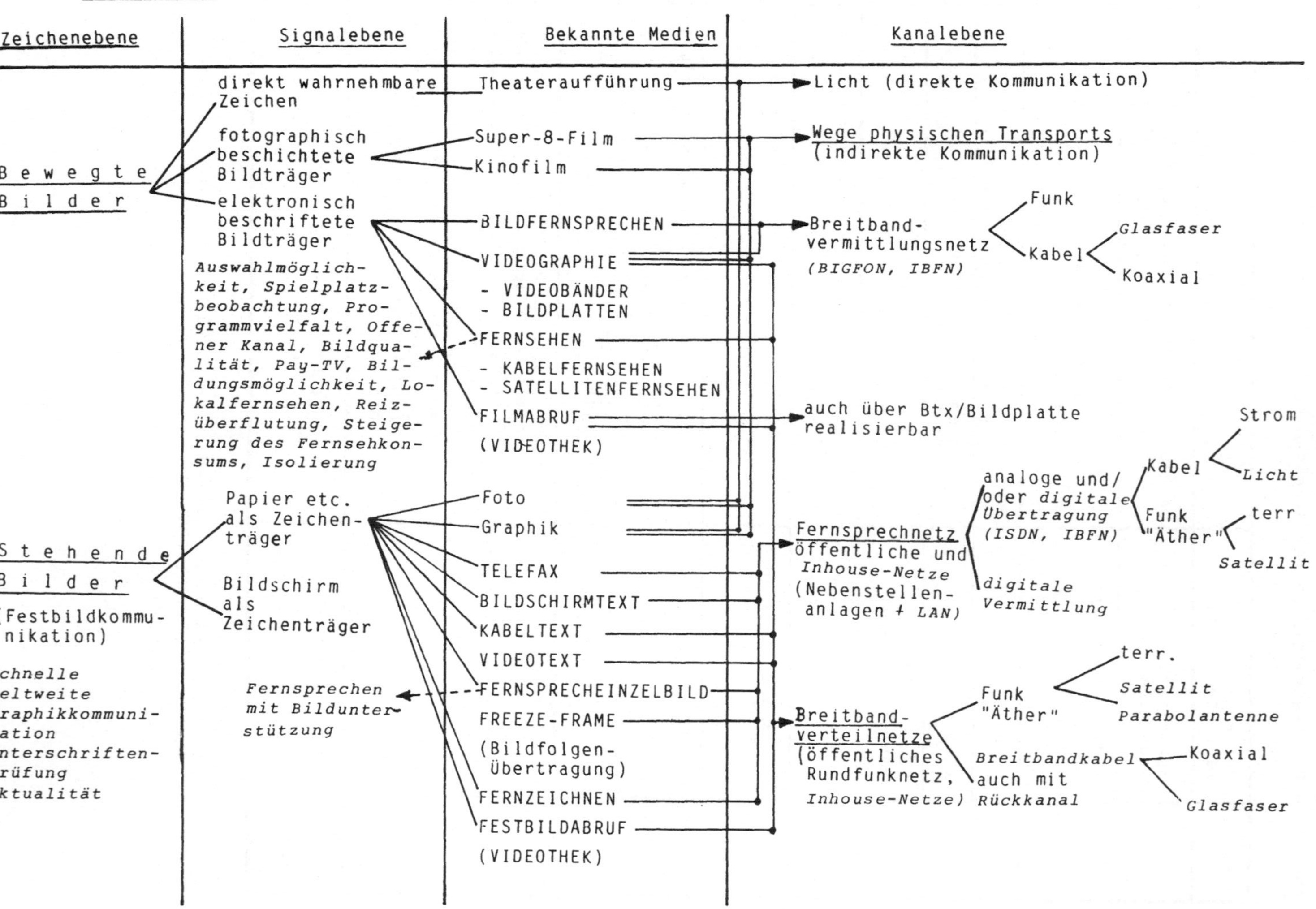

Abbildung 4:

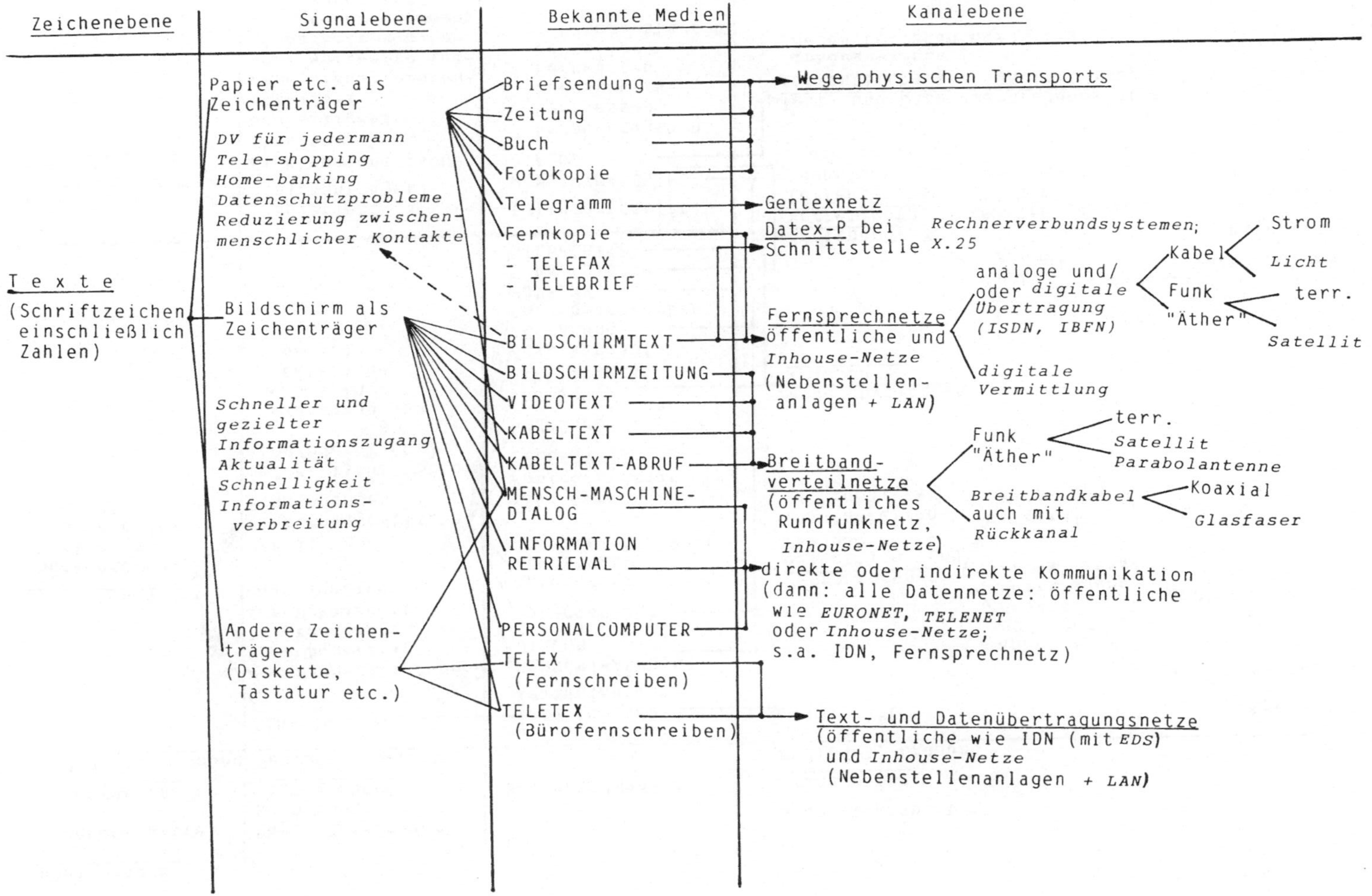
Zeichenebene
Signalebene
Bekannte Medien
Kanalebene
T e x t e
(Schriftzeichen einschließlich Zahlen)
Papier etc. als Zeichenträger
DV für jedermann
Tele-shopping
Home-banking
Datenschutzprobleme
Reduzierung zwischenmenschlicher Kontakte
Bildschirm als Zeichenträger
Schneller und gezielter Informationszugang
Aktualität
Schnelligkeit
Informationsverbreitung
Andere Zeichenträger (Diskette, Tastatur etc.)
Briefsendung
Zeitung
Buch
Fotokopie
Telegramm
Fernkopie
- TELEFAX
- TELEBRIEF
BILDSCHIRMTEXT
BILDSCHIRMZEITUNG
VIDEOTEXT
KABELTEXT
KABELTEXT-ABRUF
MENSCH-MASCHINE-DIALOG
INFORMATION RETRIEVAL
PERSONALCOMPUTER
TELEX (Fernschreiben)
TELETEX (Bürofernschreiben)
Wege physischen Transports
Gentexnetz
Datex-P bei Schnittstelle X.25
Rechnerverbundsystemen;
Fernsprechnetze öffentliche und Inhouse-Netze (Nebenstellenanlagen + LAN)
analoge und/oder digitale Übertragung (ISDN, IBFN)
digitale Vermittlung
Kabel
Strom
Licht
Funk
"Äther"
terr.
Satellit
Breitbandverteilnetze (öffentliches Rundfunknetz, Inhouse-Netze)
Funk "Äther"
terr.
Satellit
Parabolantenne
Breitbandkabel auch mit Rückkanal
Koaxial
Glasfaser
direkte oder indirekte Kommunikation (dann: alle Datennetze: öffentliche wie EURONET, TELENET oder Inhouse-Netze; s.a. IDN, Fernsprechnetz)
Text- und Datenübertragungsnetze (öffentliche wie IDN (mit EDS) und Inhouse-Netze (Nebenstellenanlagen + LAN)

Abbildung 5:

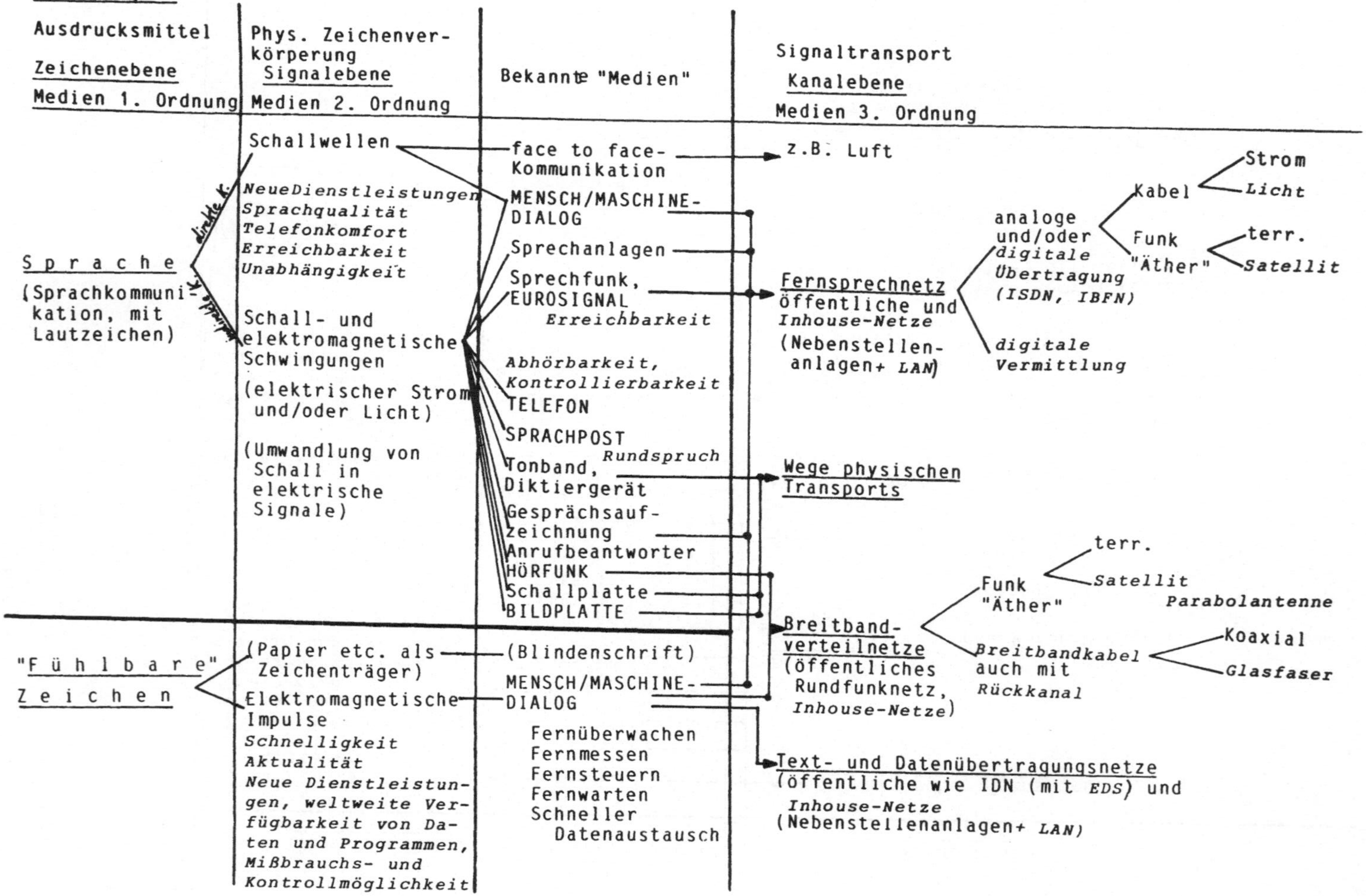
Ausdrucksmittel
Zeichenebene
Medien 1. Ordnung
Phys. Zeichenverkörperung
Signalebene
Medien 2. Ordnung
Bekannte "Medien"
Signaltransport
Kanalebene
Medien 3. Ordnung
Sprache
(Sprachkommunikation, mit Lautzeichen)
Schallwellen
NeueDienstleistungen
Sprachqualität
Telefonkomfort
Erreichbarkeit
Unabhängigkeit
Schall- und elektromagnetische Schwingungen
(elektrischer Strom und/oder Licht)
(Umwandlung von Schall in elektrische Signale)
face to face-Kommunikation
MENSCH/MASCHINE-DIALOG
Sprechanlagen
Sprechfunk, EUROSIGNAL
Erreichbarkeit
Abhörbarkeit, Kontrollierbarkeit
TELEFON
SPRACHPOST
Rundspruch
Tonband, Diktiergerät
Gesprächsaufzeichnung
Anrufbeantworter
HÖRFUNK
Schallplatte
BILDPLATTE
z.B. Luft
Fernsprechnetz
öffentliche und Inhouse-Netze
(Nebenstellenanlagen+ LAN)
analoge und/oder digitale Übertragung (ISDN, IBFN)
digitale Vermittlung
Kabel
Strom
Licht
Funk "Äther"
terr.
Satellit
Wege physischen Transports
"Fühlbare" Zeichen
(Papier etc. als Zeichenträger)
Elektromagnetische Impulse
Schnelligkeit
Aktualität
Neue Dienstleistungen, weltweite Verfügbarkeit von Daten und Programmen, Mißbrauchs- und Kontrollmöglichkeit
(Blindenschrift)
MENSCH/MASCHINE-DIALOG
Fernüberwachen
Fernmessen
Fernsteuern
Fernwarten
Schneller Datenaustausch
Breitbandverteilnetze
(öffentliches Rundfunknetz, Inhouse-Netze)
Funk "Äther"
terr.
Satellit
Parabolantenne
Breitbandkabel auch mit Rückkanal
Koaxial
Glasfaser
Text- und Datenübertragungsnetze
(öffentliche wie IDN (mit EDS) und Inhouse-Netze
(Nebenstellenanlagen+ LAN)

Abbildung 6:   Kommunale Anwendungsmöglichkeiten Neuer Medien (Übersicht)

<u>Abbildung 7:</u>   Einige kontroverse Wirkungsprognosen für Neue Medien

| Chancen | Risiken |
|---|---|
| Ermöglichung orts- und zeitunab-hängigen, weltweiten, selektiven Zugriffs auf Informationen | Informations- und Reizüberflutung, Dauerberieselung, Mehrkonsum statt Informationsverarbeitung |
| Herstellung echter Vielfalt im Informationsangebot, Abkehr von "zugeteilter Information", von "manipulierter Meinungsmache" | Kommerzialisierung des Informa-tionssektors, Konzentrationspro-zesse "elektronischen Manchester-Kapitalismus","verkabelt und ver-kauft" |
| Besser informierte, urteils-fähigere Bürger, positiver Ein-fluß auf die Demokratie | Konsumentenhaltung, Passivierung, politische Entfremdung, Ent-fremdung vom "wirklichen Leben" |
| Dezentralisierung, mehr Chancen für individuelle Mediennutzung, für "Selbstverwirklichung" | Zentralisierung, z.B. durch ver-stärkte staatliche Einflußnahme über Bürokratisierung, Abhängig-keit von nicht mehr "rückholbaren" technischen Systemen |
| Mehr Gerechtigkeit durch "Chancengleichheit im Raum", Ausgleich des Stadt-Land-Gefälles | Wissenskluft zwischen Informa-tionseliten und Nicht-informier-ten wächst |
| Bequemlichkeit, Lebenserleichte-rung durch Informationstrans-port | Soziale Kontrolle, Datenschutz, Computerkriminalität |
| Mehr Zeit für zwischenmenschliche Kommunikation durch Entlastung von Routine und dialogfähige Medien | Vereinsamung, Isolation, "sprach-lose Gesellschaft"; Anonymisie-rung |
| Wirtschaftlicher Wohlstand, ver-billigte Produktion, Wachstum für Industrienationen wichtiger Branchen | Freisetzung von Arbeit, "chips statt jobs", Dauerarbeitslosig-keit |
| Beschäftigungsmöglichkeit in neuen Produktionsbereichen der "Informationsgesellschaft | Zwang zu lebenslanger Weiterbil-dung ("Bildungsstreß") und Ein-arbeitung |
| Entlastung von Routinearbeit, mehr Zeit für höherwertige Aufgaben, bequeme Handhabung von informations-technischem Gerät | Verdichtung der Arbeitsinhalte; "Polarisierung der Qualifikation"; (De- und Höherqualifizierung); ergonomische Belastungen |
| Individuelle Entscheidungsmöglich-keit über Arbeitsart (Heimarbeit) und -zeit (Teilzeitarbeit) | Verlust an Arbeitsautonomie; Leistungskontrollen; Abbau von Mitarbeiterkommunikation |

<u>Tabelle 1:</u>    Mögliche Kommunikationsinhalte
              (öffentliche Verwaltung → öffentliche Verwaltung)


<u>Massenkommunikation:</u>

"Rathausfernsehen" anderer Kommunen

<u>Informationsabruf:</u>

Informationsabruf aus öffentlichen und verwaltungsinternen Datenbanken zum Zwecke der Aufgabenerfüllung

- Vorschriften
  -- Landes- und Bundesrecht
     (z.B. Automatisiertes Vorschriftenverzeichnis des Innen-
     ministeriums Baden-Württemberg)
  -- Ortssatzungen anderer Gemeinden
  -- Haushaltspläne anderer Gemeinden

- Rechtsprechung
  -- Juristisches Informationssystem (JURIS)

- Verwaltungsrelevante Literatur
  -- IuD

- Planungsinformationen
  -- Statistisches Landesamt
  -- Arbeitsamt (Arbeitslosenstatistik)
  -- Polizei (Kriminalität)

<u>Individualkommunikation:</u>

- Textverarbeitung

- Datenfernverarbeitung mit dem Regionalen Rechenzentrum
  (z.B. Btx)

- Mitteilungsdienste für andere Behörden
  -- Einwohnermeldewesen

- Allgemeine Geschäftskorrespondenz (z.B. Teletex, Telefax)

- Antragsweiterleitung an zuständige Behörden

- Übermittlung von Sachverhalten aus dem Zuständigkeitsbereich
  anderer Behörden
  -- Paßversagungsgründe
  -- Sozialhilfeversagungsgründe
  -- Führungszeugnis (BZR)
  -- Kfz-Halter (KBA)

- Konferenzschaltungen

- Heimarbeit von Verwaltungsmitarbeitern

- Fernüberwachung und -messung
  -- Spielplätze, Sportplätze
  -- Verkehrssteuerung, Ampelanlagen
  -- Alarmierungssysteme (Einbruch- und Diebstahlsicherung)

Tabelle 2: Mögliche Kommunikationsinhalte
(öffentliche Verwaltung ⟶ Sonstige)

Massenkommunikation:

Kommunale Öffentlichkeitsarbeit ("Rathausfernsehen")

- Übertragung von Gemeinderats- und Ausschußsitzungen

- Berichte über kommunale Bauvorhaben, Planungen etc.

- Berichte über die Arbeit der Verwaltung

- Berichte über das kommunale Leistungsangebot

- Öffentliche Bekanntmachungen (Amtsblattfunktion)

Bildungsangebote

- Volkshochschulkurse, Videokassetten
- Stadtgeschichte

Informationsabruf:

Verbesserung der Bürger-Verwaltungs-Beziehungen durch Informationen
zur Vorbereitung von Verwaltungskontakten

- Information über Öffnungszeiten, Zuständigkeiten, mitzubringende
Unterlagen, Bearbeitungszeiten

- Behördenwegweiser

Bürgerberatung

- Information über zustehende Leistungen

- Ortssatzung einschließlich Kommentierungen

- Amtliche Bekanntmachungen, Amtsblatt

- Automatisiertes Vorschriftenverzeichnis

- Juristisches Informationssystem

- Wichtige Termine (z.B. Steuertermine)

- Gesundheitsberatung, -aufklärung

- Verbraucherberatung

- Bildungsberatung

Bürgerhandbuch

- Information über die Gemeinde (Strukturdaten)

- Information über die Verwaltung (Aufgaben, Organisation etc.)

- Statistische Informationen (Finanzen, Personal etc.)

- Information über kommunalpolitische Gremien (Mitglieder, Zuständig
keiten etc.)

Gemeindevertretung

- Sitzungstermine und Tagesordnung

- Sitzungsprotokolle

- Information über größere Vorhaben und Planungen; Rechte der
davon Betroffenen

- Übersicht über Ratsbeschlüsse

- "Offenlegung" von Haushaltsplan und Jahresrechnung

Tabelle 2:   (Seite 2)


<u>Öffentliche Einrichtungen</u>
- Information über das Leistungsangebot
  -- Bücherangebot der Bibliothek
  -- Angebot der VHS
  -- Theaterspielplan etc.
- Anschriften und Öffnungszeiten
- Benutzungsgebühren

<u>Verkehr</u>
- Fahrpläne des ÖPNV
- Fahrpreise und Haltestellen (Linienführung)
- Straßenzustände
- Stadtplan (Straßen, Gebäude etc.)
- Verkehrsmeldungen

<u>Fremdenverkehrswerbung</u>
- Hotel- und Gaststättennachweis
- Sehenswürdigkeiten
- Ausflugsziele
- Kultur- und Freizeitangebote

<u>Wirtschaftsförderungswerbung</u>
- Standortbeschreibung und -vorteile
- Industrieflächen
- Subventionen

<u>Verschiedenes</u>
- Veranstaltungskalender
- Hinweise auf wichtige Termine
  -- Gesundheitsberatung
  -- Röntgenreihenuntersuchung
  -- Impfungen
  -- Sperrmüll
  -- Altkleidersammlungen
  -- Verbraucherberatung
- Hinweise auf Notdienste (Notarzt, Apotheken etc.)
- Stellenangebote, Stellengesuche
- Wohnungsvermittlung, Mietspiegel
- Kleinanzeigen
- Wettervorhersage
- Adreßbuch
- Telefonbuch

Tabelle 2:   (Seite 3)

Individualkommunikation:

Bürger-Verwaltungs-Beziehungen
- Zustellung von Bescheiden (Abgaben, Anträge etc.)
- Zustellung von Rechnungen und Mahnungen
- Rückfragen beim Bürger im Zuge der Behandlung eines Antrages oder Anliegens (z.B. fehlende Angaben oder Unterlagen)
- Auskunft über Bearbeitungsstand von Anträgen

"Aktive Verwaltung"; Nutzung vorhandener Daten für freiwillige Aufgaben
- Benachrichtigung über den Ablauf individueller Fristen
  -- Reisepaßgültigkeit, Grundsteuerbefreiung
  -- Ansprüche auf bestimmte öffentliche Leistungen
     (z.B. Kindergeld)
- Information über eingetretene Änderungen bei individuellen Anspruchsvoraussetzungen
- Information über wichtige Termine (z.B. Schornsteinfeger, Müllabfuhr, Wasserableser)

Bildung
- Fernkurse der Volkshochschule
- Mitteilungen der Bücherei über
  -- vorbestellte Bücher
  -- speziell für den Leser interessante Neuzugänge
- Zahlungsverkehr mit Banken
- Allgemeine Korrespondenz

<u>Tabelle 3:</u>  Mögliche Kommunikationsinhalte
          (Sonstige → Öffentliche Verwaltung)

<u>Massenkommunikation:</u>

<u>Rundfunk</u>
  - Stellungnahme von Bürgern oder Interessengruppen zu aktuellen
    kommunalpolitischen Problemen im "Offenen Kanal"
  - Reportagen und Kommentare zu aktuellen Verwaltungsproblemen

<u>Informationsabruf</u>
  - Informationsabfrage aus privaten Datenbanken zum Zwecke der
    Aufgabenerfüllung (z.B. private IuD-Systeme, Verlagsarchive etc.)

<u>Individualkommunikation:</u>

<u>Verwaltungskontakte</u> (Bürger-Verwaltungs-Beziehungen)
  - Terminvereinbarungen für Sprechstunden
  - Bestellung von Informationsmaterial und Antragsunterlagen
  - Antragstellung
  - An-, Ab- und Ummeldungen
  - Korrespondenz
  - Abgabe von Angeboten auf Ausschreibungen
  - Abrufung bedarfsgesteuerter Dienste (z.B. Sperrmüll)
  - Überweisung von Gebühren etc.

<u>Partizipation an Verwaltungsentscheidungen</u>
  - Bürgerbefragungen
  - Anhörung von betroffenen Bürgern, Interessenverbänden, Parteien

<u>Bildung und Kultur</u>
  - Reservierung von Volkshochschul-Kursen
  - Bestellen und Vormerken von Büchern
  - Kartenbestellung für lokale Veranstaltungen

<u>Fernüberwachung und -messen</u>
  - Ablesen des Verbrauchs von Strom, Gas, Wasser, Fernwärme
  - Alarmanlagen zur Diebstahl- und Einbruchsicherung

<u>Rettungs- und Pflegedienste</u>
  - Notrufe (Feuerwehr, Polizei, Notarzt)

<u>Tabelle 4:</u>    Mögliche Kommunikationsinhalte
             (Sonstige ⟶ Sonstige)

<u>Massenkommunikation</u>

<u>Lokalrundfunk</u>

- Lokalnachrichten

- Berichte über lokales Geschehen

- Übertragung von Sport- und Kulturveranstaltungen

<u>Überregionaler Rundfunk</u>

einschließlich ortsüblich nicht empfangbarer Rundfunksender

<u>"Offener Kanal"</u>

- Meinungsäußerung, Selbstdarstellung, Werbung, Aufrufe etc.
  von Bürgern, Parteien, Vereinen, Interessengruppen, Gewerkschaften, Verbraucherverbänden etc.

<u>Lokale und überregionale Presse</u>

<u>Videokassettenverleih</u>

<u>Pay-TV</u>

<u>Informationsabruf</u>

<u>Bildungseinrichtungen</u>

- Angebotsübersicht

- Gebühren

<u>Wirtschaft</u> (Handwerk, Mittelstand, Einzelhandel, Großunternehmen)

- Anbieterverzeichnis ("Gelbe Seiten")

- Kataloge, Produktübersichten

- Stellenangebote

<u>Dienstleistungsgewerbe</u>

- Verbraucherinformationen ("Stiftung Warentest")

<u>Soziale Einrichtungen</u> (DRK, Wohlfahrtsverbände)

- Leistungsangebote

- allgemeine Beratung

<u>Kirche</u>

- Gottesdienste

- kirchliche Angebote

- sonstige Veranstaltungen

<u>Tabelle 4:</u>   (Seite 2)

<u>Presse</u>
- Fundstellennachweise
- Anzeigen
- Faksimilezeitung

<u>Private (Einzelne)</u>
- Kleinanzeigen

<u>Individualkommunikation:</u>

<u>Private (Einzelne)</u>
- Buchungen, Bestellungen, Reservierungen, Zahlungsvorgänge,
  z.B. mit Reisebüros, Hotels, Theater u.ä., Handel etc.
- Kontoführung einschließlich sonstiger Kommunikation mit
  Geldinstituten (Bestellung von Scheckvordrucken ...)
- Nachrichtenübermittlung an andere Netzteilnehmer
  (Glückwünsche, Mitteilungen, allgemeine Korrespondenz)
- Heimarbeit

<u>Wirtschaft</u> (Einzelhandel, Handwerk, Mittelstand, Großunternehmen)
- Werbung über Produkte und Dienstleistungen an ausgewählte Nachfrage
- Kommunikation mit dezentralisierten Einheiten, z.B. Zweigstellen,
  Heimarbeiter, Außendienst
- Datenaustausch und Zusammenarbeit von Wirtschaftsunternehmen
  untereinander (Einzelhandelsketten, Handwerker mit Zulieferer)
- Telekonferenzen
- Zahlungsverkehr mit Geldinstituten

<u>Vereine, Verbände, Parteien, Gewerkschaften</u>
- Kommunikation mit Mitgliedern (z.B. Rundsenden)
- Beitragserhebung

<u>PROJEKT UDEV/BENDA</u>

PROF.DR. L. HIEBER
DATENZENTRALE BADEN-WÜRTTEMBERG, STUTTGART


## 1. AUSGANGSLAGE

Das Projekt UDEV/BENDA war das Ergebnis einer Entscheidung, die 1976 am
Ende einer nahezu vollständigen Integration der baden-württembergischen
Städte, Gemeinden und Landkreise in die zentral ausgerichtete DV-Anwen-
dungsorganisation bei 7 regionalen und 2 städtischen Rechenzentren beinahe zwangsläufig anstand (vgl. auch Bild 1). Die Alternative lautete
damals

    o Perfektionierung einer Anwendungsform ohne Perspektive

    o oder Übernahme von Dezentralisierungsansätzen auch für den kom-
       munalen Bereich.

Die zunehmende Kritik der Kommunen als Endanwender, die sich durch die
rein zentrale Organisation in ihrem Selbstverwaltungsrecht und ihrer
Selbstverwaltungshoheit beschränkt sahen, wurde technologisch durch die
vehement einsetzende Miniaturisierung der DV-Systeme bei gleichzeitiger
Steigerung der Leistungsfähigkeit, anwendungsbezogen durch ein überaus
positives Leistungsbild der verteilten Datenverarbeitung flankiert.

Obwohl der Sachzwang zu einer Anpassung der bestehenden DV-Organisation
an die veränderten Anforderungen frühzeitig erkannt wurde, war eine Öff-
nung für neue Anwendungsstrukturen von den Kommunen aus eigener Kraft
nur schwer zu bewältigen. Erst die Einbettung dieser Problematik in das
zweite DV-Förderungsprogramm des BMFT als gemeinsame Entwicklung der
Datenzentrale Baden-Württemberg, Anstalt für kommunale Datenverarbeitung
in Bayern und Datenzentrale Schleswig-Holstein ermöglichte eine finanziell tragbare Lösung.


## 2. ZIELSETZUNG

Bei der bestehenden DV-"Landschaft war von Beginn an unstrittig, daß der
Dezentralisierungsprozeß nur evolutionär verlaufen konnte. Der Fortbe-

Regionale Rechenzentren in Baden-Württemberg

1. Interkommunale Datenverarbeitung Ulm, Sitz in Ulm
2. Regionales Rechenzentrum Heidelberg, Sitz in Heidelberg
3. Kommunale Datenverarbeitung Südl.Oberrhein, Sitz in Freiburg
4. Kommunale Datenverarbeitung Mittlerer Neckar, Sitz in Stuttgart
5. Regionales Rechenzentrum Franken, Sitz in Heilbronn
6. Regionales Rechenzentrum Alb-Schwarzwald, Sitz in Reutlingen
7. Regionales Rechenzentrum Karlsruhe,
        Sitz in Karlsruhe

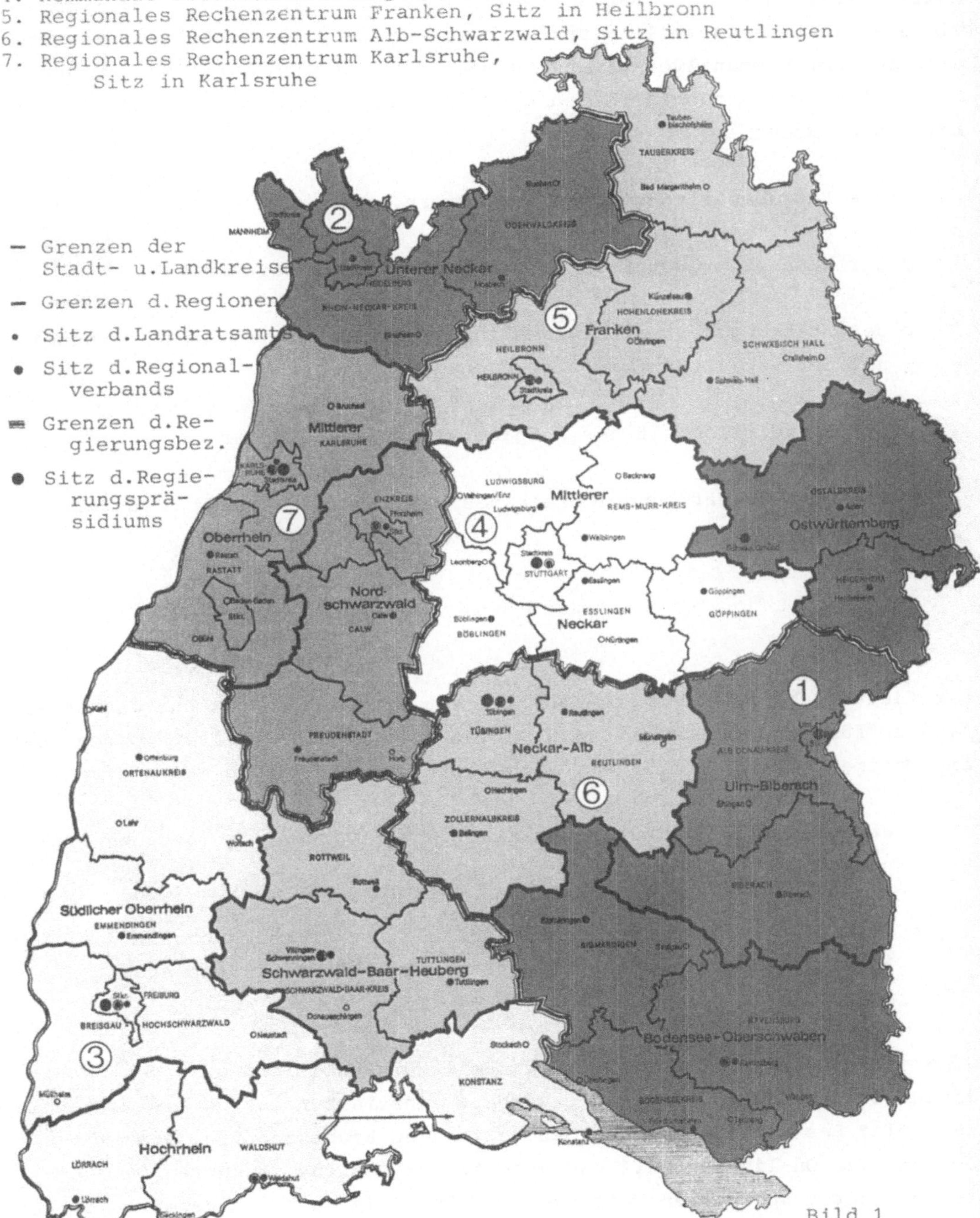


Bild 1

stand der Regionalen Rechenzentren war bei einer gleichzeitig angestrebten Verlagerung des Aufgabenschwerpunkts sicherzustellen. Unter Nutzung der vorhandenen DV-Infrastruktur sollte primär auf diesem Wege die "Ganzheitlichkeit" des Arbeitsablaufs wieder hergestellt werden, der - in viele Segmente aufgeteilt - nur noch zu Beginn und am Ende vom Sachbearbeiter der Kommunalverwaltung zu beeinflussen war. Auf dieser Grundlage war dem Forschungsvorhaben das Zielergebnis vorgegeben, auf der kommunalen Ebene

o die Aufgabenerledigung zu verbessern,

o zur humaneren Gestaltung des Arbeitsplatzes beizutragen,

o der Stärkung des Selbstverwaltungsrechts, der Organisationshoheit und der Verwaltungskraft zu dienen,

o die Einheitlichkeit des Aufgabenvollzugs zu fördern

o und die Bürgerfreundlichkeit des Verwaltungshandelns zu unterstützen.

## 3. VORGEHEN

Der Zielvorgabe entsprechend ist zunächst ein weites Spektrum denkbarer Ansätze für ein geeignetes Organisationsmodell ausgearbeitet worden, das der Maxime "besser, schneller, aktueller" gerecht werden mußte durch

o erweiterten Gestaltungsspielraum in der verwaltungsinternen Organisation,

o möglichst weitgehende Rückverlagerung der DV-Anwendung in das Arbeitsfeld des Sachbearbeiters und Einbettung in den Arbeitsablauf.

1978 ist ein sogenanntes Mehrzweckmodell zur Realisierung in den beteiligten Bundesländern ausgewählt worden: Eine Verbundlösung mit weiterhin zentraler Bestandsführung bei den Regionalen Rechenzentren, aber mit dezentralem On-line-Zugriff und dezentraler bedienergeführten Datenerfassung zur stapelweisen Weiterverarbeitung wie auch mit dezentraler Führung von Teilbeständen bei den über DFÜ-Leitung angeschlossenen Kommunen.

## 4. REALISIERUNG

Auch dieses Vorhaben zeigte auf, daß die Umsetzung einer auf der Basis
wissenschaftsorientierter Durchdringung der Problemstellung konzipier-
ten Ideallösung in die real existierende DV-Praxis oftmals zu Reibungsverlusten führt. Zur zügigen und praxisnahen Entwicklung und Erprobung
des Lösungsmodells trat daher in Baden-Württemberg das Projekt BENDA
hinzu. Mit der Bildung eines Lenkungsausschusses, dem Vertreter aller
relevanten Anwendungsträger angehörten, konnte eine starke Beteiligung
der Regionalen Rechenzentren und Anwender erreicht werden.

Nach Auswahl eines geeigneten Systems - NIXDORF 8850 sowie später zu-
sätzlich Systeme von HONEYWELL BULL und KIENZLE - (in Bayern HEWLETT-
PACKARD, in Schleswig-Holstein SIEMENS) auf der Grundlage eines umfas-
senden Anforderungskatalogs ist in Zusammenarbeit mit den Regionalen
Rechenzentren, den Anwendern und dem Hersteller bis 1981 das UDEV/BENDA-
Verfahren entwickelt und erprobt worden.

## 5. LEISTUNGSMERKMALE

Insgesamt sind im Rahmen des Projekts ca. 1.400 Programme allein für das
System NIXDORF 8850 erstellt worden.

Für eine Reihe dialogfähiger Verfahren wird die On-line-Auskunft angeboten. Damit kann der zentrale Bestand vor Ort genutzt werden.

Wesentlich verbessert wurde die Datenerfassung - sowohl im Hinblick auf
die Qualität (Vereinheitlichung) als auch hinsichtlich der Aktualität
(schnelle Übertragung).

Durch die Rückübertragung können Arbeitsergebnisse abgerufen und vor
Ort ausgegeben werden.

Mit Vorverarbeitungsprogrammen kann der Erfassungsdatenbestand (z.B.
Friedhofswesen, Wahlauswertung) anwenderspezifisch ausgewertet werden.

Die grundlegende Verbesserung schlägt sich vor allem in dem durch die
Verbindung der Verfahrensleistungen heute wieder erreichten weitgehend
homogenen Arbeitsablauf und damit zurückgewonnener Flexibilität nieder.

# 6. BEGLEITUNTERSUCHUNG

Das Erreichen der Zielvorgaben des Forschungsvorhabens ist durch eine
Begleituntersuchung bei einer Reihe von Testanwendern und Testrechenzen-
tren mit insgesamt positivem Ergebnis überprüft worden.

Daneben führte die Gesamthochschule Kassel ein Begleitforschungsprogramm
zur verwaltungspolitischen und sozialwissenschaftlichen Bewertung der
durch das Vorhaben bewirkten Veränderungen bei den Testanwendern durch.


# 7. STRUKTURELLE AUSWIRKUNGEN / AUSBLICK

Nach Abschluß des Projektes stellt sich die kommunale DV-Infrastruktur
grundlegend erweitert und verbessert dar. Ausgehend von - im Endausbau -
ca. 400 dezentral installierten DV-Systemen mit annähernd 1.600 Bildschirmarbeitsplätzen und einer zunehmenden DV-Mündigkeit der Anwender
ist der Einstieg in eine sich am Arbeitsplatz orientierende  Datenverarbeitung gut vorbereitet (vgl. Bild 2).

Der gegenwärtig absehbare Weiterentwicklungsrahmen umfaßt die

    o schrittweise Dialogisierung weiterer Verfahren (Direktauskunft,
      Direktänderungsdienst, Direktausdruck der Auskunft),

    o Öffnung des Gerätespektrums für weitere Hersteller,

    o Btx-Anwendung,

    o Entwicklung weiterer Vorverarbeitungsprogramme,

    o verstärkte Systemnutzung zur Textverarbeitung,

    o Ansatzpunkte für Einstieg in die Bürokommunikation.


# 8. ERFAHRUNGEN IM HINBLICK AUF DIE DEZENTRALISIERUNGSDISKUSSION

Von der konkreten Anwendungsebene abstrahiert, hat das Projekt einige
Aspekte der generellen Dezentralisierungsdiskussion bestätigt:

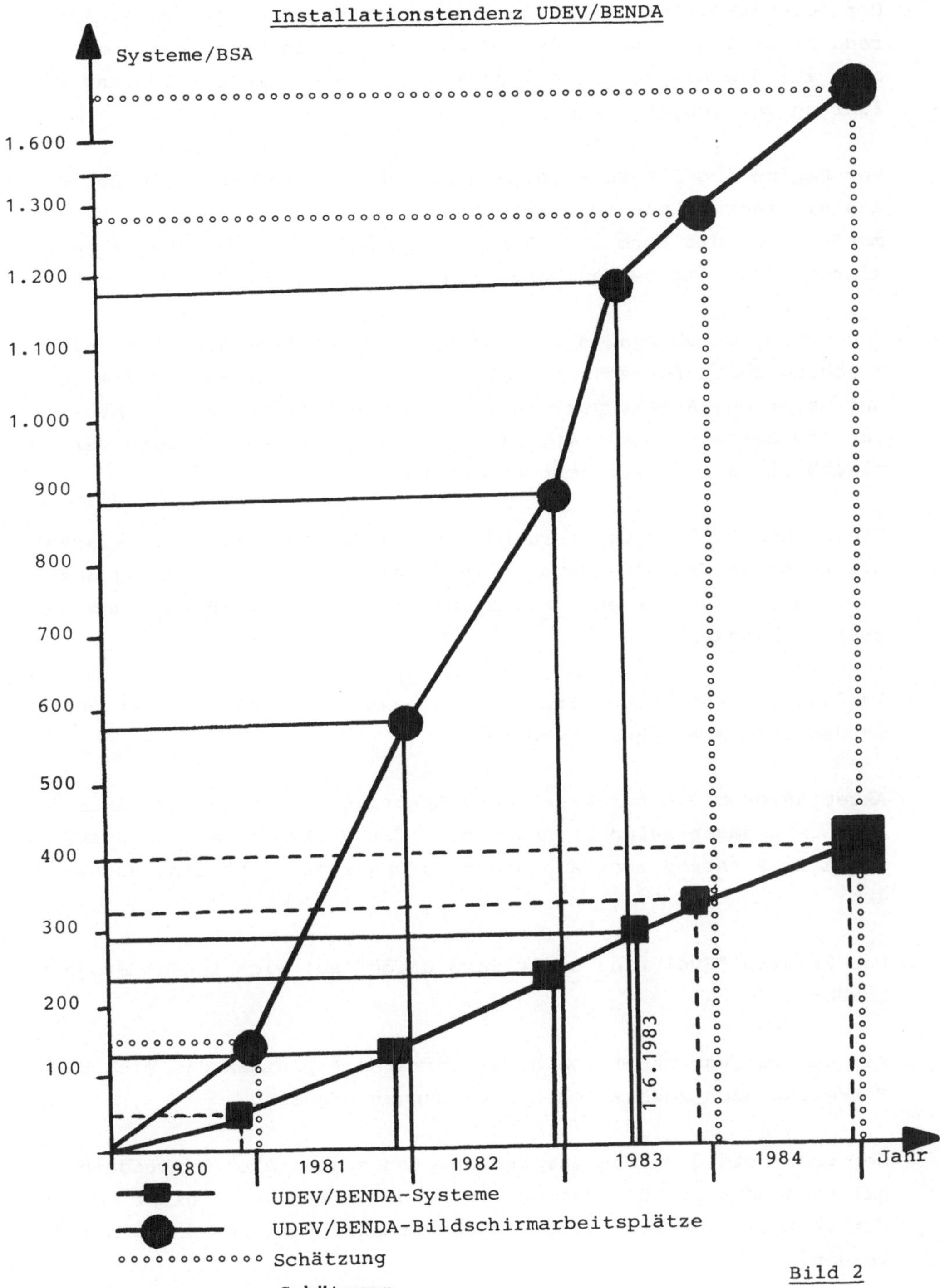

Installationstendenz UDEV/BENDA
Systeme/BSA
1.600
1.300
1.200
1.100
1.000
900
800
700
600
500
400
300
200
100
1980
1981
1982
1983
1984
Jahr
1.6.1983
UDEV/BENDA-Systeme
UDEV/BENDA-Bildschirmarbeitsplätze
Schätzung
Schätzung
Bild 2

o Der Dezentralisierungsgrad ist <u>problem</u>bezogen, nicht generalisie-
  rend festzulegen. Auf dieser Grundlage ist in Baden-Württemberg
  auch auf die ursprünglich vorgesehene dezentrale Teilbestands-
  führung verzichtet worden.

o Vor Beginn des Projekts bestand Einigkeit anwenderseitig darin,
  daß die zentral ausgerichtete Stapelverarbeitung abgelöst werden
  mußte. Über die Form der Nachfolgelösung bestanden dagegen keine
  klaren, fest umrissenen Vorstellungen.

o Jede Form des Übergangs zu mehr dezentralen Funktionen hat eine
  Erhöhung der Informationsverarbeitungskosten zur Folge. Sie ist
  nur unter dem Aspekt gesteigerter Flexibilität, höherer Aktualität und besserer Qualität, nicht aber nur im reinen Kostenvergleich als wirtschaftliche Lösung zu bewerten.

o Die Sicherstellung der permanenten Betriebsbereitschaft belastet
  die zentrale Organisationsstelle zusätzlich. Die Aneignung des
  notwendigen EDV-Wissens verursacht weiteren Aufwand beim dezentralen Anwender.

o Verfügbarkeitsprobleme treten auch beim dezentralen System auf,
  werden dort aber eher akzeptiert.

o Akzeptanzprobleme bestehen kaum. Abspringer in Richtung einer
  autonomen dezentralen DV-Anwendung oder Rückspringer von UDEV/
  BENDA in Richtung zentrale DV-Anwendung sind nicht festzustellen.

o Das Prinzip "Evolution statt Revolution" hat sich in dem Projekt
  bewährt.

o Mit der Verfügbarkeit von Bildschirmarbeitsplätzen hat sich die
  Forderung nach zusätzlichen Anwendungen ergeben.

o Der geordnete Übergang zur Nutzung von dezentralen Funktionen
  hat sich bewährt. Mit der nun vorhandenen Verbundstruktur können
  die Vorteile von zentraler und dezentraler Verarbeitung genutzt
  werden.

Bildschirmtextangebote der unteren staatlichen
Verwaltungsbehörden in Baden-Württemberg

Robert Fischer, Finanzministerium Baden-Württemberg


1.    Die Problemstellung

Die unmittelbar bevorstehende flächendeckende Aufnahme des Wirkdien-
stes von Btx bringt auch die öffentliche Verwaltung in Entscheidungs-
zwang. Nicht für alle zu entscheidenden Fragen wird es dabei für die
öffentlichen Hände echte Alternativen geben. So wird, geht es um die
grundsätzliche Frage, ob die Verwaltung überhaupt an Btx teilnehmen
soll, der faktische Zwang, den die mit Btx verbundenen Erwartungen
der Öffentlichkeit künftig wohl auf öffentliche Institutionen ausüben werden, auch kleineren Verwaltungen recht bald schon keine
echte Alternative zur aktiven Teilnahme mehr lassen. Ist der erste
Schritt der aktiven Btx-Teilnahme aber einmal getan, so eröffnet
sich ein weites Spektrum recht schwieriger Fragen zu den Modalitäten
der Angebotsgestaltung.

Eine der Fragen, die bei Verwaltungen mit mehrstufigem Verwaltungs-
aufbau im Vordergrund steht, lautet, ob und ggf. wie die Behörden
der untersten Verwaltungsebene, der "Ortsinstanz", als Anbieter am
Bildschirmtext teilnehmen und damit ihre kommunikativen Außenbeziehungen gestalten sollen. Sie soll hier am Beispiel der staatlichen
Verwaltung des Landes Baden-Württemberg untersucht werden. Außer Betracht werden im folgenden behördeninterne Btx-Anwendungen bleiben.
Sie folgen in weitem Umfang anderen Regeln als die öffentlichen
Btx-Angebote und beeinflussen die Außenbeziehungen einer Verwaltung
unmittelbar nicht.

2.    Die staatlichen Behörden der Ortsebene und ihre Aufgaben

Ausgangspunkt aller weiteren Überlegungen ist die Feststellung, daß
- welche Ziele eine Verwaltung mit dem Einsatz von Btx auch sonst
noch verfolgen mag - ein Btx-Angebot einer Behörde in erster Linie
ihren Verwaltungszwecken dienen, also aus ihren Aufgaben abgeleitet
sein muß. Will man also wissen, welche Anwendungsmöglichkeiten für
Btx auf der Ebene der unteren Verwaltungsbehörden bestehen, ist es

hilfreich, zunächst einen Blick auf die Gliederung dieser Behörden und ihre Aufgaben zu werfen.

Untere Verwaltungsbehörden (§ 13 ba-wü LVG) sind die 35 Landratsämter und die 9 Stadtkreise sowie - mit eingeschränkter Zuständigkeit - 58 große Kreisstädte (§ 16 ba-wü LVG) und 30 Verwaltungsgemeinschaften (§ 14 ba-wü LVG). Hinzu kommen die unteren Sonderbehörden (§ 17 ba-wü LVG) als weitere wichtige staatliche Verwaltungsbehörden der Ortsinstanz. Die wichtigsten von Ihnen sollen hier aufgezählt werden, um eine Anschauung von der Vielfalt einer Landesverwaltung zu vermitteln. Es gibt die Vermessungsämter, die Schulämter, die Gewerbeaufsichtsämter und die Versorgungsämter, die Fortsämter, die Wasserwirtschaftsämter, die Landwirtschaftsämter, die staatlichen Veterinärämter und die Flurbereinigungsämter, die Finanzämter, die Hochbauämter und die Liegenschaftsämter und schließlich die Straßenbauämter und die Eichämter.

Das Land Baden-Württemberg hat auf Ortsebene noch weitere Behörden, Anstalten, staatliche Einrichtungen und Stellen, die nicht untere Verwaltungsbehörden im gesetzestechnischen Sinn sind, gleichwohl aber hinsichtlich ihrer Beziehungen zum Bürger eine ähnliche lokale Bedeutung haben können, wie die unteren staatlichen Verwaltungsbehörden. Es handelt sich beispielsweise um den großen Bereich des Polizeivollzugsdienstes mit der Schutzpolizei und der Kriminalpolizei. Diese Dienststellen sind dem Bürger unter dem Begriff Polizei oft vertrauter als die eigentlichen Polizeibehörden. Lokaler Anwender von Btx könnte auch die Justiz auf der Ebene der Gerichte des ersten Rechtszuges und der Staatsanwaltschaften sein. Schließlich wäre auch an die Gymnasien zu denken, die direkt dem Oberschulamt unterstehen und an die Universitäten und Hochschulen, die zumindest auch regionale Bedeutung haben.

Die Aufgaben dieser Behörden und öffentlichen Einrichtungen sind ausführlich dargestellt in der Teilausgabe Baden-Württemberg des Staatshandbuchs (Die Bundesrepublik Deutschland, Staatshandbuch, Teilausgabe Land Baden-Württemberg, herausgegeben von Benno Bueble, Ausgabe 1980). Hierauf muß an dieser Stelle verwiesen werden.

## 3. Btx-Anwendungen der örtlichen Behörden

Die Vielfalt dieser Gliederung und der staatlichen Verwaltungsaufgaben macht deutlich, wie weit gespannt der mögliche Inhalt von Btx-Angeboten einer staatlichen Verwaltung sein kann. Nahezu alle Verwaltungsaufgaben setzen eine mehr oder weniger intensive Kommunikation zwischen Bürger und Verwaltung im Verlauf des Verwaltungsverfahrens voraus. Es ist prima facie auch kein Hindernis für die Verwendung von Btx als Informations- und Kommunikationsinstrument in der Bürger-Verwaltung-Beziehung zu erkennen.

Die meisten vom Bürger gewünschten Informationen sind auch für eine Darstellung im Btx geeignet. Sehr oft sind es generelle Regelungen von Verfahrensabläufen und materiellrechtliche Berechtigungen und Verpflichtungen, die dank ihres Rechtssatzcharakters zumeist auch recht gut strukturiert oder strukturierbar sind. Im Prinzip nichts anderes gilt, betrachtet man die aufklärende oder vorbeugende Informationstätigkeit der Behörden. Hier ist die Freiheit zur redaktionellen Anpassung an das Medium sogar noch größer.

## 4. Btx-Anwendungsmöglichkeiten bei einem Finanzamt

Diese Zusammenhänge lassen sich an einem Beispiel am besten verdeutlichen. Hierzu soll das Finanzamt ausgewählt werden. Es ist eine untere staatliche Sonderbehörde in einer straff monokratisch organisierten Verwaltung, in der die Probleme, die sich für eigene Btx-Angebote örtlicher staatlicher Behörden stellen, besonders deutlich zu Tage treten. Es sei hier aber um Mißverständnissen vorzubeugen betont, daß die folgende Aufzählung nichts über die Verwirklichungschancen der einzelnen Anwendungen und den Stand der Entwicklung aussagen. Diese Frage bedarf eingehender Überlegungen, die für den Gegenstand dieses Beitrages nicht erheblich sind.

Das Finanzamt könnte mit Angaben über die örtliche Zuständigkeit, seine sachliche Zuständigkeit, seine vorgesetzten Behörden und das für seinen Bezirk zuständige Finanzgericht über seine äußere Organisation zu informieren. Zur Information über seine innere Organsation bieten sich persönliche Informationen über den Vorsteher, den Pressereferenten, die Geschäftsverteilung einschließlich der bei dem Amt etwa eingerichteten Sonderdienststellen, die Dienststunden, den

Publikums- und Kassenverkehr, die Anschrift und für Außenkontakte
wichtige Telefonnummern des Amtes, aus dem Hauptgebäude ausgelagerte
Dienststellen, Konten der Finanzkasse und Hinweise auf besondere
Organisationsabläufe im Dienstbetrieb an.

Im Rahmen der Erfüllung der materiellen Verwaltungsaufgabe des Fi-
nanzamtes könnten steuerliche Fachinformationen wie aktuelle Steuer-
tips oder an regionale Ereignisse wie Erdbeben, Überschwemmungen
oder andere Katastrophen anknüpfende Hinweise auf steuerliche Sonder-
vergünstigungen gegeben werden. Weitere steuerliche Fachinformationen könnten mehr oder weniger systematische Erläuterungen zu einzelnen oder allen Steuerarten, fachliche Querschnittsinformationen für
bestimmte Lebens- und Sachbereiche über die Steuerarten hinweg, z.B.
zur Ehegattenbesteuerung, zur Behandlung von Kindern, Rentnern, Land-
wirten und Hauseigentümern im Steuerrecht, steuerliche Grundsätze
über Bauherrenmodelle, Abschreibungsgesellschaften, Auslandsbeziehun-
gen und vieles andere mehr sein. Auch über Steuertermine könnte fortlaufend aktuell informiert werden.

Mittels Bildschirmtext könnte dem Steuerpflichtigen schließlich
direkter Zugriff auf ihn individuell betreffende steuerliche Daten,
wie den Stand seines Kontos bei der Finanzkasse oder gespeicherte
Steuerfestsetzungen eröffnet werden.

Mit Hilfe vorbereiteter Antwortzeiten könnte die Anforderung von
Steuererklärungen, Formularen und Broschüren vorgesehen werden. Auch
einfache Erklärungen der Steuerpflichtigen, wie das Einverständnis
zur Teilnahme am Einzugsermächtigungsverfahren, Tilgungszweckbestim-
mungen für Zahlungen, Umbuchungsanträge und Aufrechnungserklärungen
könnten mit vorbereiteten Antwortzeiten abgegeben werden. Rechtlich
anspruchsvollere Erklärungen könnten evtl. mit teils formatierten,
teils frei formulierbaren Mitteilungsseiten abgegeben werden. Beispiele wären Steuererklärungen, Stundungs- und Erlaßanträge und
Fristverlängerungsanträge. Eine entsprechende Formvorschrift vorausgesetzt, könnten sogar Rechtsbehelfe mit Btx-Mitteilungszeiten eingelegt werden.

Schließlich wäre daran zu denken, den Steuerpflichtigen anzubieten,
mit den Rechenprogrammen der Finanzverwaltung ihre Besteuerungsgrund-
lagen und die sich daraus ergebende Steuerschuld selbst zu errech-
nen.

Eine Anwendungsmöglichkeit, die sich für alle Behörden und sonstigen öffentlichen Stellen anbietet, wäre die Information über offene Stellen, Ausbildungsplätze und Ausbildungsgänge.


## 5. Strukturelle Aspekte der Problematik

Btx-Angebote lassen sich unter ganz verschiedenen Gesichtspunkten systematisch betrachten. Hier geht es darum, diejenigen Aspekte aufzuzeigen, die für die Frage bedeutsam sind, inwieweit untere Verwaltungsbehörden als selbständige Informationsanbieter im Bildschirmtext auftreten sollten.

Von einiger praktischer Bedeutung ist zunächst der Angebotsinhalt. Hier sollte man zum einen differenzieren zwischen Daten aus dem Organisations- und Personalbereich des Anbieters, dem "institutionellen Organisationswissen", und fachlichen Daten aus dem materiellen Aufgabenbereich des Anbieters. Letztere lassen sich systematisch aus dem Spektrum der von der Behörde zu erfüllenden Verwaltungsaufgaben ableiten. Denn grundsätzlich gilt hier, daß der Einsatz von technischen Verfahren dem Verwaltungszweck zu dienen hat. Da die Aufgaben von Behörden des selben Verwaltungszweiges im gesamten Gebiet eines Verwaltungsträgers zumindest weitgehend gleich sind, lassen sich die möglichen Angebote daher grundsätzlich auch abschließend abstrakt beschreiben.

Nicht ganz so eindeutig läßt sich das von den institutionsbezogenen Angeboten sagen. Bei Behörden, deren Behördenleiter in Angelegenheiten des Behördenaufbaus und des Dienstbetriebes einen weiten Gestaltungsspielraum hat, wird man möglicherweise ein für alle passendes Angebotsschema nicht aufstellen können.

Zum anderen sollte man bei den Angebotsinhalten danach fragen, ob sie von nur regionaler Bedeutung sind oder ob sie im gesamten Bundesland, evtl. im gesamten Bundesgebiet gleichmäßig gelten können oder sogar müssen. Die Abgrenzung kann mitunter schwierig sein und ist nur durch Wertung zu treffen. Gleichwohl ist die Unterscheidung praktisch wichtig. Denn bei Angeboten, die überregional einheitlich sein müssen, ist es nicht mehr möglich, dem einzelnen Amt volle Gestaltungsfreiheit über sein Angebot zu lassen.

Btx-Angebote können aus Informationen bestehen, die - obwohl allgemein angeboten - nur innerhalb individueller Kommunikationsbeziehungen genutzt werden, und Informationen, die auf Verhaltensbeeinflussung der Allgemeinheit gerichtet sind und damit publizistischen Charakter haben können. Über diese Abgrenzung wird derzeit auf dem Hintergrund der verfassungsrechtlichen Einordnung von Btx ein heftiger Streit geführt. Unabhängig davon, wie der rechtliche Streit entschieden werden wird, entsteht daraus ein praktisches und politisches Problem. Denn ob es aus der Sicht der Aufsichtsbehörde zu begrüßen wäre, wenn in Btx-Angeboten von staatlichen Ortsbehörden publizistische Elemente vorhanden sind, kann nicht ohne weiteres unterstellt werden.

Schließlich kann sich der Einsatz von Btx in einer öffentlichen Verwaltung    darauf beschränken, den Postdienst als Speichersystem für Abrufinformationen zu nutzen. Wie die Beispiele zeigen, kommen jedoch auch Anwendungen in Betracht, die je nach dem eingesetzten technischen Aufwand einen unterschiedlich komfortablen Dialog ermöglichen. Diese Unterscheidung ist für die Angebotserstellung und den laufenden Betrieb bedeutsam. Ortsbehörden werden in aller Regel nicht in der Lage sein, selbst Btx-Angebote zu erstellen und zu betreiben, für die ein externer Rechner im Rechnerverbund vorhanden sein muß.

6.    Problemrelevante Eigenschaften von Btx

Btx besitzt einige Eigenschaften, die alle Anbieter bei ihrer Angebotsgestaltung beachten sollten. Sie werden als ernstzunehmende Restriktionen schon seit geraumer Zeit in der Fachpresse eingehend diskutiert. Deshalb genügt hier ein kurzer Hinweis auf diejenigen Punkte, die für die vorliegende Fragestellung erheblich sind.

Das Angebot muß ansprechend gestaltet sein und es muß für den Btx-Teilnehmer nützlich sein. Beide Forderungen beziehen sich auf an sich Selbstverständliches. Sie werden aber Verwaltungen, die für Btx nur bescheidene Mittel einsetzen können, erhebliche Schwierigkeiten bereiten.

Ein Btx-Angebot muß weiterhin leicht erreichbar sein. Hier geht es nicht so sehr um die Probleme des hierarischen Suchens im Btx-Such-

baum mit den Komplikationen beim Rücksprung und beim Wiederauffinden
einmal verlorengegangener Informationen, sondern noch um einen weiteren Gesichtspunkt. Er hat etwas mit dem Suchen unter Adressen
einerseits und dem assoziativen Suchen mit Schlagworten und Sachgebieten andererseits zu tun. Der Bürger hat vielfältige Vorstellungen
von der Verwaltung. Seine Sicht kann organisationsbezogen, institu-
tionell sein. So geht er auf "sein Finanzamt", wenn er den Lohn-
steuerjahresausgleich abgeben will, auf "sein Landratsamt" wenn er
eine Baugenehmigung beantragen will. Dementsprechend erwartet er
auch sachliche Informationen darüber im Btx-Angebot "seines" Amtes.
Derselbe Bürger mag in anderer Situation die Verwaltung rein von
ihrer Fachaufgabe her sehen. In diesem Fall muß die gleiche Information wie vorher auf einem ganz anderen, sachbezogenen Zugriffspfad
zu erreichen sein. Diese Doppelgleisigkeit des Zugangs zu Informationen ist eine wichtige Qualitätsanforderung für ein gutes Btx-Angebot der Verwaltung.


7.    Besondere Anforderungen an Btx-Angebote der öffentlichen Verwal-
      tung

Eine Bedingung, die man für Btx-Angebote der öffentlichen Verwaltung
nicht übersehen sollte, verlangt, daß sie rechtmäßig sind.

Grundsätzlich gilt, daß Btx-Angebote den Anforderungen des Staatsver-
trages und im übrigen den allgemeinen Gesetzen zu entsprechen haben.
Btx-Angebote der Verwaltung sind in jedem Fall aber auch Verwaltungshandeln. Sie müssen daher auch den verwaltungsrechtlichen Recht-
mäßigkeitsanforderungen entsprechen. Ein Beispiel, das allerdings
auch nur zeigt, wie ungeklärt die damit aufgeworfenen Fragen noch
sind, wäre das Verhältnis von Btx-Angeboten der Steuerberater und
der Steuerverwaltung. Die Steuerberater haben als Standesvertretung
ein legitimes Interesse daran, daß die Finanzverwaltung nicht mit
Btx-Angeboten in ihr Tätigkeitsfeld eindringt. Derartige rechtliche
Unsicherheiten fördern in hierarchisch strukturierten Verwaltungen
die Tendenz zur zentralen Erledigung von Arbeitsvorgängen.

Bei Angeboten der öffentlichen Verwaltung ist auch der Frage nach
der Wirtschaftlichkeit des Einsatzes dieses Dienstes nicht auszuwei-
chen. Die Frage nach dem Nutzen eines Btx-Angebotes für die Verwaltung ist durch das Haushaltsrecht bedingt. Btx-Angebote verursachen

nicht unerhebliche Ausgaben. Der Wirtschaftlichkeitsgrundsatz, der das gesamte Verwaltungshandeln im Organisationsbereich beherrscht, verlangt in diesem Fall, daß der Nutzen die Kosten überwiegt und daß unter verschiedenen Angebotsvarianten die wirtschaftlich günstigste realisiert wird. Wirtschaftlichkeitsüberlegungen haben damit einen nicht geringen Einfluß auf den Entschluß zu zentraler oder dezentraler Angebotserstellung.

8.    Die Gründe für eigenständige Btx-Angebote der Ortsbehörden

Die bisherigen Darlegungen zeigen, daß es eine Reihe von Gründen gegen regional selbständige Angebote unterer Verwaltungsbehörden im Btx gibt.

So kann es rechtlich geboten sein, daß ein Angebot überregional einheitlich ist. Des weiteren kann eine einheitliche Darstellung eines gesamten Verwaltungszweiges politisch erwünscht sein. Unter dem Gesichtspunkt der Benutzerakzeptanz kann eine Standardisierung der Angebote innerhalb der Verwaltung sinnvoll sein.

Die Notwendigkeit zur Einschaltung externer Rechner für fortschrittliche Dialoganwendungen in automationsunterstützten Verwaltungsverfahren bedingt zumindest für die technische Seite der Angebotserstellung und des laufenden Betriebs eine zentrale Erledigung. Zentralisierung kann auch gewollt sein zur Sicherung eines qualitativen Mindeststandards ebenso wie zur Verhinderung von Eskapaden eigenmächtiger "Provinzfürsten".

Schließlich kann Zentralisierung aus Kostengründen notwendig werden. Dies gilt vor allem hinsichtlich der Möglichkeit, Einsparungen durch Bildung von zentralen Editierstellen zu erreichen.

9.    Argumente für eine dezentrale Erstellung von Btx-Angeboten

Für eine Regionalisierung von Btx-Angeboten innerhalb einer Verwaltung auf der Ebene der unteren Verwaltungsbehörden sprechen ebenfalls eine Reihe von Gründen.

Die Regionalisierung könnte mit der örtlichen Nähe zum Verwaltungsgeschehen auch die Spontaneität und Kreativität der Angebote fördern.
Angebotsinhalte, die schlicht nur von regionaler Bedeutung sind, würden nicht ein überregionales Gesamtangebot belasten. Der Zugang zu
den Informationen eines Angebotes ist für den Bürger häufig über die
Leitseite des für ihn örtlich zuständigen Amtes am einfachsten. Und
schließlich sollte nicht übersehen werden, daß Btx als Dienst auf
seiner untersten Anwendungsebene schon von der Gebührenstruktur her
eben ein regionales Informations- und Kommunikationsmedium ist.

10. Ansätze zur Problemlösung

Eine Lösung dieses Problems läßt sich möglicherweise gerade mit Btx-
spezifischen Gestaltungsmitteln erreichen. Die Verbindung verschiedener Anbieter mit eigenen Leitseiten - sowohl unter einer gemeinsamen
weiteren Leitseite, als auch durch gegenseitige Verweisung in den Angeboten - sollte es möglich machen, zentral erstellte und regionale
Komponenten in ein Angebot so zu integrieren, daß den Akzeptanz-
voraussetzungen des Mediums genügt wird. Zu lösen sind dann nur noch
Organisationsfragen wie die Zuständigkeit für Editieren, Systempfle-
ge oder Verteilen der eingehenden Mitteilungs- und Antwortzeiten.

Als eine einigermaßen gesicherte Erkenntnis darf man zum gegenwärtigen Zeitpunkt annehmen, daß die unteren Verwaltungsbehörden hinsichtlich der technischen Seite von Btx mit der Erstellung eigenständiger
Angebote wohl überfordert wären. Richtlinien und Standards für die
Angebotsinhalte und die äußere Angebotsgestaltung müssen ebenso wie
die technischen Mittel zum Betrieb der Angebote von einer zentralen
Stelle vorgegeben werden. Es ist jedoch kein Grund ersichtlich, die
Ortsbehörden deshalb auch bei der inhaltlichen Ausfüllung eines An-
gebots nicht zu beteiligen. Innerhalb der vorgegebenen Strukturen
können die Behörden der Ortsinstanz durchaus wertvolle Beiträge zu
einem realitätsnahen und farbigen Btx-Angebot einer Verwaltung liefern. Der Grad, in dem das möglich sein wird, dürfte wesentlich davon abhängen, wie stark zentralistisch eine Verwaltung rechtlich und
organisatorisch ausgerichtet ist.

BTX-ANGEBOTE IM KOMMUNALEN BEREICH
AM BEISPIEL DES LANDES BERLIN
Alice Loyson-Siemering

## 1. Neue Medien - neue Chancen

Vor der Frage, ob der Bürger Bildschirmtext braucht, stand der Berliner Senat als klar war, daß neben Düsseldorf/Neuss Berlin Ort des dreijährigen Bildschirmtext-Feldversuches sein würde. Denn nach 1977 (damals stellte die Deutsche Bundespost auf der Berliner Funkausstellung Btx zum ersten Mal der Öffentlichkeit vor) war ziemlich bald deutlich geworden, daß Btx nicht nur dem kommerziellen Anwender gute Dienste leisten würde, sondern auch dem privaten Nutzer als relativ kostengünstiges Informations- und Kommunikationssystem zugute kommen könnte. Doch wie sollte eine Beteiligung des Landes Berlin an der Btx-Erprobung aussehen, wer in der öffentlichen Verwaltung sollte das Programm machen, was würde dies kosten und wollte denn überhaupt jemand diese non-verbale Kommunikation? Daß der Berliner Senat trotz aller offenen Fragen und Bedenken für eine Beteiligung des Landes am Feldversuch votierte, ist im nachhinein als vorausschauende Entscheidung zu werten, zumal wenn man bedenkt, daß die damalige Landesregierung eine SPD/FDP-Koalition war - medienpolitisch    Bewahrerin des Bestehenden und den sogenannten Neuen Medien eher skeptisch gegenüberstehend. Beginnen sollten mit Btx-Programmen laut Beschluß des Senats vom Juni 1980 das Presse- und Informationsamt des Landes Berlin, der Polizeipräsident und das Verkehrsamt - allerdings bescheiden. Beim Senatspresseamt beispielsweise sollte das Angebot 100 Seiten nicht überschreiten und auf das Versuchsgebiet Berlin beschränkt bleiben. Doch trotz aller Vorsicht und Skepsis: Man hatte erkannt, daß man mit Btx, wenn es einmal so weit verbreitet sein würde wie heute das Telephon,  die Informationsmöglichkeiten für den Bürger enorm verbessern könnte. Dies gerade in einer Zwei-Millionen-Stadt wie Berlin mit einer Vielzahl von Behörden, Ämtern und Dienststellen mit ihren limitierten Bürostunden , die dem gewünschten Dialog zwischen Bürger und Verwaltung zwangsläufig Fesseln anlegen. Btx dagegen ist immer "geöffnet", die Informationen sind ständig von zu Hause aus bequem abrufbar - eine Hilfe gerade auch für Behinderte und Kranke. Mit Bildschirmtext läßt sich nach Berliner Meinung eine umfassende Bürgerinformation besonders gut bewerk-

stelligen, weil die neue Medientechnik ständig erreichbar und besonders gut geeignet ist
- zur Verbreitung von Informationen an jedermann,
- zur gezielten Mitteilung an einzelne oder an einen bestimmten
  Personenkreis,
- zum schnellen Austauch von Nachrichten,
- zur Anforderung von Dienstleistungen und
- zu gezielter Vorabinformation.

2. Btx in der kommunalen Praxis

Berlin hatte das Glück, in den einzelnen Behörden Mitarbeiter zu
finden beziehungsweise von außen zu gewinnen, die sich mit großem
Engagement und Ideenreichtum der neuen Medientechnik annahmen. Und
immer deutlicher zeigte sich, daß die Inhalte und ihr Nutzen für
den einzelnen auch den kommunalen Btx-Programmen Akzeptanz bringen würden. Maxime jedenfalls war und ist bei allen Btx-Anbietern
in den Berliner Behörden, offen zu sein für Kritik und Anregungen,
flexibel zu reagieren trotz einer gewissen Starrheit des Systems,
ständig zu lernen im Umgang mit der neuen Kommunikationstechnik,
die technologischen Entwicklungen genau zu beobachten und Neues -
beispielsweise den Rechnerverbund - konsequent anzuwenden. Denn
es kann auch künftig nur darum gehen, dem Bürger mit Hilfe von Btx
die "Organisation des Alltags zu erleichtern", wie Professor H.
TREINEN es einmal so treffend formuliert hat. Alle Btx-Programme
der Berliner Behörden versuchen, sich an den Bedürfnissen der Bürger zu orientieren. Deswegen nutzen sie die Dialogfähigkeit von
Btx, deswegen ist Aktualität eine der Maximen. Gemeinsam ist allen
Programmen zudem
- eine präzise, klare, verständliche Sprache und der Verzicht auf
  "Amtsdeutsch",
- das Fehlen von "Hofberichterstattung",
- das jeweils einheitliche Seiten-Layout, was zu einem unverzicht-
  baren Wiedererkennungseffekt führt,
- klar strukturierte Programme, entweder mit Hilfe des Suchbaumes
  oder durch komfortable Suchhilfen im Rechnerverbund;
- eindeutige Benutzerführung nach den Leitlinien, die der Arbeitskreis Technik der Bildschirmtext-Anbieter-Vereinigung erstellt
  hat,
- Präsentation eines lexikalischen Teils (Sprechstunden, Öffnungszeiten, Ansprechpartner in den Behörden),

- die prompte Erledigung von Anfragen und Broschüren-Bestellungen.

Eine Zahl mag verdeutlichen, was es für die Akzeptanz eines Btx-Programmes heißt, folgt man den oben genannten Maximen: Die Seiten des Presse- und Informationsamtes (fast 1.000) wurden in Berlin im Zeitraum Herbst 1980 bis Mitte 1983 circa 180.000 mal abgerufen, das sind bei 3.000 Versuchsteilnehmern 200 Abrufe pro Tag. Zusammenfassend läßt sich sagen: Stimmt das Zusammenspiel von leistungsfähiger Technik, ausgereiften Programmen und ständiger Programmpflege, dann ist die Akzeptanz beim Nutzer gesichert. Professor H. TREINEN, den ich in diesem Zusammenhang noch einmal zitieren möchte, stellt fest:
"Neben den ökonomischen und konjunkturellen Rahmenbedingungen (wird) gerade auch die Teilnahme von Anbietern mit brauchbaren, nutzenversprechenden Informationsblöcken eine schließliche Akzeptanz von Btx mitbestimmen".
Lassen Sie mich die Btx-Programme der wichtigsten öffentlichen Berliner Anbieter kurz skizzieren. "Bürger-Service" ist der Titel des Programms, das vom <u>Presse- und Informationsamt des Landes Berlin</u> seit dem 15. Oktober 1980 angeboten und ständig erweitert wird. Es präsentiert folgende Bereiche: Aktuelle Nachrichten der Landesregierung und aus den Bezirken; Adressen des Senats und Grobgliederung der Verwaltung; Kurzbiographien des Regierenden Bürgermeisters und der Senatoren; Adressen der Bezirksverwaltungen, der Bezirksbürgermeister; Verzeichnis der Stadträte; Hinweise für Reisen und Besuche in Ostberlin und in die DDR; Berlin in Zahlen - ein Programmteil, der in Zusammenarbeit mit dem Statistischen Landesamt erstellt wurde; Reiseangebote für Jugendliche, Senioren und Familien; Kulturelle und andere Veranstaltungen; die Museen Preußischer Kulturbesitz; Wirtschafts- und Verbrauchernachrichten; Bauen und Wohnen; Umweltschutz; Hilfe bei Notfällen; Dialogseiten (Tele-Brief und Bestellseiten für Broschüren). Aus dieser Programm-Palette ist ersichtlich, daß nicht die Bedürfnisse und Gewohnheiten der Verwaltung Leitlinie bei der inhaltlichen Ausgestaltung sind, sondern ausschließlich das Interesse und das Bedürfnis des Bürgers. Dazu kommt das Bestreben des Senatspresseamtes, hautnah am Geschehen in der Stadt dabei zu sein. Zwei Beispiele zeigen dies. Das eine: Die Wahl zum Berliner Abgeordnetenhaus im Mai 1981, wo mit Unterstützung des Statistischen Landesamtes im Rathaus

Schöneberg bis zum Morgen des 11., genau bis 3.30 Uhr, die Einzelergebnisse ins Btx-System eingespeist wurden. Anläßlich dieser
Wahl erprobte das Presseamt eine der interessantesten Möglichkeiten, die Btx bietet: Die Verknüpfung zweier Programme unterschiedlicher Btx-Anbieter. Kooperationspartner auf Zeit war die "Frankfurter Allgemeine Zeitung". Deren Btx-Redaktion in Frankfurt über-
nahm die Berichterstattung über Wahlverlauf, Hochrechnungen und
erste Reaktionen auf den Wahlausgang, das Senatspresseamt steuerte
Einzelergebnisse aus den Bezirken und die Sitzverteilung bei. Auf
diese Weise war der Btx-Teilnehmer umfassend und detailliert informiert.
Zweites Beispiel: Für die Volkszählung 1983, die schlußendlich
dann doch nicht stattfand, hatte das Senatspresseamt ein 120-Sei-
ten-Programm mit Hintergrundinformationen und aktuellen Nachrichten für Btx aufbereitet und nach und nach ins System eingegeben.
Die Resonanz der Berliner Versuchsteilnehmer war beachtlich. In
nur drei Wochen wurden diese Seiten 2.770 mal abgerufen, 83 Broschüren zum Thema wurden im gleichen Zeitraum über die Dialogseite
bestellt.
Beide Btx-Aktionen bestärkten die Verantwortlichen im Senatspresseamt, daß Informationen einer staatlichen Pressestelle künftig
nicht mehr nur auf den herkömmlichen Informationsschienen zur Verfügung gestellt werden sollten, sondern auch über den neuen Ver-
triebsweg Bildschirmtext. Mit Hilfe dieser Technik kann sich jeder
gezielt und umfassend "auf einem Kanal" zeitunabhängig mit Informationen versorgen, die er sich sonst zeitraubend und umständlich
beschaffen müsste.

Die Berliner Kraft- und Licht-AG, kurz Bewag, ist erst seit Mitte
1983 Btx-Anbieter, aber präsentierte gleich zu Beginn ein Programm
voller nützlicher Informationen. Sie informiert über Kraftwerke
und Verteilnetz; Stromerzeugung und Verbrauch; Geschäftsvolumen
und Bilanz; Termine von Vorführungen und Kursen der Beratungsstellen; Planungshilfen mit Broschürenbestellmöglichkeit; Bauen, Um-
bauen und Modernisieren; Not- und Störungsdienste. Intensiv nutzt
die Bewag die Dialogmöglichkeiten. Man kann beispielsweise von
einer Informationsseite sofort auf die Bestellseite für die entsprechende Broschüre springen. Der Bürger kann, wenn er umzieht,
dies der Bewag über die Dialogseite mitteilen. Er findet im Programm schnell wichtige Telephonnummern und kann per Antwortseite

mit seiner Fernbedienung um Rückruf bitten. Er kann, falls er eine
Buchstabentastatur besitzt, Fragen stellen. Und der Rechnerverbund
ermöglicht es ihm, sich von der Bewag seine Stromkosten berechnen
zu lassen. Lediglich den Verbrauch und den Zeitraum muß er per Btx
übermitteln.

Das Programm der <u>Berliner Verkehrsbetriebe</u> - wie das des Senatspresseamtes und der Bewag mit dem Preis "für vorbildliche Leistungen als Btx-Pionier" ausgezeichnet - ist von Experten als "Fahr-
plan-Information der Superlative" bezeichnet worden. Service für
den Kunden ist jedenfalls Intention des Angebotes, das unter anderem aktuelle Nachrichten wie Fahrplanänderungen, Tarif-Informatio-
nen, die erste und letzte Verbindung der U-Bahn-Linien, einen
Stellenmarkt und das Fundbüro bietet. Die Berliner Verkehrsbetrie-
be haben jedenfalls ihre Btx-Chance erkannt. Denn warum sollte für
Berlin nicht gelten, was die Begleitforscher in diesem Zusammenhang in Düsseldorf herausgefunden haben: Daß nämlich 55 Prozent
der Btx-Nutzer häufig sogar mehrfach Btx in Anspruch genommen haben, wenn es um Informationen von Verkehrsbetrieben geht.

Die <u>Freie Universität</u>, so heißt es in der wissenschaftlichen Begleituntersuchung des Heinrich-Hertz-Institutes im Auftrag des
Berliner Senats, rage mit ihrem Angebot in Umfang, Vielfalt, Aktualität und Quantität unter allen anderen Bildungseinrichtungen
deutlich heraus. Das Btx-Angebot der FU ist tatsächlich ein überaus nützlicher Informationspool für den, der Student ist oder studieren möchte, für Eltern und Schüler und für diejenigen, die sich
über Forschungsansätze beziehungsweise -ergebnisse informieren
wollen. Die Themenbereiche der FU sind: Was kann man studieren?
Wie wird man Student? Neues aus der Forschung; Informationsservice
Schule und Beratung (das sind circa 150 Btx-Seiten zum Berliner
Schulsystem, zu den Themen Zeugnisse, Volkshochschule, Zweiter
Bildungsweg, Schulabschlüsse). Außerdem arbeitet die FU inhaltlich
weitergehend. Sie will Stichwörter zu den Bereichen "Bildung und
Wissenschaft" thematisch und inhaltlich systemgerechter gliedern
als es bisher das offizielle Btx-Schlagwort-Verzeichnis tut. Professor Issing hat zudem den Arbeitskreis Bildung in Bildschirmtext ins Leben gerufen. Hier tauschen circa 50 private und öffentliche Anbieter aus Bildung und Wissenschaft regelmäßig ihre Erfahrungen mit Btx aus.

Seit März 1981 ist die <u>Berliner Polizei</u> in Btx vertreten, und sie
hat mittlerweile ein Angebot, das zu den gefragtesten Behörden-
Programmen gehört. Sie bietet aktuelle Nachrichten, Berufsinforma-
tionen, Hinweise auf Straftaten mit der Bitte um Mithilfe der Bürger, den kriminalpolizeilichen Tip des Monats, das Mitdenker-Spiel,
Verkehrsinformationen, einen Verkehrsquiz, Veranstaltungen, Ver-
kehrserziehung, Bestellseiten für Informationsmaterial. Mittlerweile ist die Berliner Polizei, die die Akzeptanz ihres Angebotes
sehr genau beobachtet, der Meinung, daß der Bürger durch Btx direkter als durch andere Medien angesprochen werden kann; denn er rufe
Btx-Informationen bewußt und aus eigenem Antrieb ab, werde sie
also mit hoher Wahrscheinlichkeit intensiver und nachhaltiger verarbeiten.
Neben den hier vorgestellten Btx-Programmen gibt es eine Reihe weiterer, in die     hineinzuschauen sich lohnt. Es sind die Programme der beiden Kirchen, das der Technischen Universität, das Programm des Berliner Datenschützers, das der Ausstellungs-Messe-Kon-
gress-GmbH, das des Berliner Verkehrsamtes. Die Technische Universität Berlin tut ein übriges. Sie arbeitet intensiv an der technologischen Entwicklung von Bildschirmtext.

## 3. Btx und Öffentlichkeitsarbeit

"Berlin auf einen Blick" ist der Titel eines umfangreichen Gemein-
schaftsprogrammes mehrerer öffentlicher und halböffentlicher Berliner Btx-Anbieter, das am 1. April 1983 im Versuchsgebiet Düssel-
dorf/Neuss an den Start gegangen ist. Zielgruppe dieses Programmes
– konzipiert im Blick auf die bundesweite Btx-Einführung – sind
die Bundesbürger, die sich umfassend über Berlin informieren möchten. Diese Programm-Initiative könnte zum einen beispielgebend für
andere Kommunen sein, zum zweiten scheint sie mir Exempel dafür zu
sein, wie man Btx als Instrument der Öffentlichkeitsarbeit nutzen
kann. Nicht Selbstdarstellung und Werbung sind jedoch gefragt, sondern Informationen mit einem hohen Nutzen-Gehalt für den Informa-
tionssuchenden. Auch in diesem Zusammenhang  ist festzuhalten: Btx
wird die traditionellen Kommunikationsformen und -wege so schnell
nicht ersetzen. Jedoch ergänzt es die bisherigen Möglichkeiten,
weil  es wegführt von der klassischen Einweg-Information hin zur
dialogischen Form der Kommunikation.

## 4. Btx - facettenreich und zukunftsträchtig

Daß es nicht falsch gewesen sein kann, gleich zu Beginn in der neuen Medientechnik präsent zu sein, zeigt auch der Blick auf andere Kommunen und Behörden. Immer mehr Städte sind mit eigenen Btx-Programmen vertreten, viele von ihnen, etwa die Stadt Stuttgart, in Kooperation mit der örtlichen Tageszeitung. Das im Verlags- und Druckzentrum Stuttgart-Möhringen ansässige "Rechenzentrum Südwest", das sich intensiv mit neuen Medientechnologien beschäftigt, stellt der Stadt seinen qualifizierten technischen Apparat (Rechnerverbund) und sein Informations-Know-how zur Verfügung. So kann Stuttgart seinen Bürgern ein technisch hoch anzusiedelndes Btx-Programm im Rechnerverbund anbieten. Ein im Rathaus-Foyer aufgestelltes SEL-Btx-Terminal erlaubt zudem den Test durch die Stuttgarter. Dies und die Tatsache, daß auch Behörden außerhalb der Versuchsgebiete von Anfang an auf Btx gesetzt haben - beispielsweise der Deutsche Bundestag oder das Statistische Bundesamt - läßt das Urteil zu: Btx ist für die Information der Bürger geeignet. Eine erfreuliche Nebenerscheinung zudem: Behörden, meist Mammutapparate, unbeweglich und verkrustet, können durchaus flexibel sein, wenn Innovationsbereitschaft und Kreativität gefordert und - wie in Berlin nach Antritt des CDU-Senates - politisch gewollt sind.
Auch nach Meinung der Wissenschaftler kann Btx es möglich machen, die Bürger gezielter an die Angebote der öffentlichen Verwaltung heranzuführen. Kurz zusammengefaßt sagen sie: Durch Btx läßt sich die Bürgernähe der Verwaltung und anderer Institutionen verbessern (HEINRICH-HERTZ-INSTITUT). Und weiter: Wenn der Bürger ein Btx-Programm als gut und informativ kennengelernt hat, wird er immer wieder darauf zurückgreifen (TREINEN), ja, er erwartet geradezu die Präsenz von Behörden im System (FORSCHUNGSGRUPPE KAMMERER).
Die Erfahrungen der hier beschriebenen Btx-Anbieter deckt sich mit den Ergebnissen der Wissenschaftler. Allerdings ist man sich in Berlin sicher, daß Btx die umfassende Beratung und das persönliche Gespräch nicht ersetzen kann und auch nicht ersetzen sollte. Jedoch ist Btx ganz sicher geeignet als Instrument der Vorabinformation und Kommunikation. Und Bildschirmtext bietet künftig die Datenverarbeitung für jedermann, dann nämlich, wenn viele unternehmens- oder behördeneigene Rechner mit Btx gekoppelt sind und so dem einzelnen den Zugriff auf große Datenbanken ermöglichen. Insgesamt, auch das ergaben die Befragungen der Wissenschaftler bei den Btx-Feld-

versuchsteilnehmern, seien Behörden-Angebote sachlicher und
brauchbarer als kommerzielle Btx-Programme, eine Aussage, die optimistisch stimmt.

Nach Meinung der baden-württembergischen Expertengruppe "Förderung
neuer Kommunikationstechniken" sollte die öffentliche Verwaltung
bei der Einführung neuer Kommunikationstechniken "Schrittmacher-
funktion" ausüben  (November 1982). Das kann sicher nicht heißen,
daß nun jeder noch einmal das Rad für sich erfinden soll. Erfahrungsaustausch und Kooperation sind in diesem Zusammenhang wichtige Stichworte. Um die Kosten zu minimieren und den Nutzen für die
Bürger zu maximieren wird es gerade angesichts des rasanten technologischen Fortschritts zwingend sein, den Weg der Zusammenarbeit
zu gehen. In Berlin wurde der Anfang gemacht. Einmal durch das ge-
meinschaftliche Btx-Programm "Berlin auf einen Blick", zum zweiten
durch die Konstituierung der "Arbeitsgemeinschaft öffentlicher
Btx-Anbieter" unter Federführung des Senatspresseamtes. Erstes Ergebnis dieses Zusammenschlusses ist eine gemeinsame Btx-Broschüre
für die Besucher der Berliner Funkausstellung 1983, auf der die
Berliner Btx-Anbieter übrigens mit einem eigenen Informationsstand
unter dem Motto "Btx als Bürger-Service" erfolgreich vertreten waren.

Zusammenfassend läßt sich sagen: Eine gewisse kritische Distanz
ist auch gegenüber Bildschirmtext berechtigt. Und sicher ist auch,
daß die neue Kommunikationstechnik nicht schon morgen große Verbreitung gefunden haben wird. Trotzdem bin ich der Meinung, daß
die öffentliche Hand aus guten Gründen und ebenso wie die Privatwirtschaft an der technologischen Entwicklung aktiv teilhaben muß.
Gerade staatliche Stellen haben angesichts der in diesem Bereich
drohenden emotionsbeladenen Diskussion und der jetzt schon in weiten Teilen der Bevölkerung grassierenden Abwehrhaltung gegenüber
den neuen Medientechniken die Pflicht, durch ihre Beteiligung ein
breites Problembewusstsein zu schaffen und einen Lernprozeß bei
allen Betroffenen zu initiieren. Nur so kann die bereits in Gang
gekommene Entwicklung für alle nutzbringend zu Buche schlagen.

Wissenschaftliche Begleituntersuchungen zur Bildschirmtexterprobung
in Berlin
Heinrich-Hertz-Institut für Nachrichtentechnik
Berlin 1983
Berichtsband (Jürgen Seetzen u.a.)
Anlageband 1 (Jost Matheisen/Michaela Voltenauer-Lagemann: Soziale
            und kulturelle Auswirkungen von Bildschirmtext in pri-
            vaten Haushalten)
Anlageband 5 (Reinhard Stransfeld: Bildschirmtext und Bildung)

Wissenschaftlicher Beraterkreis Feldversuch Düsseldorf/Neuss
Kurzfassung des Abschlußberichts. Feststellungen und Empfehlungen.
Vorgelegt im Januar 1983 gemäß § 3 (2) des Bildschirmtextversuchsge-
setzes Nordrhein-Westfalen vom 18.3.1980

Wissenschaftliche Begleitung Feldversuch Bildschirmtext Düsseldorf/
Neuss
Paneelerhebung im Auftrag des Landes Nordrhein-Westfalen und der
Deutschen Bundespost. Zwischenbericht Stand 1.6.1982

Professor Dr. Heiner Treinen (Ruhr-Universität Bochum, Mitglied des
wissenschaftlichen Beraterkreises zum Bildschirmtext-Feldversuch
Düsseldorf/Neuss.
Akzeptanz und Nutzung von Bildschirmtext.
Vortrag beim Bayerischen Städtetag am 23. Juni 1983 in München.

<u>ZWEIWEG-BREITBANDKOMMUNIKATION</u>
<u>UND BÜRGERNAHE VERWALTUNG</u>

R. Kreibich
IZT - Institut für Zukunftsstudien
und Technologiebewertung
Stauffenbergstraße 11-13
D-1000 Berlin 30


Inhaltsverzeichnis

Zweiweg-Kabelfernsehen und bürgernahe Verwaltung

1       Ausgangspunkte

Den Ausführungen liegt in erster Linie ein Forschungsprojekt aus dem Jahre 1977 mit dem gleichen Titel zugrunde[1]. Darüber hinaus fließen Ergebnisse aus Forschungsprojekten ein, die in den letzten Jahren am Institut für Zukunftsstudien und Technologiebewertung Berlin im Rahmen der Einführung neuer technischer Kommunikationssysteme durchgeführt wurden. Im Vordergrund standen Auswirkungen auf Bürger und Verwaltung, Verbraucherschutz- und Datenschutzprobleme. Untersucht wurden vor allem die komplexen Systeme Kabelfernsehen, Bildschirmtext, Autonotfunk und Integrierte Bürokommunikation. Ziel aller Vorhaben war eine Abschätzung und Bewertung der sozialen und wirtschaftlichen Chancen und Risiken.
Die Vorhaben haben eine grundlegende Erkenntnis vermittelt, daß es sich nämlich bei den genannten Systemen im Prinzip nur um bestimmte Anwendungsformen im Rahmen einer immer komplexer werdenden und sich immer mehr vernetzenden informations- und kommunikationstechnischen Infrastruktur handelt. Dies hat erhebliche Konsequenzen. Wir werden uns nämlich in Zukunft weniger die Frage zu stellen haben, was man mit dem Kabelfernseh-System, was mit BTX, was mit Integrierten Bürosystemen machen kann, sondern vielmehr: Was will man überhaupt machen, was ist wünschenswert?
Erst dann sollte man Ausschau halten, wie dies am besten mit den dafür zur Verfügung stehenden oder geplanten Netzen und Systemen am besten zu realisieren ist. Dies hat zum Beispiel zur Konsequenz, daß man heute die 1977 durchgeführte Forschungsarbeit "Zweiweg-Kabelfernsehen und bürgernahe Verwaltung" gar nicht mehr nur auf die Möglichkeit des Zweiweg-Kabelfernsehens beziehen würde. Vielmehr müßte man auf der Grundlage der analysierten Verwaltungsabläufe nach der optimalen Kombination der Systeme fragen. So wäre aus heutiger Sicht wahrscheinlich eine Kombination aus Integrierten Bürosystemen (vor allem für die verwaltungsinternen Prozesse) und Bildschirmtext (z.B. für Informationsprozesse Bürger - Verwaltung) für bestimmte Funktionen auch denkbar - natürlich auoh die Breitband-Kommunikation, beispielsweise zur Realisierung des 'Offenen Kanals'.

2       Kennzeichen der neuen technischen Kommunikationssysteme

Was zeichnet nun die neuen Systeme besonders aus, welche neuen Dimensionen der Kommunikation und Information können durch sie erschlossen werden?

Allgemein sind sie gekennzeichnet durch das Zusammenwachsen von immer leistungsfähigeren Netzstrukturen der Informations- bzw. Nachrichtentechnik und nahezu unbegrenzt steigerbaren Speicher- und Steuerleistungen von Computern. Dies impliziert eine fast beliebige Verarbeitung von Daten in jeder gewünschten Form (Text, Ton, Bild). Berücksichtigt man noch die internationalen Standardisierungsbestrebungen, so lassen sich die folgenden allgemeinen Tendenzen als Merkmale der neuen Informations- und Kommunikationsstrukturen angeben:

1. Unbeschränkte Übertragungs- und Verarbeitungskapazität der Netze und Zentralen
2. Standortunabhängigkeit der Verarbeitung
3. Schnelle Verarbeitung neuer Daten
4. Gleichzeitige Verarbeitung von Text-, Ton- und Bilddaten
5. Weitgehende Individualisierbarkeit der Daten
6. Offenheit der Systeme
7. Hohe Leistungsfähigkeit der Peripheriegeräte
8. Große Funktions- bzw. Anwendungsvariabilität durch Vernetzung der Systeme bzw. Systemkomponenten.

Mit diesen vielfältigen Möglichkeiten sind natürlich erhebliche gesellschaftliche Risiken verbunden, die es bei ihrer Nutzung zu vermeiden oder zumindest zu minimieren gilt (Unpersönlichkeit der Mensch-Maschine-Kommunikation, Abrücken der Verwaltung vom Bürger durch zu starke Formalisierung und Rationalisierung, Routinisierung von Verwaltungsentscheidungen, Datenschutzprobleme, Abwälzen von Dienstleistungen auf den Bürger usw.).


3    Ziele des Forschungsprojekts


Auf der Grundlage einer Analyse typischer Behördenbereiche wurden die Einsatzmöglichkeiten des Zweiweg-Kabelfernsehens geprüft. Dabei ging es vor allem um die Chancen, die zu einer besseren Bearbeitung bzw. zu verbesserten Lösungswegen bei Bürgeranliegen führen könnten. Im Vordergrund standen die folgenden Ziele:
- Verbesserung der Information des Bürgers
- Vereinfachung der Verwaltungsarbeit durch Entlastung von Routineangelegenheiten
- Verbesserung der Verwaltungsabläufe im Hinblick auf die Bürgeranliegen
- Freisetzung von personellen Kapazitäten für Intensivberatungen.


Anhand exemplarischer Untersuchungen verschiedener Verwaltungsdienste

waren die quantitativen und systemanalytischen Kenngrößen für künftige
Diensteangebote zu erarbeiten. Daraus waren Schlüsse für den Aufbau der
Dienste-Software und für die technologische Auslegung des Systems zu
ziehen.


# 4 Auswahl der Verwaltungsbereiche

## 4.1 Allgemeine Auswahlkriterien

Die Kriterien für die Auswahl der Untersuchungsbereiche wurden aufgrund
von Erfahrungen aus der Verwaltungspraxis entwickelt. Darüber hinaus
mußte die Auswahl auf die Leistungsmerkmale des Systems abzielen. In ge-
meinsamer Arbeit mit Spitzenbeamten der Berliner Behörden wurden folgende
allgemeine Kriterien für die Bereichsauswahl bestimmt:

- Reger Publikumsverkehr, d.h. hohe Zahl von Bürger-Verwaltungskontakten

- Erfassen unterschiedlicher Bereiche mit besonders wichtigen Bürgeranliegen

- Unterschiedliche Arten von Bürgerkontakten (Homogenität/Heteroge-
  nität)

- Zukünftige Kontaktentwicklung

- Potentiale der Kommunikationsträger

- Ausrichtung der Interaktion (Bürger - Verwaltung, Verwaltung - Bürger, Bürger - Drittinstitution - Verwaltung)

- Selbständige Bearbeitung der Bürgeranliegen oder Einschaltung anderer Institutionen.


Die Kriterien führten zu einer Vorauswahl der in Betracht kommenden Verwaltungsbereiche. Den Entscheidungen darüber, welche Verwaltungsbereiche
und Verwaltungsprozesse im einzelnen zu untersuchen waren, lagen noch
weitere spezifische Kriterien zugrunde.

## 4.2 Übersicht über die Verwaltungsbereiche und -prozesse

| Verwaltungsbereiche | Verwaltungsprozesse |
|---|---|
| Arbeitsamt | Berufliche Fortbildung und Umschulung |
| Sanierungs-Verwaltungsstelle | Beschaffung von Ersatzwohnraum |
| Landesamt für Wohnungswesen | Beantragung eines Wohnberechtigungs- |
| (LAW) | scheins (WBS) |
| Finanzamt | - Vermögenssteuererklärung |
| | - Anmelden eines Hundes |
| | - Eröffnung eines Gewerbebetriebes |
| Sozialamt | Beantragung von Sozialhilfe |

## 4.3 Gründe für die Auswahl der Verwaltungsbereiche

### Kommunikationsbereich Arbeitsamt

Für die Entscheidung, die Arbeitsverwaltung einzubeziehen, war neben ihrer besonderen Bedeutung vor allem der überdurchschnittliche Anstieg der Kontakte entscheidend. 1975 gab es in Berlin (West) 31.223 Arbeitslose, das waren 76,6 % mehr als im Vorjahr. Die Zahl der Kurzarbeiter erhöhte sich im gleichen Zeitraum von durchschnittlich etwa 4.800 auf 17.400 (+ 263 %). Im Jahre 1975 wurden 207.837 Arbeitsplätze vermittelt, und 27.669 Personen nahmen die Berufsberatung in Anspruch. Neben dem hohen Informationsbedürfnis auf seiten der Bürger war selbstverständlich die Informationspflicht auf seiten des Arbeitsamtes von Bedeutung.

### Kommunikationsbereich Stadtsanierung

Dieser Bereich wurde gewählt, weil hier im Kontakt Bürger - Verwaltung äußerst verschiedenartige Kommunikationsprozesse und -formen eine Rolle spielen. Darüber hinaus sind mit der Planung und Organisation von Sanierungsaufgaben zahlreiche Institutionen befaßt, die teilweise selbst den Bürger ansprechen, teilweise vom Bürger angesprochen werden. Für den Kommunikationsprozeß waren folgende Charakteristika von Interesse:

- Es werden mehrere unterschiedliche Kommunikationsträger verwendet: Brief, Telefon, persönliche Beratung, Sozialplanbefragung, persönliches Aufsuchen der Betroffenen, Bürgergruppenbeteiligung etc.
- Das Kontakt- und Informationssystem wird wiederholt durchlaufen (z.B. bei Wohnraumbeschaffung) und durch Querverweise an parallele Informationsstellen bestimmt.
- In der Stadtsanierung treffen essentielle menschliche Lebensbereiche ('Wohnraumzerstörung', Verlassen des angestammten Umfeldbereichs etc.) und - darauf aufbauend - persönliche und politische Engagements aufeinander.

Für Sanierungsinformation ist typisch, daß eine Grundgesamt von Betroffenen ein sehr unterschiedliches und redundantes Informationssystem zu durchlaufen hat. Der Sanierungsbereich ist schon aus diesem Grund für die Nutzung von Zweiweg-Kabelfernsehsystemen von erheblichem Interesse.

### Kommunikationsbereich Landeswohnungsamt (LAW)

In diesem Bereich ist die Zahl der jährlichen Kontakte mit den Bürgern, die einen Wohnberechtigungsschein (WBS) persönlich beantragen, sehr groß (ca. 50.000 im Jahr). Die Informationsbereitstellung erfolgt zentral durch das LAW anhand eines Antrags auf WBS in formatisierter und didaktisch aufbereiteter Form. In Berlin hat der WBS eine besondere Bedeutung, da von den insgesamt 1,08 Mio Wohnungen (1976) ca. 400.000 Sozialwohnungen sind, deren Vermietung den Nachweis des WBS verlangt.

Kommunikationsbereich Finanzamt

Für die Auswahl des Finanzamts sprachen in erster Linie die hohe Zahl der Bürgerkontakte von annähernd 13 Mio pro Jahr sowie die Bedeutung für den Bürger. Eine grobe Beurteilung der einzelnen Steuersignale ergab, daß die Inhalte der einzelnen Steuererklärungen sowohl im Hinblick auf ihre Komplexität als auch bezüglich der Prozeßhomogenität stark differieren. Dies führte dazu, in diesem Bereich mehrere Prozesse zu untersuchen, die jeweils die verschiedenen Aspekte für die Umsetzung von Bürger-Verwaltungskontakten in das Zweiweg-Kabelfernsehen berücksichtigen.

Kommunikationsbereich Sozialverwaltung

Neben dem erheblichen Anstieg der Empfänger von Sozialhilfeleistungen u.a. durch die starke Erhöhung der Zahl der Arbeitslosen und Kurzarbeiter sowie die größere Bedeutung der Sozialhilfe im Vollzug des Bundessozialhilfegesetzes (BSHG) spielte vor allem der im Einzelfall enge Kontakt des Bürgers mit dem Sozialamt eine besondere Rolle. Hier war insbesondere von Interesse, daß neben einer großen Zahl von Routinefällen sehr intensive Beratungen vor allem alter oder kranker Menschen erforderlich sind. Zu untersuchen war somit vor allem, inwieweit es im Bereich der Sozialverwaltung gelingen könnte, durch Einsatz des Zweiweg-Kabelfernsehens die Mitarbeiter der Verwaltung von belastenden Informations- und Routinearbeiten freizubekommen für das intensive Einzelgespräch und die Betreuung.


5        Methodische Durchführung


Die Untersuchung stützte sich methodisch auf eine spezifische Material- und Erfahrungsaufbereitung der genannten Verwaltungsbereiche über Informations- und Kommunikationsprozesse zwischen Bürger und Verwaltung, zwischen den Verwaltungsstellen und zwischen Bürger bzw. Verwaltung und anderen Institutionen. Darauf aufbauend wurden in allen Verwaltungsbereichen Interviews mit Mitarbeitern der Verwaltung durchgeführt, die sowohl standardisierte als auch offene Fragen enthielten. Mit diesen Interviews wurde statistisches Material über die Informations- und Kommunikationsvorgänge erarbeitet. Die offenen Fragen sollten vor allem Erkenntnisse über die Möglichkeiten und Wünschbarkeiten neuer technischer Kommunikationssysteme allgemein bzw. des Kabelfernsehens ergründen. Die Datenerfassungsbögen wurden über die primäre Auswertung hinaus für eine Sekundäranalyse aufbereitet, durch die die empirischen Ergebnisse in Flußdiagrammen dargestellt werden konnten. Aus den Flußdiagrammen ergaben sich die Informations- und Kommunikationsprozesse, insbesondere die Suchprozesse der Bürger und der Verwaltung. Eine Auswertung auf der Grundlage der genannten Methoden er-

laubte eine vorsichtige Quantifizierung der Prozesse, aus der die Anteile
hervorgingen, die möglicherweise durch ein Zweiweg-Kabelfernsehsystem
übernommen werden können. Daneben wurden Prozeßanteile selektiert, die
nach bisheriger Auffassung nicht durch technische Kommunikationssysteme
übernommen werden sollten, da es sich hierbei entweder um sehr differenzierte und individualisierte Einzelvorgänge handelt und/oder um das intensive Beratungsgespräch.
Die Anzahl der notwendigen Kontakte betrug im Mittel aller Ämter 4-5 pro
Vorgang. Im Sozialamt waren im Extremfall bis zu annähernd 40 weitere
Kontakte erforderlich, während beim LAW und beim Finanzamt in der Regel
keine weiteren Kontakte anfallen.
Die Anzahl der zu verarbeitenden Informationen war bei allen interviewten
Experten sehr hoch. Ihre Informationsquellen verteilen sich wie folgt:

| Informationsquellen | Verwendet von % der Befragten | Anteil an der Summe der Informationsquellen |
|---|---|---|
| Gesetzliche und verwaltungsrecht- liche Vorschriften/Dienstanweisungen | 100 | 15 |
| Statistiken | 53 | 8 |
| Amtliche Mitteilungen | 89 | 13 |
| Mitteilungen von Fortbildungsinstit. | 32 | 5 |
| Gutachten/Fachbücher/Literatur | 74 | 11 |
| Zeitungen/Zeitschriften/andere Medien | 68 | 10 |
| Lehrgänge/Konferenzen | 53 | 8 |
| Besprechungen/Arbeitsberichte/Protokolle | 95 | 14 |
| Publikumskontakte | 68 | 10 |
| Sonstiges | 37 | 6 |

Trotz der bereits sehr hohen Anzahl der verwendeten Informationsquellen
sind 42 % der Befragten der Meinung, daß sie nicht alle relevanten Informationsquellen erhalten und verwenden. Bei immerhin 53 % erwies sich die
Informationsbeschaffung als schwierig, und 58 % klagen darüber, daß zuviel Material durchgesehen werden muß. Die Schwierigkeiten führen dazu,
daß bei 83 % der Behördenvertreter die Zeit zur Durchsicht, Auswertung
und Umsetzung nicht ausreicht. Als Hindernisse werden genannt: zu starke
Arbeitsbelastung (53 %), Organisationsmängel (27 %) und Kompetenzprobleme (13 %).
Aus den Flußdiagrammen wurden sogenannte Prinzipienabläufe entwickelt,

die als Vorstufe für eine Aufbereitung für das Zweiweg-Kabelfernsehsystem
gelten können. Im wesentlichen wird dadurch den Suchprozessen die notwendige Information über die Identifikation des Anliegens und die erforderlichen Schritte für den Bürger und die Verwaltung vorangestellt.
Das ergibt folgenden Ablauf mit den Teilprozessen und Prozeßphasen:

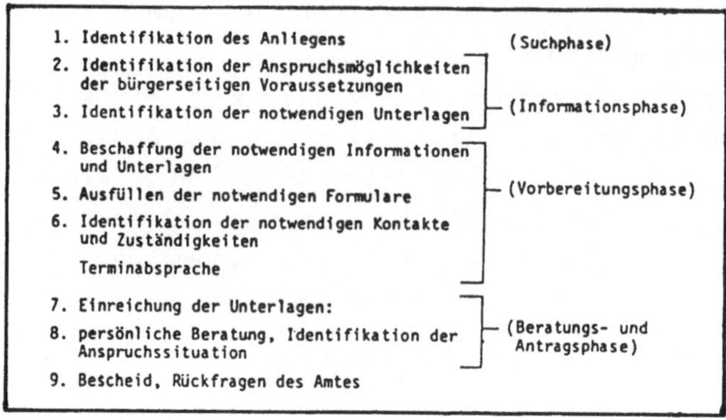


# 6 Ergebnisse

Trotz eines geringen Informationsstandes der Befragten über die Möglichkeiten und Wirkungen neuer Kommunikationstechnologien, insbesondere des
Kabelfernsehens, ergab sich eine relativ hohe Bereitschaft, derartige
Kommunikationsmittel ggf. einzusetzen und zu benutzen.
Auf die Frage: "Können Sie sich vorstellen, daß durch den Einsatz von
Kommunikationsmitteln Ihre Arbeit erleichtert werden könnte?" antworte-
ten 67 % mit Ja. 47 % davon konnten sich vorstellen, daß auch Teile ihrer
jetzigen Tätigkeit verallgemeinert und über ein Kommunikationssystem abgewickelt werden könnten. Immer wieder wurde allerdings darauf hingewiesen, daß sich die von einem Kommunikationssystem zu übernehmenden Prozeßabläufe im wesentlichen im Vorfeld der eigentlichen Anliegenberatung
befinden würden.

## 6.1 Arbeitsamt

Grundsätzlich ließen sich hier alle über die Anmeldungs- und Bearbei-
tungsstelle ablaufenden Prozesse aufgrund der Formatierbarkeit über ZKF
abwickeln. Dabei handelt es sich im wesentlichen um folgende Prozesse:
Anmeldung zur Arbeitsberatung / Anmeldung zur Arbeitsvermittlung / Ar-
beitslosenmeldung.
Darüber hinaus ließen sich Teile der Arbeitsberatung wie beispielsweise
Informationen zur Arbeitsmarktlage / Informationen zur Ausbildungssi-
tuation usw. übernehmen. Es muß angemerkt werden, daß bis heute schon
ein beträchtlicher Teil von Informationsmaterial im Rahmen computerge-

stützter Arbeitsvermittlungsprogramme implementiert worden ist.
Grundsätzlich kann der Einsatz des ZKF im Arbeitsamt nach grober Schätzung bis zu 80 % (im Durchschnitt immerhin 60 %) der Kontakte bzw. Teil-
kontakte übernehmen.

## 6.2   Stadtsanierung

Mit Hilfe des 'Offenen Kanals' wäre  auch für diesen Bereich eine Reihe
von Prozessen über ZKF zu übernehmen. Da es sich hier jedoch um einen
vielschichtigen Vorgang zwischen betroffenen Mietern, Vermietern, Sanie-
rungsträgern und Sanierungsplanern handelt, müßte über die Implementation
von einfachen Informationsprozessen hinaus eine genauere Untersuchung
durchgeführt werden, welche Prozesse im einzelnen für ZKF geeignet sind.
Die Erfahrungen vor allem in den Niederlanden haben gezeigt, daß für solche Vorgänge der 'Offene Kanal' am ehesten geeignet erscheint.

## 6.3   Landesamt für Wohnungswesen

Für diesen Bereich ist eine Aufbereitung der Intensivberatung über die
Antragsschritte, -inhalte und erforderlichen Unterlagen möglich und auf-
wandsreduzierend, denn
-     die Zahl der jährlichen Kontaktaufnahmen ist sehr groß,
-     eine Entlastung vor allem der Beratung von Routineaufgaben könnte
      zum Abbau der Warteschlangen führen,
-     ein hoher Prozentsatz der Prozesse ist formatisierbar.
Eine individuelle Einzelfallprüfung ist nur an wenigen Stellen des Prozesses vorgesehen, so daß ein erheblicher Teil der Antragsvorgänge ohne
umfangreiche Implementierungsprogramme über ZKF abzuwickeln ginge.

## 6.4   Finanzamt
### 6.4.1 Allgemeine Steuerinformationen

Auch wenn es nicht unmittelbar den Prozeß 'Allgemeine Steuerinformatio-
nen' gibt, kommt es doch in der Finanzverwaltung zu umfangreichen Anfragen, die allgemeine Informationen betreffen - wie z.B. Begriffserklärung,
Erklärungspflichten, Erklärungstermine, Zahlweise, Rechtsgrundlagen usw.
Darüber hinaus könnten Informationen beispielsweise über Freibeträge, Anschriften, Öffnungszeiten, Zuständigkeiten, notwendige Unterlagen, Frist-
verlängerungen, Anfordern von Unterlagen usw. über ZKF abgewickelt werden. Die Implementierung solcher Dienste würde zu einem erheblichen Ent-
lastungseffekt führen, wobei das Freihalten von Steuersachbearbeitern von
solchen Anfragen mehr als nur die Zeit der telefonischen oder schriftlichen Kontaktaufnahme bedeuten würde.

### 6.4.2 Erklärung der Vermögenssteuer

Die Übernahme eines solchen Dienstes in ZKF ist prinzipiell möglich. Das würde allerdings einen besonderen Gerätekomfort des Teilnehmers verlangen, insbesondere natürlich eine alphanumerische Tastatur. Der Prozeß müßte an jeder beliebigen Stelle abzubrechen sein, was eine Speicherung der bis dahin erarbeiteten Unterlagen voraussetzen würde. Die Probleme des Datenschutzes und der Urkundensicherung (Unterschrift, Beweissicherung usw.) spielen dabei eine besondere Rolle.

### 6.4.3 'Anmelden eines Hundes'

Dieser Prozeß gehört zusammen mit der Anmeldung eines Kraftfahrzeugs zu den einfachsten Steuerfällen. Er ist im Prinzip voll über ZKF abzuwickeln. Die Voraussetzungen für das Endgerät und die Kommunikationselemente ergeben sich zum einen aus dem Formularwesen, zum anderen aus dem materiellen Transport der Steuermarke.

### 6.4.4 Eröffnung eines Gewerbebetriebes

Vor allem die Unterrichtung über den Verlauf des Vorgangs und die benötigten Formulare sind einfach über ZKF abzuwickeln. Darüber hinaus kann der Anmeldevorgang erheblich verkürzt werden. Vom Gewerbeamt selbst könnten alle einzuschaltenden Institutionen informiert werden, um dort die jeweiligen Aktivitäten einzuleiten, die für die Durchführung des Vorgangs erforderlich sind. Günstig wäre es, wenn dadurch Bürger und Gewerbeamt nicht mehr parallel die Kontakte zu anderen Stellen aufnehmen würden, sondern diese Leistung über ZKF vom Gewerbeamt als Serviceleistung erbracht würde.

### 6.5 Ergebnisse Sozialamt

Dieser Bereich ist wahrscheinlich am problematischsten, da sich hier nur ein bestimmter Teil der Prozeßabläufe formatisieren und routinisieren läßt. Trotzdem ist vorstellbar, daß zahlreiche Anfragen und vor allem auch interne Informationsprozesse über ZKF übernommen werden. Dies würde gerade in der beratungsintensiven Sozialverwaltung zu erheblichen Entlastungen der Mitarbeiter führen können und zur Freisetzung für intensive Beratungsgespräche. Vor allem der 'Offene Kanal' wäre als Einsatzdienst für solche Fälle zu prüfen, in denen Bürger wegen Krankheit oder aus Angst vor dem Ämtergang etc. die Sozialverwaltung gar nicht aufsuchen.

7        Gesamtbewertung

Versucht man auf der Grundlage der Ist-Abläufe und der daraus ermittelten Prinzipabläufe eine Abschätzung vorzunehmen, wie hoch die Anteile
sind, die im Interaktionsprozeß Bürger - Verwaltung sowie Bürger/Verwal-
tung - Drittinstitutionen und Verwaltung - Verwaltung über ein Kommunikationssystem übernommen werden könnten, so stecken darin notwendigerweise
subjektive Bewertungen. Die in der Studie ermittelten Werte sind schon
relativ hoch, obwohl dabei weder die technischen Möglichkeiten voll ausgeschöpft noch Prozesse einbezogen wurden, die heute als Kernbereiche
der personalen Kommunikation gelten.
Kein Zweifel, daß in vielen Bereichen die Gesamtzahl der direkten Kontakte weit über 50 % reduziert werden könnte. Kein Zweifel besteht auch, daß
die einzelnen Kontakte oft um beträchtliche Zeitaufwände verkürzt werden
könnten und viele Behördengänge einzusparen wären.
Eine Gesamtbewertung muß vor der Einführung eines neuen Systems aller-
dings die gesamten Vorteile und Risiken untersuchen und bewerten. Dabei
stehen den verschiedenen Vorteilen wie
- Zeitersparnis bei Bürgern und Verwaltung
- Kostenersparnis bei Bürgern und Verwaltung
- Verbesserung der Beratungsleistungen durch bessere Informationen und
  Freisetzung für intensivere Beratungen
- bessere Zugänge zu den Behörden vor allem für Benachteiligte
- Einsparung von Transportvorgängen
- Verbesserung der Güte der Unterlagen
- Bearbeitung von Vorgängen außerhalb von Dienstzeiten durch den Bürger
erhebliche Risiken und ggf. Nachteile gegenüber wie
- Wegfall eines Teils der persönlichen Kommunikation Bürger - Verwal-
  tung und innerhalb der Verwaltung
- Datenschutz- und Datensicherungsprobleme
- Ohnmachtsgefühle und psychische Störungen sowohl bei den Bürgern wie
  bei den Mitarbeitern der Verwaltung
- Routinisierung von Entscheidungen
- Abwälzen von Verwaltungsdienstleistungen auf den Bürger u.a.
Gerade weil die Chancen und Risiken der Einführung einer solch weitrei-
chenden Technologie nicht ohne weiteres auf der Hand liegen und die Ver-
änderungen grundlegender sozialer Prozesse wie die Bürger-Verwaltungs-
Interaktion das gesamte Sozialleben einer Gesellschaft betreffen, sind
Wirkungs- und Bewertungsstudien vor der Einführung unabdingbar.

Zugrundeliegende Forschungsarbeiten

1        Birreck, M., Kolb, D. u.a., Zweiweg-Kabelfernsehen und bürgernahe
         Verwaltung, Beiträge des IfZ Berlin, Bd. 3, München 1979.

2        Dette, K., Kreibich, R. u. Kunert-Schroth, H., Kabelfernsehen und
         gesellschaftlicher Dialog, Beiträge des IfZ Berlin, Bd. 2, Mün-
         chen 1979.

3        Grätz, F., Kreibich, R. u.a. (Hg.), Neue technische Kommunikations-
         systeme und Bürgerdialog, Beiträge des IfZ Berlin, Bd. 4, München
         1979.

4        Berger, P., Kreibich, R. u.a., Datenschutz bei rechnerunterstützter
         Telekommunikationssystemen - DARUTS, Forschungsbericht BMFT-FB-DV
         81-006, Berlin/Karlsruhe 1981.

5        Dunckelmann, H., Kreibich, R. u.a., Datenschutz, Datensicherung
         und Verbraucherschutz bei Bildschirmtext, Forschungsbericht zur
         BTX-Begleitforschung in Düsseldorf/Neuss (NRW), Berlin/Düssel-
         dorf 1983.

WORKSHOP VERWALTUNGSORGANISATORISCHE ASPEKTE
ARBEITSORGANISATION? PARTIZIPATION IN DER
SYSTEMGESTALTUNG, PROBLEME DER QUALIFIKATION
Klaus Grimmer, Kassel

1. Der Einsatz der Informationstechnologie in den Büros öffentlicher Verwaltungen bewirkt mehr als nur die maschinelle Unterstützung der Verwaltungsarbeit. Dies zeigt sich bereits in den frühen Nutzungsformen wie der Übertragung massenhafter Schreib- und Rechenarbeiten auf DV-Anlagen oder dem maschinellen Abgleich von festgestellten Sachverhaltsdaten mit Normdaten und dies zeigt sich nun zunehmend beim Einsatz der Informationstechnologie in qualitativen Entscheidungsprozessen.

Vor allem drei Auswirkungen sind bewußt zu halten
- Änderungen in der Aufbau- und Ablauforganisation öffentlicher Verwaltungen durch die Einrichtung (selbständiger) DV-Stellen
- Änderungen in der Qualität von Daten durch Aufhebung inhaltlicher und situativer Kontextbezüge
- Änderungen in den Interaktions- und Kommunikationsbeziehungen innerhalb und zwischen Verwaltungen und zwischen Verwaltungen und Bürger.

Die Einrichtung von (selbständigen) DV-Stellen hat eine zunehmende Arbeitsteiligkeit des Verwaltungshandelns und eine Einschränkung der Problemlösungsfähigkeit von Fachverwaltungen in nicht-routinisierten Bereichen zur Folge. Die darin enthaltene weitere Bürokratisierung findet ihren Niederschlag in einer verstärkten normativen Durchprogrammierung des Verwaltungsverfahrens. Gleichzeitig aber werden Daten von ihrem sozial-kommunikativen Kontext isoliert, gewinnen harte Daten und ihnen entsprechende Verwaltungsaufgaben an Gewicht, werden kommunikationsintensive Teilaufgaben ausgelagert um den maschinell verdichteten Verwaltungsbetrieb störunanfällig zu halten. Interaktions- und Kommunikationsprozesse finden weniger im unmittelbaren Meinungsaustausch von Verwaltungsmitarbeitern statt, sondern organisieren sich um und mit der DV. Mitteilungen an den Bürger sind vielfach hoch formalisiert, die Differenzierung von Lebenstatbeständen und ihre Subsumtion unter formularmäßig aufbereitete Normen wird zum Risiko des Bürgers in seiner Verpflichtung, maschinell verarbeitungsfähige Daten und Informationen zur Prüfung einer Anspruchsberechtigung oder zur Erfüllung einer Meldepflicht an die Verwaltung zu geben.


2. Diese Veränderungen in Organisation und Ablauf von Verwaltungsarbeit finden ihren Niederschlag in der Arbeitssituation der Sachbearbeiter. Technik und ihnen angepaßte Organisation verändern die Arbeitsinhalte und begrenzen Möglichkeiten

zur Selbstentfaltung, zur Kommunikation und Interaktion, zur Nutzung von Gestaltungsspielräumen, zur Qualifikation in der Arbeit. Es ergeben sich veränderte psycho-physische und soziale Belastungen aus der zunehmenden Komplexität und zeitlichen Bindung der Verwaltungsarbeit, aus der Kontrolle und der Einschränkung von Kommunikation und Kooperation. Solche Veränderungen können sich in Empfindungen der Fremdbestimmung und der Sinnlosigkeit der Arbeit und in sozialer Isolierung äußern. Der Computer ist nicht nur ein Arbeitsmittel. Er hat aufgrund seiner formallogischen Struktur und der Kettenform seiner Verknüpfungen und Arbeitsschritte - auch unabhängig von seiner organisatorischen Einbindung - einen anderen Umgang mit dem Arbeitsstoff als in manuellen Verfahren zur Folge: die Relevanz von Daten verändert sich ebenso wie der Arbeitsablauf.

3. Um die Informationstechnik optimal den Anforderungen der Verwaltungsaufgaben, den Interessen und Bedürfnissen der Mitarbeiter sowie den Erwartungen der Verwaltungsklienten anzupassen, werden Möglichkeiten "partizipativer Systemgestaltung" diskutiert. Ziel ist dabei, die Aufgabenkenntnis und Problemerfahrung der Sachbearbeitung adäquat abzubilden und in der Interaktion von Mensch und Maschine Gestaltungen zu finden, welche den Verwaltungsaufgaben und ihren Handlungserfordernissen angepaßt sind, den Arbeitszusammenhang erkennbar machen, Gestaltungs- und Qualifikationsmöglichkeiten für die Beschäftigten bieten.
Diesen Problemen wird in den folgenden Beiträgen von H. Gaugg "Das integrierte Text- und Informationssystem des Bundeskanzleramtes" und F. Weltz/H. Bollinger "Zum Problem der Beteiligung bei technisch-organisatorischen Veränderungen im Verwaltungsbereich" nachgegangen. H. Gaugg behandelt an einem praktischen Beispiel (Bundeskanzleramt Wien) partizipative Einführungsstrategien und die sich im Einführungsprozeß ergebenden Veränderungen in Arbeitsinhalt, Arbeitsrolle und Statuszuweisung. F. Weltz/H. Bollinger untersuchen anhand der Analyse eines Einführungsprozesses in einer büromäßig organisierten Abteilung eines Industrieunternehmens und am Beispiel einer großen Bundesbehörde die Diskrepanz zwischen Zielen und Erwartungen von Planern und von Benutzern von DV-Systemen, den Unterschied zwischen Systemexperten und Nutzerexperten und zeigen, wie in einem mehrfach partizipativ rückgekoppelten Entwicklungs- und Einführungsprozeß eine Systemgestaltung gefunden werden kann, welche in der Tendenz eine Optimierung zwischen den Anforderungen aus der Aufgabe und den Interessen der Mitarbeiter zuläßt, indem Partizipation nicht nur zur Legitimation einer Systemeinführung geschieht.
Eng verbunden mit diesen Fragen ist das Problem der Beherrschbarkeit eines Systems, d. h. die Anforderung, eine Systemgestaltung zu wählen, welche transparent, und in ihren einzelnen Komponenten verstehbar ist, um den Arbeitszusammenhang erkennen

zu lassen und nicht - insbesondere in sensiblen Bereichen - den Eindruck einer Beherrschung und Kontrolle der Arbeit und der Beschäftigten durch das technische System zu vermitteln: damit ergeben sich bestimmte Anforderungen an die Benutzerqualifikation. Der Beitrag von M. Pils, Linz "Benutzerqualifikation und Partizipation in sensiblen Informations- und Kommunikationssystemen im Bereich der öffentlichen Verwaltung" ist dieser Thematik gewidmet.

Eine wesentliche Bedingung für die Beherrschbarkeit neben der Technik sind Aufgabenanalyse, eine entsprechende Qualifikation und Ausbildung der Mitarbeiter in den Verwaltungen und zwar sowohl in fachlichen als auch in technischen Qualifikationen, um ein Auseinanderfallen fach-spezifischer und technik-spezifischer Tätigkeiten zu begrenzen und gerade im Hinblick auf die Möglichkeiten neuer Informationstechniken die Reintegrationsfähigkeit einzelner Bestandteile der Verwaltungsarbeit in einem Aufgabenzusammenhang zu sichern. Es ist dabei der Gefahr zu begegnen, daß Verwaltung nur noch funktioniert so weit sie in Datenverarbeitung übersetzt wird. Entsprechende Qualifikationen und Ausbildung sind nicht nur auf der Sachbearbeiterebene, sondern ebenso für die Verwaltungsführung notwendig, der Beitrag von W. v. Treeck "Verwaltungsautomationsfachliche und technische Qualifikationsanforderungen" analysiert und diskutiert hierfür aufzustellende Anforderungen.

Der Workshop "Verwaltungsorganisatorische Aspekte" unternahm es, beispielhaft einige Bedingungen zu formulieren, welche in einer informationstechnisch-gestützten Verwaltungsorganisation zu erfüllen sind, in welcher die Technik beherrschbar und entsprechend der jeweiligen Verwaltungsaufgabe in die menschliche Verwaltungsarbeit integriert wird. Die Bedeutung der Problemstellung bestätigte die engagierte Diskussion von Vertretern der Verwaltungspraxis und der Wissenschaft, welche vor allem die Anforderungen und Schwierigkeiten der zur Diskussion gestellten Konzeptionen aus den Erfahrungen alltäglicher Verwaltungspraxis thematisierte. Indem sie sich gegenwärtigen Problemen stellte, begriff sie auch die Anforderungen, welche zu lösen sind, um die Zukunft zu bewältigen. Gerade neue Entwicklungen der Informationstechnik, die Ausbildung von Büroautomations- und Kommunikationssystemen, die Dezentralisierung der Verarbeitungsprozesse läßt es vordringlich erscheinen, Möglichkeiten partizipativer Systemgestaltung, optimaler organisatorischer Einbindung von Informationstechnik und an Aufgaben, Arbeitsmitteln und Qualifikationsanforderungen orientierte Ausbildungsformen zu bestimmen.

<u>ZUM PROBLEM DER BETEILIGUNG BEI TECHNISCH-ORGANISATORISCHEN</u>
<u>VERÄNDERUNGEN IM VERWALTUNGSBEREICH</u>

Friedrich Weltz und Heinrich Bollinger


Die im Verwaltungsbereich gegenwärtig vorangetriebenen technisch-organisatorischen Rationalisierungsprozesse machen die Beteiligung der von
ihnen Betroffenen zugleich wichtiger und schwieriger als dies noch vor
wenigen Jahren der Fall war.

Die <u>zunehmende Bedeutung</u> der Beteiligung der Betroffenen ergibt sich
unter anderem aus der Ablösung von Planungsprozessen aus der betrieblichen Aufgaben- und Arbeitsrealität. Die Entwicklung organisatorischer
oder maschineller Verfahren vollzieht sich in vielen Unternehmen abge-
schottet von der unmittelbaren Berührung mit der betrieblichen Realität in den Elfenbeintürmen der EDV-Abteilungen und Organisationsabtei-
lungen, meist schon räumlich weit ab vom betrieblichen Arbeitsfeld,
durchgeführt von EDV-Spezialisten oder Organisatoren, die wenig reale
Berührung mehr mit Büroarbeit haben, die nie die Arbeiten, die sie gestalten, anschaulich und unmittelbar erfahren haben. Die einzige Nabel-
schnur zur Arbeitsrealität - formalisierte Ist-Analysen - hebt dieses
Defizit nicht auf, sie verstärkt es sogar, indem sie eben die Arbeitswirklichkeit nur formalisiert und kategorisiert, d.h. verfälscht, wie-
dergibt.

Kennzeichnend für "moderne" Planung der Bürorationalisierung ist vielfach, daß sie nicht von der konkreten, tätigkeitsbezogenen Aufgabe, d.h.
von der Arbeit ausgeht, sondern vom abstrakten Aufgabenzusammenhang
und der auf ihn zu beziehenden technischen und verfahrensmäßigen Kapazität.

Dieser Zusammenhang wird durch die neuen Entwicklungen der "Dezentralisierung", die die Arbeit mit der EDV an den einzelnen Arbeitsplatz
verlagert, nicht aufgelöst, sondern eher noch verschärft: Gerade bei
dem eigenständigen Umgang mit dem "System" ist man auf dessen arbeits-
gerechte Auslegung angewiesen, bzw. umgekehrt: Inwieweit solche dezentrale Nutzung des Systems stattfindet, hängt von seiner nutzungsgerech-
ten Gestaltung ab.

Ergebnis ist, daß Planungskonzepte einerseits, Arbeitswirklichkeit, d.h.
die Aufgabenanforderungen und tatsächliche Nutzung der Planungsergeb-

nisse andererseits, zunehmend auseinanderklaffen. Dies hat in vielen
Betrieben zu massiven negativen Auswirkungen geführt: zu Lasten des Betriebs durch niedrigere Wirtschaftlichkeit, Flexibilität, Qualität
etc.; zu Lasten der Betroffenen durch zusätzliche Beanspruchungen.

Die Notwendigkeit einer Beteiligung der Betroffenen als <u>Korrektiv</u> ist
offenkundig: Als ein Weg, Planungs- und Arbeitsrealität zusammenzuführ-
ren. Eben jene Bedingungen und Gründe, die die Beteiligung der Betroffenen im Prozeß der Bürorationalisierung so wichtig machen, gestalten
sie aber zugleich so <u>schwierig</u>.

- Die psychische und physische Ferne vieler Planer zu den konkreten
  Verhältnissen in den Einsatzbereichen ihrer Planungsprodukte, die
  esoterische Selbstbezogenheit der DV-Leute, die Technikeuphorie der
  Organisatoren erschweren ihnen nicht nur den Zugang zur betrieblichen "Praxis", sondern schirmen sie auch vor dem Zugang, um nicht zu
  sagen Zugriff, der von ihnen Betroffenen ab. Allein die Sprache der
  Planer, das Fach-Chinesisch der Datenverarbeitung und Organisations-
  lehre, richtet Barrieren auf, die weit wirksamer und absoluter sind
  als etwa jene, die durch den häufig geschmähten Soziologenkauder-
  welsch aufgeworfen werden. Natürlich steckt in dieser Abschirmung
  auch ein Element Strategie: Mitreden kann eben nur noch der "Fachmann", nur der Fachmann wird als ebenbürtiger Gesprächspartner akzeptiert.

- In der Gedankenwelt solcher Planer, die primär auf technische und
  verfahrensmäßige Funktionen ausgerichtet ist, ist "Arbeit" als Realität - und damit auch als Problem - nicht existent und somit auch
  keine Notwendigkeit, den "Arbeiter", d.h. den Nutzer der Verfahren
  und Techniken einzubeziehen.

- Der zunehmend integrale, "systematische" Charakter der Planungen,
  die Verquickung von verfahrensmäßig maschinellen Planungen (nicht
  identisch mit Hardware und Software) scheinen das Mitreden sowohl
  der Betroffenen, ja selbst von Fachleuten, die an dem Planungsprozeß
  nicht unmittelbar beteiligt sind, unmöglich zu machen.

Zwischen dem fachlichen Know-How der Planer und dem Wissen der Betroffenen scheint eine unüberbrückbare Kluft zu bestehen, die auch durch
gezielte, dadurch natürlich notwendigerweise beschränkte Qualifizierun-
gen nicht überwindbar erscheint.

Wie kann in dieser Situation Beteiligung als notwendiges Korrektiv ein-
gebracht werden?

Alle Lösungen, bei denen versucht wird, über "Planungsgruppen", Verbin-
dungsleute, Delegierte direkt in das Planungsgeschehen einzuwirken,
stehen vor grundsätzlichen Schwierigkeiten. Nicht nur, daß die mit dieser Aufgabe Betrauten häufig sehr rasch die Perspektive der "Planer"
übernehmen - die Ungleichheit der Waffen, die prinzipielle Überlegen-
heit der Planer und Systemexperten, wird nicht aufgehoben und erscheint
auf dieser Ebene allein auch als unaufhebbar. Jede Form der Beteiligung,
die darauf hinausläuft, daß die "Beteiligten" letzten Endes die besseren Planer, die kompetenteren Systemexperten sein müssen, um wirksam
eingreifen zu können, ist zum Scheitern verurteilt bzw. kehrt sich in
ihr Gegenteil um: Sie führt zu einer Verwischung der Verantwortlichkeiten und zu wenig sonst. Die "Beteiligung" stellt kein wirkliches Korrektiv dar: Die Trümpfe bleiben letztlich in der Hand der Planer, den
Schwarzen Peter der Verantwortung können sie aber nun mit den "Betroffenen" teilen. Dies berührt natürlich auch die Einschaltung des Betriebsrats, so, wie sie im Betriebsverfassungsgesetz definiert ist und wie
wir sie aus der betrieblichen Praxis kennen.

Grundsätzlich steht den Einwirkungsmöglichkeiten des Betriebsrats eben
jene Schwierigkeit entgegen, die wir gerade beschrieben haben: Die Über-
legenheit des Fachexperten, die Unmöglichkeit bei der begrenzten Kapazität des Betriebsrats, dies zu überbrücken. Versuche, Beteiligung als
Korrektiv in die Planungs- und Einführungsprozesse einzubringen, müssen
zusätzlich und verstärkt auf einer anderen Ebene einsetzen: der der
Nutzung.

Neben dem "Systemexperten", d.h. dem Planer, dem Organisator, dem DV-
Spezialisten, muß es noch einen zweiten Typ von Experten geben, den wir
Nutzerexperten nennen können, nämlich denjenigen, der in den Fachabtei-
lungen arbeitet, dort mit den Maschinen und Verfahren umgehen muß: den
Einkäufer, den Verkäufer, den Buchhalter, die Sekretärin, die Schreib-
kraft.

Die Gestaltung der Planung und Einführung neuer Technologien und Verfahren der Bürorationalisierung wird gekennzeichnet durch die zunehmende Autarkie der Systemexperten und die systematische Ausschaltung der
Nutzerexperten: trotz aller verbaler Verbeugungen vor "Akzeptanz", "Information", "Motivation". Im Grunde kennzeichnen diese Worte genau das,
was geschieht: Der Nutzer hat das zu akzeptieren, was der Systemexperte

entworfen hat, dafür wird er "motiviert", darüber wird er "informiert". Für den Systemexperten ist er eben nicht der Experte für die Nutzung, sondern der "Bediener", der geführt werden muß; der Narr, der durch Bedienerführung dazu gebracht werden muß, möglichst wenig Fehler zu machen, und dem man, wenn es hoch kommt, eine "Help-Funktion" zur Verfügung stellt.

Diese Ausschaltung der "Nutzerexperten" heißt nun allerdings nicht, daß es bei der Einführung solcher Verfahren keine "Beteiligung" gäbe, nur: sie findet nicht auf der Ebene der direkten Auseinandersetzung zwischen Planern und Nutzern statt, sondern in der selektiven, eigenwilligen Nutzung der Technik und Verfahren durch die "Bediener". Und je weniger Beteiligung im Planungsprozeß, desto gründlicher im allgemeinen diese "Beteiligung" bei der Nutzung: die Rache der Basis.

Natürlich stecken in dieser "Beteiligung" auch produktive Elemente: die implizite Korrektur wirklichkeitsfremder Planungsprodukte, die notwendige Anpassung an die Anforderungen der Aufgabenwirklichkeit - Leistungen allerdings, die nicht nur unbezahlt, sondern auch ohne Anerkennung - sozusagen unter der Hand - erbracht werden.

Diese Nutzungsprobleme sind nur sekundär eine Frage der "Motivation", der "Akzeptanz", um die modischen Begriffe, die heute so gerne gebraucht werden, zu verwenden. Sie sind auch durch Schulung, Training, Bedienerführung, Help-Funktionen etc. nur bedingt korrigierbar. Schwierigkeiten ergeben sich natürlich auch auf der Ebene von Akzeptanz und Widerstand, von Qualifikation und Fachkompetenz, viel wichtiger ist jedoch: Selbst wenn die Nutzer es wollen, vielfach können sie mit den neuen Techniken und Verfahren nicht arbeiten - nicht weil sie nicht genug qualifiziert sind, sondern weil das, was ihnen angeboten wird, der jeweiligen Aufgabenstellung nicht wirklich angemessen ist.

Aufgabe der "Beteiligung" muß es also sein, den Nutzerexperten Gehör und Einfluß zu verschaffen. Dies kann nicht, wir haben es bereits betont, dadurch geschehen, daß er zum Systemexperten gemacht wird, es kann nur dadurch geschehen, daß die "Nutzung" als letztlich entscheidender Bereich anerkannt wird, daß der Nutzerexperte in diesem Bereich dem Systemexperten gleichrangig entgegentreten kann, d.h., daß seine Expertise in seinem Bereich der Expertise des Systemexperten in dessen Bereich gleichlegitimiert entgegengestellt wird.

Wichtig erscheint dabei zunächst, daß durch das Verfahren keine Vermischung der Verantwortlichkeiten herbeigeführt wird: Der Systemexperte muß "verantwortlich" für die Entwicklung des Systems sein, also auch dafür, daß es wirklich dem Nutzer jene Effekte bringt, die es verspricht. Der Nutzerexperte gilt verantwortlich für seine Arbeitssituation: d.h. für die Erledigung der ihm gestellten Aufgaben. Von hier aus beurteilt er den Wert der Planungen des Systemexperten.

Der Rechtfertigungs- oder Legitimationsprozeß kehrt sich um: Nicht mehr der Nutzerexperte hat zu rechtfertigen, warum er mit dem "System" nicht zurechtkommt und Vorschläge zu entwickeln, wie dem abzuhelfen sei, sondern der Systemexperte hat zu legitimieren, daß sein Beitrag wirklich zu einer Verbesserung der Arbeitssituation des Benutzers führt, und damit auch zu einer Erhöhung der Wirtschaftlichkeit. Es darf eben nicht jene Verschiebung stattfinden, die jede repräsentative Beteiligung tendenziell herbeiführt, daß nämlich die "Beteiligten" die Lücken und Fehler der Planung durch die Systemexperten ausbügeln.

Wie kann das erreicht werden?

Auf der <u>legitimatorischen Ebene</u> setzt dies zunächst voraus, die Scheinhaftigkeit der "Erfolge" vieler EDV-Rationalisierungen aufzuzeigen, ihre Defizite, ihre negativen Auswirkungen sowohl für die Betroffenen als auch für die "Wirtschaftlichkeit".

Es muß klargestellt werden, daß die entwickelten Verfahren und eingesetzten Techniken nur soviel wert sind, wie sie genutzt werden, und daß die Nichtnutzung zunächst einmal zurück auf die Planer fällt.

Es muß klargestellt werden, daß die begrenzte Leistungsfähigkeit weltfremder Organisationssysteme nicht primär Konsequenz fehlender Qualifikation der Nutzer ist, sondern auf Planungsdefizite zurückzuführen ist. Wichtig ist dabei eine Auseinandersetzung mit den "Wirtschaftlichkeitsrechnungen", mit denen die Einführung neuer Verfahren und Technologien legitimiert wird.

Auf der <u>institutionellen Ebene</u> gilt es einen Diskussionsprozeß festzuschreiben, durch den erzwungen wird, daß die Planer sich der Diskussion stellen müssen, daß erzwungen wird, daß die Planung der Systemexperten sich gegenüber der Expertise der Nutzerexperten legitimieren muß.

Konkret hieße das, daß die einzelnen Schritte des Planungs- und Einführungsprozesses vor den jeweils Betroffenen zur Diskussion gestellt werden, in Testläufen erprobt und auf der Basis der gemachten Erfahrungen korrigiert werden. Das vorgeschlagene Verfahren soll also einen kontinuierlichen Diskussionsprozeß zwischen Planern und Betroffenen sicherstellen.

Dies ist nicht "Mitbestimmung", dies ist wohl auch nicht eigentlich "Beteiligung" in dem Sinne, daß hier Entscheidungs- und Planungsprozesse geöffnet werden. Ansatzpunkt dieser Verfahren ist nicht die Ebene der Entscheidung, vielmehr die der "Veröffentlichung" von Planungsprozessen, die der Legitimation. Die Verantwortlichkeit für den Planungsprozeß und Einführungsprozeß bleibt ungeteilt bei den Planern.

Natürlich stellt dieses Verfahren keine wirkliche Ausweitung der Mitbestimmung nach dem Betriebsverfassungsgesetz dar. Sie kann als basisbezogene Ergänzung zu den gesetzlich vorgesehenen Mitbestimmungsmöglichkeiten gesehen werden, als ein Versuch, deren Defizite und Schwächen durch die prozeßbezogene Einbringung der Nutzerexpertise auszugleichen.

Erste Erfahrungen, die wir mit dem vorgeschlagenen Verfahren machten, lassen erkennen, daß bei konsequenter Anwendung bei Planern wie bei Betroffenen Lern- und Bewußtseinsprozesse bewirkt werden:

- Bei den Planern und Systemexperten wachsende Vertrautheit - und damit Berücksichtigung der konkreten Arbeitssituation, sozusagen eine Form arbeitsbezogener Weiterbildung, ein Bewußtwerden über die Folgen ihrer Arbeit;

- bei den Betroffenen frühzeitige Einsicht in mögliche Auswirkungen neuer Technologien und Verfahren, Einleitung von Überlegungsprozessen, wie negativen Folgen von ihrer Seite entgegengesteuert werden kann, unter Umständen auch Stärkung von kollegialer Solidarität.

BENUTZERQUALIFIKATION UND PARTIZIPATION IN SENSIBLEN INFORMATIONS-
UND KOMMUNIKATIONSSYSTEMEN IM BEREICH DER ÖFFENTLICHEN VERWALTUNG

Manfred Pils, Universität Linz, A-4040 Linz

## 1. GRUNDSÄTZLICHES ZUR PLANUNG SENSIBLER INFORMATIONS- UND KOMMUNIKATIONSSYSTEME

Unter sensiblen Informations- und Kommunikationssystemen seien in diesem
Beitrag Mensch-Aufgabe-Technologie-Systeme verstanden, bei denen es
primär um die Unterstützung schlecht strukturierter Verwaltungsaufgaben
geht, und im Rahmen derer komplexe, nicht vollständig erklär- und be-
schreibbare Realitätsausschnitte informationell abgebildet werden. Die
Erfassung, Speicherung, Verknüpfung, Übermittlung und Verarbeitung von
Informationen über natürliche Personen und soziale Gebilde stehen im
Vordergrund. Es handelt sich beispielsweise um Arbeitszeiterfassungs-,
Telefonüberwachungs-, Sprachspeicher- und arbeitsmedizinische Informationssysteme, aber auch um Systeme, die zu den Bürokommunikationssystemen gerechnet werden können (z. B. elektronische Terminkalender, Electronic Mail), sowie insbesondere auch um Personalinformationssysteme.

Als sensibel in diesem Sinne gelten bereits jene Systeme, die Daten
speichern, transportieren usw., die bei nur oberflächlicher Betrachtung
als in geringem Ausmaß schutzwürdig oder problembehaftet erscheinen (z.
B. Systeme der Besoldungsabrechnung). Allerdings können auch derartige,
wenig sensible Daten für personalpolitischen Entscheidungen eine wesentliche Grundlage darstellen. Das Kontinuum unterschiedlicher Grade der
Sensibilität reicht bis hin zu Informations- und Kommunikationssystemen
mit hochsensiblen Daten aus der menschlichen Intimsphäre.

In öffentlichen Verwaltungen ist eine Reihe von Anwendungen moderner In-
formations- und Kommunikationstechnologien denkbar, die in den Bereich
der sensiblen Systeme zu rechnen sind. Großen Nutzeffekten durch den
Einsatz sensibler Systeme stehen allerdings nicht zu unterschätzende Gefahren sowohl für die Dienstgeber als auch für die Dienstnehmer, sowie
für den betroffenen Bürger gegenüber. Im Gegensatz zu anderen Einsatzge-
bieten moderner Informations- und Kommunikationstechnologien sind hier
Planungsfehler unverzeihlich; sie haben nicht mehr zu ändernde Langzeit-
wirkungen zur Folge, insbesondere technologiefeindliche Einstellungen
und Verhaltensweisen.

Im folgenden soll primär von jenen Informations- und Kommunikationssystemen in den öffentlichen Verwaltungen gesprochen werden, für die es charakteristisch ist, daß Angaben über die Beschäftigten, die in Akten-, Listen- oder Karteiform und oft verteilt an mehreren Stellen vorhanden sind (Name, Adresse, Geburtsdaten, Eintrittsdaten, Schulbildung, Staatsbürgerschaft, Führerschein, Angaben über die bisherige Berufslaufbahn, Pfändungsdaten, Mutterschutzdaten, An- und Abwesenheitsdaten, Leistungsdaten usw.), mittels moderner Informations- und Kommunikationstechnologien dokumentiert, transportiert und ausgewertet werden. Darüber hinaus besteht die Möglichkeit, weitere, im "händischen" System nicht oder nur teilweise erfaßte personenbezogene Angaben, z. B. besuchte Schulungskurse, Mitarbeiterbeurteilungen, psychologische und medizinische Eignungsdaten, einzubeziehen.

Derartige sensible Systeme sollen somit auch Verwaltungsaufgaben wie z. B. der Personaleinsatz, die Personalverwaltung, die Aus- und Weiterbildung der Mitarbeiter in den Verwaltungen, die medizinische Betreuung usw. unterstützen. Die Benutzer solcher Systeme sind in erster Linie die zentralen Dienststellen, Personalchefs, Angehörige der Personalabteilungen, die Organe der Personalvertretung sowie Leiter von Dienststellen. In bundesdeutschen Unternehmungen werden zwischen 40 und 400 personenbezogene Datenarten gespeichert (vgl. KILIAN 1982b). Diese Daten sind technisch gesehen fast beliebig kombinierbar und abrufbar.

Daneben besteht auch die Möglichkeit, Daten über Angehörige, Pensionisten, Bewerber, Betriebssportler, aber auch über Arbeitsplätze zu erfassen. Aus der Kombination der in vielen Fällen isoliert erfaßten Informationen ist es dem Benutzer des Systems möglich, Informationen neuer Qualität ("Sekundärinformationen") zu gewinnen, wie z. B. Statistiken, Korrelationen, Simulationen, Persönlichkeits- und Arbeitsplatzprofile. Zweifellos entsteht mit einem derartig konfortablen Informationssystem ein qualitativ neuartiges Führungsinstrument. Der Einsatz von speziellen Methoden zur Auswertung und Aufbereitung der Daten ist also charakteristisch für sensible Informations- und Kommunikationssysteme.

Gegen sensible Systeme werden vielfach grundsätzliche Bedenken geäußert, zum Beispiel daß es zu Machtverschiebungen zwischen Technologieanwendern und Nicht-Anwendern, insbesondere zwischen Arbeitgebern und Arbeitnehmern käme. Diese ernst zu nehmenden Bedenken befreien meines Erachtens jedoch nicht vor der Verpflichtung, sich mit Fragen der Benutzerqualifikation und Partizipation auch in diesem Bereich auseinanderzusetzen; dies insbesondere in Anbetracht der Tatsache, daß in der Praxis der öffentlichen Verwaltungen (aber auch in privatwirtschaftlichen Unternehmungen) sensible Syteme nicht abgebaut werden, sondern vielmehr personenbezogene Informationen in zunehmendem Ausmaß mithilfe moderner Informations- und Kommunikationstechnologien gespeichert, übermittelt und verarbeitet werden.

Sensible Informations- und Kommunikationssysteme unterscheiden sich grundsätzlich von klassischen Computer-Anwendungssystemen: Benutzerqualifikation und Partizipation bei Planung und Betrieb sind unabdingbare Planungsgrundsätze. Partizipation bedeutet dabei, daß nicht nur der oder die Benutzer, sondern auch die Betroffenen (z. B. bei Personalinformationssystemen die Mitarbeiter) in adäquater Weise am Gestaltungsprozeß teilhaben können und müssen, um ein effizientes Informations- und Kommunikationssystem überhaupt erst zu ermöglichen. Dazu ist es erforderlich, über die bestehenden Ansätze und Modelle der Benutzerpartizipation hinauszugehen und derartige Systeme unter Einbeziehung der jeweils Betroffenen betriebs-, aufgaben-, abteilungs- und benutzerspezifisch zu konzipieren.

Von Systemplanern und Benutzern ist ein spezielles Know-how zu fordern, für das sowohl die entsprechende praktische Erfahrung, als auch zu einem erheblichen Teil die wissenschaftlichen Grundlagen fehlen. Das derzeit bestehende Know-how-Defizit betrifft insbesondere die zufriedenstellende Lösung der konfliktträchtigen Partizipationsfragen sowie des sogenannten Kontextproblems. Letzteres besteht kurz gesprochen darin, ob und wie beim Design eines solchen Systems Informationsverluste und -verzerrungen in den Griff gebracht werden können. In den meisten Fällen wird es (wenn überhaupt) nur aufgrund einer entsprechenden Benutzerpartizipation bei der Systemplanung und zusätzlich nur aufgrund der besonderen Qualifikation bzw. Erfahrung des Benutzers im Systembetrieb möglich sein, Kontextverluste zu verhindern oder wenigstens auf ein erträgliches Ausmaß zu reduzieren.

In privatwirtschaftlichen Unternehmungen werden nachfolgende Nutzenargumente bei der Einführung von Personalinformationssystemen angegeben (vgl. KILIAN 1982a, S. 283f.); es muß davon ausgegangen werden, daß diese Argumente auch für den Bereich der öffentlichen Verwaltungen zutreffen: Schnelle, genaue, rechtzeitige, gleiche und aktuelle Informationen an dezentraler und zentraler Stelle, Erhöhung der Transparenz, Verbesserung der Entscheidungshilfen, Entfallen von Kartei- und Kontoführung, ein heitliches und reduziertes Formularwesen, Eindämmen der Papierflut, strukturelle Kostenersparnis, eindeutige Abgrenzung der Zuständigkeiten bei Datenpflege, sofortige Auskunftsbereitschaft, Beschleunigung der Arbeitsabläufe, Vergleiche/Simulationen sind möglich, erhöhte Sicherheit und Vertraulichkeit für Personaldaten, Dateneingabe und -anzeige am Schreibtisch des Sachbearbeiters. Weniger häufig genannt wurden dagegen Nutzenargumente wie Minderung des Fehlbesetzungsrisikos, Kontinuität der Beschäftigungslage, Steigerung der Attraktivität des Arbeitsplatzes im Sinne einer Humanisierung der Arbeitswelt, Auswahl für Förderung und Weiterbildung oder größere Wirkungsbreite der Personalarbeit.

Bei der Planung sensibler Systeme ist zu beachten, daß personenbezogene Daten sowie Arbeitsplatzdaten – unabhängig von ihrer Schutzwürdigkeit – nur in ihrem jeweiligen situativen, sozialen, räumlichen und zeitlichen Kontext verstanden und verwendet werden können (vgl. PILS 1982, 1983). Dies wird etwa an den Ergebnissen einer Mitarbeiterbeurteilung deutlich. Beurteilungsdaten sind, wenn überhaupt, nur dann einiger maßen verläßlich zu interpretieren, falls etwa auch der Beurteiler, der Zweck oder Anlaß der Beurteilung, das Bewertungsschema, Beurteilungszeitpunkt und ähnlich wichtige Tatbestände bekannt sind.

Kontextverluste sind ein Sammelbegriff für auf methodische, psychische, soziale, rechtliche, wirtschaftliche und technologische Ursachen zurückzuführende Informationsverluste, die zu Verzerrungen des Bildes führen können, das sich der Benutzer eines Informations- und Kommunikationssystems insbesondere über Mitarbeiter, Arbeitsplätze oder Bürger macht. Weittragende Entscheidungen werden dann aufgrund einer unzureichend fundierten Datenbasis bzw. ohne ausreichende Synthese der Daten zu größeren Zusammenhängen gefällt. Fehlentscheidungen mit immer größer werdender Tragweite, Abwehrreaktionen der Betroffenen gegen den Einsatz moderner Informations- und Kommunikationstechnologien, weiters informationsfeindliche Rechtsnormen und fortschreitende Dehumanisierung von Arbeitsplätzen, sind in solchen Fällen zu erwarten.

In zwei Bereichen ist mit potentiellen Kontextverlusten zu rechnen: Erstens bei der datenmäßigen Abbildung von Mitarbeitern, Arbeitsplätzen und anderen Realitätsausschnitten in das Computersystem; zweitens bei der späteren Verwendung der gespeicherten Daten, also beim Zugreifen, Ausgeben, Auswerten bzw. Verknüpfen der Daten.

Wie eine Untersuchung zeigte, werden Personalinformationssysteme im privatwirtschaftlichen Bereich in der BR Deutschland zunehmend auf Konzernebene eingesetzt (vgl. KILIAN 1982b, S. 2); sie dienen dem Konzernmanagement als flexibles Instrument. In der Regel werden die Personaldaten aller Konzernunternehmungen von der Mutterunternehmung gespeichert; in steigendem Ausmaß werden auch Planungsfunktionen durch die Informations- und Kommunikationssysteme unterstützt oder übernommen. Setzt sich dieser Trend auch in den öffentlichen Verwaltungen durch, so besteht die Gefahr, daß Verwaltungsstellen primär auf Basis der Ihnen durch das System angebotenen und von ihnen frei kombinierten Informationen entscheiden, vielfach ohne Kenntnis der jeweiligen situativen Bedingungen der Datenfindung. Somit kommen Kontextverluste und die daraus resultierenden negativen Auswirkungen voll zum Tragen. In erster Linie ist hier an zentrale Verwaltungsstellen gedacht. Mit Kontextverlusten ist auch bei der Datenfindung, beim Transport und bei der Auswertung beliebiger anderer bürgerbezogener Daten zu rechnen.

Die Antwort, daß Abhilfe und vernünftige Lösungen nur mittelfristig, und auch hier nur in kleinen Schritten, und zudem nur mühevoll in Abstimmung mit den Beteiligten (Personalvertreter, Benutzer, Sachbearbeiter usw.) möglich ist, läßt ein deutliches Unbehagen entstehen. Will man durch dem Planungsproblem inadäquate Vorgehensweisen hervorgerufene Einschränkungen, wie sie in der BR Deutschland bekannt geworden sind, verhindern, wird es zur Zeit zweckmäßig sein, mit der Computerunterstützung im Bereich sensibler Systeme behutsam und abwartend vorzugehen.


## 2. BENUTZERQUALIFIKATION


Auch in sensiblen Informations- und Kommunikationssystemen stehen dem Benutzer in der Regel relativ konfortable, einfache und einprägsame Abfragesprachen (Queries) zur Verfügung. Sie ermöglichen auch dem Nicht-Computerfachmann, im benutzergesteuerten Dialog ad-hoc-Anfragen zu formulieren, Daten zu kombinieren und die Ergebnisse in kurzer Zeit in einer bestimmten Form am Bildschirm anzeigen oder am Arbeitsplatz ausdrucken zu lassen.

Ob es allerdings im konkreten Einzelfall sozial vertretbar oder betriebswirtschaftlich sinnvoll ist, aus Informationen die für eine Entscheidung gewünschten, z. B. statistischen Auswertungen machen zu lassen, bleibt primär dem jeweiligen Benutzer und dessen Verantwortung überlassen. Desgleichen bleibt die Frage dem Benutzer anheimgestellt, ob eine bestimmte Abfrage der Personaldatenbank nach den jeweils von ihm gewählten logischen Kriterien sinnvoll ist, und welche Schlüsse daraus zu ziehen sind. Sieht man von bewußten, mißbräuchlichen Auswertungen des Datenmaterials einmal ab, so steht zumindest die Gefahr der Benutzerüberforderung im Raum.

Es ist insbesondere fraglich, inwieweit auch der im starken Ausmaß engagierte, aber mit einer großen Datenfülle konfrontierte Benutzer unaktuelle oder unvollständige Daten oder Informationsverzerrungen zu erkennen vermag. Bemerkt er etwa, daß die ihm am Bildschirm angezeigten Informationen nur zu einem ganz bestimmten Zweck erfaßt wurden? Bemerkt er, daß die Informationen über einen Mitarbeiter oder Bürger aus einem speziellen Zusammenhang gerissen sind, der ihm nicht bekannt ist?

Es bedarf insbesondere einer kritischen Betrachtung der erfaßten oder noch zu erfassenden Daten; es ist genau zu überprüfen, ob diese richtig und aktuell sind. Aber auch an und für sich "richtige" Daten können zu falschen Schlüssen führen, wenn man z. B. den jeweiligen Zusammenhang, in dem sie erfaßt wurden, nicht bei der Auswertung der Daten berücksichtigt. Die Kontextverluste können Ursache für schmerzliche Fehlentscheidungen sein.

Kontextverluste verursachen kann auch ein Benutzer, der beispielsweise die auf Bildschirm optisch schlecht angeordneten Daten auswerten soll. Längst bekannte Tatsachen, wie die beschränkte Fähigkeit des Menschen, Informationen wahrzunehmen und zu verarbeiten, sowie die Wirkung anderer psychischer und sozialer Bedingungen kommen hierbei zum Tragen. Gerade auch bei der Lösung der schlecht strukturierten Probleme des Personalbereiches in den Verwaltungen muß man daher davon ausgehen, daß ein Benutzer in der Regel eine mehr oder weniger subjektive Einordnung der ihm dargebotenen Daten in einen ebenfalls subjektiv gefärbten Zusammenhang vornimmt.

Besonders bei komplexen, nicht algorithmisierbaren Verwaltungsaufgaben kommt es nicht nur auf die Dateninhalte an. Eine wesentliche Rolle können die Anordnung der Informationen (z. B. Hervorhebungen) auf Tabellen und Bildschirmen sowie eventuelle Widersprüchlichkeiten spielen. Ferner hängt es auch vom Denkstil des Benutzers, von dessen Aktivierungsgrad und schließlich auch noch von äußeren Einflüssen (z. B. von Sanktionsmechanismen von Bezugspersonen) ab, welcher Art der im Einzelfall hergestellte Kontext ist, und zu welcher Entscheidung somit der Benutzer in einem konkreten Fall kommt.

Man könnte vorschlagen, Kontexte rund um einzelne Informationen soweit wie möglich ins Computersystem mitzuerfassen und später auf dem Ausgabemedium (z. B. Bildschirm) mitanzeigen zu lassen. Eine solche Möglichkeit kann allerdings nur teilweise verwirklicht werden. Der Speicherung zusätzlicher Daten, die dem besseren Verständnis anderer, bereits gespeicherter Daten dienen, sind deutliche Grenzen gesetzt. Dies insbesondere wegen des großen Aufwands der durch die Erfassung und Speicherung einer größeren Anzahl von zusätzlichen Daten entsteht, wegen der somit verstärkten Datenschutzprobleme, wegen der relativ geringen Anzeigekapazität von Bildschirmen, sowie wegen der nicht unbeschränkten Leistungsfähigkeit und -bereitschaft des Benutzers, eine große Datenfülle sorgfältig zu analysieren und in seine Denkarbeit einzubeziehen.

Was in etlichen Fällen noch leicht vorstellbar ist, nämlich ergänzende, kontextsichernde Daten zu verwenden, kann für bestimmte Typen personenbezogener Informationen erhebliche Schwierigkeiten bereiten (z. B. für Beurteilungsdaten, Leistungsdaten). Eine andere, zusätzliche Möglichkeit, den Kontext der Daten zu bewahren, besteht darin, daß dem Benutzer aufgrund seiner hohen Qualifikationen, Kenntnisse und Erfahrungen die wesentlichen Zusammenhänge bekannt sind. Trotz der stürmischen Weiterentwicklung der einzelnen Technologien wird es auch in absehbarer Zukunft nicht möglich sein, ohne eine entsprechend fundierte Ausbildung der Benutzer auf den betreffenden sozial-und wirtschaftswissenschaftlichen Disziplinen, Kontextverluste auf ein zu vernachlässigendes Minimum zu reduzieren. In schwierigen Fällen, wo sich Kontextverluste durch keine Methode auf ein für sämtliche Beteiligten erträgliches Maß reduzieren lassen, sollten die betreffenden sensiblen Anwendungsbereiche nicht implementiert werden.

Die computergestützte Verarbeitung und Verknüpfung – nicht nur hochsensibler – Personalinformationen sollte daher an bestimmte benutzerseitige Qualifikationen gebunden werden. Wesentlicher Schwerpunkt einer Schulung der Benutzer sollte die Problematik der Erfassung und Verarbeitung personenbezogener Daten und deren Verknüpfung sein, um potentielle Informationsverzerrungen und -verfälschungen erkennen und vermeiden zu können. Neben einem entsprechenden Engagement erfordern sensible Informations- und Kommunikationssysteme eine wesentlich höhere Qualifikation des Benutzers, und zwar auf betriebswirtschaftlichem, soziologischem und psychologischem Gebiet, ein schließlich dem Gebiet der Betriebsinformatik. Psychologische und arbeitsmedizinische Daten sollten stets im alleinigen Zugriff des Psychologen bzw. Arbeitsmediziners bleiben.


## 3. DATENSCHUTZ

Die Bestimmungen des österreichischen Datenschutzgesetzes erlauben grundsätzlich die Ermittlung und Verarbeitung personenbezogener Daten im öffentlichen Bereich, wenn dafür eine ausdrückliche gesetzliche Ermächtigung besteht, oder soweit dies für den Auftraggeber zur Wahrnehmung der ihm gesetzlich übertragenen Aufgaben eine wesentliche Voraussetzung bildet. Problematisch ist insbesondere die relativ großzügige Formulierung des Datenschutzgesetzes: Eine Übermittlung von Daten an Organe des Bundes, der Länder, der Gemeinden, einschließlich der Körperschaften des öffentlichen Rechts ist auch insoweit zulässig, als die Daten für den Empfänger zur Wahrnehmung der ihm gesetzlich übertragenen Aufgaben eine wesentliche Voraussetzung bilden.

Daß der Bereich Datenschutz immer noch aktuell ist, zeigt folgendes: Kilian stellte für die BR Deutschland fest, daß mit hoher Wahrscheinlichkeit bei ca. 41 Prozent der untersuchten (allerdings privatwirtschaftlichen) Unternehmungen, deren Personalinformationssystem Gesundheitsdaten enthalten, Sachbearbeiter der Personalabteilung auf diese Daten Zugriff haben. Keine Bedenken bestehen dabei, wenn es sich um Eignungsaussagen in der Form "geeignet/bedingt geeignet/nicht geeignet" handelt. Werden hingegen Befunds-, Diagnose-, Therapiedaten sowie sehr detaillierte medizinische Eignungsaussagen dokumentiert, sollte der Zugriff nur dem Betriebsarzt möglich sein. Besondere Schutzmaßnahmen wurden nur in 9 Prozent der Gesundheitsdaten speichernden Unternehmen festgestellt (vgl. KILIAN 1982a, S. 99ff.).


## 4. PARTIZIPATION

Die Notwendigkeit der Partizipation der Benutzer braucht hier nicht näher begründet zu werden; die rechtzeitige Einbindung der Organe der Personalvertretung ist notwendig. In Österreich und auch in der BR Deutschland nehmen die gesetzlichen Regelungen nicht direkten Bezug auf sensible Informations- und Kommunikationssysteme, etwa auf Personalinformationssysteme. Bestimmte Mitwirkungsrechte sind daher teilweise nicht unumstritten.

Nach dem österreichischen Bundes-Personalvertretungsgesetz (PVG) sind dem Dienststellenausschuß (bzw. den übergeordneten Fach- und Zentralausschüssen) bestimmte Mitwirkungsrechte eingeräumt. Beabsichtigte Maßnahmen z. B. bei der Einführung neuer Arbeitsmethoden oder bei der Auswahl der Bediensteten für eine Aus- oder Fortbildung sind vor ihrer Duchführung mit dem Ziel einer Verständigung rechtzeitig und eingehend mit dem Dienststellenausschuß zu verhandeln. In allgemeinen Personalangelegenheiten ist mit dem Dienststellenausschuß (bzw. mit den übergeordneten Fach- und Zentralausschüssen) das Einvernehmen herzustellen, das heißt, daß die Personalvertretung ausdrücklich einer geplanten Maßnahme zustimmt oder sich binnen zwei Wochen nach Mitteilung nicht äußert. Auf Verlangen des Dienststellenausschusses hat sich ein Dienststellenleiter mit diesem über Anträge, Anregungen und Vorschläge dieses Ausschusses zu beraten.

Kommt es zu keiner Verständigung, zu keinem Einvernehmen bzw. wird den Anträgen, Anregungen und Vorschlägen vom Dienststellenleiter nicht entsprochen, so wird die Entscheidung an die übergeordnete Dienststelle (und sinngemäß weiter zur Zentralstelle) übertragen. In diesem Falle steht dem Fach- bzw. Zentralausschuß das Mitwirkungsrecht zu. Letztlich entscheidet der Leiter der Zentralstelle; dieser muß die Entscheidung nach dem Grundsatz treffen, daß durch die zu treffende Maßnahme zoziale sowie dienstrechtliche Härten für die Bediensteten vermieden werden oder daß nur eine möglichst geringe Zahl von Bediensteten hievon betroffen ist.

Die Untersuchung von Kilian hat (im privatwirtschaftlichen Bereich) ergeben, daß es in keinem einzigen Fall grundsätzliche Widerstände gegen das Konzept eines Personalinformationssystems gegeben hat, soferne der Betriebsrat schon im Planungsstadium eingeschaltet wurde. Die Hauptbedenken der beteiligten Betriebsräte richteten sich gegen einige Funktionen des geplanten Systems, besonders gegen die Verarbeitung arbeitsmedizinischer Daten (vgl. KILIAN 1982b, S. 3).

Bei der Partizipation des Benutzers ist grundsätzlich eine Fülle von Möglichkeiten denkbar (vgl dazu z. B. HEILMANN 1981, z. B. S. 124; OPPERMANN 1983). Sowohl theoretische, als auch praktische Fragen bleiben in diesem Zusammenhang offen (vgl. z. B. OPPERMANN 1983). Die bisher bekannt gewordenen Schemata nehmen außerdem nicht direkt auf die Erfordernisse der Planung von sensiblen Informations- und Kommunikationssystemen in öffentlichen Verwaltungen bezug. Praktikable Schemata bedürfen insbesondere einer Erweiterung werden um Schemata der Mitwirkung der betroffenen Mitarbeiter und Bürger.

Nach der Partizipationsform kann differenziert werden in die direkte Partizipation (persönliche Mitentscheidung jedes betroffenen Benutzers) sowie in die indirekte (repräsentative) Partizipation. Unterscheidet man nach der Partizipationsebene, so ist die Mitwirkung oder Mitentscheidung auf der strategischen, auf der administrativen und / oder auf der operativen Ebene der Systemgestaltung denkbar. Schließlich ist Partizipation auf Arbeitsplatz-, Arbeitsgruppen-, Abteilungs-, und Dienstellenebene möglich oder kann im Gesamtbereich z. B. eines Ministeriums erfolgen.

Partizipationsgrundlage können sowohl formaler (Gesetze, Verordnungen, Erlässe, Anweisungen, kollektiv- und einzelvertragliche Regelungen, einseitige Managementbestimmungen), als auch informaler Art (Konsens der Beteiligten) sein. In Anlehnung an HEILMANN (1981, S. 127 ff.) sind mehrere Partizipationstypen zu unterscheiden.

Beim ersten Typ handelt sich um die "Strategie des Bombenwurfs" (KIRSCH et al. 1979, S. 180). Das Konzept der neuen organisatorischen Lösung wird "geheim" erarbeitet, die neue Lösung tritt plötzlich in kraft. Es kommt zum improvisierten Überbrücken von organisatorisch auftretenden Lücken. Erst nach der Inkraftsetzung des Systems geht man Details der Lösung mehr oder weniger systematisch an. Belange des Benutzers sind in der Regel nicht berücksichtigt, von einer Partizipation kann nicht gesprochen werden.

Beim häufig praktizierten Partizipationstyp der Passiven Mitwirkung werden Vorabinformationen direkt an die Benutzer (oder indirekt über Repräsentanten) gegeben. Benutzermeinungen werden angehört, sie werden in unterschiedlichem Ausmaß direkt (oder indirekt über Repräsentanten) berücksichtigt. Anregungen und Bedenken der Benutzer bzw. ihrer Repräsentanten gehen in den Systementwurf und in die Realisierung in einem gewissen Maß ein. Von einer aktiven Beteiligung der Benutzer kann jedoch nicht die Rede sein.

Bei der sogenannten Aktiven Mitentscheidung wirken die Benutzer bzw. Repräsentanten zwar nicht aktiv an der Systemgestaltung mit, sie werden aber informiert und haben Beeinflussungsmöglichkeiten wie beim zuletzt beschriebenen Typ. Zusätzlich haben sie das Recht, über die Ergebnisse der Systemgestaltung (bei alternativen Vorschlägen) mitzuentscheiden.

Bei einem weiteren Typ, nämlich bei der Aktiven Partizipation, wird auf mögliche Formen der direkten und indirekten Partizipation verwiesen: Repräsentanten der Benutzer wirken aktiv an der Gestaltung des Mensch-Computer-Systems mit; sie entscheiden über dessen Ausgestaltung und Einführung: Aktive, repräsentative Partizipation. Es sind hier bezüglich Art und Umfang der Mitwirkung sowie bezüglich der Wahl der Repräsentanten tiefergehende Differenzierungen möglich. Bei einer aktiven, basisdemokratischen Partizipation arbeiten alle betroffenen Benutzer an der Gestaltung des Mensch-Computer-Systems mit; sie auch an den wesentlichen Entscheidungen beteiligt.

Beim Autonomen Design schließlich entwicklen der einzelne'Benutzer, eine Benutzergruppe oder Repräsentanten der Benutzer ihr Mensch-Computer-System selbständig und treffen auch die erforderlichen Entscheidungen autonom.

Grundsätzlich sind auch im Bereich der öffentlichen Verwaltungen diese und weitere Partizipationstypen denkbar. Bei den bekannt gewordenen generellen Vorgehensschemata und auch bei spezielleren Instrumenten der Systementwicklung zur Unterstützung der Partizipation muß jedoch kritisch angemerkt werden, daß sie primär an die Systementwickler, nicht an die Betroffenen gerichtet sind. Die Einbeziehung der Betroffenen wird nicht erzwungen (vgl. OPPERMANN 1983, S. 115). Die Instrumente und Schemata beziehen sich zudem jeweils nur auf einen Teilausschnitt der Entwicklungsaufgabe: auf die Organisation, auf die Informations- oder Datengewinnung, bzw. auf den Beschreibungs- oder den Programmieraspekt.

Die konkrete Auswahl eines geeigneten Partizipationsmodelles für das Design eines sensiblen Informations- und Kommunikationssystems ist zudem schwierig, zumal sehr viele betriebs- und aufgabenspezifische Bedingungen eine Rolle spielen. Es mangelt generell an alternativen Gestaltungsmethoden, die pluralistische Interessensstrukturen bei der Planung von Informations- und Kommunikationssystemen zu berücksichtigen vermögen. Erfahrungen für sensible Systeme liegen außerdem kaum vor. Die Größe des Kreises der Betroffenen erlaubt in etlichen Fällen nur repräsentative Formen. Die Auswahl eines "optimalen" Partizipationsmodells aus einer Vielzahl möglicher Modelle - und somit die Effizienz der sensiblen Informations- und Kommunikationssysteme - wird auch in naher Zukunft nach wie vor stark von der Einstellung zur Partizipation und vom Fingerspitzengefühl der Initiatoren des jeweiligen Projektes abhängig sein.


## 5. ANSATZPUNKTE ZUR PROBLEMLÖSUNG


Was sind nun die wesentlichsten Teilbereiche, denen beim Design von sensiblen Informations- und Kommunikationssystemen erhöhtes Augenmerk zuzuwenden ist? Welche Maßnahmen sind geeignet, potentielle Kontextverluste abzubauen? Das Verhalten des Benutzers, also des jeweiligen "Fachmannes" ist von zentralem Interesse. Er ist es letzten Endes, der die Synthese von Daten zu einem möglichst viele wesentliche Tatbestände einbeziehenden Gesamtbild über einen Realitätsausschnitt zu vollziehen hat. Kontextsicherung ohne Partizipation der Benutzer ist nicht vorstellbar.

Aber auch die Besonderheiten der abzubildenden "Objekte" und deren Eigenschaften, diverse rechtliche Normen, der Ablauf des Systemplanungsprozssese sowie einsetzbare Hardware- und Softwaretechnologien müssen in die Betrachtung einbezogen werden. Kontextverlusten kann durch Maßnahmen der Kontextsicherung, etwa mittels geeigneter Partizipation und adäquater Benutzerqualifikation, sowohl im Bereich der Datenfindung, als auch bei der Datenverwendung begegnet werden.

In den hier aufgeworfenen Problemkreisen der Partizipation, der Benutzerqualifikation, der Kontextsicherung und des Datenschutzes dürfen nicht auf eine oder wenige Dimensionen reduzierte Probleme gesehen werden, die durch simple technologische oder organisatorische Maßnahmen in den Griff zu bekommen sind. Es handelt sich um zentrale Anliegen des Einsatzes moderner Informations- und Kommunikationstechnologien in den Verwaltungen. Diese Problembereiche sind nicht in einem oder in wenigen Planungsanläufen zu bewältigen; akzeptable Lösungen sind - wenn überhaupt - nur über einen längeren Zeitraum hinweg möglich. Zweifellos ist eine intensive praktische Erprobung partizipativer Verfahren im Bereich der hier angesprochenen sensiblen Informations- und Kommunikationssysteme erforderlich.

Lösungen im Bereich der Partizipation werden auch am grundsätzlichen Problem der Lösung der Machtfrage auf betrieblicher, kollektivvertraglicher und gesetzlicher Ebene nicht vorbeigehen können. OPPERMANN (1983,

S. 119) meint dazu: "Versuche der Ausklammerung dieser Machtfrage, d. h.
die Aufforderung zu einer vertrauensvollen Zusammenarbeit ohne verbind-
liche Absicherung von Kompetenzen führt oftmals zur Verweigerung von
Partizipation unter dem Hinweis auf vorab unzureichend gesicherte Ein-
flußmöglichkeiten."

Neben einer Intensivierung der Ausbildungs- und Schulungsmaßnahmen und
der Bemühungen zur Verbesserung etwa der motivationalen Bedingungen für
den Benutzer bedarf es aber auch Maßnahmen auf dem Gebiet der organisatorischen und computertechnologischen Ausgestaltung der Informations-
und Kommunikationssysteme in den öffentlichen Verwaltungen.

Um den Grad der Wissenssynthese zu verbessern, sind verschiedene Formen
der Computerunterstützung einzusetzen. Grundsätzlich lassen sich zwei
Gestaltungsalternativen unterscheiden, die hier vereinfachend mit
"freier Kontextsicherung" und "geplanter Kontextsicherung" charakterisiert werden sollen. Sowohl bei der freien als auch bei der geplanten
Kontextsicherung ist eine Reihe sinnvoller Varianten denkbar.

Bei freier Kontextsicherung kann der Benutzer über das Erfassen kontextsichernder Daten und über den Einsatz kontextsichernder Aktivitäten innerhalb eines größeren Gestaltungsspielraumes weitgehend selbst entscheiden. Im Bereich der Datenfindung soll etwa das Finden, Erfassen
bzw. Dokumentieren kontextsichernder Daten dank der Computerunterstützung ermöglicht bzw. erleichtert werden, analog dazu das Zugreifen, Auswählen, Auswerten bzw. Verarbeiten der gespeicherten Daten. Bei den Formen einer aktiven, freien Kontextsicherung wird der Benutzer nicht vom
Computersystem automatisch z. B. auf die Notwendigkeit der Erfassung
kontextsichernder Daten aufmerksam gemacht. Im Gegensatz dazu geht bei
den Formen der passiven, freien Kontextsicherung die Initiative zur Kontextsicherung vom Computersystem aus.

Im Falle der geplanten Kontextsicherung ist der Benutzer weitgehend an
vorgegebene Regelungen (Kontextnormen) gebunden. Der verbleibende Gestaltungsspielraum ist relativ gering. Im Bereich der Datenfindung soll
der Benutzer gezwungen werden, z. B. kontextsichernde Daten zu erfassen,
indem etwa eine Speicherung von "aus dem Zusammenhang gerissenen Daten"
immer dann verhindert wird, wenn nicht bestimmte zusätzliche Daten
gleichzeitig miterfaßt werden. Der Benutzer soll zudem gezwungen werden,
Daten nur in einem definierten Kontext (z. B. nur für eine konkrete Aufgabe, nur in Verbindung mit bestimmten anderen Daten oder Auswertungsme-

thoden) zu sehen und zu verwenden. Dies könnte etwa in der Weise realisiert werden, daß das Anzeigen von Daten auf Bildschirm nur gemeinsam mit weiteren, für das Verständnis unbedingt erforderlichen Daten möglich ist, und daß unerwünschte Formen der Datenverknüpfung vom System verhindert werden.

Sowohl in der Systemplanungs- als auch in der Betriebsphase sollten Systemplaner und Benutzer unter Einbeziehung der Betroffenen laufend prüfen, ob die diversen Typen der computergestützten Kontextsicherung in der jeweiligen Situation den Kontext der Daten bzw. Methoden wenigstens in einem befriedigenden Ausmaß sicherstellen. Dies kann nur betriebs-, aufgaben-, objekt- und benutzerspezifisch unter Berücksichtigung der wirtschaftlichen und technologischen Konsequenzen entschieden werden.

Einzelmaßnahmen sind etwa die fundierte und intensive sozial- bzw. betriebswirtschaftliche Schulung der Benutzer, z. B. hinsichtlich der Problematik der Erfassung und Verarbeitung personenbezogener Daten und deren Verknüpfung. Ohne einen entsprechend fundierten theoretischen und praktischen Background ist ein adäquater Umgang mit diffizilen Informationen und das Einschätzen von potentiellen Informationsverzerrungen und -verfälschungen unmöglich und muß daher trotz oder - sollte man sagen - wegen vorliegender Computerunterstützung abgelehnt werden.

Die computergestützte Verarbeitung und der Transport sensibler, z. B. personenbezogener Daten sollte an bestimmte benutzerseitige Voraussetzungen und an die Partizipation der Betroffenen bei der Systemplanung geknüpft werden. Zum gegenwärtigen Stand der Forschung und Praxis ist es nicht möglich, Kontexte für eine größere Anzahl von Aufgaben allein durch organisatorische oder software- und hardwaretechnologische Maßnahmen auf einem wenigstens befriedigendem Niveau herzustellen.

Es liegt auf der Hand, daß für eine entsprechende Benutzerqualifikation, für die Partizipation, sowie für eine akzeptable Kontextsicherung mit nicht unerheblichen Kostenbelastungen zu rechnen ist. Diese sind u. a. auf die intensive Aus- und Weiterbildung der Benutzer und Systemplaner, auf den komplexeren Ablauf der Entscheidungsprozesse, sowie auf anspruchsvollere Ausstattung mit Hardware und Systemsoftware zur Kontextsicherung, etwa auf leistungsstarke Datenspeicher und Datenbanksysteme, schließlich auf die umfangreichen Datenschutzmaßnahmen und  auf die aufwendigere Anwendersoftware zurückzuführen.

# LITERATURVERZEICHNIS

Heilmann, H.: Modelle und Methoden der Benutzermitwirkung in Mensch-Computer-Systemen, 10. Jahrbuch der EDV, Stuttgart/Wiesbaden 1981
Kilian, W.: Personalinformationssysteme in deutschen Großunternehmungen, Berlin/Heidelberg/New York 1982a
Kilian, W.: Thesen zum Referat "Entwicklungsstand und Einsatz von Personalinformationssystemen (Ergebnisse einer Ist-Analyse)", 1982b
Kirsch W./Esser, W.-M./Gabele, E.: Das Management des geplanten Wandels von Organisationen, Stuttgart 1979
Oppermann, R.: Forschungsstand und Perspektiven partizipativer Systementwicklung, München/ Wien 1983
Pils, M.: Kontextsicherung in computergestützten Personalinformationssystemen, Wien/New York 1982
Pils, M.: Unverzeihlich, irreversibel, in: Die Industrie 83 (1983) Nr. 40, S. 28 - 32

VERWALTUNGSAUTOMATION -
Fachliche und technische Qualifikationsanforderungen


Werner van TREECK
Gesamthochschule Kassel

Ich gehe davon aus, daß der Zusammenhang von Fachaufgabe und EDV (die sog. Schnittstelle zwischen Facharbeiter bzw. Sachbearbeiter und Computer) eines der zentralen
Probleme bei der Entwicklung von Informationssystemen ist. Unter dem uns hier interessierenden Aspekt der Qualifikation für die Arbeit an und mit solchen Informationssystemen begegnet man diesem Problem in verschiedenerlei Gestalten:

- von der Anwendungs-Seite her etwa als Distanz, als Abwehr, als unsachgemäßer, feh-
  lerhafter oder auch nur die Potenzen mangelhaft ausschöpfender Gebrauch von Informationssystemen,

- von der EDV-Seite her etwa als verkürztes unzureichendes Verständnis oder gar als
  Verfehlen der fachlichen Aufgabenstellung; in dem Nicht-Gelingen oder Nicht-Funk-
  tionieren der Vermittlung von EDV und Fachaufgabe wird gelegentlich einer der
  Hauptgründe für die sog. Software-Krise gesehen.


Die Gegenmittel, die von beiden Seiten ins Spiel gebracht werden, scheinen nicht ausreichend zu sein, um die Problematik befriedigend zu lösen: Wiederum eingegrenzt auf
den hier interessierenden Aspekt der Qualifikation bestehen die Gegenmittel

- auf der Anwendungs-Seite in Schulungen, Aus- und Weiterbildungsmaßnahmen, die weitgehend auf eine oberflächenhafte Bedienbarkeit von Geräten beschränkt sind;

- auf der EDV-Seite vor allem in einer Verfeinerung der Methoden, der Entwurfs-, Spe-
  zifikations-, Analyse- und anderer Methoden.


In jedem Fall wird ein Zusammenhang von Fachgebiet und EDV zwar irgendwie hergestellt,
aber auf vielfach verkürzte Weise, mit vielfach fragwürdigem Ergebnis. In der Kooperation von Fach-Sachverständigen und EDV-Spezialisten bei der System-Entwicklung und -Im-
plementation erhofft man sich, daß beide Wissensfelder irgendwie schon zusammenkommen
werden, daß eine irgendwie integrierte Aufgabe-System-Lösung am Ende herauskommt.

Diese Kooperation ist allerdings in aller Regel schon dadurch belastet, daß die Beziehung von Fach-Sachverständigen und EDV-Spezialisten asymmetrisch ist; das soll heißen,
daß die EDV-Spezialisten in der stärkeren und überlegenen Position sich befinden. Dies
wird (unter dem hier interessierenden Aspekt der Qualifikation) vor allem dadurch belegt, daß die EDV-Spezialisten der Rechenzentren für die Qualifizierung der Fach-Sach-

verständigen zur Arbeit mit den zu entwickelnden bzw. einzusetzenden Informationssystemen zuständig sind. Diese Qualifizierungsmaßnahmen durch EDV-Spezialisten der Rechenzentren sind in der Regel einseitig auf zentral entwickelte Verfahren, auf zentral vorhandene Ressourcen etc. bezogen; Alternativen bleiben weitgehend ausgeblendet; es geht nicht primär um ein Mündigwerden der Fach-Sachverständigen im Umgang mit der EDV, um die Stärkung ihrer technisch-organisatorischen Handlungsfähigkeit und Selbständigkeit, sondern eher um etwas, was man als aufgeklärte Abhängigkeit vom EDV-Sachverstand der Rechenzentren bezeichnen könnte.

Darum soll im folgenden, wenn es um die Entwicklung von Aus- und Weiterbildungsnotwendigkeiten für die Arbeit mit Informationssystemen geht, das Schwergewicht bei den Fach-Sachverständigen liegen, sollen die Entwicklungsmöglichkeiten der Aus- und Weiterbildung zur Stärkung der Anwenderseite diskutiert werden. Dabei beschränke ich mich auf den Bereich der öffentlichen Verwaltung.

Vertreten wird die These, daß das <u>Verhältnis</u> von Fachaufgabe und EDV ins Zentrum der Qualifizierungsbemühungen gerückt werden muß, daß dieses Verhältnis von Fachaufgabe und EDV - weil sie von unterschiedlichen Logiken bestimmt sind - nicht als bruchlos vorgestellt werden darf, daß die notwendige Vermittlung von Fachaufgabe und EDV vielmehr nur dann gelingen kann, wenn gelernt wird, wie mit dem gebrochenen Verhältnis von Fachaufgabe und EDV produktiv umgegangen werden kann.

Die gegenwärtigen auf EDV bezogenen Aus- und Weiterbildungskonzepte im Bereich der öffentlichen Verwaltung - also die Ausbildungsgänge des Verwaltungsfachangestellten, des Sozialversicherungsfachangestellten, des mittleren und gehobenen Dienstes der Beamten - tragen der Problematik des Zusammenhangs von Fachaufgabe und EDV in keiner Weise Rechnung: In der Regel und von Ausnahmen abgesehen laufen die Lehrpläne auf ein Gemisch aus Rechner-, Datenträger- und Codierungskunde hinaus. Der Schwerpunkt liegt eindeutig im maschinennahen Bereich, dort also, wo die Änderungen sich am schnellsten vollziehen. "Nach diesen Curricula können die Schüler wahrscheinlich in groben Zügen die Frage beantworten, welche Produkte sie bei Herstellern für große DV-Systeme kaufen können. Anderen Fragen hingegen dürften die Schüler recht hilflos gegenüberstehen ... (Hessisches Institut für Bildungsplanung und Schulentwicklung 1980, Einleitung). Kreative Eigenaktivität ist nicht vorgesehen. "Systematisches anwendungsbezogenes Problemlösen unter Einbeziehung organisatorischer Fragen ist kein Thema". Während der Zusammenhang mit gesellschaftlichen Problemstellungen und Einsatzfolgen in den Lehrplänen weitgehend ausgeblendet bleibt, werden Stoffgebiete festgeschrieben, die, wie etwa die "rechnerinterne Zeichendarstellung", von untergeordneter Bedeutung sind; eine Tendenz, die durch die Lehrmaterialien vielfach verstärkt wird. Anstatt die EDV fachlich zu integrieren, wird sie an verschiedene Fachgebiete angehängt. Die in den Lehrplänen mitunter zusammengebundenen Lernbereiche Betriebsorganisation, Rechnungswesen und EDV sind weitgehend ohne Bezug aufeinander ausformuliert, fallen also faktisch auseinander. - Anstatt den Computer in gesellschaftlich beeinflußter und beeinflußbarer Aktion erfahrbar zu machen, wird er zu einem Stoff aus weitgehend unsystematisch aufgehäuften Fakten reduziert, Abfragedaten, die man auswendig lernt oder auch nicht. Mit Restriktionen in den Rahmenbedingungen von Aus- und Weiterbildungsprozessen ist überdies in aller Regel zu rechnen: Mangel an Zeit, an Lehrpersonal, an maschinellen Kapazitäten.

Ich verfolge im folgenden die Frage, was bedeutet es, das Verhältnis von Fachaufgabe und EDV als ein gebrochenes Verhältnis zum Ausgangs- und Mittelpunkt von Qualifizierungsprozessen für Fach-Sachverständige in der öffentlichen Verwaltung zu machen?

Es bedeutet vor allem die Vermittlung der Notwendigkeit, die Aufgaben, die von der EDV ergriffen werden sollen, auf ihre gesellschaftliche Funktionalität hin zu reflektieren und zugleich die einer solchen Reflexion entgegenstehenden Schranken zu erkennen und - soweit das geht - abzutragen und hinauszuschieben.

Eine solche Reflexion auf die gesellschaftlichen Aufgabenstellungen zum Zwecke ihrer Kritik und bewußten Veränderung wird gerade unter Bedingungen der Automatisierung von Verwaltungsarbeit dringlich, aus mehreren Gründen: Automatisierungsprozesse erreichen oft technisch-organisatorische Größenordnungen, die einen enormen Aufwand an Ressourcen verlangen und über Jahre hinweg binden und die zugleich auf eine Weise strukturbildend wirken, daß Revisionen hinterher kaum mehr oder nur mit noch größerem Aufwand möglich sind. Da liegt natürlich die Forderung nahe, vor jeder Entscheidung zu prüfen, welche Folgen sie hat, welche gesellschaftlichen Funktionen sich mit der Automatisierung von Verwaltungshandeln verbinden und welche nicht, in welches Verhältnis Aufwand und Nutzen für Beschäftigte und Bürger geraten, ehe vollendete Tatsachen geschaffen werden.

Darüber hinaus ist die Automatisierung von Verwaltungshandeln nicht bloß eine technische Lösung vorgegebener Probleme; sie ist eine Form der Problemstellung selbst. Die mit ihr notwendigerweise verbundenen Erkenntnis- und Handlungsmittel wie Modellbildung, Algorithmisierung etc. bedeuten - auf ein vorhandenes Problem angewandt - dessen Umformulierung, Verschiebung etc. und zugleich - als allgemeine Erkenntnis- und Handlungsmittel, die nicht auf einzelne Probleme, sondern auf ganze Problemklassen zugeschnitten sind - die Möglichkeit der Eröffnung neuer Problemstellungen und Problemsichten. Das meint Lenk, wenn er im Zusammenhang mit elektronischer Informationstechnik von Zielinnovation spricht: "Verbessertes Wissen über neue technische und organisatorische Möglichkeiten kann nicht nur dazu führen, daß eine vorgegebene Zielstruktur durch neue Verfahren besser erfüllt werken kann. Es führt vielmehr auch zu einer Zielinnovation. Das Wissen über Mittel der Zielerreichung beeinflußt das Bezugssystem, in dem Ziele formuliert oder erkannt werden" (1980, S.7).

Nun kann gar kein Zweifel daran bestehen, daß die notwendige Reflexion auf die Aufgaben - betrachtet man die bisherige Entwicklung der Automatisierung von Verwaltungsarbeit - eher auf der Ebene der Anforderungen, als der der Realisierung verbleibt: Wo
etwa Verwaltungsarbeit und EDV zusammentreffen, werden gegebene Regeln, Verfahren etc.
einfach abprogrammiert und - aus der EDV zurückgewonnen - leicht für problemangemessen gehalten, wie auch immer die gesellschaftlichen Probleme sich entwickeln. Um es
an einem Beispiel deutlich zu machen: Die Automatisierung der Krankenversicherung
seit über einem Jahrzehnt hat bislang keineswegs Fragestellungen derart mobilisiert,
ob es noch sinnvoll ist, mit einer kaum überschaubaren Zahl von Krankenversicherungs-
trägern, mit unkontrollierbar wuchernden Datenmengen, mit einem ungemein komplizier-
ten System des Datenaustausches mit Unternehmen, Renten- und Unfallversicherungen,
Arbeitsverwaltung etc. weiterzuarbeiten. Statt struktureller Reformierung der Krankenversicherung (vgl. van Treeck 1980, S.933 ff.) wurde das bestehende riesige und
wenig effektive Sysem unreflektiert und unverändert in DV-Verfahren "übersetzt", um
es auf diese Weise überhaupt am Leben zu erhalten.

Daß dies in der Realität so ist, hat natürlich Gründe. Ich will hier vor allem auf
zwei zu sprechen kommen, die m.E. zur Ausprägung eines gebrochenen Verhältnisses von
Fachaufgabe und EDV in besonderem Maße beitragen und darum, zusammen mit dem Aufweis
ihrer produktiven Bearbeitbarkeit, ins Zentrum von Qualifizierungsprozessen gerückt
gehören:

1. Die Schwerkraft der Struktur von öffentlicher Verwaltung: die rechtliche Normierung von Verwaltungshandeln, die Vorgegebenheit der Normen und Aufgaben lassen ohne
Zweifel den Verwaltungsbeschäftigten nur in beschränktem Maße Einfluß- und Veränderungsmöglichkeiten übrig. Daß aber auch unter eingeschränkten Bedingungen Aufgaben
nicht bloß einfach hinzunehmen, sondern auch auf ihre Funktionsangemessenheit zu
(sich entwickelnden) gesellschaftlichen Problemlagen zu überprüfen sind, weiß die Verwaltungswissenschaft seit langem. "Zunächst kann es, bevor man im einzelnen die Durchführung einer zugewiesenen Verwaltungsaufgabe ordnet, nützlich sein, sich zu fragen,
ob überhaupt die Stellung der Aufgabe richtig ist. Die Beantwortung dieser Frage ist
selbst dann wichtig, wenn derjenige, der sich diese Frage vorlegt ..., nicht die Ab-
änderungsmöglichkeit hat, sondern die Aufgabe von außen gestellt erhält". Wenn eine
Abwandlung in der Durchführung der Aufgabe nicht möglich sei, so lasse sich "unter
Umständen die Richtigstellung der Teilaufgabe herbeiführen oder wenigstens eine klare
Obernahme der Verantwortung durch den, der die Aufgabe gestellt hat" (Goebel 1925,
S.55).

Es kommen generelle Funktionsveränderungen der öffentlichen Verwaltung hinzu, wie sie
mit dem Stichwort "Wachstum der Sozialverwaltung" zwar ungenau, aber für unsere Zwecke
hier hinreichend bezeichnet werden. Damit verbindet sich die Entwicklung, daß öffent-

liche Verwaltung keineswegs nur mit fixen Aufgabenbeständen zu rechnen hat. Mit der gesellschaftlichen Entwicklung erweitern sich die Anforderungen an das Aufgabensystem selbst. Das erfordert, noch vor aller rechtlichen Normierung, die Aufmerksamkeit der Verwaltungsbeschäftigten auf veränderte oder neuartige Problemlagen im gesellschaftlichen Umfeld, die Neugier auf neue Informationen, ihre Untersuchung und Bewertung, die Entwicklung von Vorschlägen zur Problemlösung, auch zur Art und Weise ihrer (gegebenenfalls auch technisch unterstützten) Durchführung. Das verlangt aber auch die ständige Überprüfung und Kritik der überlieferten Aufgaben, die Reflexion ihrer Genese, Funktionalität und Perspektive, den Vorschlag ihrer Veränderung, wo ihr gesellschaftlicher Sinn sich zu verändern beginnt.

2. Eine zweite Beschränkung notwendiger Aufgabenreflexion und mithin ein Grund für die Ausprägung eines gebrochenen Verhältnisses von Fachaufgabe und EDV resultiert aus der spezifischen Struktur der EDV selbst: der Ausprägung einer von der jeweiligen fachlich-gesellschaftlichen Problemlage losgelösten verallgemeinerten Symbolwelt, die gegenüber der bisherigen Arbeits- und damit Erfahrungsweise leicht·sich verselbständigen kann. Auf den allgemeinen Charakter der EDV-Tätigkeiten ist verschiedentlich hingewiesen worden; sie "unterscheiden sich von den traditionellen Verwaltungstätigkeiten insofern, als sie sich von jeglicher Prozeß- und Fachspezifität gelöst (haben und) allein an der Methode der Datenverarbeitung und den eingesetzten Maschinen orientieren" (Koch 1978, S.64). Gerade dieses Auseinanderfallen von fachspezifischer und fachunspezifischer Orientierung in Arbeitstätigkeiten verlangt allerdings, daß beide bei jeder Entwicklung und Anwendung eines EDV-Systems aufeinander bezogen werden. Geschieht dies nicht oder nicht zureichend, resultieren die mannigfaltigsten Arbeitspathologien in Gestalt von Diskrepanzen zwischen Problemstellungen und -lösungen, von suboptimalen und fehlerhaften Systemen bzw. suboptimalen und fehlerhaften Nutzungsweisen bis hin zu dem, was schon Bahrdt "einen gewissen sportlichen Ehrgeiz" und die "makabre Befriedigung" der Beteiligten genannt hat, "daß kein Unsinn so groß ist", als daß sie ihn nicht doch noch maschinell verarbeitmachen machen (1958, S.75). Soll derlei vermieden werden, ist die Vermittlung von automationsbezogenen Tätigkeiten und fachlichen Aufgabenstellungen unabdingbar notwendig, und zwar eine Vermittlung, die des skizzierten Bruchs eingedenk bleibt.

Welche Schwierigkeiten dabei zu bewältigen sind, soll ein Beispiel aus der kommunalen Bauverwaltung verdeutlichen: Kern der Aufgabe der Bauaufsicht- bzw. Bauordnungsämter ist das Baugenehmigungsverfahren, das in der jeweiligen Landesbauordnung und in dazugehörigen untergesetzlichen Vorschriften inhaltlich und verfahrensgemäß geregelt ist. Das Baugenehmigungsverfahren ist ein ungeheuer kompliziertes Regelwerk mit über 1oo Vorschriften, undurchsichtig, häufigen Änderungen unterworfen, z.T. in sich widersprüchlich, schwer handhabbar. Herkömmlicherweise behilft man sich pragmatisch und flexibel: Anstelle einer strikten und vollständigen Regelanwendung, die den Prüfaufwand unerträglich steigen lassen würde, findet man bei kleineren Vorhaben eine eher exemplarische Prüfung anhand der wichtigsten Normen (etwa Feuerschutz und Nachbarbelange) und einen Prozeß des Aushandelns zwischen Behörde und Antragsteller. Hierbei kommt der Bauaufsicht die (auch vom Gesetzgeber gewollte) Flexibilität des Baurechts zugute, denn schon aus Gründen der Situationsbesonderheit von Grundstück und Bauvorhaben verbietet sich eine rigide rechtliche Bindung; die rechtlichen Instrumente der Ausnahme und Befreiung von Vorschriften sowie der weite Ermessensspielraum sind Ausdruck dieser Flexibilität.

Will man im Rahmen des Baugenehmigungsverfahrens DV-Systeme entwickeln und einsetzen, gerät man in die Schwierigkeit, daß DV-Systeme an die pragmatische Rationalität und flexible Handlungsfähigkeit der Bauaufsicht nicht umstandslos anknüpfen können, sondern die vollständige und damit teilweise unübersichtliche und widersprüchliche Regelanwendung durch den Sachbearbeiter voraussetzen müssen. Diese Schwierigkeit muß - im Interesse praktischer Veränderung - bedacht werden. DV-Systeme sind ohne Reflexion der realen gesellschaftlichen Problemlagen im Baubereich und der Angemessenheit (bzw. Nicht-Angemsssenheit) der formalen Rationalität des Verwaltungshandelns mit Aussicht auf Erfolg nicht entwickelbar.

Wo eine solche Reflexion nicht gemacht wird, wo versucht wird, gegebene Verwaltungsstrukturen ohne bewußte Veränderung und Weiterentwicklung auf DV-Verfahren abzubilden, müssen dort Probleme durchbrechen, wo formale Rationalität des Verwaltungshandelns (im Sinne unverfälschter Normanwendung) und materiale Rationalität (im Sinne der Angemessenheit des Verwaltungshandelns an funktionale Erfordernisse der gesellschaftlichen Umwelt) auseinanderklaffen. Entweder das DV-System bildet die formale Rationalität ab, dann muß es die realen gesellschaftlichen Problemlagen teilweise verfehlen, oder es wird an die Erfordernisse materialer Rationalität angepaßt, dann steht es sozusagen außerhalb der Legalität. Eine vorgängige Aufgabenreflexion und -kritik, im Zusammenhang mit Anforderungsanalyse und Modellbildung bei der Systementwicklung, müßte diese Diskrepanzen und damit die Notwendigkeit aufdecken, keine unreflektierte Abbildung der fachlichen Aufgabenstellung auf die EDV durchzuführen, sondern auf eine Umbildung des Verwaltungshandelns zur Funktionsangemessenheit gegenüber den realen gesellschaftlichen Problemlagen zu dringen, zusammen mit einer dann ebenso funktionsäquivalenten Bestimmung technischer Unterstützbarkeit des Verwaltungshandelns. Überdies müßte dann das DV-System gegenüber der Dynamik gesellschaftlicher Problementwicklungen offen sein, d.h. seine Reorganisierbarkeit erlauben.

Ich fasse zusammen: plädiert wird hier dafür, den Zusammenhang von elektronischer Informationstechnik und fachlicher Aufgabenstellung zum Ausgangs- und Mittelpunkt technisch-organisatorischer Aus- und Weiterbildungsprozesse auch in der öffentlichen Verwaltung zu machen. Dabei muß das Qualifizierungskonzept aufnehmen, daß dieser Zusammenhang ohne Spannungen und Brüche nicht zu haben ist. Indem Spannungen und Brüche

im Aus- und Weiterbildungsprozeß ausgearbeitet werden, bekommt das Qualifizierungskonzept für die Lernenden eine Perspektive der Handlungs- und Entwicklungsfähigkeit,
in der es nicht mehr bloß darum geht, Aufgaben wie Technik als vorgegebene nachvollziehen und bedienen zu können. Auch wo die praktischen Veränderungsmöglichkeiten im
Arbeitsprozeß für die Beschäftigten beschränkt sind, wird der Aufweis von Brüchen jeglicher Art im Verhältnis von Aufgabe und Technik mitsamt ihren gesellschaftlichen Ursachen zur Entwicklung einer Veränderungshaltung beitragen, die mittel- und langfristig als Handlungsdruck wirksam werden kann. Dabei geht es nach der Seite der fachlichen Aufgabenstellung darum, deren Funktionsangemessenheit gegenüber gesellschaftlichen Problemlagen zu überprüfen, und nach der Seite der elektronischen Informationstechnik um die Entwicklung von Systemen, die der Arbeit der Beschäftigten und den Interessen der Bürger förderlich sind.

Für die Lernenden kommt es darauf an, die Technik und das in ihr beschlossene Wissen
kompetent gebrauchen zu können, Technik und Wissen in ihrer Funktionalität zu begreifen. Dazu gehört insbesondere ein Verständnis dafür, unter welchen Bedingungen diese
Technik gesellschaftlich nützlich einsetzbar ist und unter welchen nicht, wie also gegebenenfalls die Bedingungen verändert werden müssen, damit ein Problem technisch
sinnvoll bearbeitet werden kann, und wo die Grenzen dieser Technik liegen. Die Bestimmung der Grenzen von Automatisierungsprozessen verlangt zugleich die Ausbildung von
Fähigkeiten zum Umgang mit Erfahrungsweisen und Lebenswelten, die jenseits dieser
Grenzen lokalisiert sind: die Fähigkeit, soziale, situative, zeitliche und räumliche
Kontexte berücksichtigen, und Besonderheiten, Abweichungen, Zweifelsfälle und Störungen bearbeiten zu können.


Literatur

BAHRDT, H.P.: Industriebürokratie. Versuch einer Soziologie des industrialisierten
Bürobetriebes und seiner Angestellten, Stuttgart 1958

BÖHME, G.: Die Verwissenschaftlichung der Erfahrung. Wissenschaftsdidaktische Konsequenzen. In: BÖHME, G./v.ENGELHARDT, M. (Hg.): Entfremdete Wissenschaft, Frankfurt
a.M. 1979, S. 114 ff.

GOEBEL, O.: Taylorismus in der Verwaltung, Hannover 1925

HESSISCHES Institut für Bildungsplanung und Schulentwicklung (Hg.): Informatik-Akti-
vitäten in der Bundesrepublik Deutschland. Datenverarbeitungslehrpläne kaufmännischer
Schulen (Stand April 1980), Heft 1, Masch.Manuskript, September 1980

KOCH, R.: Elektronische Datenverarbeitung und kaufmännische Angestellte, Frankfurt
a.M./New York 1978

LENK, K.: Probleme der Verwaltungsinnovation durch DV-gestützte Verfahren. In: ÖVD (1980), 1o, S. 3 ff.

VAN TREECK, W.: Sachbearbeitung und EDV in den 8oer Jahren. Eine aufgabenbezogene Projektion am Beispiel der gesetzlichen Krankenversicherung. In: Österreichische Gesellschaft für Informatik (Hg.): Informationssysteme für die 8oer Jahre, Linz 198o, S. 933 ff.

VAN TREECK, W. (Hg.): Technisch-organisatorische Ausbildung in der öffentlichen Verwaltung. Befunde und Gestaltungsvorschläge. Arbeitspapiere der Forschungsgruppe Verwaltungsautomation an der Gesamthochschule Kassel, 3o, Kassel 1983

Workshop D:

"Wirtschaftlichkeit und Systementwurf"

F.Roithmayr, R.Traunmüller

Johannes Kepler Universität Linz


Der Workshop wurde von 30 Teilnehmern besucht.
Bedingt durch Terminprobleme bei Vortragenden war es notwendig, gegenüber dem im Programm angekündigten Sitzungsfahrplan Änderungen durchzuführen.

Im ersten Vortrag von Herrn Dr. G. Müller "Verteilte Endbenutzersy-
steme (DEUS) - Kommunikation in offenen Systemen" werden die Möglichkeiten zur benutzertransparenten Verteilung von Anwendungen  sowie
die Problematik von Benutzerschnittstellen in Bürosystemen und anderen
Anwendungsgebieten durchleuchtet. Insbesondere wird auf die Verwendbarkeit des OSI-Referenzmodells  sowie die Diskussion der einzelnen
Schichten eingegangen. Im Rahmen des Projekts werden die Vorschläge
der "offenen Systeme" auf ihre Verwendbarkeit hin untersucht und im
praktischen Fall erprobt und erweitert. Von einem Büroinformations-
system erwartet man eine Nutzung durch verschiedene Benutzer der Organisation. Das OSI-Referenzmodell ist ein Mittel, mit dessen Hilfe
Endbenutzeranforderungen erfüllbar scheinen. Der Endbenutzer fragt
Dienstleistungen ab, wobei es ihm gleichgültig ist, von welchem Rechner
diese Dienstleistungen zur Verfügung gestellt werden. Es tritt für
Bürokommunikationssysteme das Problem auf, daß Text, Bilder, Daten
und Sprache kombiniert verarbeitet und übertragen werden müssen.
Die notwendigen Hard- und Softwareressourcen müssen für den Benutzer
entsprechend zur Verfügung gestellt werden, wobei die Basis das OSI-
Referenzmodell darstellt.

Im zweiten Vortrag von Herrn Mag. P. Bodenwinkler wird der Problem-
kreis "Wirtschaftlichkeitsaspekte von Büroinformations- und Kommunikationssystemen in der öffentlichen Verwaltung" behandelt. Nach einer
Begriffserklärung sowie der Spezifikation der Büroarbeit in der öffentlichen Verwaltung mit Blick auf Einsatz von Bürokommunikationssystemen
wird der Wirtschaftlichkeitsaspekt von Bürokommunikationssystemen betrachtet. Wegen der gefährlichen Fehlentwicklung in Hinblick auf eine
Zentralisierung wird eine reduzierte Wirtschaftlichkeitsbetrachtung im
öffentlichen Bereich abgelehnt. Vielmehr wird ein Indikatorensystem
für die Kosten- und Leistungsbeurteilung in Anlehnung an Picot und

Reichwald vorgeschlagen. Zur Beurteilung wird ein Vier-Wirtschafts-
ebenen-Modell herangezogen. Die erste Stufe ist eine isolierte Wirtschaftlichkeitsbetrachtung und betrifft Kosten- und Leistungseffekte
am Bedienerarbeitsplatz. In der Stufe 2 wird eine erweiterte Wirtschaftlichkeit betrachtet und sie bezieht sich auf Kosten- und Leistungseffekte im Nutzerbereich. Gesamtorganisatorische Wirtschaftlichkeit wird auf der Stufe 3 erfaßt und inkludiert die Kosten- und Leistungseffekte im Bereich Organisationsstruktur und Arbeitsbedingungen,
während auf Stufe 4 gesamtgesellschaftliche Wirtschaftlichkeit erfaßt
wird, was Kosten- und Leistungseffekte im Bereich der gesellschaftlichen Umwelt inkludiert.

Im zweiten Sitzungsblock wird der Themenkreis "Kontrolle der Wirtschaftlichkeit" behandelt. Systeme sind so gut, wie deren Kontrolle
ist. Frau Dr. A. Lukat diskutiert in ihrem Beitrag die Fragen "Kosten-
analyse und Nutzenschätzung versus Nutzenanalyse mit Kostenschätzung".
Für Entscheidungen über wirtschaftlichen Einsatz, Investitionen und
Entwicklungen informationstechnischer Systeme sollen Recherchen, Analysen und Beurteilungen überschaubare Orientierungsinformationen bringen. In vielen Fällen werden reduzierte Nutzen-Kosten-Untersuchungen
durchgeführt. In Hinblick auf eine spätere "Rechnungsprüfung" werden
mit sehr geringem methodischen Aufwand entsprechende Berechnungen
durchgeführt. Monetarisierte Nutzen-Kosten-Untersuchungen enthalten
demgegenüber aufwendigere Unterscheidungen und Bewertungen der Verhältnisse Kosten zu Nutzen. Nicht zu vernachlässigen bei der Nutzen-
Kosten-Untersuchung sind qualitative Informationen, die sich im Zusammenwirken personeller und situativer Variabler bilden. Es sind darunter die einflußreichen personen- und gruppenspezifischen Einstellungen und Aussagen, auf denen die Berechnungen beruhen, zu verstehen.
Wesentlich sind die Beziehungen und Einflüsse zwischen Personen in ihren
Rollen und Funktionen als Auftraggeber, Entwickler und Anbieter von
Datenverarbeitung, Benutzer und mittelbar Betroffene, Situationen der
Ausgangslage, Entscheidung usw., Eigenheiten der zu untersuchenden und
zu verändernden Bereiche  sowie Angebote von Alternativen.

In seinem "Entscheidungsansatz zur Ordnungsmäßigkeitsprüfung von Informationssystemen" stellt Dr. Roithmayr ein Modell zur Überprüfung von
Informationssystemen im Rahmen eines quantitativen Ansatzes dar. Unter
dem Begriff "Ordnungsmäßigkeit" werden sehr oft Aussagen getroffen,
ohne daß klar ist, was letztendlich darunter wirklich gemeint ist. Es
gilt, ein Instrumentarium zu entwickeln und zu kombinieren, mit dem

man in der Lage ist, Informationssysteme auf deren Ordnungsmäßigkeit
hin zu prüfen. Zusätzlich verkompliziert die Problematik, daß Ordnungsmäßigkeitsfaktoren nicht immer systemindifferent sind, sondern
in manchen Fällen eine Systembezogenheit gegeben ist. Da die Überprüfung des Informationssystems in Hinblick auf seine Ordnungsmäßigkeit aufgrund der Komplexität derartiger Systeme nicht in einem
Schritt vollziehbar ist, bedarf es einer mehrdimensionalen Strukturierung des Problems. Die erste Dimensionierung besteht in der Darstellung des Informationsprozesses in seinen Phasen der Informationssammlung, der Informationstransformation und der Informationskommunikation. Die zweite Dimension wird von den organisatorischen Subeinheiten gebildet. Darunter werden Organisationsbereiche verstanden, die
zentrale Aufgaben im Informationsprozeß verrichten. In einer dritten
Dimension wird schließlich das Konzept der logischen Anwendungsgruppe
gebildet. Man versteht darunter eine in sich abgeschlossene Anwendung,
die von einem Programm bis hin zu einem gesamten Informationssystem
reicht. Unter Zuhilfenahme von Ordnungsmäßigkeitsfaktoren ist es nun
möglich, eine quantitative Beurteilung eines Informationssystems durchzuführen. Herr Dr.W. Jaburek gibt in seinem Beitrag "Teleconferencing
im Bildschirmtext" zunächst eine begriffliche Definition. Das Teleconferencing kann als Audioconferencing, als Videoconferencing oder als
Computerconferencing auftreten. Am Beispiel des österreichischen Bildschirmtextes wird an zwei Anwendungsbeispielen eine "offene" Diskussion sowie eine "geschlossene" Diskussion dargestellt. "Geschlossen"
heißt in diesem Zusammenhang: "Definierter Teilnehmer und Themenkreis".
"Offen" nennen wir eine Diskussion dann, wenn ihr Teilnehmerkreis nicht
vordefiniert ist. Die Anwendungsbeispiele finden sich insbesondere
dort, wo formale und daher eher kürzere Texte von örtlichen über das
Staatsgebiet verteilten Personengruppen diskutiert werden sollten.

Professor Seibt, der für den Hauptvortrag des Workshops eingeladen war,
stellt in seinem Beitrag "Wirtschaftlichkeit von Bildschirmtext" ein
Rechenschema zur Ermittlung der voraussichtlichen Kosten von BTX-Anwendungen im kommunalen Bereich dar. Die Schwierigkeiten der Wirt-
schaftlichkeitsbestimmungen sind zur Genüge bekannt, sodaß zur Wirt-
schaftlichkeitsbestimmung technologiegestützter Informationssysteme
ein Wirtschaftlichkeitskriterienkatalog eingesetzt werden soll. Zukünftige innerbetriebliche BTX-Informationssysteme auf der Basis von
Rechnerverbundlösungen unterstützen Kommunikations- und Informations-
verarbeitungsfunktionen. Die bei BTX-Informationssystemen zu erwartenden Kostenarten sind:

- Die Anschaffungskosten für Hardware und Software.
- Die Entwicklungskosten für Anwendungssoftware.
- Die Datenübertragungskosten und sonstige Betriebskosten.

An zwei Fallbeispielen, einerseits betreffend das Auskunftssystem im
Katasterwesen, andererseits das Auskunftssystem im Einwohnerwesen,
wird eine BTX-Kalkulation präsentiert. In den konkreten Fällen waren
die BTX-Kosten geringer als bei allen anderen zur Entscheidung anste-
henden Varianten. Grundsätzlich ist festzuhalten, daß aus Pilot-Entwicklungen keine großen Ersparnisse erzielbar sind, auf der anderen
Seite aber jene, die rechtzeitig Pilot-Entwicklungen machen, auch
über das entsprechende Know-how verfügen.

Abschließend ist festzuhalten, daß die Wirtschaftlichkeitsbetrachtun-
gen im öffentlichen Bereich bzw. die Kontrolle dieser Wirtschaftlichkeit bei weitem noch nicht standardisiert ist und hier noch erhebliche
Anstrengungen gemacht werden müssen.

<u>WIRTSCHAFTLICHKEIT VON BILDSCHIRMTEXT</u>

<u>- VORAUSSICHTLICHE KOSTEN VON BTX-ANWENDUNGEN</u>
<u>IM KOMMUNALEN BEREICH -</u>

Prof. Dr. Dietrich Seibt[*]


1. Wirtschaftlichkeit technologiegestützter Informationssysteme

2. Zukünftige BTX-gestützte betriebliche Informationssysteme

3. Kosten der Entwicklung und des Einsatzes von BTX-gestützten
   betrieblichen Informationssystemen

   A. Einmalkosten
      (1) Hardware-Kosten auf der Seite der Endbenutzer
      (2) Kosten für die Entwicklung betriebsindividueller BTX-Seiten
      (3) Kosten der Zentrale bei einer Rechnerverbund-Lösung
      (4) Entwicklungskosten für BTX-Anwendungs-Software

   B. Laufende Betriebskosten während der Systemlebensdauer

4. BTX-gestütztes "Auskunftssystem für Einwohnerwesen, Kasse, Grund-
   und Gewerbesteuer", dargestellt am Beispiel einer Kommunalen
   Datenzentrale

5. Schlußbemerkungen

6. Literaturverzeichnis


* o. Professor für Betriebswirtschaftslehre, insbes. Betriebsinformatik
an der Universität Essen, Mitglied der Institutsleitung des
BIFOA an der Universität zu Köln

## 1. Wirtschaftlichkeit technologiegestützter Informationssysteme

Wirtschaftlichkeit existiert als Begriff in zwei verschiedenen, logisch eng zusammenhängenden Bedeutungen:

a) Wirtschaftlichkeit als Kennziffer, d.h. als Verhältnis "Ertrag zu Aufwand" oder als Verhältnis "Leistungen zu Kosten";

b) Wirtschaftlichkeit als Handlungsanweisung in der Form des Optimumprinzips (: mit gegebenen Mitteln die größtmögliche Leistung erzielen!) oder als Sparprinzip (: eine angestrebte Leistung mit geringstmöglichen Mitteln erreichen!).

Wirtschaftlichkeitsanalysen können sich auf die gesamte Datenverarbeitung einer Organisation oder auf einzelne bestimmte technologiegestützte Informationssysteme beziehen. Es kann sich dabei um ex ante-Analysen von zukünftig zu entwickelnden Systemen oder um ex post-Analysen von bereits entwickelten und betriebenen Systemen handeln.

Schwierigkeiten ergeben sich insbesondere bei ex ante-Analysen als Kern der Entscheidung zwischen mehreren realisierbaren System-Alternativen. Durch Vergleich zwischen den voraussichtlichen Erträgen/Aufwendungen bzw. Leistungen/Kosten pro System-Alternative zu einem Zeitpunkt, zu dem diese Kennziffern allenfalls äußerst grob geschätzt werden können, soll die beste, d.h. die wirtschaftlichste System-Alternative herausgefunden werden. In der Praxis existiert nur ein sehr geringes "Schätz-know how". Probleme ergeben sich auch hinsichtlich der Bewertung der geschätzten Einsatzmengen (Mengen-Inputs) mit Kostensätzen sowie der Bewertung der geschätzten Ausbringungsmengen (Outputs) mit Preisen oder Verrechnungssätzen. Darüber hinaus erfordert die umfassende Beurteilung von System-Alternativen die systematische Berücksichtigung einer Vielzahl von Faktoren, die sich nicht alle in Geldeinheiten bewerten lassen, d.h. die nicht restlos in Kosten/Leistungen abgebildet werden können. Gerade diesen Faktoren kommt bei der Entwicklung von Informationssystemen große Bedeutung zu. Die für die Entscheidung über die System-Alternativen zuständige Stelle muß dann darauf dringen, daß neben einer auf monetäre Größen beschränkten Wirtschaftlichkeitsrechnung eine umfassendere Nutzwert-Analyse durchgeführt wird.

## 2. Zukünftige Btx-gestützte betriebliche Informationssysteme

Unter einem technologiegestützten betrieblichen Informationssystem wird ein Mensch-Maschine-System verstanden, das meist für einen oder mehrere bestimmte betriebliche Funktionsbereiche Informationen generiert, verarbeitet, speichert und transportiert. Ein solches System ist jeweils betriebsindividuell zu implementieren, d.h. an die spezifischen personellen und organisatorischen Randbedingungen einer Organisation anzupassen.

Ein Btx-gestütztes Informationssystem stellt eine besondere Ausprägung eines technologiegestützten Informationssystems dar. Der von der Deutschen Bundespost angebotene neue Kommunikationsdienst Bildschirmtext eröffnet vor allem neue, bisher nicht verfügbare Perspektiven für die interaktive Datenfernverarbeitung, d.h. für viele neue Kombinationsformen von Telekommunikation und Datenverarbeitung im Dialog. Mit Bildschirmtext steht erstmals ein offenes, flächendeckendes Netz zur Verfügung, in dem Rechner verschiedenen Typs miteinander verbunden werden können. Organisatorische Kommunikationsströme unterschiedlicher Art - top down, bottom up, horizontal, regional, überregional, zwischen Mitgliedern von geschlossenen Benutzergruppen bis hin zu einer auch für Externe frei zugänglichen öffentlichen Kommunikation - können über Btx-gestützte Informationssysteme abgewickelt werden. Btx eröffnet auch kleinen Anwendern bequemen Zugang über (im Vergleich zu herkömmlichen Kommunikationsdiensten) kostengünstige Modems und Endgeräte. Ein besonderes Merkmal Btx-gestützter Informationssysteme wird das hohe Maß an verteilter Datenverarbeitung sein, das mit ihrer Hilfe verwirklicht werden kann. Eine größere Anzahl von Datenverarbeitungsfunktionen wird am Arbeitsplatz des Endbenutzers durch intelligente Btx-fähige Mikrorechner realisiert werden. Darüber hinaus hat der Btx-Benutzer nicht nur Zugang zu den auf den öffentlich zugänglichen Btx-Vermittlungsstellen der Deutschen Bundespost gespeicherten Informationen, sondern auch Zugang zu großen zentralen Datenbanken und zu DV-Funktionen auf Großrechnern, die im sog. Btx-Rechnerverbund angeschlossen werden könne. Auf diese Weise wird die heute noch existierende Problematik des Abwägens zwischen zentralisierten und dezentralisierten DV-Systemen beträchtlich entschärft, weil die Vorteile beider Organisationsformen gleichzeitig genutzt werden können.

3. Kosten der Entwicklung und des Einsatzes von BTX-gestützten betrieblichen Informationssystemen (= BTXIS)

Wie bei jeder Art von technologiegestützten Informationssystemen ist mit

- Einmalkosten und
- laufenden Betriebs- und Wartungskosten während der gesamten Systemlebensdauer

zu rechnen.

A. Einmalkosten

1 Hardware-Kosten auf der Seite der Endbenutzer

Hier handelt es sich um die Kosten der zu beschaffenden BTX-Endgeräte, die

- einfache Eingabe/Ausgabe-Stationen oder
- BTX-fähige Mikrorechner oder
- komfortable BTX-Editierplätze oder
- Kombinationen von derartigen Geräten

sein können. In jedem Fall beinhalten BTX-Endgeräte einen Decoder, der selbst ein spezialisierter Mikrocomputer ist und vielfältige Funktionen im Zusammenhang mit der Speicherung und Generierung von Informationen sowie mit der Steuerung der verschiedenen Geräte-Komponenten erfüllt. Für die Kosten der BTX-Endgeräte wird es von entscheidender Bedeutung sein, daß der standardisierte Decoder für den neuen CEPT-Standard zukünftig in großer Stückzahl gefertigt werden wird, damit sein heute (1983) noch hoher Preis stark gesenkt werden kann. In zwei bis drei Jahren soll dieser Preis dann nur noch 700-800 DM betragen.

## 2 Kosten für Entwicklung betriebsindividueller BTX-Seiten

In vielen zukünftigen BTXIS wird eine bestimmte Anzahl von betrieblichen Abteilungen im Rahmen einer geschlossenen Benutzergruppe mit Informationen arbeiten, die sie oder andere BTX-Anwender vorher auf BTX-Seiten in die öffentlichen BTX-Zentralen der Post gespeichert haben bzw. die sie je nach Bedarf den öffentlichen BTX-Zentralen entnehmen. In solchen Fällen entstehen keine weiteren Hardware/Software-Kosten (als Einmalkosten). Die Kosten des von der Post aufgebauten Systems der BTX-Zentralen werden vielmehr anteilig in Form von Gebühren auf die BTX-Benutzer verteilt. Diese Gebühren werden später unter B. erläutert. In vielen zukünftigen BTXIS werden allerdings nicht unerhebliche Einmalkosten durch die (Erst-)Entwicklung der betriebs- bzw. Benutzergruppen-spezifischen BTX-Seiten entstehen. Der Umfang des BTXIS-spezifischen "Pools" von BTX-Seiten wird sehr unterschiedlich sein. Vorausgesetzt, daß ca. 500 BTX-Seiten, davon 375 Textseiten und 125 Graphikseiten, entwickelt werden müssen, kann mit folgenden Kosten gerechnet werden: Wenn pro Tag 20-30 Textseiten oder 2-5 Graphikseiten von einer BTX-Fachkraft entwickelt werden, entsteht ein mengenmäßiger Aufwand von 38-82 Manntagen. Bei einem Kostensatz von 400-1000 DM pro Manntag ist mit einer Bandbreite zwischen 15.000 und 82.000 DM zu rechnen. Dabei handelt es sich jeweils um kalkulatorische Kosten, d.h. incl. Gemeinkosten, beispielweise incl. Kosten des Arbeitsplatzes. Bei Erstellung dieses Pools von BTX-Seiten durch BTX-Agenturen werden u.U. noch höhere Tagessätze abgerechnet. Schon heute gehen BTX-Agenturen, die nicht nur BTX-Seiten entwerfen, sondern auch weitere Dienste leisten (z.B. im externen Rechnerverbund) dazu über, einen Leistungsmix anzubieten, aus dem der Endbenutzer die Stück-Kosten der Entwicklung einer Text- oder Graphikseite nicht mehr ohne weiteres erkennen kann.

## 3 Kosten der Zentrale bei einer Rechnerverbund-Lösung

Ein wichtiges Merkmal des deutschen BTX-Dienstes besteht darin, daß Unternehmungen und Behörden externe Rechner über DATEX-Leistungen mit den öffentlichen BTX-Zentralen verknüpfen können. Auf diese Weise können BTX-Endbenutzer an Dienstleistungen partizipieren, die üblicherweise den Benutzern von Großrechnersystemen vorbehalten sind

    o Direkt-Zugriff auf große Datenbanken, die sich auf dem externen Rechner befinden

    o Abspeichern von Mitteilungen im externen Rechner, die durch diesen für betriebsinterne BTX-Benutzer verfügbar werden

    o Direkt-Auslösen von DV-Aktivitäten im externen Rechner, z.B. Aktivitäten im Zusammenhang mit Bestellungen oder mit anderen Arten von Dispositionen.

Typische Beispiele für Rechnerverbund-Lösungen, die bereits realisiert sind, finden sich im Versandhandel und bei Banken. Es besteht kein Zweifel, daß auch im kommunalen Bereich konkrete Anwendungen für BTX-Rechnerverbundlösungen realisiert werden können, die wahrscheinlich sogar wirtschaftlicher sein werden als DV-Lösungen kombiniert mit "klassischen" Datenübertragungssystemen. Ein Beispiel hierfür zeigt der folgende Abschnitt 4. Unter der Voraussetzung, daß ein kapazitätsmäßig ausreichend großer externer Rechner vorhanden ist, fallen lediglich Einmalkosten für die BTX-Rechnerverbund-Software an. Allerdings ist festzustellen, daß zum gegenwärtigen Zeitpunkt (Okt. 1983) nur für wenige große DV-Anlagen einiger weniger Hardware-Hersteller überhaupt BTX-Rechnerverbund-Software angeboten wird. (Dabei handelt es sich um eine Software, die noch nicht den neuen CEPT-Standard, sondern lediglich den PRESTEL-Standard unterstützt.) Beispielsweise liegen die Kaufpreise für BTX-Verbund-Software für DV-Anlagen, die mit den sehr umfangreichen Betriebssystemen IBM/MVS oder Siemens BS 2000 betrieben werden, in der Größenordnung von DM 200.000-250.000.

Falls die Hardware-Kapazität (z.B. Kapazitäten des Hauptspeichers, der Kanäle, der Steuereinheiten, der Magnetplattenspeicher) bereits durch die vorhandenen (nicht BTX-gestützten) Anwendungssysteme (nahezu) ausgelastet wird, ist mit zusätzlichen Kosten für Hardware-Erweiterungen zu rechnen. Diese Kosten lassen sich allerdings auch nicht beispielhaft abgrenzen, weil für ein Beispiel zu viele Parameter diskutiert bzw. fixiert werden müßten.

Alternativ zur Nutzung des eigenen Großrechners im BTX-Rechnerverbund kann ein spezialisierter Vorrechner verwendet werden, für den ebenfalls BTX-Schnittstellen-Software zur Verfügung gestellt werden muß. Mehrere derartige Vorrechner-Lösungen werden gegenwärtig angeboten. Der Kaufpreis für Hardware und Standard-Software liegt in der gleichen Größenordnung wie der Kaufpreis für die oben aufgeführte BTX-Rechnerverbund-Software.

## 4 Entwicklungskosten für BTX-Anwendungs-Software

Schließlich entstehen bei der Realisierung von Lösungen im BTX-Rechnerverbund Kosten für die Entwicklung der betriebsindividuellen BTX-Anwendungssoftware. Beispiele für Funktionen, die von solcher individuellen Anwendungssoftware erfüllt werden, sind das Aufbereiten von Eingabe-/Ausgabe-Masken in Form von BTX-Seiten (40 Zeichen pro Zeile mal 24 Zeilen) und Schnittstellenfunktionen gegenüber den vorhandenen, auch von klassischen DV-Terminals benutzten DV-Anwendungssystemen. Die Höhe der Kosten für diese Art von BTX-Software wird sehr unterschiedlich sein. Sie ist vom Umfang der zu entwickelnden BTX-Funktionen sowie vom Anwendungskomfort und vom spezifisch notwendigen Aufwand zur Anpassung an die vorhandene "klassische" Anwendungssoftware abhängig. In konkreten Beispielfällen liegt der Entwicklungsaufwand in der Größenordnung von 0,5 bis 2 Mann-Jahren. In der Praxis wird der Kostensatz für ein Mann-Jahr (incl. kalkulatorischer Gemeinkosten) gegenwärtig mit DM 120.000 - 240.000 veranschlagt. In Abb. 1 werden die Einmalkosten für ein BTX-gestütztes Informationssystem zusammengefaßt.

## B. Laufende Betriebskosten während der Systemlebensdauer

Als periodische wiederkehrende Betriebskosten sind vor allem die monatlich von der Post abgerechneten Datenübertragungsgebühren hervorzuheben. Diese Gebühren können hier nicht näher erläutert werden.

Darüber hinaus ist mit laufenden Kosten für Wartung von

- BTX-Endgeräten (Hardware)
- BTX-Rechnerverbundsoftware
- evtl. Vorrechner-Hardware
- BTX-Anwendungssoftware

zu rechnen. Für diese Kostenarten wird üblicherweise mit Prozentzahlen der entsprechenden, in Abb. 1 zusammengefaßten Einmalkosten gerechnet, die - solange keine spezifischen spezifischen  BTX-Anwendungserfahrungen vorliegen - in Anlehnung an die allgemeinen Erfahrungssätze für Wartungskosten bei rechnergestützten Informationssystemen kalkuliert werden.

Laufende Kosten werden auch durch die Notwendigkeit zur Wartung/Pflege der BTX-Seiten verursacht. Die Höhe dieser Kosten, bei denen es sich um Personalkosten handelt, entspricht prinzipiell der Höhe der Kosten für Pflege/Wartung "klassischer" DV-Dateien bzw. Datenbanken. Sie hängt von der "Dynamik" des vom BTXIS unterstützten Anwendungsbereichs ab: Je höher die Geschwindigkeit, mit der sich die Informationen im Anwendungsbereich ändern, umso höher sind die Pflege-Kosten.

Schließlich sind im Falle der BTX-Rechnerverbund-Lösungen die anteiligen Betriebskosten für die genutzten Zentralrechner-Konfigurationen zu erfassen.

In Abb. 2 werden die laufenden Betriebskosten zusammengefaßt.

1. Kosten der Hardware auf der Endbenutzer-Seite

| | | |
|---|---|---|
| 1.1 | Kosten einer einfachen Eingabe/Ausgabe-Station<br>(incl. Drucker + Disketten Lw) | DM 10.000 |

| Band-breite | | |
|---|---|---|
| - Fernsehgerät (BTX-fähig) | | |
|     - bunt | 1.000 - 2.000 DM | |
|     - schwarz/weiß | 500 - 1.000 DM | |
| - Decoder (CEPT-Standard) | 1.900 DM | |
| - Tastatur | 300 - 800 DM | |
| - Drucker | 400 - 4.000 DM | |
| - Disketten-(Doppel-)Laufwerk | 3.000 - 4.500 DM | |
| | 6.100 -13.200 DM | |

| | | |
|---|---|---|
| 1.2 | Kosten eines BTX-fähigen Mikro-Rechners<br>(z.B. MUPID mit 128 KB und Peripherie (wie bei 1.1) | DM 10.000 alternativ zu 1.1 |
| 1.3 | Kosten eines komfortablen BTX-Editierplatzes<br>(Hardware und Software) | DM 30.000 |

In einem BTXIS werden häufig mehrere bis viele derartige BTX-Endgeräte (auch gemischt) zum Einsatz kommen.

2. Kosten für Entwicklung der betriebsindividuellen BTX-Seiten
- o    je nach Menge der BTX-Seiten unterschiedlich
- o    pro Manntag können 20-30 Textseiten bzw. 2-5 Graphikseiten entwickelt werden
- o    Kosten pro Manntag (incl. kalkulatorischer Gemeinkosten z.B. Kosten des Arbeitsplatzes) = DM 400 - 1000

3. Kosten auf der Seite eines im BTX-Rechnerverbund betriebenen Zentralrechners

| | | |
|---|---|---|
| 3.1 | Kosten der Rechnerverbund-Software für Betriebssysteme wie beispielsweise IBM/MVS oder Siemens BS 2000 | DM 200.000 - 250.000 |
| 2.3 | Kosten für evtl. Hardware-Erweiterungen<br>(z.B. für Hauptspeicher-, Kanal-, Plattenspeichererweiterungen) lassen sich nicht generell kalkulieren | |
| 3.3 | Kosten für BTX-Vorrechner (Hardware und Software)<br>-- alternativ zu 2.1 und 2.2. | DM 200.000 - 350.000 |

4. Kosten für Entwicklung betriebsindividueller BTX-Anwendungssoftware: je nach Anwendungskomfort und spezifischem Anpassungsaufwand unterschiedlich (z.B. 0,5 - 2 Mann-Jahre bei Kosten pro Mann-Jahr zwischen DM 120.000 - 240.000 incl. kalkulatorischer Gemeinkosten)

Abb. 1: Einmalkosten für ein BTX-gestütztes Informationssystem = Kosten für BTX-Hardware- und -Standard-Software-Beschaffung und Entwicklungskosten

| | | | | |
|---|---|---|---|---|
| **1. Gebühren, die bei Benutzung des öffentlichen BTX-Dienstes und des DATEX-Dienstes an die Post zu zahlen sind.** | | | | |
| | 1.0 Anschlußgebühr/Änderungsgebühr (einmalig) | | | DM 55,-- |
| | 1.1 BTX-Grundgebühr monatlich | | | DM 8,-- |
| | evtl. Kosten für 2. Telefonanschluß (bei Nutzung eines Doppelanschlusses) | | | DM 13,-- |
| | 1.2 Kosten pro Gebühreneinheit 8 Minuten (entfernungsunabhängig) | | | DM 0,23 |
| | 1.3 Gebühr für BTX-Leitseite/monatlich (nur für BTX-Anbieter) | | | |
| |     - regionale Leitseite | | | DM 50,-- |
| |     - BRD-weite Leitseite | | | DM 350,-- |
| | 1.4 Speichergebühren pro BTX-Seite pro Tag | | | |
| |     - Informationsseite regional | | | DM 0,015 |
| |     - Informationsseite bundesweit | | | DM 0,075 |
| | 1.5 Gebühren für Informations-Update der BTX-Seite | | | |
| |     - unverzügliches Update/Seite | | | DM 0,10 |
| |     - zeitversetztes Update/Seite | | | DM 0,05 |
| |     - pauschale Gebühren für Datenträger-Update | | | DM 20,-- |
| | 1.6 Benutzung des Eingabesystems im Dialog | pro Minute | DM 0,02 | |
| | 1.7 Absenden von Dialogseiten im Rechnerverbund | pro Seite | DM 0,01 | |
| | 1.8 Absenden von Antwortseiten | pro Seite | DM 0,30 | |
| | 1.9 Absenden von Mitteilungseiten | pro Seite | DM 0,40 | |
| | 1.10 Gebühren für DATEX-P-Benutzung im Rechnerverbund Taggebühr ca. 0,04 DM pro Ø gefüllter BTX-Seite     - spezielle Gebührenregelung für Segmente (á 64 Bytes) | | | |
| **2. Kosten der Pflege/Aktualisierung der BTX-Seiten. Diese Kosten sind Personalkosten und entsprechen prinzipiell den Pflege-/Aktualisierungskosten für "Klassische" Dateien oder Datenbanken. Ihre Höhe ist abhängig von der "Dynamik" des unterstützten Anwendungsbereichs.** | | | | |
| **3. Kosten der Wartung/Pflege der eingesetzten Hardware/Software** | | | | |
| | 3.1 Kosten für Wartung/Pflege der eingesetzten BTX-Endgeräte (pro Jahr ca. 15 % des Kaufpreises) | | | |
| | 3.2 Kosten für Wartung/Pflege der eingesetzten BTX-Rechnerverbund-Software (pro Jahr 15 % des Kaufpreises) | | | |
| | 3.3 Kosten für Wartung/Pflege der Hardware-Erweiterungen bzw. der Vorrechner-Hardware (pro Jahr 10 % des Kaufpreises) | | | |
| | 3.4 Kosten für Wartung/Pflege der betriebsindividuellen BTX-Anwendungssoftware (pro Jahr ca. 20 % der Entwicklungskosten) | | | |
| **4. Anteilige Betriebskosten der im BTX-Rechnerverbund genutzten Zentralrechner-Konfigurationen** | | | | |

Abb. 2: Laufende Betriebskosten für ein BTX-gestütztes Informationssystem (wichtigste Gebühren und Kosten für DO/gültig ab 1.1.86/sowie Wartungs- + Pflegekosten)

4. BTX-gestütztes "Auskunftssystem für Einwohnerwesen, Kasse, Grund- und Gewerbesteuer", dargestellt am Beispiel einer Kommunalen Datenzentrale

Konkrete Aussagen über die Größenordnung der bei einem BTX-gestützten Informationssystem für den kommunalen Bereich zu erwartenden Kosten können gemacht werden, wenn
eine oder mehrere bestimmte Teilaufgaben und ein diesen Teilaufgaben entsprechendes
realistisches Mengengerüst zugrundegelegt ist. Dies soll nachfolgend am Beispiel
eines "Auskunftssystems für Einwohnerwesen, Kasse, Grund- und Gewerbesteuer" geschehen. Die Kommunale Datenzentrale KDZ - eine von 28 der nordrhein-westfälischen
kommunalen Datenzentralen - plant die Entwicklung eines solchen Systems als Dialogsystem für die von ihr mit DV-Leistungen - zunehmend mit interaktiven DV-Leistungen - zu versorgenden 36 Gemeinden.
Dabei sollen die Kosten von zwei alternativen Konzepten, die allerdings funktional
die gleichen Leistungen erbringen, verglichen werden:

1. Anschluß von 17 IBM 8100 Subsystemen über HfD (= Hauptanschluß für Direktabruf)
   an den Zentralrechner der KDZ
   - 9 eigenständige Subsysteme für je eine größere Gemeinde

   - 8 Subsysteme mit Konzentratorfunktionen;
     Anschluß jeweils von mehreren kleineren Gemeinden an diese Subsysteme

2. Anschluß von 21 kleineren Gemeinden (unter 25.000 Einwohnern) über BTX anstatt
   über HfD an den Zentralrechner der KDZ (BTX-Rechnerverbund). Größere Gemeinden
   weiterhin über IBM 8100 und HfD an den Zentralrechner der KDZ angeschlossen.

Beim Vergleich dieser beiden Alternativen ist auf folgende wichtigen Punkte hinzuweisen:

o  Die Alternative 2 ist keine "reinrassige" BTX-Alternative. Die BTX-Nutzung ist
   bei dieser Alternative für 21, d.h. für 60 % der insgesamt zu versorgenden Gemeinden vorgesehen. Die übrigen 40 % aller Gemeinden, nämlich die großen Gemeinden, werden zunächst auch bei der Alternative 2 weiterhin über HfD versorgt. Dies
   geschieht primär aus Gründen der Vorsicht. Dennoch lassen die Ergebnisse der
   Rechnungen für Alternative 2 bereits wichtige Trends erkennen.

o  In den Kostenvergleich werden lediglich die 21 unterschiedlich "versorgbaren"
   Gemeinden einbezogen. Es wird davon ausgegangen, daß die 15 großen Gemeinden
   bei beiden Alternativen gleich hohe Kosten verursachen, somit einen Sockel bilden,
   der beiden Alternativen gemeinsam ist.

Die folgenden Abbildungen 3 - 5 geben einen Überblick über die zu erwartenden Netzstrukturen. Abb. 3 zeigt die Netzstruktur bei ausschließlicher Verbindung von

IBM 8100-Systemen. Abb. 4 zeigt die Struktur eines 8100-Subsystems mit Konzentratorfunktionen. Abb. 5 zeigt die Struktur des BTX-Netzes bei Alternative 2, wobei nochmals hervorgehoben wird, daß man sich die insgesamt bei Alternative 2 auftretenden
Netzstrukturen als eine Kombination der Abb. 3 und 5 vorstellen kann.

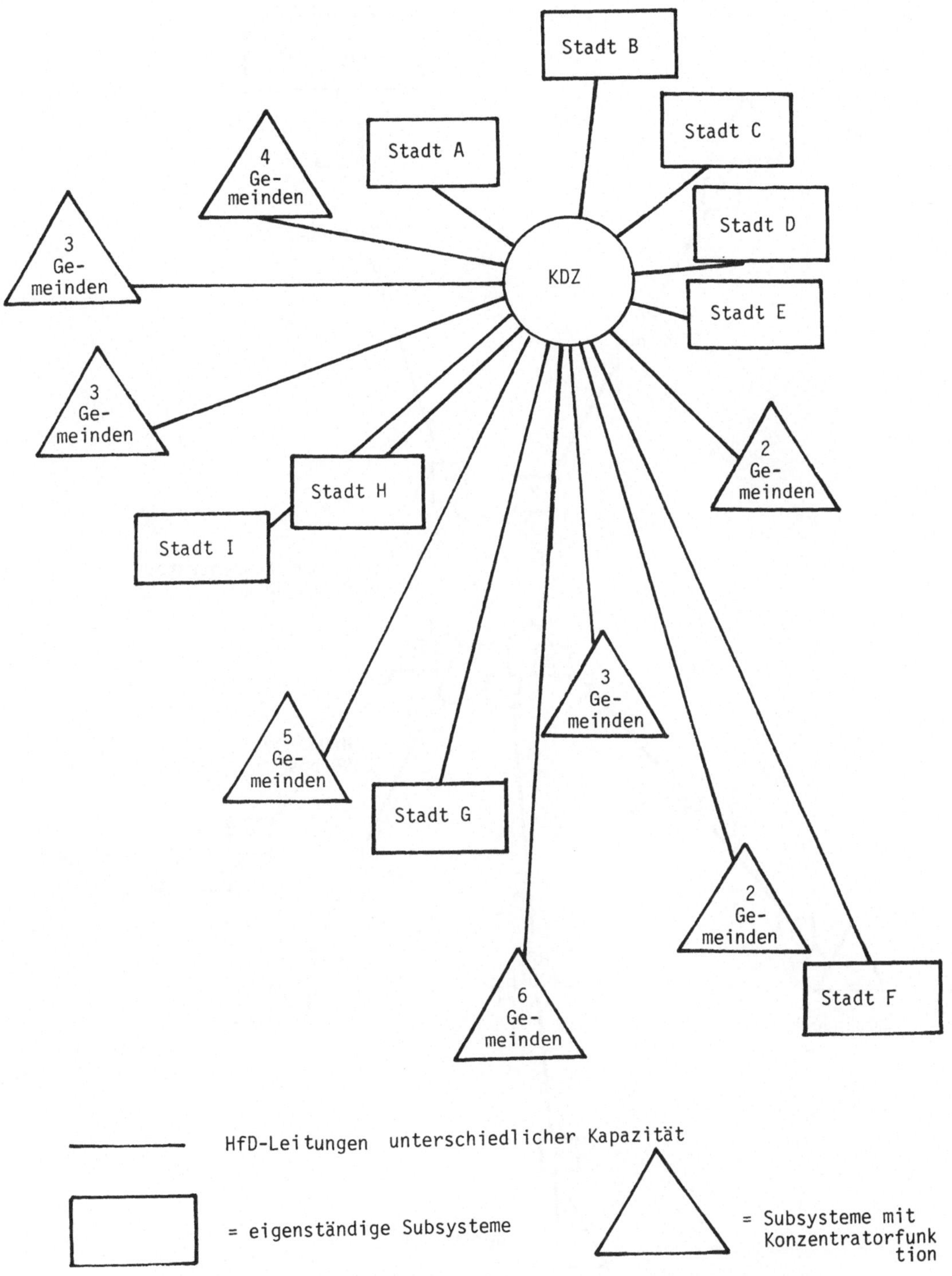


Abb. 3: Potentielle Netzstruktur bei IBM-8.100 Konzept

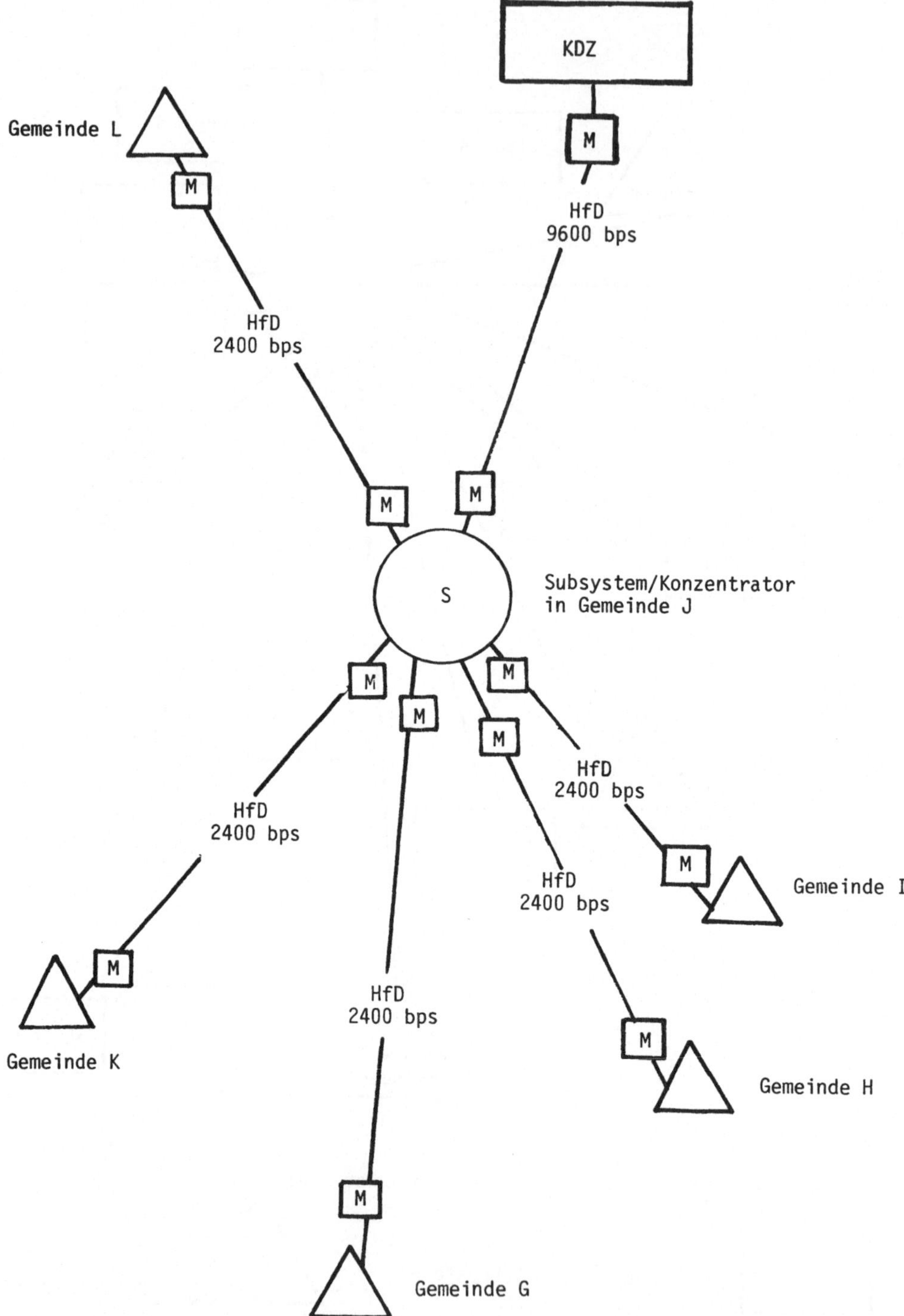


Abb. 4: Potentielle Netzstruktur eines Subsystems mit Konzentratorfunktion
bei IBM-8100 Konzept

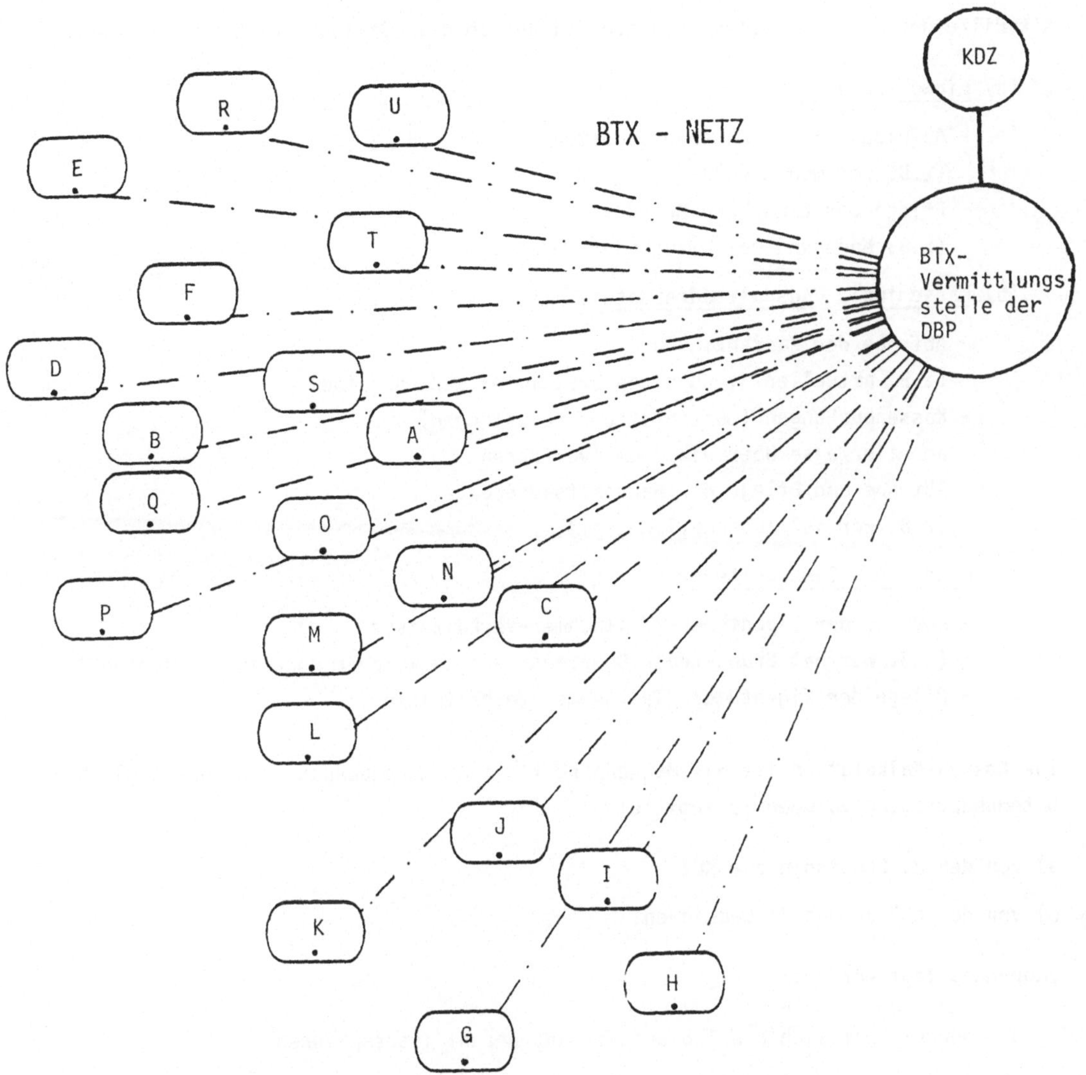


Abb. 5: Potentielle Struktur des BTX-Netzes
bei Alternative 2

Mit Hilfe des Systems sollen folgende Teilaufgaben im Dialogbetrieb erfüllt werden:

   (a) <u>Einwohnerwesen</u>

       - Abfrage der Einwohner-Grunddaten
         (z.B. wer wohnt wo?)
       - Pflege der Einwohner-Grunddatei
         (z.B. Änderung bei Umzug oder Wegzug)

   (b) <u>Kasse (incl. Haushaltsadreßdatei)</u>

       - Abfrage der Kassenkonten
         (z.B. aktueller Stand eines bestimmten Kassenkontos)
       - Kassenbuchungen (Gutschriften, Belastungen)
         normalerweise über ein Sammelverfahren
       - Abfrage und Pflege der Haushaltsadreßdatei
         (z.B. wer ist abgabepflichtig?)

   (c) <u>Grund- und Gewerbesteuer</u>

       - Abfrage der Eigentümer-/Teilnehmer-Verhältnisse
         (z.B. wer hat Grundsteuer/Gewerbesteuer in welcher Höhe zu entrichten?)
       - Pflege der Eigentümer-/Teilnehmer-Verhältnisse

Zur Kosten-Kalkulation ist das Mengengerüst dieser Anwendungen, d.h. das tägliche Datenübertragungsvolumen zu ermitteln

a) von den 21 Gemeinden zur KDZ

b) von der KDZ zu den 21 Gemeinden.

Zugrundegelegt werden:

o  die durchschnittlich pro Tag auftretende Anzahl Transaktionen

o  die damit zusammenhängende, durchschnittlich pro Tag je Transaktion zu übertragende Anzahl Zeichen.

<u>Bildschirmtransaktion</u>

   20 Zeichen zur Zentrale von Gemeinde
1.000 Zeichen von Zentrale zur Gemeinde
<u>Drucktransaktion</u>

2.000 Zeichen von Zentrale zur Gemeinde.

In Abb. 6 wird das Ergebnis der empirischen Ermittlungen am Beispiel der Gemeinde C gezeigt. Abb. 6 zeigt auch die aus dem Ergebnis abzuleitende Anzahl der in der Gemeinde C aufzustellenden Drucker und Bildschirme.

|  | Tägliches DÜ-Volumen zwischen<br>Gemeinde C und KDZ<br>sowie KDZ und<br>Gemeinde C | Anzahl<br>Dr = Drucker<br>BS = Bildschirme |
|---|---|---|
| Anwendung<br>"Einwohnerwesen" | <u>Bildschirm-Transaktionen</u><br>Ø 261/Tag<br>= 266.220 Z/Tag<br><u>Druck-Transaktionen</u><br>Ø 87/Tag<br>= 174.000 Z/Tag | 2 BS<br>1 Dr |
| Anwendung<br>"Kasse incl.<br>Haushaltsadreßdatei" | <u>Bildschirm-Transaktionen</u><br>Ø 572/Tag<br>= 583.440  Z/Tag<br><u>Druck-Tansaktionen</u><br>Ø 58/Tag<br>= 116.000 Z/Tag | 1 BS<br>1 Dr |
| Anwendung<br>"Grund- und<br>Gewerbesteuer" | <u>Bildschirm-Transaktionen</u><br>Ø 574/Tag<br>= 585.480 Z/Tag<br><u>Druck-Transaktionen</u><br>Ø 192/Tag<br>= 384.000 Z/Tag | 1 BS |
| Summe = | 2.109.140 Z/Tag | 4 BS<br>2 Dr |

Abb. 6: Durchschnittliches tägliches Datenübertragungsvolumen (in Zeichen)
zwischen Gemeinde C und KDZ und umgekehrt (Beispiel)

Aufbauend auf dem Mengengerüst der drei Anwendungen sowie der daraus abgeleiteten
Anzahl notwendiger, lokal aufzustellender Bildschirme und Drucker erfolgt nunmehr
die "Auslegung", d.h. die Kapazitätsplanung für die Datenübertragungseinrichtungen
sowie die Ermittlung der entsprechenden Kosten. Abb. 7 zeigt diese Auslegung und
die Datenübertragungskosten am Beispiel der Gemeinde C. Außerdem zeigt Abb. 7 die
monatlich für die Gemeinde C entstehenden Peripherie-Kosten. Dabei handelt es sich
um Verrechnungssätze, die von der KDZ, welche für die Betreuung und Wartung dieser
Peripherie zuständig ist, festgelegt worden sind. Die Verrechnungssätze enthalten
sowohl die anteiligen Abschreibungsbeträge für die gekaufte Peripherie als auch übliche, anteilig verrechnete Wartungskosten.

Unter Zugrundelegung der in den Abb. 6/7 beispielhaft für die Gemeinde C gezeigten
Strukturen ergeben sich bei Alternative 1 voraussichtlich monatliche Gesamtkosten
für alle 21 Gemeinden in folgender Höhe:

     o  DÜ-Kosten monatlich DM 30.576,-

     o  Monatliche Peripherie-Kosten (Abschreibung und Wartungskosten
        anteilig)       DM 31.804,-
                       DM 62.380,-
                       ============

Nachfolgend sollen nunmehr die Kosten der Alternative 2 zusammengestellt werden:

a) Kosten der BTX-Endgeräte

   In Anlehnung an die bereits für die Alternative 1 ermittelte Anzahl Bildschirme
   und Drucker wird für die 21 Gemeinden mit

      49 BTX-Endgeräten, ausgestattet mit Bildschirm, Tastatur und Drucker
       8 BTX-Endgeräten, ausgestattet mit Bildschirm und Tastatur (ohne
         Drucker)

gerechnet.

Für das BTX-Endgerät ohne Drucker wird ein Preis von DM 3.500,- zugrundegelegt,
der über eine Lebensdauer von 60 Monaten kalkuliert zu einem linearen monatlichen
Abschreibungsbetrag von DM 58,-- führt. Für das BTX-Endgerät mit Drucker wird
ein Preis von DM 6.000,- zugrundegelegt, der bei 60 Monaten Lebensdauer zu einem
linearen monatlichen Abschreibungsbetrag von DM 100,- pro Gerät führt. Hieraus
folgen monatliche Kosten für die BTX-Hardware auf seiten der 21 Gemeinden in Höhe
von DM 5.364,- (49 x 100 x 8 x 58). Dieser Betrag ist um den voraussichtlichen
Wartungsaufwand in Höhe von 15 % (DM 804,-) zu ergänzen.

| Gemeinde C (Beispiel) | Monatliche DÜ-Kosten | Monatliche Hardware-Miete bzw. Abschreibungsbetrag |
|---|---|---|
| a) Monatliche Miete HfD-Leitung 2400 bps zwischen Gemeinde C und Konzentrator | 352,- | o Grundmiete 612,- |
| b) Modems in Gemeinde C und am Konzentrator (incl. Hauptanschluß) | 420,- | o Miete Drucker 734,- |
| | | o Kostenbeteiligung am Subsystem 8100 1.764,- |
| c) Anteilige Kosten für HfD-Leitung 9600 bps zwischen Konzentrator und KDZ-Rechner (incl. Modem) | 527<br>———<br>1.299,- | |
| d) Anteilige Kosten für Ringleitungssteuereinheit | 416,- | |
| Summe | 1.715,- | 3.110,- |

Abb. 7: Monatliche Hardware-Miete bzw. Abschreibungsbetrag
(incl. Abteil für Wartung) bei einer beispielhaft
ausgewählten Gemeinde

b) <u>Datenübertragungskosten</u>

o <u>DÜ-Kosten auf seiten der Gemeinden</u>

Es wird bei beiden Alternativen davon ausgegangen, daß die Auskunftssysteme überwiegend vormittags während der Öffnungzeiten der Ämter von 8.00 - 12.00 Uhr dauernd benutzt werden. Vier Stunden ununterbrochene Benutzung ergibt 30 x 8 Minuten â DM 0,23 = DM 6,90 täglich. Bezogen auf 57 BTX-Endgeräte die in dieser Weise pro Monat an 20 Tagen genutzt werden, entstehen pro Monat DM 7.866,- DÜ-Kosten in 21 Gemeinden.

o Hinzukommen 57 x 8 = DM 456,- monatlich BTX-Anschlußgebühren (incl. Modem)

$$\begin{array}{r} \text{DM } 7.866,- \\ + \quad \text{DM} \quad 456,- \\ \hline \text{DM } 8.322,- \end{array}$$

o Zur Ermittlung der beim externen Rechnerverbund in der KDZ anfallenden <u>monatlichen DATEX-P-Kosten</u> ist das Volumen der täglich zwischen der KDZ und den 21 Gemeinden zu übertragenden Zeichen zugrundezulegen. Dieses Volumen war bereits für Zwecke der Ermittlung der HfD-Kosten bei Alternative 1 geschätzt worden. Das Volumen wird in die für DATEX-P charakteristischen Segmente umgerechnet und mit der Taggebühr (0,0033 DM) pro Segment (â 64 Bytes) multipliziert. Abbildung 8 zeigt den prinzipiellen Gang der Rechnung, wobei hier jeweils die höchste DATEX-P-Segment-Gebühr unterstellt wird. Außerdem wird ein Zuschlag von 10 % auf die aus dem Datenvolumen errechneten Anzahl Segmente vorgenommen, weil angenommen werden muß, daß bei der Dateneingabe Fehler gemacht werden, die durch Wiederholungen zu berichtigen sind.
Die in Abb. 8 gezeigten täglichen DATEX-P-Kosten entstehen an 20 Tagen im Monat, so daß sich ein monatlicher Gesamt-Betrag von

$$\text{DM } 25.220,- \qquad (1261 \text{ x } 20)$$

ergibt.

o Da bei diesem Beispielfall ein echter Dialogverkehr zwischen dem Rechner der KDZ und den BTX-Endgeräten der Gemeinden auftritt, fallen zusätzlich (ab 1.1.86) sog. <u>Verkehrsgebühren</u> an, d.h. 0,01 DM für das <u>Absenden einer Dialogseite</u> an die KDZ. Abgeleitet aus der monatlichen Anzahl Transaktionen in Richtung KDZ wird mit monatlich DM 3.060,- für diese Kostenart gerechnet. Dies entspricht 306.000 BTX-Dialogseiten (mit durchschnittlich 20 Zeichen), die von den Gemeinden an die KDZ abgesandt werden.

|  | Anzahl **täglich** zu übertragender Zeichen | Anzahl Segmente | Zuschlag 10 % | Anzahl Segmente $\Sigma$ | DM * 0,0033 |
|---|---|---|---|---|---|
| 1. Gemeinde A | 827.300 | 12.929 | 1.293 | 14.222 | 46,93 |
| 2. Gemeinde B | 603.800 | 9.434 | 943 | 10.377 | 34,24 |
| 3. Gemeinde C | 2.109.140 | 32.955 | 3.296 | 36.251 | 119,63 |
| 19. | | | | | |
| 20. | | | | | |
| 21. Gemeinde U | 1.829.800 | 28.591 | 2.859 | 31.450 | 103,79 |
| Summe Gemeinden | | | | 382.210 | 1.261,29 |

Abb. 8: Tägliche DATEX-P-Kosten für alle Gemeinden bei Alternative 2
(BTX-Rechnerverbund)

c) <u>Anteilige Kosten für die auf dem Großrechner der KDZ zu implementierende BTX-Rechnerverbund-Software</u>

Bei diesem Großrechner handelt es sich um eine IBM-Anlage, die unter dem Betriebssystem MVS läuft. Der voraussichtliche Kaufpreis für die entsprechende BTX-Rechnverbund-Software (es wird unterstellt, daß es sich um eine CEPT-Version handeln soll, die erst im Jahre 1984 verfügbar wird) kann lediglich grob geschätzt werden. Es wird mit ca. DM 200.000 und einer Lebensdauer dieser Software von 40 Monaten gerechnet. Unter Berücksichtigung eines 15 %-Aufschlags für Wartung ergibt sich ein monatlicher Abschreibungsbetrag von DM 5.750,-.

d) <u>Sonstige einmalige und laufende Kosten</u>

Es wird davon ausgegangen, daß alle übrigen in Abb. 1 und 2 aufgeführten Kostenarten bei beiden Alternativen in gleicher Höhe anfallen. Sie müssen daher nicht gesondert erfaßt bzw. geschätzt werden. Die Höhe der sonstigen Kosten beeinflußt nicht die Kosten-Differenz zwischen den beiden Alternativen.

<u>Zusammenfassung: Monatliche Kosten der Alternative 2</u>

| | |
|---|---:|
| o BTX-Endgeräte (Abschreibungsraten und Wartung) | DM 6.168,- |
| o DO-Kosten auf seiten der Gemeinden | DM 7.866,- |
| o Modems (57) | DM 456,- |
| o DATEX-P-Kosten | DM 25.220,- |
| o Dialogseiten (Gemeinden an KDZ) | DM 3.060,- |
| o Abschreibungsrate für BTX-Rechnerverbund-Software (incl. Wartung) | DM 5.750,- |
| | DM 48.520,- |
| | =========== |

<u>Alternativen-Vergleich</u>
======================

Beim Vergleich der beiden Alternativen wird deutlich, daß die <u>BTX-Alternative bei gleicher funktionaler Leistung</u> - das wurde von Anfang an als K.O.-Bedingung vorgegeben - <u>mit geringeren Kosten</u> als die HfD-Alternative <u>realisierbar</u> ist. Die Differenz zugunsten der BTX-Alternative beträgt

monatlich DM 13.860,-

pro Jahr = DM 166.000,-

in 40 Monaten (= Lebensdauer der BTX-Rechnerverbund-Software) = DM 554.400.

Den entscheidenden Kostenvorsprung erzielt die BTX-Alternative durch die erheblich
geringeren monatlichen Kosten auf der Seite der Peripherie:

Alternative 1:   DM 31.804

Alternative 2:   DM  6.168.

Das Argument, daß zukünftig die Kaufpreise für "normale" DV-Terminals (Bildschirme
und Drucker) wahrscheinlich erheblich sinken werden, kann auch für die BTX-Endgeräte gelten. Entscheidender dürfte sein, daß bei der Alternative 2 die hohen Kosten
für die Subsysteme/Konzentratoren vermieden werden.

Selbst wenn die Lebensdauer der BTX-Rechnerverbund-Software erheblich kürzer sein
sollte, sprechen Kosten-Argumente für die BTX-Alternative. Außerdem ist bei der
BTX-Alternative zu erwarten, daß nicht nur die hier analysierten BTX-Rechnerverbund-
Anwendungen realisiert werden können. Dann werden die anteiligen Kosten der BTX-
Rechnerverbund-Software entsprechend günstiger.

## 5. Schlußbemerkungen

Die vorgelegte, vom Bundesminister für das Post- und Fernmeldewesen geförderte Untersuchung konzentriert sich auf die Kosten der BTX-Alternative im Vergleich zu den
Kosten einer mit Vorrechner-Systemen über HfD-Verbindungen realisierten DV-Alterna-
tive. Wie bereits betont, wird unterstellt, daß die funktionalen Leistungen beider
Alternativen gleich sind. Im Rahmen einer umfassenden Wirtschaftlichkeits- und
Wirksamkeits-Analyse müßte darüber hinaus detailliert untersucht werden, ob bei den
beiden Alternativen unterschiedliche Nutzengrößen auftreten, die von der funktionalen Leistungsfähigkeit (= Eignung zur Erfüllung vorgegebener betrieblicher bzw. an-
wendungsbezogener Funktionsziele) unabhängig sind, die somit als mehr oder weniger
nützlich empfundene Nebenwirkungen darstellen. Ein Beispiel für eine solche Neben-
wirkung ist die bei der BTX-Alternative gegebene Möglichkeit, daß die Endbenutzer
in den kommunalen Abteilungen "Einwohnerwesen", "Kasse", "Grund- und Gewerbesteuer"
ihr BTX-Endgerät auch "für  andere Zwecke" nutzen können, z.B. zum Empfang von
frei für jeden Bürger zugänglichen BTX-Seiten, die auf den öffentlichen BTX-Zentralen gespeichert sind. Diese müssen mit den dienstlichen Aufgaben der Endbenutzer
nicht unbedingt etwas zu  tun haben. Hier kommt das bereits in Abschnitt 2 hervor-
gehobene Merkmal der BTX-gestützten Informationssysteme zum Tragen, an ein offenes,
flächendeckendes Netz angeschlossen zu sein, auf diese Weise mit allen vorhandenen
und zukünftigen Teilnehmern dieses offenen Netzes kommunizieren zu können, ein Vorteil der bei der Alternative 1 nicht erreicht werden kann.  Es kann vermutet werden,
daß die Nützlichkeit derartiger möglicher Nebenwirkungen von den verschiedenen  an
der Entscheidung über die Alternativen Beteiligten unterschiedlich beurteilt wird. -
Ein zweites Beispiel für derartige "Nebenwirkungen" ist die Tatsache, daß bei Realisierung der Alternative 2 unter Ausnutzung von Kostenvorteilen auf dem Gebiet der

Anwendung von Bildschirmtext für kommunale Aufgaben wichtige Erfahrungen gesammelt werden können, die dann anderen kommunalen Abteilungen helfen, analoge Entscheidungen zu treffen. Zweifellos existiert in den Städten und Gemeinden eine Vielzahl von BTX-Anwendungspotentialen: Einige Beispiele seien genannt:

- BTX-gestützte Auskunfts- und Mitteilungssysteme zur Unterstützung der Kommunikation zwischen den verschiedenen Ämtern (als geschlossene Benutzergruppen), z.B. Auskünfte/Mitteilungen über Kataster-Informationen;

- BTX-gestützte Auskunftssysteme für den Bürger, z.B. über die in der Kommune oder in der Region stattfindenden Veranstaltungen und Ereignisse und über die Vorgehensweise bei Anträgen und kommunalen Verfahren;

- BTX-gestützte Mitteilungs-, Buchungs- und Reservierungssysteme für den Bürger und für Organisationen, z.B. für Veranstaltungen (Theater, Oper usw.).

Möglicherweise werden bestimmte Formen der zuletzt genannten BTX-gestützten kommunalen Informationssysteme zukünftig eine viel größere Bedeutung erlangen, als der dieser Untersuchung zugrundegelegte  Typ des BTX-Anwendungssystems zur internen DV-Unterstützung einer einzigen oder weniger Veranstaltungsstellen.

Abschließend ist festzuhalten, daß die den BTXIS zugrundeliegenden technischen Systeme, d.h. Hardware und Software, sowohl auf der Endbenutzer-Seite, als auch auf der Seite der im BTX-Rechnerverbund arbeitenden Rechenzentren erst am Anfang der Entwicklung stehen. Diese Entwicklung ist bereits gegenwärtig durch eine rasante Geschwindigkeit gekennzeichnet, die aber noch zunehmen wird. So ist beispielsweise zu erwarten, daß zukünftig die meisten Mikrocomputer-Systeme "BTX-fähig" gemacht werden, d.h.  daß sie nicht nur als intelligtente BTX-Stationen (zu Eingabe-/ Ausgabe-Zwecken) Verwendung finden, sondern in begrenztem Umfang auch im Verbund mit großen Rechnern arbeiten werden.  Die Auswirkungen dieser Entwicklungen auf Datenverarbeitung und Kommunikation in unseren Städten und Gemeinden werden beträchtlich sein, Wirksamkeit und Wirtschaftlichkeit der technologiegestützten kommunalen Informationsverarbeitungs werden wahrscheinlich erheblich gesteigert werden können.

# Literaturverzeichnis


Böttcher, U.:     Eineinhalb Jahre Bildschirmtext-Feldversuche - Erfahrungen aus der Sicht der DPB
In: Neue Telekommunikationsdienste in der praktischen Anwendung, hrsg. von K. Fleck, Berlin 1982, S. 67 - 79

Diebold Deutschland GmbH (Hrsg.) Bildschirmtext-Kongreß 1983 (Proceedings) Frankfurt/Main 1983

Hilgers, B.; Kampling, M.:     Betriebswirtschaftliche Analysen des Bildschirmtext-Einsatzes im Katasterwesen, verglichen mit anderen DV-Lösungen - untersucht am Beispiel des Katasteramtes Mettmann, Diplomarbeit Essen 1983

Langen, B.:     Ergebnisse von BTX-Wirtschaftlichkeitsberechnungen in ausgewählten Praxisfällen.
In: BIFOA-Fachseminar, Köln  März 1983

Nastoll, D.; Sutter, Ch.:     Bildschirmtext - Technik und Anwendung (wissenschaftliche Begleituntersuchung zur Bildschirmtexterprobung in Berlin - Materialband A), Heinrich-Hertz-Institut für Nachrichtentechnik, Berlin 1983

Seibt, D.:     Nutzen der Telekommunikation für die Anwender.
In: TELECOM 1980 Kongreßdokumentation, hrsg. von telak, Overath 1980

Seibt, D.:     Zukünftige innerbetriebliche BTX-Informationssysteme.
In: BIFOA-Fachseminar, Köln  März 1983

Seibt, D.; Langen, B.:     Betriebswirtschaftliche und organisatorische Aspekte der Entwicklung von Informationssystemen auf BTX-Basis.
In: TELECOM 83 Kongreßdokumentation, hrsg. von telak, Overath 1983

Seibt, D.;     Wirtschaftlichkeitsuntersuchungen für Bildschirmtext-Informationssysteme.
In: BTX-Informationsforum, veranstaltet vom BIFOA in Verbindung mit RKW, Köln  Juni 1983

# BÜROARBEIT IN DER ÖFFENTLICHEN VERWALTUNG
## Anforderungen an computergestützte Bürosysteme


Peter  BODENWINKLER
Universität  Linz
A-4040  Linz-Auhof



# 1.    E i n l e i t u n g


## 1.1. Problemstellung


Der Büro- und Verwaltungsbereich wurde in der Vergangenheit gegenüber
anderen betrieblichen Teilbereichen in Forschung, Lehre und Literatur
stark vernachlässigt. Diese Feststellung trifft sowohl für die Wirtschaft als auch für die öffentliche Verwaltung gleichermaßen zu. Nachdem
die Rationalisierung im Produktionsbereich bereits sehr weit fortgeschritten war, wandte man sich in den letzten Jahren jenem Bereich zu,
wo nicht zu Unrecht noch hohe Rationalisierungsreserven vermutet wurden.
Im öffentlichen Bereich hatten hiebei die prekäre finanzielle Situation
und der ständige Aufgabenzuwachs einen entscheidenden Einfluß.
Büroarbeit spielt  - wie später noch genauer dargelegt wird - in öffentlichen Verwaltungsbetrieben eine dominante Rolle. Durch neue Technologien, die eigentlich alle auf der Basistechnologie "Mikroelektronik"
beruhen, besteht die Möglichkeit, weitere Kostensteigerungen zu verhindern, ohne dabei das Leistungsangebot begrenzen zu müssen. Um dies erreichen zu können, sind aber auch andere Voraussetzungen zu erfüllen,
wie etwa: Verbesserter Ausbildungsstand der Mitarbeiter, entsprechende
Anpassung der Organisation, Abbau bürokratischer Verhaltensweisen etc.
Hauptziele beim Einsatz computergestützter Bürosysteme (Bürokommunikationssysteme) sind Effektivitätssteigerung und Erleichterung der
Büroarbeit, Verringerung der Bürokosten und erhöhte Bürgerfreundlichkeit, wobei als Leitsatz folgendes festgehalten werden soll: "Jeder Ver-
waltungsmitarbeiter und jeder Bürger muß langfristig einen Nutzen aus
der Verwendung neuer Technologien ziehen."

## 1.2. <u>Begriffliches</u>

Wenn im folgenden das <u>Büro</u> bzw. die <u>Büroarbeit</u> untersucht wird, so soll dabei unter "Büro" nicht unbedingt eine "Räumlichkeit", sondern eine Zusammenfassung von Arbeiten an geistigen Objekten verstanden werden. Die Art der Arbeit kann sehr unterschiedlich sein und von anspruchslosen, rein operativen Tätigkeiten (z.B. Addieren von Zahlenkolonnen) bis zu schwierigsten gedanklichen Prozessen reichen. Solche Prozesse sind nicht unbedingt an einen Schreibtisch gebunden, sondern können auch im Sitzungszimmer, im Flugzeug etc. stattfinden (vgl. SZYPERSKI 1982, S.6). Allgemein können Rolle und Leistungen des Büros folgendermaßen charakterisiert werden (vgl. KRÜCKEBERG 1983, S.97):
Der Bürobereich ist dasjenige Arbeitsfeld, in welchem Informationstransformationsprozesse von Menschen, unterstützt durch technische und informationstechnische Einrichtungen, durchgeführt werden.

Büroarbeit besteht also sehr wesentlich aus dem Umgang mit Informationen. Da die im Büro anfallenden Aufgaben durch eine weitgehende <u>Arbeitsteilung</u> nur durch das Zusammenwirken mehrerer Aktionsträger erledigt werden können, ist Büroarbeit stark mit **Kommunikation** verbunden (vgl. WISSKIRCHEN 1983b, S.16). Kommunikation ist sowohl mit Personen als auch mit Computern innerhalb der eigenen Organisationseinheit bzw. auch außerhalb notwendig (andere Behörden, Unternehmen, Bürger etc.). Man spricht daher von Büroinformations- und -kommunikationssystemen oder kürzer <u>Bürokommunikationssystemen</u>, wobei hier der Terminus "Kommunikation" besonders hervorgehoben wird.

Der Bedeutungsinhalt des Begriffes <u>"Kommunikation"</u> ist allerdings sehr unterschiedlich. Sehr oft wird er auf seine nachrichtentechnische Bedeutung der 'Übertragung von Nachrichten' eingeengt. Dieser Sprachgebrauch ist gerade im Bereich der Daten- und Textverarbeitung sehr verbreitet. Aus sozialwissenschaftlicher Sicht ist dies nur eine Komponente, nämlich die technische Seite der Kommunikation. In der weitesten Fassung wird Kommunikation als Interaktion zwischen aktiven Systemen (z.B. Menschen, Maschinen) verstanden (vgl. SZYPERSKI 1982, S.7). Auf eine weitergreifende Diskussion des Begriffes "Kommunikation" wurde hier verzichtet. Eine Übersicht über die wichtigsten Definitionsansätze gibt SZYPERSKI 1982 im Anhang (S.285 ff.).

Legt man eine Definition von Kommunikation im weiteren Sinne zugrunde, so sind **Bürokommunikationssysteme** soziotechnische Systeme (Systeme aus Menschen und den Menschen unterstützende technische und/oder informationstechnische Komponenten) zur Bewältigung von Kommunikation, Informationsspeicherung, Informationserschließung und Informationsverarbeitung im Bürobereich. (Vgl. auch KRÜCKEBERG 1983, S.100)


## 2.  Büroarbeit und öffentliche Verwaltung


### 2.1. Charakteristika und Bedeutung der Büroarbeit


Aus den obigen Aussagen kann also abgeleitet werden, daß die Kommunikation ein wesentliches Merkmal der Büroarbeit ist und daher mit der Rolle und den Leistungen des Büros untrennbar verbunden ist.
Im Bürobereich existieren ein große Vielfalt an Aufgaben und damit eine sehr unterschiedliche Aufgabenlandschaft (Auskunftsschalter, Buchungsstellen, Schreibstellen, Kundenschalter usw.). Nach SZYPERSKI sind im Bürobereich im wesentlichen vier Aufgabentypen festellbar (vgl. SZYPERSKI 1982, S.17 f.):

Führungsaufgaben

Fachaufgaben

Sachbearbeitungsaufgaben

Unterstützungsaufgaben

Die Träger solcher Funktionen werden dementsprechend als Führungskräfte, Fachkräfte, Sachbearbeiter und Assistenzkräfte bezeichnet.

<u>Grundtypen der Büroarbeit</u> (vgl. PEUCKERT 1982, S.270):

Tätigkeiten von Führungskräften:

- o   Lösen von Problemen und Fällen von Entscheidungen bei Unsicherheit und Risiko
- o   Mitarbeiter leiten und motivieren
- o   Repräsentation
- o   Kommunikationsbeziehungen aufbauen
- o   Empfangen, verarbeiten und verbreiten von Informationen

Tätigkeiten von Fachkräften:

o    Erfüllen von Aufgaben, die hohes Fachwissen erfordern

o    Ausführen von schlecht strukturierbaren Tätigkeiten

o    Empfangen, produzieren und dokumentieren von Informationen

Tätigkeiten von Sachbearbeitern:

o    Erfüllen von Aufgaben, die weniger Fachwissen als Routine er-
     fordern

o    Ausführen gutstrukturierbarer Tätigkeiten

o    Empfangen von Information und deren Weitergabe

Tätigkeiten von Assistenzkräften:

o    Unterstützung der anderen Gruppen beim Speichern, Trans-
     portieren, Dokumentieren, Verarbeiten und Verteilen der
     Informationen

Aus dieser Aufstellung läßt sich die sehr unterschiedliche Tätigkeits-
struktur von Büroarbeitskräften ersehen. Daraus ergibt sich auch, daß
die Unterstützung durch elektronische Bürokommunikationssysteme je nach
Grundtyp sehr verschieden sein muß. Die einleitende Definition von Bürokommunikationssystemen besagt ja, daß es sich hiebei um soziotechnische
Systeme handelt, denn der Mensch wird als integraler Bestandteil des
Systems verstanden. Der (einzige) Zweck solcher Systeme besteht darin,
die Aufgabenerfüllung im Bürobereich zu unterstützen.

## 2.2. Spezifika der Büroarbeit in der öffentlichen Verwaltung

Die Arbeit in den verschiedenen Organisationseinheiten der öffentlichen
Verwaltung ist zum überwiegenden Teil BÜROARBEIT. Diese These kann aus
obiger Charakteristika abgeleitet werden. Trotzdem unterscheidet sich
die Büroarbeit in der öffentlichen Verwaltung von der in anderen Organisationen. Die Unterschiede können sehr gering (z.B. bei Betrieben der
Leistungsverwaltung) bis recht deutlich (z.B. im Rahmen der Ordnungsverwaltung) sein (zur Verwaltungsorganisation in Österreich siehe beispielsweise in SCHAUER 1983, S.19 ff. und S.71 ff.).
Die Ursachen dieser Unterschiede sind sehr vielschichtig und liegen zum
Teil in der speziellen Problematik des öffentlichen Dienstes selbst und
zum anderen ganz generell im Hang zum Bürokratismus von Großorgani-
sationen.

Grundsätzlich kann festgestellt werden, daß sich die Aufgaben der Verwaltung und die Umwelt, in der sie sich bewegt, stark verändert haben. Dazu einige Beispiele:

o    Aufgabenwandlung von der Ordnungs- zur Leistungsverwaltung

o    (dadurch) progressiver Aufgabenzuwachs

o    Wachsende Gesetzesflut

o    Sensibilisierung der Bürger

Diese Entwicklungen prägen die aktuelle Situation in den verschiedenen Verwaltungsbetrieben. Folgender Problemkatalog soll gewisse Spezifika der Verwaltungsorganisation näher beleuchten (vgl. dazu auch HEINTEL 1980, S. 193 ff.):

o    Die öffentliche Verwaltung leidet unter dem Druck staatsinterventionistischer und politischer Tätigkeit.

o    Gesetzes- und Verfahrensvorschriften sind oft kaum mehr exekutierbar, sowohl aus personellen, als auch aus organisatorischen Gründen.

o    Das Verhältnis zwischen "Beamtenapparat", "Bürger" und "Politiker" ist verbesserungsbedürftig.

o    Aufbau- und Ablauforganisation werden nur sehr zögernd den neuen Aufgabenstellungen angepaßt.

o    Eingeübte bürokratische Verhaltensweisen erschweren eine Innovation von "innen".

**Hinweis:** Da es den Umfang sprengen würde, wird im Rahmen dieses Beitrages nicht auf die spezifische Situation der Einteilung der Verwaltungsbeamten in Österreich, wie sie beispielsweise für die 'Allgemeine Verwaltung' des Bundes gilt, eingegangen. Gerade unter dem Aspekt des Einsatzes neuer Technologien erscheint die Einteilung in A-Beamte bis D-Beamte mit den entsprechend zugewiesenen Tätigkeitsbereichen mehr als fragwürdig.


## 3.    Der Einsatz von Bürokommunikationssystemen


### 3.1. Anforderungen beim Entwurf


Der Einführung eines Bürokommunikationssystems in einem Verwaltungsbetrieb geht im allgemeinen eine Analyse des Ist-Zustandes und eine meist grobe Formulierung des Ziels voraus, das mit der Einführung verfolgt werden soll (Soll-Zustand). Beim gegenwärtigen Entwicklungsstand von Bürokommunikationssystemen ist nur eine langsame schrittweise Einführung denkbar, da derzeit noch kein System am Markt verfügbar ist, das alle jene Funktionen erfüllt, die für Bürokommunikationssysteme gefordert werden. Ziel einer geeigneten Einführungsstrategie sollte es sein, die Organisation schrittweise an den Funktionsumfang eines Bürokommunikationssystems heranzuführen und dabei Akzeptanzbarrieren abzubauen.

Eine zentrale Entwurfsanforderung an moderne Bürokommunikationssysteme ist der der **ERGONOMIE.** Unter Ergonomie versteht man die Anpassung der Arbeitsbedingungen an den Menschen. Jener Bereich, der vornehmlich die physische Verbesserung der Arbeitssituation zum Ziel hat, wird als technische Ergonomie (Ergonomie im engeren Sinn) bezeichnet (Bildschirmqualität, Beleuchtung etc.). Wenn arbeitswissenschaftliche Erfordernisse für die Abläufe und Prozeduren gemeint sind, so spricht man von Softwareergonomie. Dazu gehört die menschgemäße Gestaltung des Dialogs Mensch-Maschine, die Gestaltung der Prozeduren aus gut überschaubaren Teilketten, eine funktionell sinnvolle Modularisierung und Schnittstellengestaltung von Werkzeugen zur Erledigung von Büroarbeitsschritten. Als zusätzlicher wichtiger Erweiterungsschritt wird der Begriff der Organisations-Ergonomie eingeführt. Organisations-Ergonomie meint die Anpassung der Organisations- und Kommunikationsstrukturen an den Menschen unter Einbeziehung von Zielsetzungen, rechtlichen Rahmen, Wertsetzungen etc. (vgl. dazu KRÜCKEBERG 1983, S.103 ff.).

Zum Teil spricht man auch von einer sog. Kommunikations-Ergonomie (vgl. SIEMENS). Darunter wird in erster Linie die Gestaltung des Informationsaustausches im Mensch-Maschine-Dialog verstanden; man kann sie also unter dem Begriff Software-Ergonomie subsummieren.

| Gestaltung<br><br>von<br><br>Büroarbeits-<br>plätzen | TECHNISCHE ERGONOMIE |
| --- | --- |
| | SOFTWARE-ERGONOMIE<br>(Kommunikations-Ergonomie) |
| | ORGANISATIONS-ERGONOMIE |

Bürokommunikationssysteme sollen sich an gegebene Organisationsstrukturen anpassen. Es besteht allerdings auch die Möglichkeit, im Zusammenhang mit der Einführung solcher Systeme organisatorische Modifikationen vorzunehmen, die zu einer verbesserten Umsetzung der eigentlichen organisatorischen Zielsetzung einer Verwaltung führen könnten.

## 3.2. Anforderungen an die Organisation

Die öffentliche Verwaltung ist das Teilsystem unserer Gesellschaft, das zur Erfüllung öffentlicher Aufgaben vorzugsweise berufen ist. In ihrer Gesamtheit ist die öffentliche Verwaltung das größte geschlossene informationsverarbeitende Systeme im Rahmen einer nationalen Gesellschaft (vgl. SCHNOOR 1981, S.7).

Diese große Bedeutung und die enormen Finanzmittel, die von ihr verbraucht werden, begründen das wachsende Interesse an einer möglichst effizienten Organisation. Häufige Organisationsprobleme sind aber:

o     Zu starre hierarchische Organisationsschemata

o     "Veraltete" Aufbau- und Ablauforganisation

o     Lange Informationswege und unklare Weisungen

o     Kompetenzkonflikte, Prestigedenken

o     Hang zum Regelungsperfektionismus

Können diese Probleme nicht überwunden werden, so werden sie immer wieder zu einem Fehleinsatz der Technologie in der öffentlichen Verwaltung beitragen.

## 3.3. Anforderungen an Bürokommunikationssysteme

Bürokommunikationssysteme unterstützen in erster Linie folgende Aufgaben (vgl. WISSKIRCHEN 1983, S.15):

o     **"Persönliche" Aufgaben**, wie Informationsbeschaffung, Informationsverarbeitung, Entwurf und Erstellung von Dokumenten, Terminerinnerung, persönliche Arbeitsplanung, Fachaufgaben im engeren Sinne (z.B. Verwaltung einer Einwohnerdatei).

o     **Informationsübermittlung**, wie Empfang und Versand von Nachrichten.

o     **Abstimmungsprozesse** wie Vereinbarung von Terminen, Textabstimmung, Zuteilung von Ressourcen.

o     Erledigung von **Bürovorgängen** wie Beantragung von Arbeitsmitteln, Genehmigung von Projekten.

Daraus ergeben sich folgende wesentlichen Anforderungen an ein Bürokommunikationssystem (vgl. KREIFELTS 1982, S.13 ff.):

o   **Brauchbarkeit, Funktionalität**
Vorhandensein eines ausreichenden Vorrats an Funktionen ("Werkzeugen") für die Büroarbeit; Anpaßbarkeit dieser Werkzeuge an Aufgaben und Arbeitsstil.

o   **Gestaltbarkeit, Flexibilität**
Anpaßbarkeit an sich wandelnde Strukturen und Aufgabenstellungen der Büroorganisation.

o   **Erweiterbarkeit**
Möglichkeit der Erweiterung um neue Funktionen oder Werkzeuge.

o   **Multimedialität**
Unterstützung des Umgangs mit den verschiedenen Darstellungsarten von Informationen (Text, Formular, Grafik/Bild, Sprache).

o   **Leistungsfähigkeit, Zuverlässigkeit**
Akzeptable Antwortzeiten im interaktiven Betrieb; ausreichender Platz zum Abspeichern von Informationen; Datensicherung.

o   **Datenschutz**
Schutz von privaten oder aus rechtlichen bzw. organisationspolitischen Gründen schützenswerten Informationen.

o   **Nachvollziehbarkeit, Authentifikation**
Forderung, Vorgänge nachvollziehbar zu machen, sowie kritische Operationen nur den dafür vorgesehenen Personen zu ermöglichen.

o   **Arbeitsqualität**
Neben der Vermeidung gesundheitlicher Risiken beim Einsatz der Informationstechnik ist zu fordern, daß Bürokommunikationssysteme nicht nur die Produktivität steigern, sondern auch die Qualität der Arbeitsbedingungen zumindest nicht verschlechtern.

## 4. **Wirtschaftlichkeit** von Bürokommunikationssystemen

Bei der Beurteilung der Wirtschaftlichkeit von Bürokommunikationssystemen in der öffentlichen Verwaltung treten mannigfaltige Probleme auf.
Für den Entscheidungsträger und Gestalter der Büroorganisation kommt es

meistens darauf an, daß mit dem Einsatz neuer Techniken Einsparungen erzielt werden, eine höhere Leistung erbracht wird bzw. daß das Kosten-
Leistungsverhältnis verbessert wird. Auch die österreichische Bundes-
verfassung fordert als ökonomische Leitlinie für das Verwaltungshandeln
die Einhaltung der Grundsätze von Sparsamkeit, Wirtschaftlichkeit und
Zweckmäßigkeit.

Die Wirtschaftlichkeitsrechung ist aber nicht nur entscheidend für die
Frage ob neue Technik zum Einsatz kommt, sondern vor allem wie Technik
organisatorisch eingebunden wird, d.h. sie übt damit auch
Lenkungsfunktion beim Technikeinsatz aus. Welche Kosten- und Leistungseffekte bei der Beurteilung von Technikeinsatz schließlich in eine Wirtschaftlichkeitsrechnung einfließen und welche nicht, hängt also letztlich vom Entscheidungsträger ab. In Abhängigkeit der Auswahl von
Effekten, die dann in Wirtschaftlichkeitsrechnungen einfließen, kann
schließlich das Wirtschaftlichkeitsurteil sehr unterschiedlich aus-
fallen (vgl. REICHWALD 1982b, S.31 f.).

Sehr häufig ist eine reduzierte Wirtschaftlichkeitsbetrachtung anzu-
treffen, wie sie beispielsweise als Argument für die Zentralisierung des
Schreibdienstes auch in vielen Ämtern verwendet wurde. Dieses Vorgehen
kann sich gesamtorganisatorisch betrachtet als "Scheinrationalisierung"
herausstellen. Es führt zu Fehlentwicklungen, die sowohl aus
ökonomischer als auch aus arbeitswissenschaftlicher Sicht nachteilig zu
beurteilen sind (siehe dazu auch PICOT 1979, S.1156 f.).


PICOT und REICHWALD schlagen daher ein Indikatorensystem für die
Kosten-/Leistungsbeurteilung vor (vgl. PICOT 1979, S.1160 ff. und
REICHWALD 1982b, S.32 ff.). Folgende vier Wirtschaftlichkeits-Ebenen
werden zur Beurteilung herangezogen:

        Stufe   I:      Isolierte Wirtschaftlichkeit
                        (Kosten- und Leistungseffekte am Bedienerarbeits-
                        platz)
        Stufe   II:     Erweiterte Wirtschaftlichkeit
                        (Kosten- und Leistungseffekte im Nutzerbereich)
        Stufe   III:    Gesamtorganisatorische Wirtschaftlichkeit
                        (Kosten- und Leistungseffekte im Bereich Organi-
                        sationsstruktur und Arbeitsbedingungen)
        Stufe   IV:     Gesamtgesellschaftliche Wirtschaftlichkeit
                        (Kosten- und Leistungseffekte im Bereich der
                        gesellschaftlichen Umwelt)


Die Erfassung dieser Effekte ist allerdings mit einem erheblichen Aufwand verbunden. Oftmals ist daher Stufe I die einzige Betrachtungsebene
bei Rationalisierungsinvestitionen im Büro- und Verwaltungsbereich, wobei selbst diese häufig unvollkommen analysiert wird.

Die Komplexität der Entscheidungssituation bei der Einführung von Bürokommunikationssystemen in der öffentlichen Verwaltung verbietet allerdings die einfache reduzierte Wirtschaftlichkeitsbetrachtung, weil ein
darauf basierendes Ergebnis gesamtorganisatorisch nicht zielführend
sein kann.

## LITERATURHINWEISE:


(HEINTEL 1980): HEINTEL, Peter: Gruppendynamik in der öffentlichen
    Verwaltung, in: 30 Jahre Verwaltungsakademie der Stadt Wien in der
    Zweiten Republik, Wien 1980, S.189-202

(KREIFELTS 1982): KREIFELTS, Thomas: Anwenderanforderungen an ein
    Bürokommunikationssystem, München-Wien 1982

(KRÜCKEBERG 1983): KRÜCKEBERG, Fritz: Bürokommunikation und ihr Umfeld,
    in: WISSKIRCHEN 1983a

(PEUCKERT 1982): PEUCKERT, Heribert: Kommunikationssysteme machen die
    Büroarbeit effektiver, in: telcom report 5/1982, S.269-273

(PICOT 1979): PICOT, Arnold: Rationalisierung im Verwaltungsbereich als
    betriebswirtschaftliches Problem, in: ZfB Heft 12/1979,
    S.1145-1165

(REICHWALD 1982a): REICHWALD, Ralf (Hrsg.): Neue Systeme der Büro-
    technik, Berlin 1982

(REICHWALD 1982b): REICHWALD, Ralf: Neue Systeme der Bürotechnik und
    Büroarbeitsgestaltung - Problemzusammenhänge, in: REICHWALD 1982a,
    S.11-48

(REINERMANN 1981): REINERMANN,H./FIEDLER,H./GRIMMER,K./LENK,K. (Hrsg.):
    Organisation informationstechnik-gestützter öffentlicher
    Verwaltungen, Berlin-Heidelberg-New York 1981

(SCHAUER 1983): SCHAUER,R./MARWAN-SCHLOSSER,P./BODENWINKLER,P./PRACHER,
    Chr.: Spezielle Betriebswirtschaftslehre - Öffentliche Verwaltung,
    Band I, Linz 1983

(SCHNOOR 1981): SCHNOOR, Herbert: Die Bedeutung der Informationstechnik
    für die Erfüllung der öffentlichen Aufgaben, in: REINERMANN 1981,
    S.6-15

(SIEMENS): NN.: Kommunikations-Ergonomie, Siemens-Broschüre, o.J.

(SZYPERSKI 1982): SZYPERSKI,N./GROCHLA,E./HÖRING,K./SCHMITZ,P.:
    Bürosysteme in der Entwicklung, Braunschweig/Wiesbaden 1982

(WISSKIRCHEN 1983a): WISSKIRCHEN,P./KREIFELTS,Th./KRÜCKEBERG,F./
    RICHTER, G./WURCH, G.: Informationstechnik und Bürosysteme,
    Stuttgart 1983

(WISSKIRCHEN 1983b): WISSKIRCHEN, Peter: Bürokommunikation im Über-
    blick, in: WISSKIRCHEN 1983a

<u>KOSTEN-ANALYSE  MIT  NUTZEN-SCHÄTZUNG</u>
<u>VERSUS</u>
<u>NUTZEN-ANALYSE  MIT  KOSTEN-SCHÄTZUNG</u>

Dr. Angelika Lukat
Gesellschaft für Mathematik und Datenverarbeitung mbH Bonn
Institut für Technologie-Transfer
Schloß Birlinghoven
5205 St. Augustin 1

## <u>Kosten-Analysen mit geschätzten Nutzwerten</u>

Für Entscheidungen über wirtschaftlichen Einsatz, Investitionen und Entwicklungen informationstechnischer Systeme sollen Recherchen, Analysen und Beurteilungen überschaubare Orientierungs-Informationen erbringen.

In solchen Beispielen, in denen kurzfristig, mit möglichst wenig Personal- und Analyse-Aufwand ältere DV-Geräte durch neue, leistungsfähigere ersetzt werden sollen, wird es oft **unterlassen**, überhaupt eine Analyse der Nutzen und Kosten vorzunehmen.
Teils, weil die grob geschätzen Investitionen unterhalb der Grenze liegen, über der vorschriftsmäßig eine <u>Nutzen-Kosten-Untersuchung</u> (Abkürzung i.F.: NKU) durchgeführt werden muß; teils, weil darauf vertraut wird, daß sich die durchweg vorteilhaft angebotenen Produkte und Leistungen der Dv-Hersteller ohne schwierige Umstellungen in die Arbeitsplätze und Arbeits-Verfahren integrieren lassen.

Wenn nicht ganz so "drauf los" neue technische Ausstattungen ausgewählt werden sollen, werden mindestens <u>REDUZIERTE NKU</u> durchgeführt. Insbesondere im Hinblick auf eine spätere 'Rechnungsprüfung' werden mit dem geringen methodischen Aufwand einer **Kostenberechnung** den gegenwärtigen Kosten der Ausgangssituation die angestrebten (Soll-) Kosten und die ermittelten Kosten alternativer technischer Ausstattungen, zusätzlicher Nutzen und zukünftiger (Soll-)Situationen gegenübergestellt.
Sogenannte <u>MONETARISIERTE NKU</u> enthalten demgegenüber aufwendigere Unterscheidungen von (Ist- und Soll-) Nutzen, Zuordnungen von NUTZWERTEN (oft in Geldeinheiten) und Bewertungen der **Verhältnisse**:
**KOSTEN** zu **NUTZEN**
(Siehe auch Literatur-Hinweise [1] bis [6])

Gewöhnlich werden insbesondere die  (aus aktuellen Faktendaten und Bewertungen) **errechneten,** äußerlich präzise wirkenden **Ergebnisse** einer NKU ordentlich **zur Entscheidung aufbereitet.** Ggf. sind auch die durchgeführten Rechenoperationen angegeben,  sodaß die **Korrektheit der Berechnungen** und ihre Ausführlichkeit und Vollständigkeit im  Nachhinein **kontrollierbar** ist.

Es ist oft schwierig oder unmöglich,  aus den Berechnungen einer REDUZIERTEN oder MONETARISIERTEN NKU ihre zugrunde liegenden, **nicht dokumentierten Argumente** herauszuinterpretieren.  Wenn  bereits ein paar Ziele in der Bewertung anders ausgelegt werden,  ergeben  sich **andere Wichtungen, Alternativenwerte und Schlußfolgerungen.**

**Risiken** dieser NKU-Varianten liegen
- in  der Konzentration auf **"finanzielle Nutzen"**  (geringere Kosten) im Hinblick auf größeren **"technischen  Nutzen"**  (verbesserte Leistungen der technischen Geräte); weniger Entscheidungsrelevanz haben  qualitative  Arbeitsverbesserungen  und deshalb wird auch der Aufwand für diesbezügliche Analysen niedrig gehalten;
- in der **Übertragung** von persönlichen Einstellungen und  Kenntnissen über Qualitatives in exakt und aufrechenbar erscheinende Nutz- und Kosten- **Werte.**

Wenn aber **Bewertungen** und **Begründungen** in der NKU von den ausarbeitenden  Personen für andere Beteiligte **nachvollziehbar dokumentiert** sind, kann auch schon eine MONETARISIERTE  NKU  für  partielle Innovationen technischer Geräte und Anlagen angemessen und nützlich sein.
Monetarisierte  NKU  sind  jedoch **unangemessen** riskant und verzerrend, wenn sie für umfassendere sozio-technische Neuerungen angewendet werden.

## INNOVATIONEN von (DV/IT)VERFAHREN und ORGANISATIONS-STRUKTUREN

Es geht um mehr als den Austausch von technischen Geräten z.B. bei der Entwicklung/Implementation  technischer  Ausbaustufen  wachsender **DV-Systeme,**  bei Umstellung/Einführung neuer **DV-Verfahren** und **Verbundsysteme** und bei Konzipierung neuer **Organisationsformen** und Instanzen mit neuer **informationstechnischer Infrastruktur.**
Diesbezügliche  NKU  enthalten  einen  weitaus  größeren Anteil an **Zukunftsvorstellungen** und **Projektionen,**  an **Vermutungen** in Bezug auf Wirkungszusammenhänge und Folgen und an **Schätzungen,**  u.a. zur zukünftigen Entwicklung von Sachmitteln und Personal und ihrer Kosten.

Diese durchaus entscheidungsrelevanten Überlegungen beruhen aber auf einem **situativen Kenntnisstand**. Er **ändert sich** mit neuen Informationen und Situationen fortlaufend.

Es ist deshalb unsinnig, an dem alten Kenntnisstand und daraus "fest-gelegten" Zielen (eingangs einer N-K-U) alle folgenden Analysen und Prognosen zu messen.

Ebenso wenig problemangemessen ist es, die **Einschätzungen** aus den Zu-kunftsvorstellungen (Projektionsdaten) in Geldwerte zu transformieren und mit (gegenwärtigen) Faktendaten zu **verrechnen**. Scheinbar präzise DM-Beträge werden dann im quantitativen Vergleich und als NKU-Ergebnisse dargestellt. Damit wird <u>die Entscheidung auf eine dominante (Kosten-) Dimension reduziert</u>.


## <u>Qualitative, veränderliche Informationen</u>

Demgegenüber werden häufig die qualitativen Informationen, die sich im Zusammenwirken personeller und situativer VARIABLEN bilden, unzurei-chend aufgezeichnet und erläutert.
Darunter sind gerade die einflußreichen Personen- und Gruppenspezifi-schen Einstellungen und Aussagen, "Methoden", Informationen zu geben und zu verteilen, und ihre Beurteilungskriterien, auf denen die Be-rechnungen beruhen.

Jeweils ausgewählte Variable, d.h. abstrahierte qualitative Informa-tionen über sie, fließen allerdings auch in die Rechenmodelle ein; da-bei werden die Informationen aussagemäßig reduziert und z.T. in quan-titative Daten übertragen. Ohne Rückübersetzung und rückkoppelnder In-terpretation sind sie aus den formalen Rechenergebnissen nicht mehr ersichtlich.


## <u>Variable in Nutzen-Kosten-Untersuchungen</u>:

Betrachten wir z.B. einen **Auftraggeber**, der eine Modernisierung seiner Betriebs-DV und evtl. die Einbeziehung neuartiger Informationstechnik beabsichtigt. Er möchte seine Entscheidung nicht nur auf seinen fragmentarischen Kenntnissen abstützen, die ihm in Form von Ankündi-gungen und Angeboten von Vertriebsfachleuten u.a. Beratern der DV-Anbieter nahe gebracht wurden.

Er delegiert aus seiner betriebswirtschaftlichen Funktion heraus, unter seiner Zweck- und Zielsetzung und mit seinen Prämissen, die für ihn zu aufwendigen NKU-Arbeiten an mehrere Mitarbeiter und/oder externe Spezialisten. Aus seinem aktuellen Kenntnisstand heraus läßt er in den Auftrag einfließen, wie er die Entscheidungssituation sieht, die Ausgangssituation beurteilt, worüber die Bearbeiter der N-K-U mehr und gründlichere Informationen liefern sollen usw.

Daß sich der Kenntnisstand des Auftraggebers im Verlauf einer N-K-U **verändert,** ist nicht nur wahrscheinlich, sondern eher unvermeidbar. Es verändern sich ggf. auch seine Sichtweisen, Einstellungen und Beurteilungen (z.B. zu Entwicklungsalternativen u.a.).

Entsprechend können auch die Äußerungen, Einstellungen und Funktionen der anderen Mitwirkenden variieren.


An Nutzen-Kosten-Untersuchungen Beteiligte werden als "selbst Veränderliche" erkannt, als Aktive in einer "lernenden Entwicklung", in der sie sich individuell, in Gruppen gemeinsam mit der gegenwärtigen Situation, mit zukünftigen Möglichkeiten und mit wahrscheinlichen Veränderungen auseinandersetzen.

Ihr Informationsaustausch, ihr Mitwirken und ihre Verhandlungen (aufgrund ihrer Rechte und Pflichten) sind "problemgeladen". Zur Bewältigung ihrer zunächst schlechtstrukturiert auftretenden Arbeits- und Beratungs-Situationen, ist es dringend erforderlich, ihre Kommunikation Informationsverarbeitung und Entscheidungsfindung zu unterstützen.

Die dafür hilfreichen Methoden, Verfahren und Techniken sind jedoch weitaus umfassender und aufwendiger als die vergleichsweise einfachen Berechnungsverfahren und Algorithmen, die für Kostenberechnungen ausreichen.


Die Beiträge der an NKU Beteiligten sind nicht nur Beschreibung herausgefundener relevanter Daten, sondern beurteilende Stellungnahmen dazu, Auswahlentscheidungen aufgrund von Soll/Wunsch-Vorstellungen und Gedankenkonzepte bzw. Pläne.

Werden insbesondere diese **"Anschauungen"** und **"Modelle"** in der NKU **verständlich** dargestellt, dann sind sie nicht nur **nützlich** für die gemeinsame Arbeit, sondern für das Nachvollziehen von Erkenntnissen und Urteilen und für weiteren Informationsaustausch und Verständnis über die Entscheidung hinaus während der folgenden Entwicklung und Veränderung.

N K U - V A R I A B L E N :

Personen-Instanzen:                              und ihre:
----------------------------------------------------------------

A U F T R A G G E B E R                          ROLLEN
  (z.B. Leiter der DV planenden
und einsetzenden Institution)                    FUNKTIONEN

E N T W I C K L E R                              KENNTNISSE
  (z.B. DV-Organisatoren,
Software-Designer u.a.)                          EINFLÜSSE

A N B I E T E R   V O N                          BEEINFLUSSUNG
DV / IT - L E I S T U N G E N
  (z.B.externes Rechenzentrum)                   SICHTWEISEN

A N B I E T E R   V O N                          ZIELE
DV / IT - S Y S T E M E N
  (z.B.DV-Hersteller)                            BEURTEILUNGEN

( B E-) N U T Z E R                              USW.
  (der DV/IT-Anwendungen)

M I T T E L B A R   B E T R O F F E N E
----------------------------------------------------------------

in Bezug auf:

  •   die AUSGANGS-SITUATION (der DV/IT-Anwender),
      ihre Eigenheiten, Nutzen und Kosten

  •   mögliche VERÄNDERUNGEN, INNOVATIONEN,
      RATIONALISIERUNGEN usw., ihre Nutzen und Kosten

  •   ENTWICKLUNGSSTAND und MÖGLICHE WEITERENTWICKLUNGEN
      ALTERNATIVER PLÄNE und PRODUKTE,
      ihre Nutzen und Kosten

## Orientierungen

NKU für informationstechnische Investitionen und Entwicklungen sind je nach Konstellation und Einfluß ihrer Variablen unterschiedlich orientiert auf:

* <u>Anwender von Informationstechnik</u>:
  Insbesondere **BEDARFSTRÄGER**, das heißt Institutionen, die für ihre Aufgaben und Infrastruktur neue Informationstechnik auswählen wollen. Vertreten werden sie durch **PERSONEN in LEITENDEN FUNKTIONEN und MITARBEITER in ihren ARBEITSFUNKTIONEN.**
  Zur Verbesserung ihres Betriebes und ihrer Arbeiten sind sie vor allem orientiert auf
  - Bearbeitungsaufwand und -vorgänge,
  - Umsetzung und Einhaltung von Vorgaben,
  - Verfahren und Dv-Anwendungen und
  - Information aus relevanten Dv-Vorhaben, ggf. Mitwirkung, Beeinflussung und Prüfung von Untersuchungen, Plänen und Entscheidungen.

* <u>Anbieter von Dv-Leistungen</u>:
  Insbesondere **RECHENZENTREN,** das heißt Institutionen, die für (externe) Dv-Kunden ihren Betrieb und seine Leistungen verbessern wollen. Vertreten werden sie durch **RECHENZENTRUMS-LEITER und -MITARBEITER.**
  Sie sind eher orientiert auf
  - Hardware (im eigenen Betrieb und bei den Kunden)
  - Software-Implementierung, -Wartung, -Entwicklung und ggf. -Kauf
  - Dv-Projekte, bzw. Vorhaben (Beeinflussung, Mitarbeit und Prüfung)

* <u>Anbieter von Dv-Systemen</u>:
  Insbesondere **DV-HERSTELLER,** das heißt Unternehmen, die für ihre Produktionskapazität und Produkte (auslaufende und neue Modelle und Serien) Absatz bei Anwendern verbessern wollen. Ihre **VERTRIEBS-MITARBEITER u. a. BERATER** sind vor allem orientiert auf
  - firmenspezifische, neue Hardware, Software bzw. 'Systemware'
  - Kauf-/ Miet- Entscheidungen und Verträge (auch bzgl. längerfristiger Verpflichtungen, Entwicklungen und Wartung)
  - Absatz der Firmen-Modelle und Serien trotz konkurrierender, ähnlich leistungsfähiger Produkte anderer Anbieter.

Durch die Eigenheiten der Variablen, ihre Orientierungen und ihr Zusammenwirken entsteht eine jeweils **fallspezifische Bedeutung** von **"Wirtschaftlichkeit"**.


Je nach NKU-Aufgabenstellung incl. methodische Anforderungen und je nach Durchführungsbedingungen incl.Vorgehensweisen, bestimmen die maßgeblichen Beteiligten, ob ggf. "nach gewohnter Manier" oder "gezielt" eine "Kosten-Analyse mit Nutzen-Schätzung" (im oben beschriebenen Sinne) eingesetzt wird.
Oder ob, eine "Nutzen-Analyse mit Kosten-Schätzung" durchgeführt wird, um DV/IT-Entwicklungen in Bezug auf Technik, Verfahren und Organisation auch mit mittel- oder langfristigen Reichweiten zu untersuchen.


Weder in der einen noch in der anderen Art von NKU können die Mitwirkenden verhindern, daß Veränderungen der Personen-Instanzen, der Situationen, Angebote und ihrer faktischen und interpretierten Nutzen und Kosten auftreten. Mit verbalen Zielsetzungen lassen sich Situationen nicht **künstlich statisch** halten. Dies wird häufig in der Art versucht, daß Einflüsse und Ziele nur zu Anfang einer NKU analysiert werden und dann bis zum Ende aller Berechnungen als "Konstante" behandelt werden. Aber sie als "Unveränderliche" festzulegen, ist praktisch illusorisch.
Stattdessen kommt es darauf an, mehrmals (etappenweise) ursprüngliche Ziele zu überprüfen und gegenwärtige Einflüsse (nicht nur Veränderungen der Kosten) zu identifizieren und einzuschätzen.


## Nutzen-Analysen mit Kosten-Schätzungen


**Kriterien**, die besonders die Variablen und Orientierungen berücksichtigen, können hilfreich sein, wenn es bei einer Nutzen-Kosten-Untersuchung darauf ankommt, eine <u>fallspezifisch angemessene NKU-Methodik</u> zusammenzustellen und nützlich anzuwenden.
**Dazu gehört**, eine geeignete **Variante** von Nutzen-Kosten-Untersuchungen **auszuwählen** und sie auch in (anders als geplant) eintretenden Untersuchungs-Situationen **den aktuellen Anforderungen entsprechend anzupassen**.


Sogenannte <u>"Kosten-Nutzen-Analysen"</u> (auch die Kosten-Wirksamkeits-Analysen und die "Cost Benefit Analysis") sind im Wesentlichen ausgerichtet auf einen **Wirtschaftlichkeitsvergleich**. Allerdings werden nicht nur monetäre Ziele, Attribute und Alternativen berechnet. Den

Kosten (Vor- und Nachteilen) werden Aussagen über Funktionsanforderungen, Arbeitsabläufe, **notwendigen Nutzen**, <u>Zusatznutzen</u>, Einschränkungsmöglichkeiten (im Sinne sparsamen Haushaltens), Auswirkungen des Dv-Einsatzes auf die Arbeiten u.a. und weitere mehr qualitative Aspekte in der Gesamtbeurteilung gegenübergestellt.

<u>ANALYTISCHE N-K-U</u> enthalten **ausführlichere Analysen** der Ausgangssituation, der Anwendungsbedingungen und insb. der Attribute und Zusammenhänge, die trotz Veränderung **erhalten** bleiben sollen.
Dazu kommen gründliche Untersuchungen zu beabsichtigten und möglichen **Veränderungen** (incl. Folgewirkungen) und daraus entwickelte alternative Konzeptionen.
Zu gewichteten Zielen bzw. daraus entwickelten Beurteilungskriterien, gibt es in ihrer **Nutzen-Analyse** u.a. Einschätzungen, die in Argumenten beschrieben und gewichtet sind; und in ihrer parallel dazu durchgeführten **Kosten-Analyse** gibt es sowohl zu Kostenanteilen als auch zu den kalkulierten Gesamtkosten der Alternativen ebenfalls beschriebene und gewichtete Argumente.
Diese erarbeiteten **Argumente** werden in ausgewählten und sich immer weiter verdichtenden **Kombinationen** einander zugeordnet und ergeben Begründungsbündel für sich ausdifferenzierende Entscheidungsalternativen.
Nützlich sind ANALYTISCHE N-K-U für alle Innovationsarten; erforderlich und auch im Aufwand angemessen sind sie für INNOVATIONEN von VERFAHREN und ORGANISATION.

<u>PROJEKTIVE N-K-U</u> enthalten über eine analytische N-K-U hinausgehend **aufwendigere Modellierungsarbeiten**, insbesondere um zueinander verträgliche und unverträgliche Ziele und Vorstellungen anschaulich zusammenzubringen. Dafür werden Beschreibungs- und Bewertungs-Modelle gebildet. Zu den Zukunftsperspektiven werden alternative Konzepte in Form von Szenarien beschrieben, in vereinfachten Funktionsmodellen simuliert und ggf. in zwei bis drei alternativen Pilotimplementationen untersucht.

NKU für DV/IT-Innovationen, die mittel- bis langfristig in die Zukunft reichen und Änderungen von Technik, Verfahren und Organisation vorsehen, erfordern
* methodisch unterstütztes vergleichen und einschätzen von Fakten- und Schätzdaten,
* präzisieren von Präferenzen und
* argumentieren und verhandeln der Zuständigen,

sodaß möglichst aus allen unterschiedlichen Kompetenzen und Sichten, Erkenntnisse, Relativierungen und Erwägungen einbezogen werden. Solche verbalen Erläuterungen müssen in ihrer ausführlicheren Art ebenso dokumentiert werden wie die im Rahmen einer Ist-Aufnahme ermittelbaren Faktendaten.

Mit diesem **umfassenderen Antizipieren von zukünftigen Zusammenhängen**, Situationen (im zeitlchen Querschnitt) und Vorgängen (im zeitlichen Längsschnitt) ist die PROJEKTIVE N-K-U vor allem für INNOVATIONEN der ORGANISATION angemessen.

Empfehlenswert ist sie außerdem in allen solchen Fällen, in denen ein großer, vielfältiger Anwendungsbereich mittel- bis langfristig durch INNOVATIONEN in VERFAHREN und TECHNIK verändert werden soll.

[7]

-------------------------------------------------------------------

## LITERATUR - HINWEISE


[1] Bundesminister der Finanzen + Bundesminister für Wirtschaft
    Erläuterungen zur Durchführung von Nutzen-Kosten-Untersuchungen
    in: Ministerialblatt des BmF und BmW, Nr.13, 1973, S. 293-3o1

[2] Kommunale Gemeinschaftsstelle für Verwaltungsvereinfachung
    Kosten-Nutzen-Untersuchungen im Bereich der automatisierten Datenverarbeitung
    in: KGSt-Bericht Nr.2/77

[3] Knop,J.    Wirtschaftlichkeit der DV in der Hochschulverwaltung
    in: ÖVD 12/81, insbesondere S.3

[4] Luckner,W.    Wirschaftlich Hard- und Software - kontinuierlich geplant
    in: ÖVD 11+12/81

[5] IBM Deutschland
    Datenverarbeitung, Gewinnquelle des Unternehmens: Nutzenanalyse als Basis einer Wirtschaftlichkeitsrechnung für Datenverarbeitungsanlagen
    IBM-DV-AZ Vertriebsausbildung, 1978

[6] Preis,A.    Wirtschaftlichkeit und Wirksamkeit einer DV-Maßnahme
    in: ÖVD 12/81, insbesondere S.17

[7] Lukat,A.    Ausrichtungen von Nutzen-Kosten-Untersuchungen bei Einführung neuer DV-Geräte, Verfahren oder Organisations-Infrastrukturen
    Arbeitspapiere der GMD Bonn Nr.51/1983
    Innovative Ansätze in der Entwicklung informationstechnik- gestützter Verwaltungssysteme
    in: VOP 2+3+4/82
    DV-Fachwissen: Organisationstechniken
    Arbeitspapiere der GMD Bonn Nr.14/1983, S.98-111

# EIN ENTSCHEIDUNGSANSATZ ZUR ORDNUNGSMAESSIGKEITS-
## PRUEFUNG VON INFORMATIONSSYSTEMEN

Dr. F. Roithmayr
Universität Linz/Österreich
EDV-Zentrum


## 1. Grundsätzliches

Der nachfolgende Beitrag ist der Versuch, Ordnungsmäßigkeitsfaktoren
zur Überprüfung von Informationssystemen im Rahmen eines quantitativen
Modellansatzes zu verwenden. Die bisherigen Arbeiten beschäftigen sich
insbesondere mit Erstellung und Pflege von qualitativen "Fragenkata-
logen" bzw. "Kriterien", die von ordnungsmäßig wirkenden Informationssystemen zu erfüllen sind (1) (7) (11).

Unter dem Begriff "Ordnungsmäßigkeit" werden sehr oft Aussagen getroffen, ohne daß klar ist, was letztendlich darunter wirklich gemeint
ist. Es gilt demnach, ein Instrumentarium zu entwickeln und zu kombinieren, mit dem wir in der Lage sind, Informationssysteme auf deren
Ordnungsmäßigkeit hin zu prüfen.

Um von ordnungsmäßigen Informationssystemen sprechen zu können, setzt
es zunächst ein Zielsystem voraus, an dem das Informationssystem orientiert ist. Unabhängig vom Zielsystem gilt es, die Frage zu stellen,
ob man es bei der Überprüfung der Ordnungsmäßigkeit von Informationssystemen mit Faktoren zu tun hat, die "systemindifferent" sind und/
oder ob es auf der anderen Seite Faktoren gibt, die "systembezogen"
sind. Unter "systemindifferenten Faktoren" versteht man Faktoren,
die von der jeweiligen Gestalt und Struktur eines Informationssystems
unabhängig sind und demnach für jedes Informationssystem gültig sind.
"Systembezogene Faktoren" sind demnach solche, die jweils nur auf bestimmte Informationssysteme anwendbar sind und keine allgemeine Gültigkeit aufweisen (1, S. 155).

Insbesondere die Daten-, Methoden-, Modellbanken sowie die Textverar-
beitungstechnologie haben die Gestaltungsmöglichkeit von Informationssystemen erheblich erweitert. Die Organisationen haben heute eine Vielzahl von Freiheitsgraden in der Gestaltungsmöglichkeit solcher Informationssysteme, was die Prüfung dieser äußerst schwierig bis nahezu unmöglich macht. Eine hochautomatisierte Gesellschaft, wie wir sie derzeit naben, kann sich keine unkontrollierten Informationssysteme leisten.

Um Aussagen über die Ordnungsmäßigkeit von Informationssystemen treffen
zu können, ist es notwendig, das komplexe System "Informationssystem"

in möglichst kleine, operationale Einheiten zu zerlegen.


## 2. Die Stellung des Informationssystems im Rahmen der Ordnungsmäßigkeitsprüfung von ADV-Systemen

### 2.1. Allgemeines

Eine umfassende ADV-Systemprüfung umfaßt die Überprüfung von 3 Prozessen:

- Informationsprozeß
- Systementwicklung
- Systembetrieb (5).

Neben dieser ersten Dimension der Strukturierung gilt es, entsprechend der vorhin vorgeschlagenen Philosophie - das Informationssystem in möglichst kleine Teilbereiche aufzubrechen - die Organisationsdimension einzubringen. Das heißt, daß für die Prüfung des Informationssystems die Organisation in Subeinheiten zu strukturieren ist (11, S. 162ff).

Um das Komplexe Gebilde "Informationssystem" prüfen zu können, benötigt man schließlich eine dritte Dimension, nämlich die der "logischen Anwendungsgruppe" (LAG). Man versteht darunter eine vollständige Anwendung, wie z.B. die "Auftragsverwaltung", die "Studenteninskription" usw. Unter Zuhilfenahme einer noch zu beschreibenden Entscheidungstabelle ist es möglich, die LAG zu strukturieren.

### 2.2. Der Informationsprozeß

Der Informationsprozeß stellt den Kernpunkt jedes Informationssystems dar. Er umfaßt die Phasen:

- Informationssammlung
- Informationstransformation
- Informationskommunikation.

Wenn man von einer Ordnungsmäßigkeitsprüfung von Informationssystemen spricht, so hat sich die Prüfung auf diese 3 Phasen zu beziehen.
Die Systementwicklung mit den Phasen

- Systementwurf
- Programmierungsprozeß
- Implementierung
- Verfügbarkeitserhaltung

sowie der Systembetrieb, der die durchführungsbezogene Komponente darstellt, sind im Rahmen dieser Arbeit nicht zu behandeln. Die graphische Darstellung dieses Gesamtprozesses zeigt Abb. 1.

Informationsprozeß
- Informationssammlung
- Informationstransformation
- Informationskommunikation

Systementwicklungsprozeß
- Systementwurf
- Programmierungsprozeß
- Implementierung
- Verfügbarkeitserhaltung

Datenverarbeitungsprozeß
- Datenverarbeitungstechnische Realisierung des Informationsprozesses

Abb. 1: Umfang eines umfassenden ADV-Systems

(1) Die Informationssammlung
Für den Informationsprozeß spielt es keine Rolle, auf welcher Basis bzw. Technologie die Informationssammlung erfolgt. Die Informationssammlung bezieht sich sowohl auf Daten als auch auf Texte. Sie umfaßt demnach formatierte und nicht formatierte Datenbestände. Der Rückgriff auf Datenbanken ist lediglich eine datenverarbeitungstechnische Frage, aber keine Angelegenheit des Informationsprozesses.

- Datensammlung
Der jeweilige Entscheidungsträger ist dafür verantwortlich, daß im Rahmen der Vorschriften (Gesetze, Verordnungen, Unternehmensziele) entsprechend der Autorisierung unter Beachtung der Zweckmäßigkeit die Datensammlung erfolgt. Das heißt, es ist die Wertgerechtigkeit der Datensammlung zu beachten, um zu einem positiven Kosten-Nutzen-Verhältnis zu gelangen. Da es sich bei Daten um formatiertes Wissen handelt, ist die Nachvollziehbarkeit und Prüfbarkeit im Gegensatz zur Textsammlung erleichtert.

- Textsammlung
Texte sind unformatiertes Wissen. Der wesentliche Unterschied zur Datensammlung besteht darin, daß Texte beliebig erfaßbar und speicherbar sind, ohne deren Sinn zu verlieren. Im Zuge der steigenden Bürokommunikation ist gerade der Prüfung von Informationssystemen im Bereich der Textsammlung erhebliches Augenmerk zuzuwenden. Die Textsamm-

lung spielt in Informationssystemen dort eine wesentliche Rolle, wo
aufgrund der fehlenden Struktur von Entscheidungsproblemen durch das
Textsammeln das zweckmäßigste und wertgerechteste Informationsverhalten erzielbar ist.

(2) Die Informationstransformation
Die Informationstransformation ist eine Möglichkeit, Aussagen des Informationssystems zu verzerren. Die Basis des Transformationsprozesses
sind Methoden und Modelle, die ihre datenverarbeitungstechnische Relevanz in Methoden-und Modellbanken finden. Wollen wir von ordnungsmäßiger
Informationstransformation sprechen, so haben die verwendeten Methoden
und Modelle die Wirklichkeit im Informationssystem abzubilden. Es geht
demnach um die richtige Anwendung der Methoden und Modelle; also das
geeignete Verfahren zum geeigneten Entscheidungsproblem.

(3) Die Informationskommunikation
Unter Informationskommunikation versteht man die zur Verfügungstellung
der für den Entscheidungsträger relevanten Information hinsichtlich:

- Qualität
- Quantität
- zeitliche Dimension.

Um über die Informationskommunikation Aussagen treffen zu können, gilt
es, sich mit der Kommunikationsstruktur zu befassen. Unter der Kommuni-
kationszeit versteht man die Zeitdimension, die zwischen dem Informationsbedarf des Entscheidungsträgers und der Verfügbarkeit der Information besteht. Es ist dies ein Problem dichotomischer Struktur. Zwischen
der Güte der Information und ihrer Verfügbarkeit besteht ein funktionaler Zusammenhang der Gestalt, daß mit steigender Güte der Information
auch üblicherweise die Informationszeit steigt. Für Verwaltungsinforma-
tionssysteme ist dieser Zusammenhang eher nicht von Bedeutung, da der
Informationssammlung nur hohe Güteklassen von Informationen zugrunde
liegen.

## 3. Organisatorische Subeinheiten

Die organisatorischen Subeinheiten stellen die zweite Dimension eines
Informationssystems dar. Um ein Informationssystem auf seine Ordnungsmäßigkeit hin prüfen zu können, bedarf es des Aufbrechens des Informationsprozesses im Hinblick auf die Organisationsstruktur. Unter organisatorischer Subeinheit versteht man Organisationsbereiche, die zentrale
Aufgaben im Informationsprozeß verrichten. Eine organisatorische Subeinheit kann z.B. von einer Stelle über eine Abteilung bis hin zu einer

Behörde bzw. einem Unternehmen reichen.

## 4. Das Konzept der "Logischen Anwendungsgruppe" (LAG)

Die LAG nimmt im Rahmen der Prüfungshandlung eine zentrale Stellung ein.
Wir verstehen darunter eine in sich abgeschlossene Anwendung, die von
einem Programm bis hin zu einem gesamten Informationssystem reichen
kann. Je nach Prüfungsauftrag bzw. Prüfungsumfang ermöglicht das dar-
gestellte Modell die Prüfung eines gesamten Informationssystems bis
hin zu einer einfachen Applikation. Durch das Konzept der logischen
Anwendungsgruppe erhält man ein wesentlich einfacheres Entscheidungsproblem.

## 5. Ordnungsmäßigkeitsfaktoren

Um die Ordnungsmäßigkeit des Informationssystems messen zu können, benötigt man entsprechende Faktoren. Theorie und Praxis der Systemprüfung
haben eine Vielzahl dieser Faktoren erstellt, wobei im nachfolgenden
nur jene behandelt werden, die für das Entscheidungsmodell von Relevanz
sind.

(1) Legalität
Der Informationsprozeß hat legal zu sein. Das heißt, daß die jeweilige
Suborganisation dafür verantwortlich ist, daß der Informationsprozeß
entsprechend der Gesetze bzw. Verträge, Verwaltungsübereinkommen und
Verordnungen durchgeführt wird. Die Legalität ist ein Grundpfeiler
ordnungsmäßiger Informationssysteme und muß demnach als systemdifferent
eingestuft werden.

(2) Autorisierung
Die Suborganisation ist dafür verantwortlich, daß entsprechend des übertragenen Autorisierungsgrades im Hinblick auf das Organisationsziel
der Informationsprozeß realisiert wird. Da die Autorisierungsfunktion
bei allen Informationsprzessen notwendig ist, hat man es auch hier mit
einem systemdifferenten Faktor zu tun.

(3) Richtigkeit
Es wird darunter die logische korrekte Formulierung der DV-Regel als
auch deren korrekte Anwendung verstanden. Unabhängig von einem Informationssystem haben die Aussagen dem Kriterium der Richtigkeit zu genügen.
Es handelt sich auch hier um einen systemdifferenten Faktor. Abb. 2
zeigt eine solche DV-Regel für LAG "Nachinskription".

|                                              | R1 | R2 | R3 |
|----------------------------------------------|----|----|----|
| Bereits 1x inskribiert                       | J  | J  | N  |
| Nachinskription noch in der gesetzlichen Frist | J  | N  | -  |
| Nachinskription durchführen                  | X  | -  | -  |
| Erstinskription durchführen                  | -  | -  | X  |
| Rückweisen an Entscheidungs-träger           | -  | X  | -  |

Abb. 2: Entscheidungsregel für die "Richtigkeit" der LAG
"Nachinskription"

(4) Vollständigkeit

Die Vollständigkeitsregel kann aus der Zieldefinition abgeleitet werden. Da die Frage der Vollständigkeit nicht für jedes Informationssystem gleich gilt, muß dieser Faktor als systembezogener Faktor eingestuft werden.

(5) Zeitgerechtigkeit

Die DV-Regel hat unter Berücksichtigung des Zielsystems die zeitliche
Dimension zu definieren. Da auch die Zeitgerechtigkeit von Informations-
system zu Informationssystem variiert, stellt sie einen systembezogenen
Faktor dar.

(6) Prüfbarkeit

Die Prüfbarkeit des Informationsprozesses stellt wohl einen grundlegenden systemindifferenten Faktor dar. Für die einzelnen Faktoren sind
Prüfregeln anzugeben.

(7) Wertgerechtigkeit

Die Definition der Wertgerechtigkeit im Rahmen von Informationsprozessen
- also die Kosten-Nutzen-Relation - gilt als schwierig. Bei der Bestimmung der Wertgerechtigkeit gilt es, zwischen qualitativen und
quantitativen Nutzeffekten zu unterscheiden. Da jeder Informationsprozeß den Grundsätzen der Wertgerechtigkeit zu entsprechen hat, handelt
es sich auch hierbei um einen systemindifferenten Faktor.

(8) Wahrheitsgerechtigkeit

Die jeder Informationsprozeß einem Wahrheitstest standzuhalten hat,
handelt es sich auch hier um einen systemindifferenten Faktor. Gerade
bei der Textverarbeitung können Wahrheit und Prüfbarkeit nicht immer

vollständig garantiert werden, ausgenommen, es besteht eine Rückkopp-
lung zu den "abgebildeten" Objekten, wie z.B. beim Datenschutz (11, S.163).

## 6. Der vorgeschlagene Weg

### 6.1. Die Strukturierung des Informationssystems

Abb. 3 zeigt die grundsätzliche Struktur des Informationssystems. Die
Gliederung des Informationssystems erfolgt nach den drei Dimensionen:
dem Informationsprozeß, den Suborganisationseinheiten und den LAG`s.

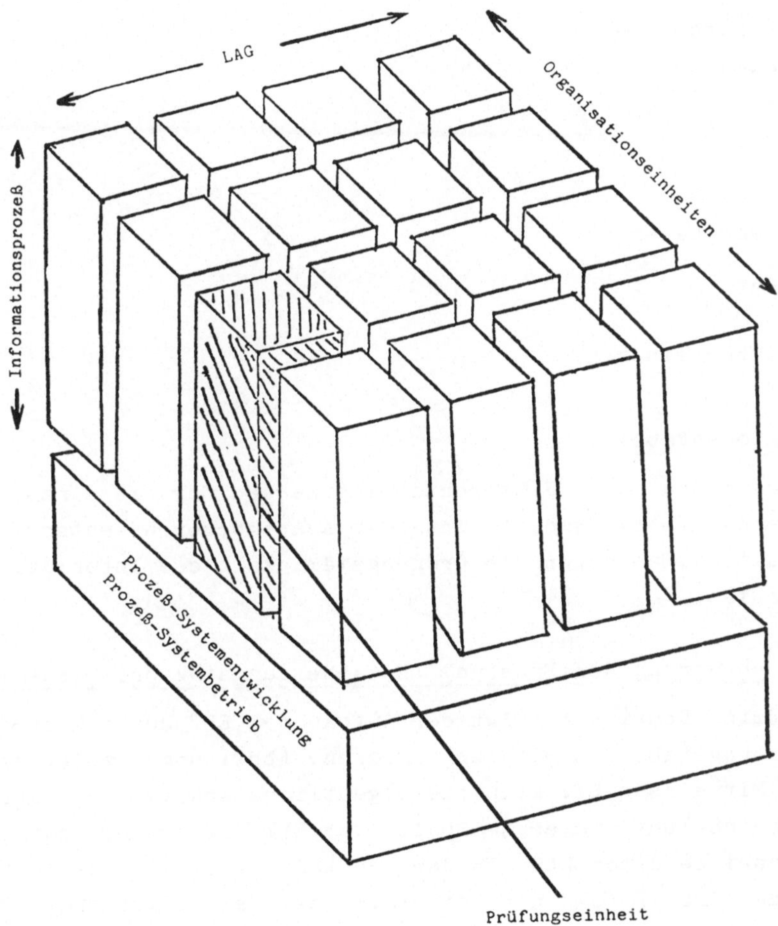


Abb.3: Prüfstruktur eines Informationssystems

## 6.2. Aufbau der Entscheidungstabelle

Die Entscheidungstabelle beinhaltet die mehrdimensionale Beschreibung
der Entscheidungseinheiten. Das heißt demnach, daß sie die Beschreibung der einzelnen Phasen des Informationsprozesses und der Organisationseinheiten beinhaltet. Abbildung 4 zeigt ansatzweise eine solche
Entscheidungstabelle.

LAG: Inskription

| Subprozesse der LAG | Informations-<br>sammlung | Informations-<br>transformation | Informations-<br>kommunikation |
|---|---|---|---|
| Erfassen der personen-<br>bezogenen Daten des<br>Studenten | X | | |
| Erfassen der Inskrip-<br>tionsdaten | X | | |
| Speicherung der Daten | | X | |
| Bestätigungen | | | X |

Abb. 4: Struktur einer ET

## 6.3. Die Faktorentabelle

Im Rahmen des Aufbaus der Faktorentabelle werden für die einzelnen
Faktoren, seien sie systemdifferent oder systembezogen, entsprechende
Regeln formuliert, an denen die Ordnungsmäßigkeit des Informationssy-
stems meßbar ist.

## 6.4. Die Durchführung der Erhebung (Entscheidungsfaktoren-Tabelle EFT)

In einem letzten Schritt erfolgt der Aufbau der EFT durch Kombination
der Entscheidungstabellen mit den Faktoren. Abbildung 5 zeigt eine
solche EFT. Mit dieser EFT kann die eigentliche Analyse durchgeführt
werden. So beinhaltet die erste Spalte der EFT die Beschreibung der
einzelnen Schritte einer LAG. In der zweiten Spalte wird diese Beschreibung einer der drei Phasen des Informationssystems zugeordnet. Die
restlichen Spalten betreffen die einzelnen Faktoren, an denen aufgrund
der vorgegebenen Regeln geprüft wird, wieweit die einzelnen Phasen
des Informationsprozesses der Ordnungsmäßigkeit entsprechen. Zu diesem
Zweck wird für jeden Faktor eine fünfstufige Skala eingeführt.

ORG.:

SUBORG.:

LAG.:

ZIEL:

| Subprozeß | Informationsprozeß | | | Faktoren | | | | | | | |
|---|---|---|---|---|---|---|---|---|---|---|---|
| | IS | IT | IK | LE | A | R | V | Z | P | WE | WA |
| | | | | 12345 | 12345 | 12345 | 12345 | 12345 | 12345 | 12345 | 12345 |



<u>Legende:</u>

LE = Legalität, A = Autorität, R = Richtigkeit, V = Vollständigkeit, Z = Zeitgerechtigkeit,
P = Prüfbarkeit, WE = Wertgerechtigkeit, WA = Wahrheitsgerechtigkeit.

Abb.5: EFT

1 = Der Faktor wird in hohem Ausmaß erfüllt

2 = Der Faktor wird in geringem Ausmaß erfüllt

3 = Der Faktor ist indifferent

4 = Der Faktor wird eher nicht erfüllt

5 = Der Faktor wird in sehr hohem Ausmaß nicht erfüllt

Die so erarbeitete und ausgefüllte Faktorentabelle kann entsprechend des Prüfungsumfanges manuell oder statistisch ausgewertet werden.

## 6.5. Ergebnisbeurteilung

Bei nicht allzu großem Prüfungsumfang wird es möglich sein, mit manuellen Verfahren eine Ergebnisbeurteilung durchzuführen und Schwachstelle im Informationssystem zu erkennen. Sobald jedoch der Prüfungsumfang eine gewisse Anzahl von LAG`s überschreitet, ist eine statistische Auswertung angebracht. Da heute weitestgehend statistische Methoden, wie z.B. SPSS (10) zur Verfügung stehen, ist die Anwendung derartiger Methoden als unproblematisch anzusehen. Für die Ergebnisbeurteilung ist wie folgt vorzugehen:

(1) Lineare Auswertung der einzelnen Faktoren mit Angabe jener Faktoren, bei denen eine Ordnungsmäßigkeit nicht mehr gegeben ist.

(2) Analyse der Suborganisationseinheiten im Hinblick auf den Organisationsprozeß.

(3) Analyse der LAG`s im Hinblick auf den Informationsprozeß.

(4) Beurteilung des gesamten Informationsprozesses durch Kombination von (2) und (3).

## 7. Zusammenfassung

Die Komplexität des Informationssystems läßt eine Entscheidungsfindung dieses komplexen Gebildes in einer einzelnen Phase nicht mehr zu. Um Informationssysteme auf ihre Ordnungsmäßigkeit hin prüfen zu können, ist es notwendig, das Informationssystem in einzelne Dimensionen aufzubrechen und quantitative Beurteilungskriterien anzuführen. Es ist demnach möglich, die einzelnen Phasen getrennt zu beurteilen und schlußendlich wieder zusammenzuführen. Als kritische Punkte des Modells können die Bildung der Entscheidungstabelle und die Definition der Regeln der einzelnen Faktoren angesehen werden. Das Modell läßt Prüfungsumfänge jeder Größenordnung zu, wobei die statistische Prüfung eines Informationssystems sicherlich erst ab einer bestimmten Größenordnung gerechtfertigt erscheint. Durch Anwendung gezielter statistischer Methoden ist es jedoch möglich, eine sehr gute Aussage über die Ordnungsmäßigkeit von Informationssystemen zu treffen.

# 8. Literaturverzeichnis


(1) Ergebnis der Voruntersuchung der Studiengruppe "Ordnungsmäßigkeit der Datenverarbeitung". Ein Beitrag zur Meinungsbildung, in: Datenschutz und Datensicherung 3/81, S. 155 ff.

(2) Groß, H.F., Mensch und Organisation in der Unternehmung, Wiesbaden 1966.

(3) Heiting W., Michael K., Reusch G., Scharweg K.H., Stanczyk J., Dokumentation von EDV-Verfahren, in DuD Heft 3/Juni 1983, S. 197.

(4) IBM Guidelines for an Internal Program of Protection of Personal Data in DuD, 1/83, S. 44 ff.

(5) Meyer C.W., Hansen und der Studienkreis für Vertriebsinformatik an der Universität Würzburg: Vertriebsinformatik, Berlin 1973

(6) Nagel K., Zimmermann S., Ordnungsmäßigkeit der Speicherbuchführung, in IBM Nachrichten, 27. Jahrg. (1977) Heft 236.

(7) Revision der elektronischen Datenverarbeitung, HR Schriftenreihe, 1, Bühl/Baden 1982.

(8) Rockart J.F., Bullen v. Christine, Ceventer S.J., Centralization VS Decentralisation of Information Systems, Draft MIT 1977.

(9) Roithmayr F., Objekte der ADV-Systemprüfung Teil 1, in ÖVD/Online 4/1983, S. 67 ff; Teil 2, in: ÖVD/Online 5/1983, S. 81 ff.

(10) SPSS X Users Guide, McGraw-Hill New York u.a. 1983.

(11) Will H.J., St. Augustin, Gestaltungsgrundsätze ordnungsmäßig wirkender Informationssysteme, in: Datenschutz und Datensicherung 3/81, S. 158 ff.

<u>TELECONFERENCING IM BILDSCHIRMTEXT</u>

*W.J. Jaburek*
Institute für Informationsverarbeitung (IIG) der
Technischen Universität Graz und der
Österreichischen Computergesellschaft
Schießstattgasse 4a
8010 Graz/Austria

## 1. <u>DER BEGRIFF TELECONFERENCING</u>

Teleconferencing umfaßt jede Art von technisch unterstützter, organisierter Kommunikation zwischen mehr als zwei Personen an mehreren Orten. Als Arten des Teleconferencing werden angesehen:

Audioconferencing: akustische Kommunikation
                  Technisches Mittel: Telephon
                  ("Konferenzschaltung") oder Sprechfunk
Videoconferencing: visuelle und akustische Information
                  Technisches Mittel: Breitbandübertragungsstrecke für
                  Fernsehsignale, verwendet unter Umständen eigene Fernsehsatelliten
Computerconferencing: digitale Information (Text, Graphik, ...)
                  Technische Mittel: Computer-Netzwerk mit Ein-/Ausgabegeräten. Zwischenspeicherung der Information im Computer.

Die erstgenannten zwei Arten von Teleconferencing, Audio-bzw. Videoconferencing unterscheiden sich von Computerconferencing (CC) in drei beachtenswerten Punkten :

1) CC ermöglicht als einzige Telekonferenzform asynchrone Diskussionen, da hier die Informationen zwischengespeichert werden können. Z.B. kann also der Wissenschafter, der immer um Mitternacht seine kreativste Phase hat, genau zu dieser Zeit seine Gedanken so festhalten, daß sie ein Frühaufsteher noch vor seinem Morgensport lesen und ergänzen kann. Zu diesen Äußerungen kann später der Morgenmuffel, genau zu der Zeit, die ihm passend erscheint, also um 10.30 Uhr, seine ersten Bemerkungen machen.

2) CC kann die "Intelligenz" des Computers dazu nutzbar machen, die eingegebenen Informationen, besonders Texte, zu sortieren, indexieren und zumindest teilweise zu analysieren und somit dem Benutzer des Systems das Auffinden von für ihn relevanten Informationen zu erleichtern.

3) CC basiert auf der Übertragung digitaler, d.h. Computer-lesbarer
   Information mit geringer Bandbreite. Das ermöglicht das "intelligente" Verhalten des Systems (vgl. 2) und erspart auch kostspie-
   ligere Übertragungswege, wie sie z.B. für Videoconferencing notwendig sind.

Der vorliegende Bericht behandelt ausschließlich Computerconferencing
in einem speziellen Computer-Netzwerk, im (österreichischen) Bildschirm-
text-(BTX)-System. Da aber terminologische Unklarheiten bezüglich der
Begriffe Computer-und Teleconferencing bestehen (der Überbegriff "Teleconferencing" wird oft synonym für Computerconferencing (CC) gebraucht)
wurde auch hier der Titel Teleconferencing gewählt.


## 2. VORHANDENE SYSTEME UND ANWENDUNGEN

Wohl das erste CC System, genannt EMISARI, entstand ab 1968 in den USA
unter der Leitung von Turoff am Office for Emergency Preparedness. Dieses System läuft noch immer auf einem Großrechner und dient zur Verlaut-
barung von Richtlinien für die Verwaltung, zur Meldung von Problemen aus
nachgeordneten Verwaltungsstellen an die Führungsspitze (bis ins "Vor-
zimmer" des Präsidenten) und zu Koordinationsgesprächen zwischen höheren Verwaltungsstellen. Einsatzzeiten waren z.B. die zwei Ölkrisen und
der Lohn-und Preisstop.

Bis jetzt gibt es nur wenige kommerziell eingesetzte CC-Systeme. Ein
Beispiel dafür wäre eine modifizierte Version des FORUM-Systems [LM74],
das am Institute for the Future in den siebziger Jahren entwickelt wurde. Die neuere Version wird jetzt unter dem Namen PLANET/NOTEPAD von
der Firma INFOMEDIA vertrieben.

Auch auf Mikrocomputern wurden ähnliche Systeme installiert [CHS78],
die z.B. zum Meinungsaustausch innerhalb eines Computer Clubs dienen.

Die größten Projekte betreffend CC sind zur Zeit das System EIES (Electronic Information Exchange System) [HT78] am New Jersey Institute of
Technology, das HUB System am Institute for the Future [LA82] und KOMEX
bei der Gesellschaft für Mathematik und Datenverarbeitung (GMD) in der
BRD [IPES82].

In Österreich läuft bei der IIASA in Laxenburg das System TELECENTER
[PEAK81], das auf der Kommandosprache des Betriebssystems UNIX aufbaut.

Von den obigen Installationen unterscheidet sich die Implementation
eines CC Systems im Bildschirmtext insofern, als hier nicht nur die
Software eines zentralen Computers die Funktionen des CC Systems erfüllt, sondern die "Intelligenz" eines Terminals (MUPID) dazu benutzt
wird, die Beiträge abzuspeichern und zu strukturieren.


## 3. BILDSCHIRMTEXT (BTX)

Bildschirmtext ist ein neuer Datenabruf-und Kommunikationsdienst der
Post, der durch die Verbindung zweier schon fast in jedem Haushalt
vorhandener Geräte, dem Fernseher und dem Telephon, gekennzeichnet ist.
Seit März 1981 läuft in Österreich der Pilotversuch dieses Dienstes
und Ende 1983 (in der BRD Anfang 1984) soll ein endgültiger Dienst angeboten werden.

Ein BTX-System hat ungefähr folgende Struktur:

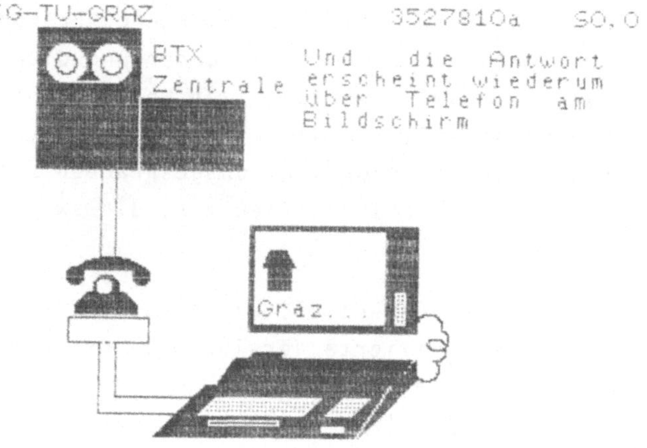


Über das öffentliche Telephonnetz können ein oder mehrere zentrale
Rechner der Post angewählt werden. Von diesen können Informationen,
die andere Teilnehmer ("Informationsanbieter") unter Bezahlung einer
Gebühr für den belegten Speicher eingegeben haben, abgerufen werden
und es können Mitteilungen an andere Teilnehmer gesendet werden. Die
Datenbank ist in "Seiten" eingeteilt, von denen jede einen Fernseh-
schirm füllt und entweder durch direkte Angabe der Seitennummer oder
durch alphabetisches-oder Schlagwort-Suchen gefunden werden kann. Durch
die einfache Handhabung dieses Computersystems wird es wirklich für
EDV-Laien benutzbar und daher scheint es auch sinnvoll, in ein solches
österreichweit verfügbares System, ein Diskussions-bzw. Computercon-
ferencing-System zu integrieren.

## 4. COMPUTERCONFERENCING IN BTX

Aus der Diskussion des Begriffs Computerconferencing (unter 1.) folgt,
daß hier verschiedene Teilnehmer auf die vorhandenen Texte zugreifen
und diese ändern können müssen. Da dies in BTX nicht erlaubt ist, muß
für die Realisierung eines CC-Systems in BTX ein Ausweg gefunden werden:

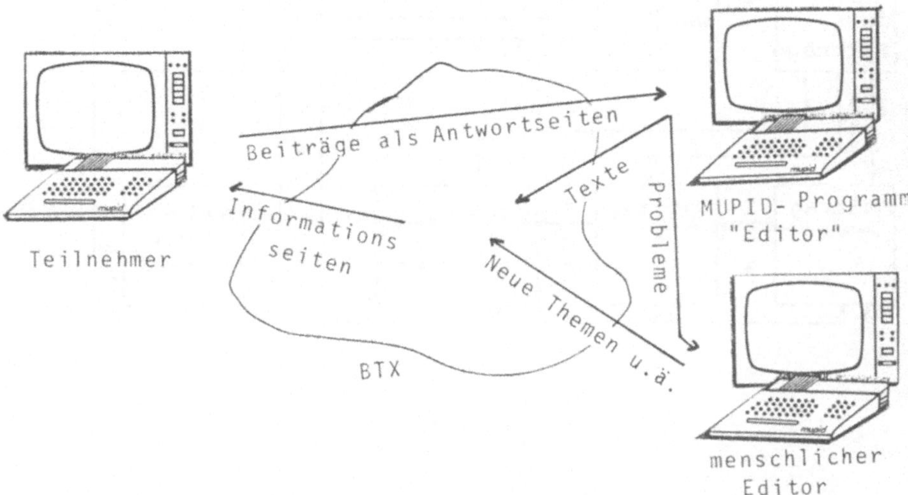


Der Diskussionsteilnehmer ändert bei der Eingabe eines neuen Beitrages
nicht direkt den Inhalt der BTX-Datenbank, sondern schickt an einen
bestimmten BT·X-Teilnehmer, den Konferenzkoordinator (kurz: Editor) eine
Mitteilung, "Möchte zum Thema xxx folgendes beitragen: <<Text>>". Dieser verarbeitet mit Hilfe eines Programms, das in seinem intelligenten
BTX-Terminal läuft, die empfangenen Mitteilungen und speichert die Inhalte im BTX-Seitenkontingent "Computer-Konferenz" ab. Gleichzeitig
wird eine Liste der Beiträge erstellt. Zur Eröffnung eines neuen Themas
oder einer neuen Konferenz ist das persönliche Eingreifen des Konferenz-
Koordinators (noch) notwendig.

Das Lesen von Beiträgen geschieht genauso wie der Abruf "gewöhnlicher"
BTX-Seiten.


## 5. DAS SEITENSCHEMA

Um BTX-Seiten computerunterstützt erstellen zu können und um dem Kon-
ferenzteilnehmer das leichte Auffinden von Beiträgen zu ermöglichen,

muß das Seitenschema des Diskussionssystems nach einem einheitlichen Schema aufgebaut werden. Im derzeitigen System "MUPCC8301" sieht dieses Schema aus wie folgt:

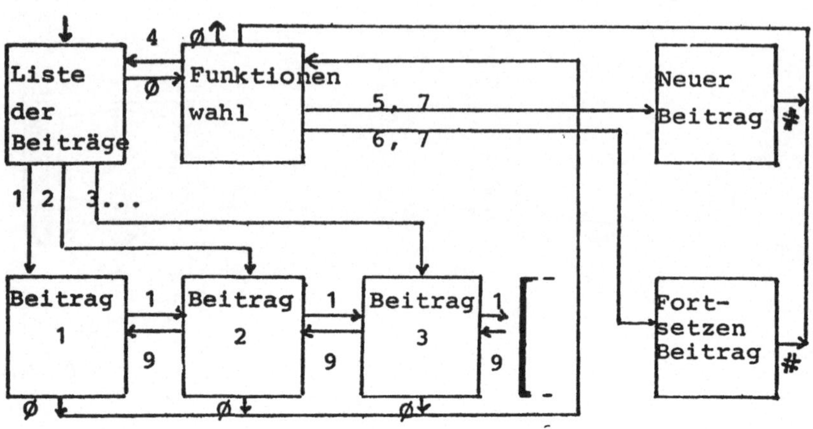


Die Seiten "Neuer Beitrag" und "Fortsetzen Beitrag" sind Anwortseiten, d.h. Mitteilungsseiten mit fixer Empfangsadresse. Sie dienen zur Eingabe neuer Texte, die dann als BTX-Mitteilung an den Konferenzkoordinator gesandt und dort in Beitragsseiten umformatiert werden.


# 6. ZWEI ANWENDUNGSBEISPIELE

## 6.1. EINE "OFFENE" DISKUSSION

"Offen" nennen wir eine Diskussion dann, wenn ihr Teilnehmerkreis nicht vordefiniert ist. Eine solche Diskussion läuft seit März 1983 im österreichischen BTX-System. Worüber diskutiert wird, mögen einige Beispielseiten zeigen.

```
IIG-LEXIKON                    313712a    SO,O
Testkonferenz Kommunikationsmöglich-

keiten in BTX mit MUPID

1    Computerconferencing

2    Verbindung von Mupid mit Textver-
     arbeitungsgeräten

3    Problem Suchbaum

4    Fragen an den Betreuer (W. Jaburek)



8    Dokumentation bestellen
O...Funktionen           9...Anmeldung
```

```
IIG-LEXIKON                    313713a    SO,O
Testkonferenz    BTX & Recht

1  Private BTX-Netze      (K. Went)

2  Datenschutz und BTX  (K. Went)

3  Bestellungen über BTX (Sprenger, H.
      Maurer)
4  Unbefugte Benutzung (Sprenger)

5  BTX und (Umsatz-) Steuer ( Gal)



     Weitere Themenvorschläge erbeten
             Wahl O     und   2
8    Dokumentation bestellen
O...Funktionen           9...Anmeldung
```

## 6.2 EINE "GESCHLOSSENE" DISKUSSION

"Geschlossen" heißt in diesem Zusammenhang: "definierter Teilnehmer-
und Themenkreis". Seit Mai 1983 verwendet die Arbeitsgruppe "Programmiersprachen" der ÖNORM (AG 001.5) ein solches BTX-Diskussionssystem
im Probebetrieb. Neben "Terminankündigungen" kann so eine Liste der
verfaßten Dokumente und eine Liste der eingegangenen Post erfaßt und
zugänglich gemacht werden. Die Themen "Fragen an den Vorsitzenden" und
"Fragen an den Konferenz-Koordinator" ermöglichen die interne Diskussion. Eine geplante Erweiterung ist das gemeinsame "Fern-Verfassen"
von Protokollen.

```
I IG—LEXIKON                                    SO, O
            Ö N O R M   FNA 001.5
   1     Veranstaltungen
                               O..Funktionen
   2     Dokumente
   3     Posteinlauf  ab 9. Juni 1983
   4     Posteinlauf  ab 20.Sept.1983
   5     Fragen an den Vorsitzenden
              (G. Schmitt)
   6     Fragen an den Koordinator
              (W. Jaburek)

   8     Mitgliederliste
```

## 7. ANWENDUNGSMÖGLICHKEITEN IN GESETZGEBUNG UND VERWALTUNG

### 7.1 GESETZGEBUNG

Besonders dort, wo formale und daher eher kürzere Texte (Gesetzesentwürfe, Verordnungen) von örtlich über das Staatsgebiet verteilten Personengruppen diskutiert werden sollen, erscheint es vorteilhaft, ein
technisches Medium einzusetzen. CC bietet nicht nur den Vorteil, Reisekosten und -zeit zu sparen, sondern ermöglicht es auch, Diskussionen
"asynchron", d.h. ohne gleichzeitige Kommunikationstätigkeit der Partner, zu führen. Natürlich ersetzt ein technisches Medium nicht voll
den persönlichen Kontakt. Wie aber Beispiele aus den USA [KERH82],
[HT78] zeigen, erfüllen solche Systeme gerade bei der Vorbereitung
eines "herkömmlichen" Zusammentreffens eine wichtige Aufgabe.

Beschlossene Normtexte können dann im gleichen Medium (BTX) veröffent-
licht werden, was ihnen vielleicht mehr Leser bescheren wird, als die
herkömmliche kostenpflichtige Verteilung in gedruckter Form - vor allem
wenn die Texte für den Rechts-Laien interessant aufbereitet und kom-
mentiert sind -. Auch besteht die Möglichkeit, die solcherart maschi-
nenlesbar vorliegenden Texte direkt von BTX in einen Textcomputer zu
übernehmen und dem Lichtsatz zu übergeben [KRAUS82].

## 7.2 VERWALTUNG[1]

Im Bereich der öffentlichen Verwaltung sind grundsätzlich zwei Anwendungsbereiche von CC zu unterscheiden.

Verwaltungsintern können Weisungen verbreitet werden und diesbezügliche Fragen nachgeordneter Dienststellen diskutiert und so auch für andere Stellen beantwortet werden. Vor allem die Organisationsstruktur der mittelbaren Bundesverwaltung Bundesministerium - Landeshauptmann - Bezirkshauptmann, die große räumliche Distanzen beinhaltet, scheint ein potentieller Kandidat für ein solches verwaltungsinternes Kommunikationssystem.
Natürlich können auch Gespräche auf gleicher Ebene elektronisch unterstützt werden, z.B. die Konferenz der Landeshauptleute.

Externe Anwendungen eines Diskussionssystems in der öffentlichen Verwaltung könnte man mit dem Stichwort "Bürgernähe" umschreiben. Ein Paradebeispiel für eine solche Anwendung wäre die "elektronische Fragestunde" beim Finanzamt, bei der sich Bürger gezielt über Einzelheiten bei der Steuerberechnung und der Anerkennung von Abzugsposten in einer öffentlichen und daher demokratischen Form informieren könnten. Daß ein solcher Dienst gleich durch elektronische Formulare für verschiedene Eingaben ergänzt werden könnte, liegt auf der Hand.

## 8. REPRISE

Der vorliegende Beitrag hat versucht, zwei Ziele zu verfolgen:

1) Zu zeigen, daß Computerconferencing im Bildschirmtext möglich ist. Daß es auch sehr viel billiger ist als vergleichbare zentralisierte Systeme, sei nur am Rande erwähnt.

2) Zwei Anwendungsbeispiele und eine allgemeine Diskussion sollten vor Augen führen, daß gerade in Gesetzgebung und öffentlicher Verwaltung - verstanden als "Dienst am Bürger" - Anwendungsmöglichkeiten für ein solches System gegeben sind.

Die Entwicklung des Computerconferencing-Systems "MUPCC" geht weiter. Eine Teilnehmerumfrage soll Mängel des Systems zeigen und zu Verbesserungen in der Struktur führen. Das System steht im BTX ab *3137# allen

---

1) vgl. auch die von Staatssekretär Dr. Löschnak auf dieser Tagung aufgezeigten Anwendungsmöglichkeiten von BTX.

Interessenten zur Verfügung.


<u>LITERATUR</u>


[CHS78]   Christensen, W. und Suess, R.:
          Hobbyist Computerized Bulletin Board,
          Byte November 1978, pp. 150-157

[HT79]    Hiltz, S.R. und Turoff, M.:
          The Network Nation - Human Communication via Computer,
          Addison-Wesley 1978

[IPES82]  Institut für Planungs-und Entscheidungssysteme (IPES/GMD):
          Computerkonferenzsystem KOMEX, Version 3.2,
          Benützungsanleitung,
          Interner Bericht IPES.82.201, (vorläufige Version), Feber 1982,
          Schloß Birlinghoven

[JA82]    Jaburek, W.J.:
          Videotex - A Communication System,
          Report F 101, IIG Graz, September 1982
          erscheint in: Electronic  Publishing Review

[JA83]    Jaburek, W.J.:
          Bildschirmtext und MUPID - Ein computergestütztes Konferenz-
          system,
          Bericht B 33, IIG Graz, Juli 1983

[KERH82]  Kerr, E.B. und Hiltz, S.R.:
          Computer Mediated Systems: Status and Evaluation,
          Academic Press, New York 1982

[KRAUS82] Kraus, H.:
          Vom Gesetzesentwurf über Lichtsatz zur Dokumentation,
          Vortrag beim Symposium "Gesetzgebung und Computer"
          22. und 23. April 1982, Europahaus Wien

[LA82]    Lipinsky, H. und Adler, R.P.:
          The HUB Project - Computer-Based Support for Group Problem
          Solving,
          Report R-51, Institute for the Future, Menlo Park, CA
          Jänner 1982

[LM74]    Lipinsky, H.M. und Miller, R.H.:
          FORUM: A Computer-Assisted Communication Medium,
          in: Proceedings of the 2nd International Conference on
          Computers and Communication (ICCC '74), pp. 143-147

[PEAK81]  Pearson, M.L. und Kulp, E.:
          Creating an Adaptive Computerized Conferencing System on UNIX,
          in: Uhlig, R.P.: Computer Message Systems,
          North-Holland 1981, pp. 129-143

Band 44: Organisation informationstechnik-gestützter öffentlicher Verwaltungen. Fachtagung, Speyer, Oktober 1980. Herausgegeben von H. Reinermann, H. Fiedler, K. Grimmer und K. Lenk. 1981.

Band 45: R. Marty, PISA – A Programming System for Interactive Production of Application Software. VII, 297 Seiten. 1981.

Band 46: F. Wolf, Organisation und Betrieb von Rechenzentren. Fachgespräch der GI, Erlangen, März 1981. VII, 244 Seiten. 1981.

Band 47: GWAI – 81 German Workshop on Artificial Intelligence. Bad Honnef, January 1981. Herausgegeben von J. H. Siekmann. XI, 317 Seiten. 1981.

Band 48: W. Wahlster, Natürlichsprachliche Argumentation in Dialogsystemen. KI-Verfahren zur Rekonstruktion und Erklärung approximativer Inferenzprozesse. XI, 194 Seiten. 1981.

Band 49: Modelle und Strukturen. DAG 11 Symposium, Hamburg, Oktober 1981. Herausgegeben von B. Radig. XII, 404 Seiten. 1981.

Band 50: GI – 11. Jahrestagung. Herausgegeben von W. Brauer. XIV, 617 Seiten. 1981.

Band 51: G. Pfeiffer, Erzeugung interaktiver Bildverarbeitungssysteme im Dialog. X, 154 Seiten. 1982.

Band 52: Application and Theory of Petri Nets. Proceedings, Strasbourg 1980, Bad Honnef 1981. Edited by C. Girault and W. Reisig. X, 337 pages. 1982.

Band 53: Programmiersprachen und Programmentwicklung. Fachtagung der GI, München, März 1982. Herausgegeben von H. Wössner. VIII, 237 Seiten. 1982.

Band 54: Fehlertolerierende Rechnersysteme. GI-Fachtagung, München, März 1982. Herausgegeben von E. Nett und H. Schwärtzel. VII, 322 Seiten. 1982.

Band 55: W. Kowalk, Verkehrsanalyse in endlichen Zeiträumen. VI, 181 Seiten. 1982.

Band 56: Simulationstechnik. Proceedings, 1982. Herausgegeben von M. Goller. VIII, 544 Seiten. 1982.

Band 57: GI – 12. Jahrestagung. Proceedings, 1982. Herausgegeben von J. Nehmer. IX, 732 Seiten. 1982.

Band 58: GWAI-82. 6th German Workshop on Artificial Intelligence. Bad Honnef, September 1982. Edited by W. Wahlster. VI, 246 pages. 1982.

Band 59: Künstliche Intelligenz. Frühjahrsschule Teisendorf, März 1982. Herausgegeben von W. Bibel und J. H. Siekmann. XIII, 383 Seiten. 1982.

Band 60: Kommunikation in Verteilten Systemen. Anwendungen und Betrieb. Proceedings, 1983. Herausgegeben von Sigram Schindler und Otto Spaniol. IX, 738 Seiten. 1983.

Band 61: Messung, Modellierung und Bewertung von Rechensystemen. 2. GI/NTG-Fachtagung, Stuttgart, Februar 1983. Herausgegeben von P. J. Kühn und K. M. Schulz. VII, 421 Seiten. 1983.

Band 62: Ein inhaltsadressierbares Speichersystem zur Unterstützung zeitkritischer Prozesse der Informationswiedergewinnung in Datenbanksystemen. Michael Malms. XII, 228 Seiten. 1983.

Band 63: H. Bender, Korrekte Zugriffe zu Verteilten Daten. VIII, 203 Seiten. 1983.

Band 64: F. Hoßfeld, Parallele Algorithmen. VIII, 232 Seiten. 1983.

Band 65: Geometrisches Modellieren. Proceedings, 1982. Herausgegeben von H. Nowacki und R. Gnatz. VII, 399 Seiten. 1983.

Band 66: Applications and Theory of Petri Nets. Proceedings, 1982. Edited by G. Rozenberg. VI, 315 pages. 1983.

Band 67: Data Networks with Satellites. GI/NTG Working Conference, Cologne, September 1982. Edited by J. Majus and O. Spaniol. VI, 251 pages. 1983.

Band 68: B. Kutzler, F. Lichtenberger, Bibliography on Abstract Data Types. V, 194 Seiten. 1983.

Band 69: Betrieb von DN-Systemen in der Zukunft. GI-Fachgespräch, Tübingen, März 1983. Herausgegeben von M. A. Graef. VIII, 343 Seiten. 1983.

Band 70: W. E. Fischer, Datenbanksystem für CAD-Arbeitsplätze. VII, 222 Seiten. 1983.

Band 71: First European Simulation Congress ESC 83. Proceedings, 1983. Edited by W. Ameling. XII, 653 pages. 1983.

Band 72: Sprachen für Datenbanken. GI-Jahrestagung, Hamburg, Oktober 1983. Herausgegeben von J. W. Schmidt. VII, 237 Seiten. 1983.

Band 73: GI - 13. Jahrestagung. Hamburg, Oktober 1983. Proceedings. Herausgegeben von J. Kupka. VIII, 502 Seiten. 1983.

Band 74: Requirements Engineering. Arbeitstagung der GI, 1983. Herausgegeben von G. Hommel und D. Krönig. VIII, 247 Seiten. 1983.

Band 75: K. R. Dittrich, Ein universelles Konzept zum flexiblen Informationsschutz in und mit Rechensystemen. VIII, 246 pages. 1983.

Band 76: GWAI-83. German Workshop on Artificial Intelligence. September 1983. Herausgegeben von B. Neumann. VI, 240 Seiten. 1983.

Band 77: Programmiersprachen und Programmentwicklung. 8. Fachtagung der GI, Zürich, März 1984. Herausgegeben von U. Ammann. VIII, 239 Seiten. 1984.

Band 78: Architektur und Betrieb von Rechensystemen. 8. GI-NTG-Fachtagung, Karlsruhe, März 1984. Herausgegeben von H. Wettstein. IX, 391 Seiten. 1984.

Band 79: Programmierumgebungen: Entwicklungswerkzeuge und Programmiersprachen. Herausgegeben von W. Sammer und W. Remmele. VIII, 236 Seiten. 1984.

Band 80: Neue Informationstechnologien und Verwaltung. Proceedings, 1983. Herausgegeben von R. Traunmüller, H. Fiedler, K. Grimmer und H. Reinermann. XI, 402 Seiten. 1984.